民国政制史

下册 省制与县制

钱端升 萨师炯 等著

2018年·北京

图书在版编目(CIP)数据

民国政制史.下,省制与县制/钱端升等著.—北京:商务印书馆,2018
ISBN 978-7-100-15590-8

Ⅰ.①民… Ⅱ.①钱… Ⅲ.①政治制度史—中国—民国 Ⅳ.①D693.2

中国版本图书馆CIP数据核字(2017)第297266号

本书据商务印书馆1945—1946年本排印

民国政制史
下册 省制与县制
钱端升 萨师炯 等著

商 务 印 书 馆 出 版
(北京王府井大街36号 邮政编码100710)
商 务 印 书 馆 发 行
北京市十月印刷有限公司印刷
ISBN 978-7-100-15590-8

2018年1月第1版 开本880×1230 1/32
2018年1月北京第1次印刷 印张18⅞ 插页2

定价:66.00元

钱端升

（1900—1990）

萨师炯

（1913—1973）

增 订 版 序

《民国政制史》脱稿于二十六年度(1937 年),而出版于二十八年(1939 年)春。时京、沪、粤、汉均已先后沦陷,交通阻隔,运输多艰,因未获流通于内地。近年自香港陷敌后,商务主人于内地重整馆务,有意将该馆前在沪港出版,而不获流传于内地之书籍,重行付印。《民国政制史》即为该馆所欲重印书之一,因特酌为增损,以期于时间性可多顾及。

《民国政制史》原由萨师炯、郭登皞、杨鸿年、吕恩莱、林琼光及冯震六君分任编述之责。此次增订之工作,为便利计,概由萨君担任。自二十六年(1937 年)初,迄三十二年(1943 年)终,举凡可以搜辑之材料,均已一一增入。原书编制概未更张,立言态度亦一仍旧贯,只客观地叙述变迁经过,分析法制要点,而不参以赞否之意见。其所以然,乃因本书之旨在欲有裨于中国政制与行政问题之研究,而不在提供任何方案也。谬讹之处,如有发见仍祈读者不吝指正!

民国三十三年(1944 年)四月

钱端升　序

于昆明西南联合大学行政研究室

序

中央大学法学院于二十五年(1936 年)秋有行政研究室之设,招致各大学毕业生若干人,在政治系诸教授指导之下,从事于中国行政之研究。惟是此项工作,至大且繁;问题既多,又俱非简易。研究每一问题,必法律与实施并重,而历史之演进,尤为必要之基础。苟欲将无数之行政问题作一有系统之研究,举凡历史的演进,法律的规定,与乎实际的状况,一一尽述,良非某一学系或某一研究所所能胜任,更非五六人所能尽其事。必多数研究机关,多数研究人员,积多年分工合作之共同研究,始可稍获眉目。故中大法学院于设立行政研究室之始,初不敢自期于短期内能有若何成绩。同人之所愿努力者,即在三四年内,能将民国各种行政问题,择其较重要,较易知,较与前代(即民国以前)无关连者,一一加以研究。如能有成,然后再研究较艰难而与前代较多关连之诸问题。行有余力,则更及较不重要之问题。凡他处已经研究得有成绩之问题,则同人当力避重复。

根于上述计划,同人等乃有民国政制史之试作。民国政制包含甚广;在各种问题未有个别研究以前,本无从下手。此种困难同人知之甚谂,知之而仍敢有此尝试者,则以同人于着手研究民国各行政问题之始,不能不明了民国中央及地方政制之大概故也。

就范围而言,本书中央与地方并重,举凡民国二十五年来中央及地方各种制度，无论合法非法，俱当有所述及。但亦有从缺者：蒙藏等等制度，以需较专门之研究，未及；前数年共产党在江西等处所采之政制，则以材料难以获得，未及；各实验县，则以略述无意义，细述则占篇幅太多，亦未及。

就内容而言，本书偏重各级政府机关之法定组织及其法定权力，但其实际情形，则尚须留作进一步之研究，本书几无论及。关于各种法者，以出版之书籍较多，故亦极力从略；其有非作较有系统之叙述不可者，则于第一编之附录中及之。其他如中央及地方之分权问题，各种国家职务，如行政、立法、司法等职务之行使，亦语焉不详。总言之，本书之所注重者为组织，至于各种专门问题，概须待较专门之研究。

就编制而言，本书先中央制度，次省制，后县制，最后市制。第一编中央政府，由萨师炯君（第一章至第五章）及郭登皞君（第六章及第七章）分任；第二编省制，由杨鸿年君担任；第三编县制，由吕恩莱君担任；第四编市制，由林琼光君担任；各编中关于选举材料之搜集，则由冯震君担任。各编之次序不尽一致，或依时期之先后分章，每章分述各种制度，如第一及第四两编是，或先依问题而分章节，关于每章每节中依时期先后而述各种制度之变迁，如第二及第三编是。但关于司法制度之论述，以困难颇多，无论分述于各编之内，或另成一编，均有不便；今姑于各编中分述之，同人等初亦不自惬意也。

民国二十五年来之政制，单就中央而论，已复杂万状，欲一一细述，事事准确，已非五六人在数月之内所能胜任。且材料之搜集，亦至不易易。本书本以官书公报为主，旁及报章杂志，然即就中央政府之公报而言，某几期之公报（如临时政府公报、武昌军政府公报及广州陆海军大元帅大本营公报等)国内图书馆已无一能有全本者。因之,本书之缺漏与谬误,自是难免。其所以仍敢公诸世人者,则以本书对于其他初从事于中国行政问题之研究者,或一般欲稍知民国政制之人,或亦不无些许裨益已耳。谬讹之处,尚祈读者不吝指正!

同人在工作时,除充分利用本研究室及本大学图书馆所有书报外,亦尝屡承中央图书馆筹备处,党史史料编纂委员会,及内政部图书馆等之办事人员多方协助,时附志其谢意于此。

民国二十六年(1937 年)六月十六日

钱端升　序

于南京中央大学

目　　录

第二编　省制

第三编　县制

第四编 市制

附图表目录

第二编

省　　制

第一章　省行政机关

省行政机关之组织，自民国成立以至于最近，曾有数度之变更。光复之初，中央官制虽已颁布施行，然各省行政机关则多自为风气。盖以当时共和初建，中央方注意于军事财政外交诸大端，而未暇顾及地方官厅之组织，遂致各省组织纷歧，莫衷一是。是以此期实民国以来省行政机关组织之混乱时代。二年（1913年）一月八日，中央明令划一各级地方官厅组织，并颁划一现行各省地方行政官厅组织令①，以为各省行政官署组织之根据。各省行政机关至此遂有划一之组织。是为民国以来省行政机关组织演变之第一期。

三年（1914年）七月十八日，省官制颁布②。改省行政长官名称为巡按使，并裁前此行政官署之各司处，而于巡按使公署之中，另组政务厅以为行政之枢纽。政务厅之下，设总务、内务、教育、实业四科。至于前此民政长公署财政司所掌事务，则合以前各省国税厅筹备处之职掌，另设财政厅以司之。财政厅之组织，则根据三年九月十二日之财政厅官制③。至是省行政机关之组织又行变更，

① 见二年一月九日政府公报。
② 见三年五月二十四日政府公报。
③ 见三年九月十三日政府公报。

而入吾人所谓第二期。

自是以后以至国民政府成立；五年（1916 年）七月六日，虽省行政长官之名称，由巡按使而改为省长；然行政长官之职权，以及行政官署之组织，则毫无变更。直至六年（1917 年）九月六日各省教育厅条例[①]及实业厅条例[②]颁，而同月八日明令废止省行政官署内之教育、实业二科后，省行政机关之组织始有更改。此后七年一月二十三日有省警务处组织章程[③]之颁布。十年（1921 年）六月二十三日有省参事会条例[④]之颁布。各省又多添设该项机关，吾人姑以此期为省行政机关演变之第三期。

十四年（1925 年）七月国民政府成立，省行政机关之组织又入另一阶段。在此期内，省行政机关组织之最大特点，即在废除以往之省政独裁制，而改为合议制。是为省行政机关组织演变之第四期。

以上所述省行政机关组织各期之演变，除混乱时期姑不叙述外，兹将一、二、三、四四期省行政机关之组织分节叙述于后；而以省行政机关之职权附后。

第一节　第一期省行政机关

第一期省行政机关者，乃指二年一月八日划一现行各省地方行政官厅组织令颁布后至三年五月二十三日省官制颁布前之省行

① 见六年九月六日政府公报。

② 同上。

③ 见七年一月二十七、九日［疑］政府公报。

④ 见十年六月二十四日政府公报。

政机关而言。此期省行政长官，称为民政长；省行政机关，称为行政公署；而规定行政公署之组织者，为二年一月八日之划一现行各省地方行政官厅组织令；兹特依据该令及当时其他章则，略述行政公署之组织。

行政公署由民政长与所属人员组织。

一　民政长　依照划一令规定，省设民政长一人，为行政公署长官，总理全省政务，由中央任命；民政长有专任者，如该令颁布初期，江苏、江西、福建、湖北、山西、四川等省是。有由所在省军政长官（都督）兼任者，如上述六省之外其余各省是。

二　各处司　行政公署设总务一处，内务、财政、教育、实业四司，公署所设员额，划一令规定由各省民政长拟具相当人数，经由国务总理，呈请总统核定，依照陕西省呈报，该省公署当时即设科长二十员，科员一百五十员，秘书六员，技正一员，技士二员，总共一百七十九员，此外各司处长以及雇用人员仍不在内。

二年三月，国务院拟定各省行政公署办事章程，对于公署所设员额，大加裁减。依照该章程规定及后此国务院之解释，行政公署所设人员，除司长、秘书、技正、技士及雇员外，其余科长、科员等等，全署不得超过六十人。虽有河南兼民政长，以人数不敷分配，电请增加员额为八十，然究未得国务院之核准。

其后复因财政艰窘，经国务会议议决，各省行政公署，除司长以上人员及雇员不计外，只应设秘书一员，科长十三员，技正一员，科员四十三员，技士二员，总共为六十员，较之各省行政公署办事章程①所规定者，又为减少。该项决议经财政部通行后，各省虽有

① 见二年三月二十三日政府公报。

反对之举，然中央之意见终未改变。上述人员之外，划一令规定：公署各处司得雇用雇员，至其名额若干，则无规定。兹将公署各处司之组织与职掌分段于后。

（一）厅务处　行政公署设总务处一，内置秘书、科长、科员分办处务，而以民政长之名义行之，于必要时且得酌用雇员。至秘书、科员之员额为若干，划一令规定，由民政长拟定相当人数，经由国务总理，呈请总统核定，因之并无法定限制。当时陕西行政公署总务处即置秘书六员，科长四员，科员三十员，此外更设技正一员，技士二员，除雇员外，总共全处计有四十三人。二年三月国务院所定各省行政公署办事章程，虽限制全署员额不能超过六十以上，然对于秘书、技正、技士则未加限制，以此总务处之员额，仍有伸缩之自由。及至国务会议决议案于二年九月经财政部通行后，总务处所设员额，始有较严限制。兹记奉天行政公署总务处所设员额，以见当时各省之一般。奉天总务处计设秘书一人，科长三人，科员八人；至于雇员，则不在内。秘书、科长、技正，统系荐任，划一令规定，由民政长呈由国务总理，荐请大总统任命，科员及技士，则由各民政长委任。

至于总务处之职掌，依照各省行政公署暂行办事章程规定，则如下述：

一、关于机要事项；

二、关于印信事项；

三、关于统计，及报告编制事项；

四、关于职员履历，及进退纪录事项；

五、关于文件之收发、分配、保存、编纂事项；

六、关于会计，及庶务事项；

七、其他不属于各司事项。

（二）各司　行政公署设内务、财政、教育、实业四司。各司置司长一人，承民政长之指挥，总理本司掌务，而以民政长之名义行之。司长依划一现行各省行政官厅组织令规定，由民政长呈由国务总理呈请总统简任。三年三月大总统令规定司长任免办法如下："各省遇有司长出缺，先由该省民政长电呈派员代理。如有人地相宜人员，准其开具履历及平日政绩，呈请发交院部汇同存记人员，一并开单呈请简任。其因废弛职务及重大情节，应免去本官，及人地不宜应另行任用者，亦由该省民政长先行电请解任，派员代理，一面另行详叙事由呈候褫免。"

上述四司，乃一般省份所皆设，惟有些省份，或因财政艰窘，或因其他事件，亦有呈准裁其一二者。如广西行政公署，即因经费困难，裁撤教育司，而将该司所掌事务，移归内务司设科办理是。又有自始即以财政支绌，而所设各司不符定制者，如新疆行政公署当划一现行各省行政官厅组织令颁布之始，即仅设内务、财政两司，而将教育、实业分设二局管理是①。又行政公署各司，照例各设司长一人，然亦有一人兼长二司者，如四川行政公署内务司长外调而以教育司长兼长内务司是。

司下分科办事，各司分科数目，划一现行各省行政官厅组织令并无定，而以决定之权，委诸各省行政长官。二年三月国务院颁行

① 查新疆即此二局，亦仍不克维持，不久则又裁局，而于内务司分设二科，掌理教育、实业矣。

之各省行政公署暂行办事章程则规定：每司得设二科至四科。科设科长一员总理科务。科长由民政长呈由国务总理呈请大总统荐任。科长之下设科员若干人，分理科务。一科所得设置之科员，虽无限额，然全署科员之总额则有限制，而尤以二年九月财政部通令之限制为最严。科员由民政长委任。

各司之职掌，依照各省行政公署暂行办事章程规定如下。

内务司

一、关于选举事项；

二、关于公共团体事项；

三、关于赈恤，及救济事项；

四、关于公私慈善事业，及其他公益财团事项；

五、关于征兵、征发事项；

六、关于人民户籍事项；

七、关于行政区划事项；

八、关于土地调查事项；

九、关于官产、官物事项；

十、关于行政警察事项；

十一、关于高等警察事项；

十二、关于司法警察事项；

十三、关于著作出版事项；

十四、关于道路，及其他土木工程事项；

十五、关于河堤、海港，及其他水道工程事项；

十六、关于土地收用事项；

十七、关于整饬礼俗事项；

十八、关于祠宇，及其他宗教事项；

十九、关于保存古物事项；

二十、关于病院，及卫生组合事项；

二一、关于传染病预防，及检疫事项；

二二、关于医士、药剂士业务之监查事项；

二三、关于药品，及卖药营业之检查事项；

二四、关于地方交通行政事项。

财政司

一、关于监督征收地方税事项；

二、关于监督地方税收之收入事项；

三、关于地方税违法征收之处分事项；

四、关于滞纳地税处分之诉愿事项；

五、关于监督地方岁出事项；

六、关于编制地方预算、决算事项；

七、关于地方公债事项；

八、关于地方金融事项。

教育司

一、关于公立学校职员事项；

二、关于教育会议、图书审查会、教育博览会事项；

三、关于学校卫生，及公立学校等修建事项；

四、关于师范学校、中学校、小学校，及蒙养园事项；

五、关于普通实业学校、盲哑学校，及其他特种学校事项；

六、关于检定小学教员，及学龄儿童就学事项；

七、关于私立大学，及公私立专门学校事项；

八、关于外国留学生事项；

九、关于国语统一，及各种学术会事项；

十、关于动植物园、图书馆、博物馆，及搜集古物事项；

十一、关于美术馆、美术展览会，及文艺、音乐、演剧等事项；

十二、关于通俗教育、通俗图书馆、巡行文库事项。

实业司

一、关于农业改良事项；

二、关于农事试验场事项；

三、关于蚕丝业改良，及检查事项；

四、关于地方水利，及耕地整理事项；

五、关于天灾、虫害之预防善后事项；

六、关于农会事项；

七、关于农业讲习事项；

八、关于农林、渔牧各团体事项；

九、关于畜牧改良事项；

十、关于种畜检查，及兽医事项；

十一、关于公有林、私有林，监督、保护、奖励事项；

十二、关于苗圃，及林业试验事项；

十三、关于狩猎监察事项；

十四、关于水产试验,及讲习事项;

十五、关于水产业监理、保护、奖励事项;

十六、关于劝业会事项;

十七、关于经营工业事项;

十八、关于度量衡之检查,及推行事项;

十九、关于模范工场事项;

二十、关于工业补助事项;

二一、关于工业试验所事项;

二二、关于工业调查事项;

二三、关于工厂监督,及检查事项;

二四、关于工人教育,及保护事项;

二五、关于输出品奖励事项;

二六、关于商品陈列事项;

二七、关于保险业,及其他商业监督事项;

二八、关于工商业团体事项;

二九、关于矿区调查事项;

三十、关于矿业监督事项;

三一、关于矿夫保护事项;

三二、关于矿税稽核事项;

三三、关于地方自办,及民办之电气营业事项。

以上所述,乃各司之固定职掌。此外依划一现行各省地方行政官厅组织令第二条二项规定凡中央委令省办事件,得由民政长划交各司办理。

第二节　第二期省行政机关

第二期省行政机关者，乃指三年五月二十三日省官制颁布以后，至六年九月六日教育厅暂行条例与实业厅暂行条例颁布期间之省行政机关而言。三年五月二十三日省官制颁布，同日下令改民政长为巡按使，并令各省遵照官制将行政公署改组巡按使公署；复于是日明令裁撤各省国税厅筹备处及财政司，而将各该处司职掌另设财政厅办理；至财政厅官制，亦于是年九月十二日颁布。因之省行政机关于此期内，除巡按使公署外，更有财政厅。本节共分二项，以第一项叙述巡按使公署。第二项叙述财政厅。又当时各省亦有设置省政会议机关者，本节亦以一项述之。

第一项　巡按使公署

省各制规定，省设巡按使为全省最高行政长官。至于全省行政机关则称为巡按使公署。公署以内设政务厅，辅佐巡按使掌理全省事务。依照官制规定，巡按使公署之组织概如上述；惟当时各省巡按使公署，实际上每于政务厅之外更设其他组织，分掌各项政务。本项共分三目，分别叙述巡按使、政务厅，及巡按使公署政务厅以外之其他组织。

第一目　巡按使

巡按使为省内最高行政长官，执行省有一切职权。省行政长官之称为巡按使，乃省官制所规定。及至民国五年讨袁役兴，各省行政长官名称多有变更，黎元洪就任总统后，遂于五年七月六日下令划一各省行政长官名称为省长，而省行政机关则称为省长公署，至于公署之内部组织则无变更，而一仍省官制之规定。

巡按使（五年七月六日以后改称省长）为特任职，由大总统任命，并无资格限制。巡按使有专任者，有由所在省份军政长官兼任者。至其任期亦无一定，而以中央之意旨以定去留，是以当时各省巡按使有到职不久即被罢免者，亦有在位数年而依然不动者。巡按使在职期内不得任意离职，必欲离职，例须呈准中央，而由中央派员代理。

第二目　巡按使公署政务厅

政务厅乃巡按使公署之内部机关，置厅长一人总理厅务。厅下分设总务、内务、教育、实业四科，乃省官制所规定；惟当时各省亦有于四科之外更置其他组织者。是以本项特以省官制为主，参照当时各省单行章则，叙述政务厅之组织于下。

一　政务厅长　政务厅设厅长一人，省官制规定，由巡按使荐任；事实则多由巡按使经由内政部呈请大总统简任。政务厅长须回避本籍。政务厅长承巡按使之命总理厅务，如需离职时，可由巡按使派员代理，但须呈报中央备案。政务厅之待遇，则各省略有不同。

二　各科　省官制规定，政务厅内分设总务、内务、教育、实业四科；兹将四科之组织与职掌分述于后。

（一）各科之组织　各科类皆设有主管人一名，总理各该科事务。主管人员之名称，各省不同，奉天称为主任，江苏称为科长，云南称为佥事。又有此时名之为甲而彼时名之为乙者，如河南于三年七月称一科之主管人员为科长，而至四年八月改称主任是。关于此项称呼，内务部曾经呈请画一，然终未能实现。又各科亦有不置主管人员者，如四年八月河南之总务科是。主管一科人员，皆系省官制上所谓掾属，概由巡按使委任。惟官职虽系委任，而待遇则同荐任。至于薪俸究为若干，各省又不一致。

科下分职，各省亦每不同。奉天各科之下即系分股，每股置主稿一员以总其成；依照修正奉天巡按使公署政务厅科处各股职掌[①]规定，该省公署四科共分六股，其中总务、内务两科各分二股，实业、教育二科则皆仅设一股。湖南则科下分课，依照湖南巡按使公署修订组织条例规定[②]，该省四科共分十二课，计总务科分五课，内务科分三课，教育、实业二科各分二课。以上科下分职之不同，乃就甲省与乙省而言；此外仍有一省之内，而甲科与乙科不同者；如河南巡按使公署，依照河南巡按使公署政务厅修正暂行章程[③]，总务科下分设：考绩、印电、收发、支应四处，而内务、教育、实业各科，不再分职是。

（二）各科之职掌　关于各科之职掌，省官制规定，由各省巡按使自定，因之各省之规定亦不尽同。惟各科之职掌，各省虽不一致，然以受各该科名称之限制（如实业科之职掌，总以实业为前提，而不会将教育事件，规定于该科职掌之内，）相差究尚不远。兹特依照河南巡按使公署政务厅修正暂行章程之规定，叙述该省政务厅各科之职掌，以见一般。

总务科　河南总务科分设：考绩、印电、收发、支应四处；而将

① 见四年三月十五日政府公报。

② 见四年二月五日政府公报。

③ 见四年八月十一日政府公报。

总务科职掌分交四处办理，四处职掌则如下述。

考绩处

一、关于地方行政官进退，及纪录奖惩事项；

二、关于行政诉讼，及控官事项。

印电处

一、关于印信事项；

二、关于译电事项。

收发处

一、关于收发文件，并分配、编号事项；

二、关于保管档卷事项。

支应处

一、关于会计事项；

二、关于庶务，及交际事项；

三、关于购置物品事项；

四、关于编制本署预算、报告事项。

内务科

一、关于地方自治事项；

二、关于公共团体事项；

三、关于区划经界事项；

四、关于人口户籍事项；

五、关于征兵、征发事项；

六、关于振恤、捕蝗，及救济事项；

七、关于公私慈善事业，及其他公益财团事项；

八、关于整饬礼教风俗事项；

九、关于祀典，及宗教事项；

十、关于保存古物事项；

十一、关于调查、保存官产、官物事项；

十二、关于土木工程，及道路、桥梁事项；

十三、关于警察事项；

十四、关于地方保卫团事项；

十五、关于拿办乱党事项；

十六、关于消防、卫生事项；

十七、关于著作、出版事项；

十八、关于禁烟事项；

十九、关于清乡事项；

二〇、关于稽核各县警队成绩事项；

二一、关于河防一切事项。

教育科

一、关于师范学校事项；

二、关于中小学校，及蒙养园事项；

三、关于普通实业学校事项；

四、关于盲哑学校，及其他残废等特种学校事项；

五、关于学龄儿童就学事项；

六、关于通俗教育，及讲演会事项；

七、关于文艺、音乐、演剧事项；

八、关于美术馆，及美术展览会石印处事项；

九、关于动植物园、博物馆、图书馆，及调查搜集古物事项；

十、关于通俗各种博物馆，通俗图书馆事项；

十一、关于编辑公报事项；

十二、关于公立、私立、专门各等学校事项；

十三、关于外国留学生事项；

十四、关于国语统一会事项；

十五、关于各种学术会事项。

实业科

一、关于农林、渔牧，保护、监督、奖励及改良事项；

二、关于蚕业改良，及检查事项；

三、关于地方水利，及耕地整理事项；

四、关于天灾虫害之预防、善后事项；

五、关于农林、渔牧各团体事项；

六、关于农会事项；

七、关于各种试验场事项；

八、关于官办工商业事项；

九、关于工商业团体事项；

十、关于度量衡之检查，及推行事项；

十一、关于工商业之调查事项；

十二、关于商品陈列所，及劝业会事项；

十三、关于保险，及其他商业监督事项；

十四、关于矿务，及硝磺等事项；

十五、关于铁路事项；

十六、关于邮电事项。

三　政务厅内之其他组织　以上四科，乃省官制所规定，而为各省政务厅所共同设有者。此外当时各省政务厅，亦不无于上述四科之外，另设其他组织者。如河南依照该省政务厅修定暂行章程规定，于四科之外设有秘书处；奉天依照该省修正政务厅科处职掌规定，于四科之外另设执法、机要二处之类是。此犹不过例示一二，至当时诸省政务厅四科以外之组织，初不以此为限①。兹将河南政务厅秘书处，及奉天执法、机要二处之组织及职掌分述于后，以见当时各省政务厅四科以外组织之大概。

（一）河南政务厅之秘书处　依照四年八月河南巡抚使公署政务厅修正暂行章程规定，该省政务厅于四科之外，另设秘书处，置

① 为浙江巡按使公署，即于四科之外另设专员办理财政、司法，及巡防、警备等队事宜（见三年七月十六日政府公报浙江巡按使呈）。江苏巡按使公署于四科之外，更设主任五员，分掌重要机务，暨关于民政上联属之交涉事宜，及省官制第一条所载官辖巡防警备等队，并特别委任监督之行政事务，更设技正以管理工程事务（见三年六月二十九日政府公报江苏巡按使呈）是。

秘书及书记官各六员，秉承政务厅长之命，受巡按使之指挥，按照各项章则，处理所掌事务。至于各该员之职掌，依该章程规定：秘书系核办财政、司法、交涉、军事等项特别事件，及办理机要呈电咨饬，并其他不属于各科事项；书记官掌管机要呈电咨饬文件，并缮写呈折咨饬秘密事件。秘书书记官均由巡按使任用。

（二）奉天执法机要二处　依照四年三月修正奉天巡按使公署政务厅科处职掌规定，该省政务厅于四科之外，设有执法机要二处。执法处设处长一员，委员三员，承审员三员，如事务繁紧时，得由巡按使酌量增设各员员额。机要处酌设委员若干员，由政务厅厅员中选派兼充，并以一人为机要处长。至于各处职掌，该章程规定，机要处掌理外交及军民政一切机要秘密事项。执法处则如下述：

一、关于各县、各地方审判厅，各路巡防营，办理惩治盗匪法范围内审办盗匪事项；

二、关于惩治乱党、教匪事项；

三、关于附省巡防营拿获盗匪提审事项；

四、关于各属详办盗匪案件，认有疑误，提省审办事项；

五、关于因盗匪案件发生之禀诉事项；

六、关于盗匪、党匪案内之惩奖事项；

七、关于审结盗匪、党匪之执行事项；

八、关于提审案内之调查事项；

九、关于重要案件，因有事故障碍不能提审，派员莅审事项；

十、关于提解犯人，及调查莅审等事之支出费用事项；

十一、关于因盗匪、党匪发生之外交事项。

第三目　政务厅外之其他组织

省官制上之巡按使公署，仅只设有政务厅，惟当时各省实地情形，则不无于政务以外设有其他组织者。兹特以湖南巡按使公署办公室及奉天巡使按公署营务处为例，而略述其组织，藉见政务厅以外其他组织之一般。又当时各省或为执行中央法令，或为办理特殊事件，亦有于巡按使公署之内设置委员会或于公署之外设有附属机关者，本项亦略及之。

一　湖南巡按使公署办公室　依照湖南省巡按使公署修正组织条例，湖南巡按使公署于政务厅以外更设办公室。办公室与政务厅分承巡按使之指挥，执行各项事务。政务厅下分设四科，一如省官制所规定，至于办公室，依照该条例第三条后半段规定，设办理机要专员、办理交涉专员、承启员、监印员及译电员；此外因事务之必要，仍可酌用雇员。各员之上并未设置总揽人员，而将各该员之稽核督促委之政务厅长。至于各该员之职掌，该条例规定如下：

一、办理机要专员，掌关于交拟复核各项重要文件事项；

二、办理交涉专员，掌关于各项交涉，暨通译事项；

三、特别办事员，掌关于调查，暨特别委办事项；

四、承启员，掌关于传达巡按使临时特别命令，及招待传见宾客各事项；

五、监印员，掌关于典守印信事项；

六、译电员，掌关于收发官电，及翻译密码文电事项；另设电报房，专司其事，仍由译电员随时稽核。

办公室各员除上述职掌外，依条例第四条规定，除监督司法及监督财政事务，由政务厅总务科办理外，如中央另有其他事件特别委任该各办理者，经巡按使之分派，亦得交由该室各员办理。

二　奉天巡按使公署营务处　奉天巡按使公署营务处，乃办理该省巡防警备等队行政之机关[①]；于民国四年春间呈准设立。依照奉天巡按使公署设立营务处编制章程[②]规定，营务处设总办一员，直隶巡按使，承巡按使之命，总理处务，由巡按使任命。营务处对外不发生关系，亦不另刊关防，所有一切对外事宜，均以巡按使名义行之。营务处下分军务、军需二科，而以军法事项附于军务科，军医事项附于军需科。各科各置科长一员，承巡按使之命，商承总办经理全科事务，由巡按使遴委。二科各置科员二名，承各级长官命令，办理各科事务，亦由巡按使委用。此外营务处并雇用雇员六名，分发二科服役。

三　委员会及附属机关　以上所述，固为巡按使公署组织之大概情形；然执行省政之机关，究不以上述为限。此外各省巡按使公署每因办理各该省之特殊行政，或执行中央之某种法律，为谋责任集中起见，往往另设委员会或其他附属机关从事管理，而巡按使公署仅负指导监督之责。此项委员会及附属机关之名称，虽不免各省纷歧；然依其性质，概可分为二种：

（一）系因实施中央某种法令而设者　此类委员会之组织及职掌，中央每多予以概括规定，因而其组织，各省虽亦不尽相同，然相

① 未设此项组织省份，该项行政即由政务厅兼理。

② 见四年三月十五日政府公报。

差究不甚远,兹以普通文官惩戒委员会为例而略事解说之。

依照三年一月二十一日颁布之文官惩戒委员会编制令①规定,文官普通惩戒委员会,设于中央及地方各官署;旋经内务部呈准各省仅于巡按使公署设立此项委员会,以司全省文官惩戒事宜。编制令规定,文官普通惩戒委员会置委员长一人,由各该官署长官兼任,委员二人至四人,由各该长官于该署五等、六等文职各官中,临时选派充任,但有特别情形时,得以上级官署之五等、六等高等文职各官充下级官署之使员。委员会非合委员长、委员三人到场,不得开会等等。上述乃系中央法令关于文官普通委员会所有之规定。至于各省实地情形,关于委员之名额,则有设为四人者(如河南),有设三人者(如江西)。关于委员之人选有全出自巡按使公署者(如河南),有巡按使公署只出其一部者(如江西文官普通惩戒委员会之委员,即由政务厅长,财政厅长,及高等审判厅长兼任)。虽或不无出入,然大体究尚相类而无大差别。

(二)系因执行各省特殊行政而设者　此类委员会或附属机关,每系一省所独有,其中间有数省相仿者,亦系偶然事实。至于该项委员或附属机关之组织与职掌,殆由各该省相度情形自为规定;除非不甚妥当,或与中央法令不合者,中央绝少置喙。以此,此类组织即令同一机关,其名称结构及职掌之在甲省者亦未必与乙省相同。兹将当时各省此类委员会及附属机关列举一二,以见大概。当时各省委员会之属于此类者,如吉林之财政委员会等是;附属机关之属于此类者,如陕西之禁烟局,四川之模范戒烟所,山西之薛碛查缉私土局(以上系□办烟政者),奉天全省清丈局,吉林土

① 见三年一月二十二日政府公报。

地清丈局（以上系办理地政者），四川之蚕务局等是。

第二项　财政厅

第一目　财政厅之组织

一　财政厅长　财政厅置厅长一人，总理厅务；依照九年四月征收官吏任用条例，由财政部呈请大总统简任。其实财政厅长若不深得所在省份军民长官之心意，鲜有能安职守者。财政厅长依照征收官任用条例[①]第六条规定，非具有文职任用令第三条规定各种简任职资格[②]，并合于下列二款之一者，不得任命。

一、现任或曾任财政部暨财政部附属机关简任官，及简任职升用者，或曾任督惩官一年以上者；

二、曾在国内外大学暨高等专门学校之经济科，政治经济科，商科，或特设财政专门学校毕业，办理财政事务三年以上者[③]。

财政厅长之任期，征收官任用条例规定为三年。任期之内，除因监督财政长官（受特别委任监督所在省份财政之民政长官）认为

① 记九年四月二日政府公报。

② 文职任用令第三条"简任文职就左列各款资格之人中任用之：
一、现任简任文职者；
二、曾任简任文职，经大总统核准记名，以简任文职任用者；
三、现任或曾任最高等荐任文职，经各该长官特保，或期满考绩优叙，经大总统核准以简任文职记名或升用者。"

③ 九年七月该条条文又有修改。

人地不宜，或办理不力，得将理由咨报财政总长，经财政总长认为应行调任或免职，而呈由大总统明令调任或免职者外，不得无故免职。三年任满，而成绩卓著者，仍可聊任。财政厅长一般多系专任，惟亦不无由所在省份行政长官兼任者。财政厅长任内因公外出时，依照财政厅官制规定，可以委任科长代拆代行；至若因私离职，则应呈准方可。

二　各科　依照财政厅官制规定，财政厅应设总务、征榷及制用三科。科置科长一人，承厅长之命掌理本科事务，由厅长委任，惟须详报财政部及所在省份民政长官注册。科长之下更置一、二、三等科员，承长官之命，助理各科事务。至于各科科员之额数应为若干，以及其待遇如何，依照财政厅官制规定，由财政厅长按照所在省份情形，妥拟办法，详明财政部备案。兹述江苏财政厅之员额，以见一般，江苏财政厅，依照十一年江苏年鉴①所载各表，三科除科长外，计设科员，办事员及助理员六十九人。内中总务科十九人，制用科二十一人，征榷科二十九人。至于科下组织，财政厅官制并无规定，江苏财政厅则于各科之下，分股办事。

第二目　财政厅之职权

财政厅管理全省财政及监督所属财务行政人员；虽亦间有以他项事务划归该厅管理者，然究系一时权宜之计而不能视为定规，如实业厅未成立以前，各省矿务之由财政厅兼办之类是。财政厅管理全省财政之方法，依照三年六月十一日财政厅办事权限条例规定为，总理者税出纳，执行各种税法，催促各属款项，筹计中央需要，支配全省经费，办理预算，决算等等。该厅对于收纳租税，支付

① 十三年六月江苏省长公署统计处编纂发行。

本省经费，及一切收入支出各款，并应按月造具表册，分报所在省份行政长官及财政部。至于所收税款之保存，该条例规定财政厅所收赋税应悉数存交金库，除因大总统命令拨解，及财政部核定之款得随时支放外，其余不得擅动。该厅监督全省财务人员（兼管征收之县知事亦在其内）之方法，亦有种种，其主要者厥为：

一　停止或撤销下级官吏处分权　依照财政厅办事权限条例①规定，财政厅长于所管官吏关手财政之章制处分或布告，认为违背法令，妨害公益，或侵越权限时，得停止或撤销之。县知事如有以上行为，得详明所在省份行政长官办理，仍报告财政部。

二　考核征收官吏之权　依照财政厅办事权限条例规定，财政厅长有考核征收官吏之权，并于每年三月编制征收官吏成绩报告书。所核官吏为专任之征收官吏，则该项报告书即由财政厅长分别呈送财政部及所在省份之民政长官。所核官吏为兼管征收之县知事时，财政厅不能径行报部，只能报告所在省份行政长官，而由该长官查核咨部。考核结果，财政厅长认为有应行奖惩或撤调之人员时，依照条例规定，不论当事人员系专任之征收官吏或兼办征收之县知事，财政厅长均须报请所在省份民政长官核办，并由该长官转咨财政部。

财政部为谋提高财政厅管辖征收官吏权限计，曾于三年十月呈准变更财政厅办事权限条例，而规定财政联对于征收官吏认为有奖惩撤调之必要时，使该项官吏为专任之征收官吏，则由财政厅长径行处置，而呈报所在省份民政长官备案，使该项官吏为兼管征收之县知事，则由该厅长一面呈向所在省份民政长官弹劾，一面呈

① 见三年六月十二日政府公报。

报财政部。

财政部办法通行不久，即遇安徽巡按使韩国钧条陈财政办事权限一案，后经政治讨论会及财政部先后审核，复将变通办法稍事改正。结果财政厅对于专任之征收官吏，仍有径行奖惩撤调之权；至兼管征收之县知事，则仍应呈请所在省份巡按使核办，而由该巡按使转咨财政部。

第三项　省政会议机关

关于省政会议机关，省官制上并无规定；因之当时各有设此项会议者，有不设此项会议者。其设有此项会议之省份，关于该会之组织职掌甚而至于名称，亦皆有所不同。关于名称，有称为某省巡按使公署行政会议者，有称为某省巡按使公署咨议会者。关于会议之组织，有专由巡按使公署人员组织者，有由省政各种高等官厅主管长官组织者，亦有除公务人员之外更加入乡绅学者者。兹为明了是项会议之实在情形计，特述江苏巡按使公署行政会议之组织，以见大概。

江苏巡按使公署行政会议，依照四年三月江苏巡按使公署行政会议章程规定①，由财政厅长，金陵关监督兼交涉员，政务厅长，咨议处处长，金陵道尹，江宁地方审检厅长，省城警察厅长，江宁县知县，巡按使署之咨议及各科科长，暨财政厅各科长组成。会议以巡按使为会长；会长因事不能出席时，应就会员之中指定代理会长；开会时，以会长为主席。又依章程规定，如会议所议事件关系

① 见四年三月十八日政府公报。

上述会员以外之官吏职务时，得由会知照该官吏随时到会与议；惟该员之所得与议者，仅以关系其职务之事件为限。又前述会员之中，并无省军政官署之人员，该章程因又规定，会议事项如关系军事或其他重大事件时，得由会长商请该省军政官署派员与议。该会并无一定会期，开会与否，由会长决定[①]。会议议案；依照章程分为二种：一为巡按使所交议者，一为各会员所提议者；惟会员所提议之议案，非事先呈由巡按使核准认为必须交议者，不得列入议事日程。至于议事日程，则由会议所设专员（书记官长），于会期以前二日编定，通知各会员。所议议案，如遇案情重大，不能即会解决时，并得由会长指定审查员或调查员从事审查或调查，而待其报告意见提出后，再行决议。会议决议案，并无拘束巡按使之效力，惟经巡按使核准执行者，则主管官员于下次会议时，须将执行经过报告会议。会议设于巡按使公署并设书记官长一员，及书记官二员，主持一切文牍事宜；书记长及书记官均由公署人员兼任。

第三节　第三期省行政机关

第三期省行政机关者，乃指六年九月六日教育厅暂行条例与实业厅暂行条例颁布后，至国民政府成立期间省行政机关而言。自省官制颁布至于教育、实业二厅暂行条例颁布期内，虽省民政长官之称呼，于五年七月六日，由巡按使改为省长；然省行政机关之组织，究未变更。及至教、实二厅条例颁布，同时又将前此巡按使

① 见四年二月三日政府公报。

（五年七月以后改称省长）公署政务厅内教育、实业二科裁撤后，省行政机关之组织遂又稍有变化，而入吾人所谓第三期。其后七年一月中央颁布各省区警务处组织章程，十年六月又颁布省参事会条例，省行政机关遂日趋完备。兹将本期新设机关，分别叙述于后。

第一项　教育厅

各省教育行政，在划一现行各省地方行政官厅组织令时代，系由各省行政公署教育司主管。省官制颁布后，各省行政公署裁撤各司改组政务厅，而于厅中设置教育一科，以主全省教育行政。六年九月教育部为谋各省教育独立，呈请设立教育厅，以为各该省份之教育行政机关。同月六日中央颁布教育厅暂行条例，各省教育厅遂亦先后成立。

依照六年十月教育部咨行之教育厅经费支用标准表[①]，全国各省份为大中小三等，而对于三等省份教育厅经费，员额，以及职员之待遇，皆有不同之规定。当时列入大省者计有：直隶、奉天、江苏、浙江、四川、广东、山东、湖北及河南九省；列入中省者计有：江西、湖南、陕西、山西、吉林、福建、安徽及云南八省；列入小省者计有：黑龙江、甘肃、贵州、广西及新疆五省。

第一目　教育厅之组织

依照教育厅暂行条例规定，教育厅系教育部之直辖机关，惟于执行职务之时，须承所在省份民政长官意旨而在其监督之下。厅

① 见六年十月十七日政府公报，或曹秉章编：《法令辑览续编》。

设厅长一人总理厅务。厅下分设各科分掌各项行政。此外因事实之需要,仍得酌用雇员。上述人员之外,教育厅仍设视学若干员,专管视察全省教育事宜。兹将各该员分述于后:

一　教育厅长　依照教育厅暂行条例规定,教育厅置厅长一人,由大总统简任,总理全厅事务。厅长之资格条例并无规定。教育厅长依法系由中央任命,各省军民长官对于该厅长之人选自无容喙之可能。惟以教育厅长虽系中央直辖之官吏,然其职掌究系办理各省之行政;且有若干场合,该厅长仍须秉承所在省份民政长官之意旨,执行一切;是以中央于任命此项官吏时,亦往往顾及所在省份军民长官之好恶。惟教育厅所掌之事务,性质较为清寒,以此各省军民长官对于此项人选之干涉,究较财政厅为少。

二　各科　教育厅暂行条例规定,教育厅分设各科,处理各项事务。至于分科多寡,条例规定视事务之繁简定之,但至多不得逾三科。惟依六年十月教育部咨行之教育厅经费支用标准表,则分各省为大中小三等;大中二等省份该表均列科长三员,而小等省份该表只列科长二员,以此小等省份之教育厅似只能设置二科。设置三科之教育厅,以第一科掌管总务事项,第二科掌理普通教育及社会教育事项,第三科掌理专门教育及留学事项;至仅设二科者则将第三科事务移交第二科办理。各科置科长一人由厅长委任,承厅长之命,掌理本科事务。科长之下,设有科员,由厅长委任,承长官之命,助理各科事务。科员名额,条例规定每科不得逾三员;至教育厅经费支用标准表则规定:大省教育厅约为九员,中省约为七员,小省约为六员,是教育厅科员之员额,亦因省等之不同而互异。

三　省视学　依照条例规定,教育厅更设省视学,由厅长委任,掌管视察全省教育。视学员额,条例规定为四人至六人;教育厅经费支用标准表则定大省六员，中省五员，小省四员。依照七年五月教育部公布之省视学规程，省视学不得兼任他项职务；至于省视学之资格，须为高等学校毕业，或曾办教育者。

四　其他组织　教育厅除上述组织外，依照部颁规程，仍设有检定小学教员委员会，以司小学教员检定之事。会设会长一人，委员若干人。会长在教育厅未成立以前，系由各省政务厅之教育科长兼任；教育厅成立后，则由该厅就所有科长中派员兼任。检定委员会除会长、委员之外，亦得酌用雇员，办理各项杂务。检定委员会之外，当时各省教育厅仍有另设其他组织者，如江苏教育厅公报处之类是。该处共设编辑员二人，发行员一人，书记一人，掌司编辑公报事宜。

第二目　教育厅之职权

教育厅之职权，依照法令规定，在于执行全省教育行政事务，及办理教育行政以外之专门教育问题。因之教育厅对于省内教育行政人员，皆有指挥监督之权。依照法令规定，各该省之教育行政人员，除省立专门学校校长由厅长遴选呈请所在省份民政长官任命咨部备查外，其余省立中等学校校长，暨数县合办之学校校长，均由厅长委任，分别呈报所在省份民政长官及教育部备查。至各县教育事宜，除教育厅长对于兼办教育事宜之县知事，关于教育事项之措置，有概括的监督权以外：依照教育部先后之通令，县视学应由厅长直接委任，县立中等学校校长，及各县劝学所所长，则由县知事呈请厅长委任，而于委任之后分呈所在省份民政长官及教育部备案。

第二项　实业厅

各省实业行政亦与教育同，于实业厅未成立以前，皆由省行政公署设置专司或专科办理。及至六年九月农商为谋促进各省实业计，遂行呈准各省实业独立，并设专厅掌之，实业厅遂成立。是月六日，大总统明令颁布实业厅暂行条例，各省实业厅之组织与职掌亦遂有所依据。兹将该厅之大概情形略述于后。

第一目　实业厅之组织

实业厅为农商部之直辖机关，惟于执行职权时，应承所在省份行政长官意旨而在其监督之下。厅设厅长一人总理厅务。厅下分设各科，办理各项事务。科设科长，总理科务。科长之下设有科员，助理科务；此外更置技术员，掌理技术事宜。假使事实需要，亦得酌置雇员。实业厅之组织概如上述，兹将各员之较为重要者，分段述之于后：

一　实业厅长　实业厅暂行条例规定，实业厅置厅长一人，由农商部呈请大总统简任，总理厅务，并监督所属职员。实业厅长虽为中央直辖官吏，而由农商部呈请总统简任；惟当时情形，各省军民官长往往对于厅长人选加以干涉，甚有于缺出之后，检员电请农商部转请简任者；以此农商部对于各省实业厅长之人选，几无抉择之权力。农商部为补救计，遂拟定实业厅厅长预保及任用办法①，而于九年三月呈进通行，自是关于实业厅长之任用，始有相当之限制。

① 见九年三月二十四日政府公报。

预保及任用办法规定,简放各省实业厅长,二由农商总长就该部合格人员呈请外;其各省人员有合于办法所定资格,经各省行政长官择尤推荐,咨请农商总长汇案预保存记者,亦得依法呈请任命。预保之手续,依照办法规定,预保人(省行政长官)应声明被保人合于法定资格之某项,开具详细履历、经验、成绩,并加具切实考语,咨由农商部复核;其合格者呈经大总统核准后,交国务院存记,并知照农商部备案。预保之限制概有二种:一、办法规定,各省行政长官,每任预保不得逾二员;二、预保存记人员不得呈请分发。至于被保人所应有之资格,则如下述:

一、曾任实业厅厅长,或森林局、采金局局长者;

二、曾任简任职一年以上,并办理实业行政卓著成绩者;

三、曾任简任职一年以上,而在政治经济、农、工、商各专门以上学校毕业者;

四、现任荐任三年以上,而在政治经济、农、工、商各专门以上学校毕业,并办理实业行政卓著成绩者。

二　各科　实业厅暂行条例规定,实业厅分设各科,处理各项事务。至于分科之多寡,则视各省事务之繁简定之,惟最多不得逾四科。当时设科较多者,则有江苏等者;而设科较少者,则于厅内仅置总务一科,如新疆等省是。科置科长一人,由厅长委任,承厅长之命,掌理一科事务。科长之下设置科员,由厅长委任,承长官之命,助理各科事务。科长科员之外,实业厅依照条例规定,更设技术员若干人,由厅长委任,承长官之命,分掌技术事项。上述人员之资格。依照农商部六年九月通令,须具有下述各款之一:

一、农、工、商、矿各科专门学校毕业之有经验者；

二、法政专门学校毕业之有经验者。

至于非有上述资格而于实业或行政确有经验者，该令亦准实业厅长酌量任用；惟须声叙理由报部查核，且此项人员总额不得超出全厅定额三分之一。又依实业厅暂行条例规定，实业厅长于任用上述人员时，仍须呈报农商总长及所在省份民政长官备案。至上述各员之名额，条例规定，科长每科一人，科员，每科不得逾四人，技术员全厅四人至六人。上述人员之外，条例仍规定实业厅因事实之需要得酌用雇员；至于雇员之名目与额数，条例均未规定。江苏实业厅十一年所置是项人员，除工役不计外，共为二十人；而名目则有录事、办事员、学习员及调查员等种。所有厅内人员职务之分配，待遇之多寡，依照条例规定，均由厅长订定，呈请所在省份行政长官咨部备查。

三　其他组织　实业厅之组织，依照暂行条例规定，约略即如上述。惟十二年三月农商部鉴于地质调查之重要，而部内所设调查机关不敷需要，遂又通咨各省，请转饬实业厅于固有组织之外，更设地质调查一所。至于该所之组织以及调查之办法，该咨并未规定，而令各省实业厅自定呈核。

第二目　实业厅之职权

依照实业厅暂行条例规定，实业厅掌理全省实业行政。该厅对于省内专办实业之官吏，及兼办地方实业之县知事，皆有监督管理之权。惟县知事关于实业问题之处置，依照六年十月农商部呈文，固应呈报该管实业厅，同时亦须呈报所在省份行政长官，以备查核。

第三项　警务处

警务处成立以前，各省警察行政，并无统一机关办理；而于省会或较大商埠分别设置警察厅，掌理各该地方之警察，卫生，及消防事宜。其在商埠而人口较少地方，则又改应为局，办理上述各项事务。至于各该厅局之管辖系统，依照三年八月颁布之地方警察厅官制①规定，警察厅与道尹同驻一地者，则直隶于道尹，而该厅厅长亦由道尹呈请省民政长官咨由内政部荐请大总统任命。警察厅与省行政长官同驻一地者，则直隶于省行政长官，而该厅厅长，则由行政长官咨由内务部荐请任命。以此各省警权分散，遂致警察精神涣散，急需整理。内务部乃于四年八月呈准颁布整顿各省警政办法大纲②，而于该大纲第一条规定"各该省警察，如尚欠完善或有急需整顿情形，应准设立全省警务处，统筹全省警政，期收迅速统一之效"。大纲颁布后，各省亦多次第咨由内务部，呈准设立全省警务处。其初，设处省份尚少，因而中央对于该处之组织，亦未注意；及后设置该处之省份日渐增多，内务部为划一组织计，遂于七年一月呈准颁布各省警务处组织章程；自是各省警务处之组织遂有划一之根据。兹特根据当时关系法令，略述警务之组织及职权于后。

① 见三年八月三十日政府公报。
② 见四年八月七日政府公报。

第一目 警务处之组织

警务处设处长一人，总理处务，处下分设各科，分理全处事务。科置科长科员，办理科务。此外处内更设秘书视察、视察员、技正及技士各员，分理各项事务。又依整顿各省警政办法大纲规定，警务处因事实之需要亦得酌用雇员。警务处之组织，概如上述；兹再分段详之于后。

一 警务处长 警务处设处长一人，多由所在省份民政长官咨陈内务部呈请大总统简任。惟被任为警务处长者，类多必须经过预保手续。至于预保手续如何？依照内务部四年八月呈请之办法①概有二种。其一系由内务部预保，即由该部遴选合于法定资格人员，造具详细履历，警政成绩，并加具切实考语开单呈请预保，经大总统核准后，交政事堂存记。其二系由各省行政长官预保，依照办法规定，各省行政长官酌核地方情形，有请各是项员缺之必要时，得按照资格遴选一二员，开具履历成绩考语是请预保，经大总统核准后，交政事堂记。经过预保程序人员交政事堂存记后，如某省新设警务处或警务处长缺出，经内务部呈请简任时，由政事堂将存记人员全数开单呈请遴简。惟以上所述，乃系办法规定，依照当时实在情形，某省如需设置警务处，多由该省行政长官声叙理由，咨陈内务部查核转呈总统核定，同时亦必保荐处长人选。以此警务处长之人选，几全操诸各该省民政长官之手；至内部所保人员，欲其获得实缺，几成不可能之事实。

被保人之资格，依照办法规定，须有下列各款之一方可预保。

① 见四年八月十八日政府公报。

一、现任内务部荐任职,历办警政五年以上,著有成绩者;

二、现任京师警察厅都尉,地方警察厅厅长,历办警政五年以上,著有成绩者;

三、现任京外警察厅警正,历办警政五年以上,著有成绩,并警法毕业者;

四、现任简任文职,或高等军职,历办警正五年以上,著有成绩者;

五、现任各部院荐任职,曾办警政五年以上,著有成绩,并警法毕业者;

六、曾任简任职警察官吏,历办警政三年以上,著有成绩,并警法毕业者;

七、曾任高等军职,历办警政五年以上,著有成绩,并陆军毕业者;

八、曾任京外高等荐任职警察官吏,历办警政八年以上,著有成绩,并警法毕业者;

九、有简任职相当资格,历办警政八年以上,著有成绩,并警法毕业者。

各省警务处长,于警务处设立之初年,固有由所在省份省会警察厅长兼任者,然亦不无专任者。及至六年一月,因财政艰窘,缩减政费,遂由国务会议决议:所有各省警务处长及省会警察厅长均归一人兼任,而不另支费。该令由内务部通咨各省后,警务处长遂皆由省会警察厅长兼任。

二　各科　依照各省区警务处组织章程规定,警务处设置各科,分掌处务。分科之多寡,章程并未规定,惟限制最多不得逾四科。当时各省警务处，有设三科者，如奉天、贵州等是；有四科全设者，如吉林等省是。至于各科之职掌，依照章程规定，则由各该处长依照现行警察官制，及警察法令，酌量分配，呈由所在省份行政长官咨请内务部核定。各科置科长一人，由处长呈由该管民政长官咨陈内务部荐请总统任命，承处长之命，总理科务。科长之下，置有科员，助理科务，由处长经由所在省份民政长官咨请内务部核准后委任。科员之名额，依照章程规定，每科不得逾三人。

三　其他职员　警务处除上述各科外，依照章程规定，仍设秘书一人至二人，视察长一人，视察员至多不得逾八人，技正一人，及技士一人至二人。秘书掌理机要事宜，技正技士办理技术事宜，视察长及视察员掌理视察全省警务事宜。以上各员，依照章程规定，只设职位而无组织；惟当时各省警务处亦有代之设置组织者。如江苏警务处，即于各科之外，另设视察处，而以视察长主之，承处长之命，办理视察事宜是。秘书、视察长及技正，章程规定由处长经由该管行政长官咨陈内务部荐请总统任命。视察员及技士，则由处长呈由该管行政长官咨请内务部核准后委任。至各该人员之资格，依照内务部六年一月通咨，依照其官阶之高低，分别适用四年九月颁布之文职任用令第四条第五条及文职任用令施行今之规定办理。

四　章程规定以外之组织　警察处之组织，依照章程规定，约如上述。惟当时各省警务处亦有于上述组织之外另设他项组织掌管某项特种事务者。如江苏省警务处于各科及视察处以外，更设统计一处，承处长之命办理统计事宜；处中设置主任一员，统计员二员，分别掌理处务。此外直隶等省警务处，仍设有处务会议，由该处高等职员及临时指定之人员组织，讨论应兴应革等事。

第二目　警务处之职权

依照整顿各省警政办法大纲，警务处之职掌，在于统筹全省警政。惟该大纲除规定警务处之一般职务外，仍规定有关事件，警务处应先行筹办。

一、扩充警额　省城商埠，应随时督饬整顿；其各县警额，在有特别情别省份，至少暂以大县三百名，中县二百名，小县一百名为标准；仍应视地方需要，酌筹经费，随时增额，以期完密。

二、分配警经费　欲促警政之进行，必先谋警费之统一，所有现在各厅县警察费，是否足敷分配，及应如何酌剂挹注之处，应由全省警务处统筹兼顾，如有不敷，并得详请巡按使（省民政长官），于政费项下，酌量补助，或设法筹给。

三、教练警察　如各该省外县警察程度幼稚，得向各该省警察厅调用巡警，其距离京，津较近省份，并得由京，津警察厅酌调警察，以资模范；一面督饬迅设教练所，更番教练，以蕲进步。

四、核定警章　查警察厅及各县知事，均得发布单行警察章程，兹为统一章程起见，所有各项章程应送由该处核定施行。

警务处依照整顿警政办法大纲规定，对于全省警察职员指挥监督之权。大纲并规定，警务处长于必要时，尚可自行出巡或派员视察，以资考核。

第四项　省参事会

省参事会，乃系十年以后之产物。民国十年以前，省政机关本无此，项组织。十年六月二十三日，中央颁布省参事会条例，各省间亦遂有此项组织之设置。兹特根据中央条例，略述该会之大概于后。

第一目　省参事会之组织

依照省参事会条例规定，省设省参事会，由会长及省参事员十二人组织之。省参事会除会长及省参事外，更置秘书若干人，由会长任命，承会长之命，办理会内文牍、会计，及一切庶务事宜。

一　会长　省参事会以省行政长官为会长，会长有事务而不能执行职务时，得就参事之中指定一人，代行职务。会长于开会时担任主席，而于某一议案之赞成人数与反对人数相等时有决定去取之权。

二　参事员　依照条例规定，参事员可分委任、聘任及选任三种。委任参事员，条例定为三名，由省行政长官就省行政公署内之厅处长委任之。此类参事员以其本职之任期为任期，一旦本职任期届满或被解除本职时，则该项参事员之资格亦当然取消。委任参事员任职期内，如有渎职之事实时，依照条例规定，应即按照文官惩戒法交付惩戒。委任参事如因解除本职而有缺额时，应由省民政长官随时委任补充。

聘任参事员，由省行政长官就本省人民中聘任，名额亦系三员。聘任参事员以行政长官之任期为任期，即行政长官因事解职时，该项参事员亦即当然解职。至行政长官在职期内是否可以解除该项参事员之聘任，条例并无规定。聘任参事员于受聘之后，依照条例规定，即不应兼任其他官吏或议员。聘任参事员任职期以内，如有渎职行为，与委任参事员同，得依文官惩戒法交付惩戒。

选任参事员，参事员十二人中，除前述之委任参事员及聘任参事员各占三席外，所余六人具系选任参事员。选任参事员由省议会选任，惟省议员之当选者，最多不得超过三人；至于所余人员，则应就省议员以外之人员中选任之。省议会于选举此项参事员时，应选出同数之候补人，遇有此项参事员出缺时依次递补；惟现任参事员中之由省议员担任者已满三人时，则可不遵次序而以非议员之候补参事员提前升补。选任参事员之任期为三年，依照条例规定，每届任满之前六个月，由省议会改选；至候补参事员之任期，则以补满前任之任期为限，省议会选举参事员之方法，则与选举议长相同。选任参事员与聘任参事员同，当选以后即不得兼任其他官吏或议员，选任参事员任职期内，如有渎职之事实时，由省议会议员三分之二以上之出席，以过半数不信任票罢免之。

至于参事员之待遇，分为专任、兼任二种。专任参事员，指聘任，选任参事员而言；兼任参事员，指委任参事员而言。

三　参事会会议　依照条例规定，参事会非有参事员三分之二以上出席不得开会。参事员出席参事会议时，不分委聘选任之别，而俱有参与讨论表决之权利。惟依条例规定，凡议案之涉及某参事员本身或其亲属时，该当参事员对于该案，虽可出席讨论，然不得参与表决。参事会之决议案件，以出席人员过半数为通过人数；同一议案而赞反人数相等时，则取决于会长。参事会之议决案，依照条例规定，交由省行政长官执行。至于省行政长官对于该会议决案是否享有否决权，条例则无规定。

第二目　省参事会之职权

省参事会职权，依照条例规定，有如下述：

一、筹画关于省地方应行兴革，及一切行政事项；

二、筹画整理省有之不动产、营造物、公共设备及其他财产事项；

三、审议省长(省民政长官)提交省议会之预算，决算案，及其他议案；

四、审议省议会建议案之可否执行；

五、审议省长答复省议会之质问案；

六、受省长之委托，出席省议会说明提案之旨趣，或陈述意见；

七、处理各级自治之纷争，及疑难事项；

八、审议省议会议决案之执行方法；

九、对于国家行政，得建议及答复省长(省民政长官)之咨询；

十、其他依法令未规定归中央管理之省地方各事项。

第四节　第四期省行政机关

第四期省行政机关者，乃指国民政府成立后省政府而言。国民政府成立后，省政府组织采合议制，与前此省行政机关之采独任制者不同。惟合议制虽至今未变，然省政府之组织，十余年来则有数次变更。规定省府组织之法律，亦有数度修改。兹于叙述省府组织之前，先述各该组织法之沿革于后。

国府成立，规定省政府组织法律之最早者。为十四年七月一日颁布之省政府组织法[①]。该法公布之时，革命军之势力尚仅及于广东，以此该法施行之区域亦颇狭小。依照该法规定，省政府由民政，财政，教育，建设，商务，农工，及军事七厅组成。各厅置厅长一人，联合组织省务会议，执行全省政务，是在该法之下，省政府之组成分子即为各厅厅长，因之遂无不兼厅长之委员。十五年十一月十一日，国府修正省政府组织法，修正组织法[②]共有十三条，大体尚与前法相似；其不同者，乃在设有不兼厅务之省委。此外该法所设之常务委员制，是不仅与前法不同，亦后此诸次组织法所无者。十六年七月八日，国常又颁修正省政府组织法[③]，废止常务委员制度而由委员轮流值日辅佐主席处理日常事务。十六年十月二十五日，国府再颁修正省政府组织法[④]；该法一共十有七条，规定稍详；至该法之特点，则在指定主席，及废止值日制度。盖历次省政府组织法无不设有主席一职，前此诸次法律主席均由委员推选（十五年十一月法律则由常务委员推选，）而该法则定由国府指定；由于值日制度，原为常务委员制之遗迹，该法亦废止之，而将日常事务统交主席办理。此后国民政府于十七年四月二十七日，十九年二月三日及二十年三月二十三日，复三次修正省政府组织法；除规定较前为详，及关于委员人数，设厅多少，稍有出入外，要无特异之处。兹特根据上述各法，略述省政府之组织与职权于下。

---

① 见第一号国民政府公报（十四年七月）。

② 见第五十号国民政府公报。

③ 见宁字第九号国民政府公报。

④ 见国二集三号国民政府公报。

第一项　省政府委员会

省政府委员会之名词，创始于十五年十一月之修正省政府组织法。至于十四年七月国民政府第一次所颁布之组织法，关于省政府之组织，虽亦采行合议制度，然其称呼则名之为省政务会议。十五年修正组织法颁布后，省政府委员会之名词始行确定，而为后此诸次组织法所沿用。省政府委员会由政府委员，省政府主席（亦为委员）组织之；而其职权则由委员会议行使。兹将省政府委员，省政府主席，及委员会议分别述之于后。

第一目　省政府委员

十四年省政府组织法，不但无省政府委员会一名词；即省政府委员亦系十五年修正组织法后之名词。是以十四年组织法施行期内，并无所谓省政府委员，而该法上所谓省务会议，系由组成省政府之各厅厅长组成。十五年修正组织法颁布后，省政府委省一名始行确定，后此诸次组织法亦皆沿用。

一　省政府委员之名额　十四年组织法下省务会议会员共有七人。十五年以后，关于省政府委员之名额，历次组织法规定不同。十五年十一月组织法规定为七人至十一人。十六年七月组织法规定为九人至十五人。十六年十月及十七年组织法①规定为九人至十人。十九年及二十年组织法②规定为七人至九人。此乃组

① 见第五十三期国民政府公报（十七年）。

② 十九年组织法，见三八八期国民政府公报（十九年）；二十年组织法，见七二八期国民政府公报（二十年）。

织法所规定，至于实地情形，亦有因牵就某种事实，不得不稍为出入者，如新疆省政府之现行组织是。盖依现行省政府组织法（二十年），省政府之委员本定为七人至九人，新疆因顾及南疆北疆及各回族间妥当之分配，遂经中央政治会议议决，特许增加该省委员至十三人。

战事开始以后，战区各省交通阻塞，军事旁午。省府委员除兼厅长外，仅三四人。或身兼军职，或分区领导，迥非平时情形可比。致省府会议，往往不能依法举行。为适应战区情形，加强省府组织，二十八年间行政院第四三二次会议乃决议战区各省省政府委员暂准增加二人至四人，并陈奉国防最高委员会第十六次常务会议决议暂准照办①。目前战区各省之增加情形，江苏、浙江两省各增加一人，江西、陕西、甘肃、察哈尔四省各增加二人，安徽、湖南、河南、河北四省各增加三人，湖北、福建、广东、山东、山西各增加四人。

二　省政府委员之产生及其种类　省政府委员依照历次组织法规定，盖由中央简任②。委员之种类，有兼厅与不兼厅之别；兼厅委员者，于担任委员之外更兼某厅厅长。不兼厅委员，即不兼厅务而专任委员。十四年组织法之省务会议，既由构成省政府之各厅厅长组成，则是凡该会会员自为一厅厅长，因之亦无上项分别。惟自十五年修正组织法颁布，省政府委员向有上述分别，十五年组织法且为明文之规定。

① 参看（二八·一〇·四）国府渝字第五五一号调令，见国府渝一九四。

② 十四年，十五年，十六年七月及十六年十月组织法，并无明文规定，十七年以后各组织法，俱见之明文。

又依十五年组织法,省政府委员又有常务委员与普通委员之别。依照该法规定,省政府设常务委员三人至五人,由省政府委员会推选。常务委员之职务,在辅助主席处理日常事务。惟常务委员制度,乃十五年组织法所独有,至十六年七月修正组织法颁布,即行废止。

十六年七月组织法虽然废止常务委员制;然曾别创委员值日制度。依照该法规定,省政府每日以委员二人轮流值日,是为值日委员。值日委员之职务,亦在协助主席执行日常政务。该制施行不久,至十六年十月第三次修正组织法颁布即行废止,而日常政务之处理,此后历届组织法,均付之于主席。

三　省政府委员资格的限制　省政府委员不论兼厅与否,除十四年及十五年之组织法无有规定外,依照以后组织法,不得兼任他省行政职务。至于省政府委员是否能兼军职,十七年以前之组织法均无明文,而当时委员之兼任军职者所在皆有。十九年组织法,乃明文规定:现任军职者不得兼任省府委员。二十年组织法仍之。此项限度,虽一度有实行之趋向,但自战事开始以后,省府主席几恒以现任军职者兼任,不兼军职者转成例外。

四　省政府委员之任期及待遇　省政府委员之任期,法律并无明文。委员之去留,皆决之于政治环境。省府委员均系简任,惟其待遇则各省不尽一致,概括言之,边远省份所得较内地为低。

第二目　省政府主席

一　省政府主席之产生　省政府主席亦为委员之一。其产生方法,十四年组织法规定由省务会议推选。十六年七月组织法规定由省政府委员会推选。十六年十月以后历次省政府组织法均规定由国民政府就省政府委员中任命。至十五年组织法则规定由该法所置之常务委员推选。现制则由国民政府就委员中任命。

主席因故不能执行职务时，应如何补救，十四年、十五年及十六年七月之省政府组织法，均无明文规定。十六年十月以后诸次组织法则规定：由省政府委员会推选委员一人代行职务。关于代理之限制，十六年十月组织法只规定须呈报国民政府；十七年以后组织法则限制代理期间不能超出一月。惟依十七年组织法规定，若得国民政府特许，则代理期间可以延长。惟实地情形，有时主席于因事离职时，径指定委员代理职务，而不由委员会推选。

二　省政府主席之职权　省政府主席之职权，十四年、十五年、十六年七月及同年十月之组织法，或则不予规定，或则规定较简。在十七年组织中，规定即较详明。十九年及二十年组织法规定更详。依照该二法之规定，主席之职务计有下列各种：

一、召集省政府委员会，于会议时为主席；

二、代表省政府，执行省政府委员会之议决案；

三、代表省政府，监督全省行政机关职务之执行；

四、处理省府日常及紧急事务。

战事开始以后，行政院为使各省组织统一力量集中起见，对于省政府主席，曾逐渐授与特权。如现在省府主席对于各省总预算项下之分目，可以变通移用；对于中央派驻各省之机关，得就近考察其工作情形；对于省行政机构得酌量予以裁并。对于战区各省，行政院并以河北、山东两省省政府之电陈，经决定省政府委员会议不能照常举行时，凡紧急事务及无庸提会之件，准由省政府主席负责处理。又，省政府各厅厅长不在省政府所在地时，主席得指定人员，暂行代理其职务。

此外，依据三十年二月十五日国防最高委员会颁行之"各级机关拟订分层负责办事细则之原则与方式"[①]规定：凡本机关重要政策及工作计划之决定，对于编制预算之扼要提示，拟订法规时重要原则之提示及采择，高级人员之依法任免及考核监督指导及考核各单位之工作，重要案件变更方式之决定，重要新案之决定，重要会议之主持及参加，等项，均为第一级官之责任。而省政府主席在现在实为省政府分层负责制中之第一级官，各省政府之办事通则，大通亦均作此规定。是以省政府之组织，显已有恢复独任制之趋势。

第三目　省政府委员会议及其职权

省政府委员会之职权，以会议行使之。此项会议，除十四年省政府组织法称为省务会议外，十五年以后诸次省政府组织法均称为省政府委员会议。兹将该会议相关问题分述于后：

一　规定委员会议之章则　关于委员会议各节，国民政府成立初期各次组织法多未予以规定。即后颁诸法，所规定者，亦以委员会之应行议决事项，及其他较为重要事件为限。以此委员会议之如何举行，多由各省自定规则。兹特以数省规则为根据，叙述是项会议之梗概于后。

二　委员会议之种类　委员会议因会议之有无定期，可分为常会（或例会），及临时会二种。常会乃有一定会期之会议；各省政府委员会之常会，有每星期举行一次者，有每星期举行二次者，亦

① 行政三联制文告法令辑要，页八〇——八八。

有不规定每周会议之次数，而仅规定决定会议次数之方法者[①]；有对于会议时间加以具体规定而定为周之某日某时者，有仅规定决定会期之方法而不为上述严格之规定者[②]。临时会乃无一定会期，因有重要事件待议，所召集之会议。各省于常会之外，莫不承认临时会制度；且十六年十月以后之诸次组织法，对于临时会议，仍有明文规定。依照各政府组织法规定及各省之实例，临时会与常会同，皆由省政府主席召集；惟依召集动议之不同，临时会可分为二种。一为主席视为必要时而自动召集者，一为由委员提议而主席召集者。委员提议召集临时会议，依照组织法及各省规则规定，须有三人以上始生效力。提议召集会议之委员既满三人时，依照组织法规定，主席即有召集会议之义务。

委员会议，一般又有正式会议与谈话会之别。正式会议，乃出席委员达于法定人数之会议；谈话会议，乃出席委员不及法定人数之会议。惟此乃正式会议与谈话会议之表面区别，至于实地，谈话会亦能通过议案，初与正式会议无大差异。至于会议之法定人数，各省概多规定为全体委员二分之一；但亦有为例外之规定者，如广西省政府委员会会议规则[③]，一方面固规定：委员会议非有全体委员过半数之出席不得开议，另一方面则规定："委员因事离省，有省政府所在地委员总额之过半数亦得开会"是。

① 如二十年二月七日刊布之修正浙江省政府委员会会议规则，即规定每周所开例会次数，由委员会议决之。修正浙江省政府委员会会议规则，见二十年七月二日浙江省政府公报。

② 如二十年二月七日刊布之浙江省政府委员会会议规则，规定会期由委员会议决之是。

③ 二十一年广西现行法规汇编所载。

三 委员会议之构成分子 省府委员会议,由省政府委员组织之。省政府委员会议,除各委员外,亦有充并其他人员列席者;如浙江等省准许各该省高等法院院长列席是[①]。此外如现今各省之保安处长,亦多列席会议。至于省政府秘书长,有在甲省为列席,而在乙省为出席者,又有同一省份在甲时代为列席,而在乙时代为出席者,颇无定律可循。列席与出席之不同,一般言之,列席者仅能发表言论而不能参与表决。战事开始以后,省政府附属单位屡有增加,此类附属单位之主管长官,遇有省政府委员会讨论与其业务有关之问题时,大都亦列席会议。

四 委员会议之举行 委员会举行会议时以省政府主席为主席。主席因故不能出席时,则依前述主席离职时之补救办法,指定代理主席。省政府委员会议时,委员是否可以派遣代表出席,十六年十月以前诸次组织法未予规定,十七年以后之组织法则立明文禁止。惟各省对于兼理厅务之委员,亦有准其派遣代表列席会议者,如二十年二月刊布之修正浙江省政府委员会议规则之规定是。开会时间之限度,各省有定为二小时[②]者,有定为三小时[③]者,有定为四小时[④]者,亦有不为具体规定[⑤]者。会议时间届满而议案未能讨论完毕时:主席亦可宣布延长会议时期,或将未结议案移交下次

① 依十七年七月十三日前司法部训令各省高等法院及首席检察官第四七六〇号之规定:各省高等法院院长应列席省政府会议,但除司法事务外,不得参加意见。

② 如二十一年一月刊布之广西省政府委员会会议规则之规定是。

③ 为十九年四月一日修正之湖南省政府委员会会议规则规定是。

④ 如载于二十二年安徽省单行法规汇编之安徽省政府委员会会议规则规定是。

⑤ 如浙江省政府三七四次会议通过之修正浙江省政府委员会会议规则之规定是。

会议。

议案之提出,可分一般提案,及临时动议二种。一般提案各省多规定应于会议前若干日,送至省府秘书处编入议事日程,而于会议时依次讨论;其情节重大而次序在后之案件,亦可提前讨论。至于临时动议,则多系临时提出而皆不列入议事日程。开会时讨论之方法,各省亦不相同;有发言之先后,依各员表示要求发表之先后定之者;有于会议之初,即行抽定席次,而于议案提出时,依次发表意见者。至于讨论之时间,有不加限制者,有限制一案讨论不得逾一定时间者。

议案情节较简,而可以即会解决者,多不经审查而即予表决;至其性质繁复,各省亦多设有审查制度,从事审查以待复议。议案之决议,由出席人员过半数之同意行之;至若赞反人数相等时,则取决于主席。

委员会之决议案,由秘书处制成议事录;而省政府主席则负有监督执行之责。

五 委员会议之职权 省府委员会之职权,省政府委员会之职权,十七年四月以前诸次组织法。规定均甚简略。直至十九年修正组织法颁布,规定始较具体。二十年省政府组织法虽又修正,然关于省政府委员会之职权,则一仍十九年组织法之规定。依照十九年组织法,省府委员会之职权系属议决下列各项事件:

一、关于该法第二条、第三条规定事项;

二、关于增加,或变更人民负担事项;

三、关于地方行政区划之确定,及变更事项;

四、关于全省之预算、决算事项;

五、关于处分省公产，或筹划省公营业事项；

六、关于执行国民政府委托事项；

七、关于地方自治监督事项；

八、关于省行政设施，或变更事项；

九、关于咨调省内国军，及督促所属军警团防，绥靖地方事项；

十、关于省政府所属全省官吏任免事项；

十一、其他省政府委员会认为应议决事项。

第四目　省政府行署之组织与职权

战事发生以后，行政院鉴于战区各省情形特殊，不无分区治理之必要。因于二十八年七月二十二日公布战区各省省政府设置行署通则[①]。此项行署，其性质不同于省政府直辖之各机关。兹叙述于次。

一　行署之设立　依据战区各省省政府设置行署通则之规定。行政院为增进地方行政效率，适应战区情况起见，于必要时，得在各省设省政府行署，各省政府认为必要时，亦得呈请设立。

二　行署之辖区　省政府行署驻在地及其所辖区域，由内政部军政部会同有关机关拟定，呈请行政院核准之。

三　行署之组织　行署设主任一人，由行政院就省政府委员中提请国民政府简派或荐派之。秉承行署主任分别掌理事务。各处均得分科办事，酌置秘书科长科员及其他办事人员，以尽量就省政府及所属各厅处原有职员为原则。其组织规程，依地方情形分

① 内政法规汇编民政类第三目，页一〇至一一。

别另定之。

四　行署之职权　省政府行署秉承省政府之命，在所辖区域内，代行省政府职权。以省政府主席名义行文时，由行署主任副署。换言之，行署实具有"省政府职权"之全部，不过须"省秉承省政府之命，在所辖区域内"行使而已。

第二项　秘书处

第一目　秘书处之组织

一　秘书长　秘书处之主管长官，依照最近省政府组织法规定为秘书长。惟历次省政府组织法关于秘书长之规定，颇不一律。十四年组织法关于秘书处之规定，仅有十条，而该条之规定，又极粗略。仅谓"省政府设秘书处，承省政府命令办理秘书事宜"。至于秘书处是否设置主管长官，该法并无规定。惟当时广东省政府秘书处实设有主管长官，初则称为秘书主任，后且改称秘书长。十五年组织法关于秘书处之规定，则谓："省政府设秘书处，由省政府任命秘书三人组织之……"，亦未规定设置主管长官，惟当时各省秘书处类多设置主管长官，且称为秘书长。十六年七月以后之组织法，则皆设秘书长，为秘书处之主脑。省政府秘书长，除称为秘书主任之短期内为荐任外，其后均为简任。秘书长有由省政府委员兼任者，亦有不为省政府委员而专任秘书长者。秘书长之职务，在总理秘书处事务，十七年以后之诸次组织法，且有明文之规定。

二　秘书处之内部组织　关于秘书处之内部组织如何，十六年十月以前诸次组织法规定均极粗略。十七年以后各组织法规定始较详明。兹述二十年组织法之规定，以见一般。二十年组织法规定：秘书处设秘书三人，荐任，承长官之命，办理机要事务。秘书处视事务之繁简得分科办事，科置科长一人，荐任，总理科务，科员四人至十二人，委任，分理科务。此外因事务之需要，秘书处仍得酌用雇员。战事开始以后，行政院因河北省政府之呈请增设人员，决定省政府有事实上需要时，得增设助理秘书，或由各厅调用秘书①。

第二目　秘书处之职掌

关于秘书处之职掌，十六年以前组织法均无规定；至有规定者，则自十七年组织法始。兹述二十年组织法之规定以见一般。依照该法规定，秘书处之职掌如下。

一、关于一切机要，及省政府委员会会议事项；

二、关于撰拟、保存、收发文件事项；

三、关于会计、庶务事项；

四、关于编制统计及报告事项；

五、关于纪录省政府各厅处职员之进退事项；

六、关于典守印信事项；

七、其他不属于各厅事项。

第三项　各厅

国民政府成立以来，省政府所设厅之多寡，历年并不一致。十

---

① 行政院并准各省政府聘用人员，组织特种委员会，筹划一切行政之设计事宜，又湖北省政府为廷揽或罗致特种人才，协助省政建设起见，请于省政府内酌设顾问及参议等员额，亦经行政院核准。

四年组织法设有民政、财政、教育、建设、商务、农工及军事七种。十五年组织法设有民政、财政、建设、教育、司法及军事等六厅。此外更规定，于必要时，得增设农工、实业、土地、公益等厅，分管行政事务。十六年七月组织法设有民政、财政、建设、军事及司法等五厅。至因必要而准予增设者则有：教育、农工、实业及土地等厅。十六年十月组织法裁司法、军事二厅，而设民政、财政、建设三厅。其所得而增设之厅，则与七月组织法相同，而为教育、农工、实业及土地四厅。十七年组织法除设民政、财政及建设三厅外，又将教育厅定于必设之列（但试行大学区制之分省不设教育厅）。至可以增设之厅，则减为农矿、工商二厅。十九年组织法与二十年组织法同，均设民政、财政、教育、建设四厅。其得而增设之厅，十九年组织法定为农矿、工商二厅；而二十年组织法则仅为实业一厅。

观上所述，可知不但甲组织法时代省政府所置各厅，与乙组织法时代不同。即属同一时代。以有可得增设各厅之故，甲省政府所设各厅亦间与乙省政府不同。又且各组织法所规定之必设诸厅，各省政府亦间有因特殊关系而不予设立。兹将各该厅之组织与职掌分述于后。

第一目　各厅之组织

一　各厅厅长　厅置厅长一人，简任由国民政府就省政府委员中任命之。十四年省政府组织法既无省政府委员，则厅长之人选自无必在委员中选任之限制。惟自该法修正以后，历次组织法莫不明文规定：厅长应由国民政府任命省政府委员兼任。厅长之由委员兼任及厅长应由国府任命，虽系十五年以后历次组织法之所从同；至于任命之程序如何，则各法又有不同。十四年、十五年、十六年七月及十六年十月诸次组织法，仅规定厅长由国民政府任命，而未规定任命方法。十七年、十九年及二十年组织法，对于任命方法始加规定；惟其规定之内容，则十七年之组织法又与十九年及二十年之组织法不同。依照十七年组织法，厅长系由中央各主管部及省政府委员会呈请中央核准任命。十九年及二十年之组织法，则将省政府委员会参与厅长人选决定之权，完全剥夺，而以之尽付中央，并由行政院执行。

行政院为执行其此项职权计，特于十九年：二十年先后公布省政府各厅长选任规则[①]及行政院审查各省政府厅长人选暂行办法[②]。十九年之省政府各厅长选任规则，系规定该院审查厅长人选之程序。依照该规则规定，国民政府于任命各省省政府委员后，将各该委员之履历发交行政院，以备该院选定以某委员兼某厅长。行政院接到上项履历后，得将各委员履历发交各主管部会，由主管部会召集审查会议从事审查。主管部会审查各委员资格，认为某委员堪任某厅长时，应附具意见呈报行政院选择提出国务会议；国务会议议决通过时，则由院呈请国民政府简任。至于中途省府委员兼厅长出缺，而国府又已从新任命委员时，依照规则规定，行政院应将新任委员及前此未兼厅务之旧有委员，一并发交主管部会审查，以便选任厅长；至于审查之程序，适用以上所述。

至于审查之标准，即厅长之资格如何？则为二十二年颁布之行政院审查各省政府厅长人选暂行办法所规定。依照该办法，省政府各厅厅长，应具有下列各款资格之一：

① 见立法院编：《中华民国法规汇编》第三编。
② 见同上。

一、曾任政务官一年以上者；

二、现任，或曾任简任官一年以上，经甄别审查合格，得有证书者；

三、对党国有特殊勋劳，或致力国民革命十年以上，而有行政经验者；

四、曾任县长六年以上，或高级荐任官四年以上，具有特殊成绩，经奖叙有案者；

五、曾任教育部立案之专门以上学校教授二年以上，副教授或讲师三年以上，并曾任荐任官二年以上，或简任官一年以上者；

六、在学术上，或事业上，有特殊之著作经验，或贡献者。

除上述规定外，该办法仍规定，各厅长人选之学识与经验，并须与其所任之职务相当始为合格，否则仍不能任命。

其有下列各款之一者，办法规定不得任为厅长：

一、褫夺公权，尚未复权者；

二、曾以赃私，处罚有案者；

三、亏空公款，尚未清偿者；

四、吸用鸦片，或其他代用品者；

五、年未满三十岁，或年在六十岁以上，而精力不济者；

六、现任军职者。

依前所述，省政府各厅厅长人选之提出，似仅可由行政院院长及主管部部长按照法定资格为之。惟该办法亦规定；其他关系机关长官亦可保举，惟保举时，应由该长官或其主持之机关，具备被保人详细履历，并查明有无前述不得任为厅长之各款事实，附具按语，呈报行政院。行政院接到上项保举文件，即可发交主管部会审查，而将审查结果呈院核办。

以上乃就法规而论，至于实地情形，则亦不无出入，而尤以国民政府成立初年为甚。伊时既无上述法规以为准绳，又当军事纷乱之际；以此各省高级行政长官（厅长在内）多由所在军事长官电保，即所保人员之履历亦多不呈中央。中央政府于接到是项电保时，每亦无从稽考，辄予任命。直至十八年中央政治会议，始因委员戴传贤提议，决定限制各省保荐高级行政长官办法二项。第一项规定：以后各处保荐简任，荐任人员（厅长在内），必须将其籍贯、年龄、履历，详细呈报，以凭中央核办。第二项规定，自该办法颁布以后，各省兼厅之省政府委员，必须于就职前来京向国民政府报到接受任命。该办法通过后，国民政府遂即通令施行。十九年九月，内政部又复经由行政院呈准各省厅长之任命，应经行政院审查决议，而审查之手续则由行政院自定。行政院始先后颁行上述二种规则，厅长之任命始得较有准绳。

二　各厅之内部组织　十六年以前之组织法，对于各厅之内部组织，并无规定。其规定较详则自十七年组织法始。此后十九年及二十年组织法皆因循未废。依照上述之规定，省政府各厅各设秘书一人至三人，承各该长官之命，办理秘书事务。厅下分科办事，科设科长，科员办理科务。科长每科法定一人。至科员每科应设若干人，十七年组织法仅为概括规定，而无确定数字。十九年、二十年组织法皆规定为四人至十二人。秘书、科长、科员之外，各该组织法仍规定：各厅于必要时，得酌设技正、技士、技佐及视察员等职。至其名额之多寡,则由主管厅提出省政府委员会议决之。

关于各该人员之官级,十七年组织法规定秘书、科长为荐任职或委任职,十九年二十年之组织法则均定之为荐任职。科员则各法均定为委任。至于技正、技士、技佐及视察等员之官级,各法均无规定;惟各省实例,除技正为荐任职外,其余尽为委任。以上乃省政府组织法上所规定而各厅所设者;至于省政府组织法上所无,而某厅因特殊法规所设之职官亦有,如各省教育厅,依照教育部颁布之省市督学规程,而设有省督学是。

以上乃就法规而论,至于实地情形,则至不无出人。即以设职分科而论,省政府组织法上仅规定各厅分科办事,而对于分科之多寡,并无规定;以此各厅分科遂不免于过滥。至于设职,十七年以前组织法均无具体规定,以此各省各厅之用人,毫无限制。十八年二月,国民政府第十八次国务会议决议:关于各级政府机关职员之名额,应交立法院核办确定;并谓:此后组织法上关于规定员额之条文,应定明数字,而不应概括规定为若干名,以便任用之时有所准绳。上项决议通饬立法院后,十九年以后之组织法,即明定各厅处设职员之名额。惟中央虽有具体规定,然各省仍有未能遵守者。

第二目　各厅之职掌

关于各厅之职掌,十六年以前组织法均无规定。十七年以后始有规定。兹述二十年省政府组织法之规定,以见一般。依照二十年组织法,各厅之职掌如下:

民政厅

一、关于县、市行政官吏之提请任免事项;

二、关于县、市所属地方自治及其经费事项;

三、关于警察及保卫事项；

四、关于卫生行政事项；

五、关于选举事项；

六、关于赈灾及其他社会救济事项；

七、关于劳资及佃业之争议事项；

八、关于礼俗、宗教事项；

九、关于禁烟事项；

十、关于各种土地测丈、征收及其他土地行政事项。

财政厅

一、关于省税，及省公债事项；

二、关于省政府预算、决算编制事项；

三、关于省库收支事项；

四、关于省公产管理事项；

五、其他省财政事项。

教育厅

一、关于省级学校事项；

二、关于社会教育事项；

三、关于教育及学术团体事项；

四、关于图书馆、博物馆、公共体育场等事项；

五、其他教育行政事项。

建设厅

一、关于公路、铁路之建筑事项；

二、关于河工及其他航路工程事项；

三、关于不属土地行政之测丈事项；

四、其他建设行政事项。

以上四厅，依照二十年组织法，乃各省政府之所应设者，此外该法仍规定于必要时，省政府得增设实业厅，至实业之职掌，该法之规定如下：

一、关于农林，蚕桑，渔牧，矿业之计划管理，及监督，保护，奖进事项；

二、关于整理耕地及垦荒事项；

三、关于农田水利整治事项；

四、关于农业经济改良事项；

五、关于防除动植物病虫害，及保护益鸟，益虫事项；

六、关于工商业之保护监督及奖进事项；

七、关于工厂及商埠事项；

八、关于商品之陈列及检查事项；

九、关于度量衡之检查及推行事项；

十、关于农会，工会，商会，渔会及其他农业，工业，商业，渔业，矿业各团体事项；

十一、其他实业行政事项。

上述各项事务，在设立实业厅之省份，归实业厅管理；至未设实业厅省份，依照组织法规定，归建设厅办理。

近年来省政府组织法虽未修改，但因机构之增设与裁并，新政之办理，各厅职掌在实际上亦不无与过去不同之处。而财政厅因财政收支系统改革之故，其实质之变化尤大。二十八年九月十九日公布之县各级组织纲要[①]明定县与乡（镇）之财政收支范围，三十年四月五届八中全会通过，改进财政系统统筹整理分配以应抗建需要而奠自治基础藉使全国事业克臻平均发展案[②]，决定将全国财政分为国家财政与自治财政，而将省财政归并于国家财政。嗣于三十年十一月八日由国民政府公布改订财政收支系统实施纲要[③]确定国家财政与自治财政之划分，并于三十一年一月开始实施。省财政决其独立地位，省财政厅渐有成为财政部直辖机关之趋势。财政部并曾拟订各省财政厅职掌暂行办法草案四条[④]。依据该草案第二条之规定，财政厅掌理之事务如次：

一、关于自治财政之督导考核及改进事项。

二、关于县市补助协助款项及国税分给之审核事项。

三、关于县市公营企业公有营业及公有事业收支之监督事项。

四、关于县市实施公库制度之监督考核事项。

---

① 国府渝一八九。

② 中国国民党历次会议宣言及重要决议案汇编，页一二〇一至一二四。

③ 国府渝四一二。

④ 原文见鲁佩璋著：《财务行政》（中央训练委员会出版），页二〇至二一。按原著者时任财政部主任秘书。

五、关于县市公债发行之监督事项。

六、关于县市之捐献及赠与收入之监督事项。

七、关于县市财务人员之考察及训练事项。

八、关于省属机关及县市政府财务交代案件之审核及处理事项。

九、关于依法处理财政诉愿事项。

十、关于省单位预算之执行事项。

十一、关于部令饬办处理国库行政及报告事项。

十二、关于部令饬办处理省境内公库公产事项。

十三、关于部令饬办协助省境内之国税稽征事项。

十四、关于部令饬办稽核监督省境内公营企业公有营业及公有事业之收支事项。

十五、关于部令饬办稽核监督省属各机关之收支事项。

十六、关于部令饬办稽核省境内税务金融事项。

十七、其他有关自治财政事项。

十八、其他部令饬办事项。

第四项　各专管处局

依照省政府组织法规定，省政府于必要时，可于厅处之外设置其他专管机关。现时各省亦多设有此类机关；论其性质，有采委员制者，有采独任制者，有设于省政府以内者，有设于省政府以外者。至其职掌，有专司一事之执行者，有不司执行而专备咨询者。此类机关之地位与各厅处相同而皆直隶于省政府。近年各省采行合署办公制度以后，依照二十三年七月五日南昌行营所颁省政府公署办法大纲规定，此类附属机关应分别裁并或量为缩小，而改隶于主管厅处；其中如系推行特种要政之临时组织，得暂不并，但仍应受主管厅处之指导。自战事开始以后，此类机关又逐渐增设。兹择其较要者，简述于次。

第一目　保安处①

一　保安处之组织　依照二十三年八月一日行营颁布之各省保安处组织通则规定，保安处设处长及副处长，由全省保安司令②呈请军事委员会委员长任免。保安处长秉承保安司令命令，总理处内事务。副处长承长官之命，参赞掌管各项计划并襄助处长指挥监督处内一切事务。保安处长乃各省保安处所必设，至副处长，依照通则规定，某省如认为无设置之必要时，亦可暂缓设置。保安处长及副处长之官级，行营所颁规则并无规定，各省实地情形则多为中、小将。其处内组织为处长办公室，及一、二、三、四四科。处长办公室，设参谋、秘书各二员，译电员、办事员、书记各若干员，办理该室事务。各科设科长一员，科员、办事员、书记各若干员，办理科务。此外为考察所属防务等事计，处内亦设视察若干员。此乃

① 战前专管机关之中，其地位较为重要而为各省所普通设立者为保安处。保安处乃省政府组织法上所无之机关，其初不过为各省自行设置者；及后（二三·八·一）国民政府军事委员会委员长行营颁布各省保安制度改进大纲及各省保安处组织通则，（见二十三年立法院辑，中华民国法规汇编一二两编）各省保安处之组织始渐画一。二十九年四月，国防最高委员会曾决定各省政府组织行政部分仍旧，保安处裁撤，唯事实上尚未办到。参看（二九·四·八）国府渝文字二四四号训令，国府渝一四七。

② 依各省保安制度改进大纲第三条之规定："省设全省保安司令，由军事委员会委员长呈请国民政府任命各省政府主席兼充，在省政府中特设保安处秉承全省保安司令之命，掌理全省保安事宜，保安处组织通则另定之。"依实际情形，各省有保安司令，并无司令部，其职务均由保安处办理。

通则之规定，各省亦尚不无出入。如湖北省保安处，即设处长办公室，及一、二、三三科，此外更设军法、视察二室是。

二　保安处之职掌　依照二十三年委员长行营颁布之各省保安处组织通则规定，处长办公室掌理（一）关于军事计划事项；（二）关于机要文电事项；（三）关于监印、校对、收发文件事项；（四）关于会议纪录事项；（五）关于不属各科事项。第一科掌理：（一）关于保安部队，及民众自卫组织之编练、整理、调查、奖惩事项；（二）关于保安部队之作战计画、演习计划，及校阅、点验事项；（三）关于绥靖事项；（四）关于兵役之征集、退伍事项；（五）关于搜集情报，派遣侦探，及口令信号事项；（六）关于部队兵舰之调遣事项。第二科掌理：（一）关于关防、铃记、证章、符号、军用证明书等事项；（二）关于人事登记及伤亡抚恤事项；（三）关于水陆交通及运输事项；（四）关于卫生及军医院事项；（五）关于购置及庶务事项。第三科掌理：（一）关于保安各部队政治训练之设计，及指导、调查事项；（二）关于“剿匪”，及其他保安要政，宣传材料之搜集，及编纂事项；（三）关于统计报告事项；（四）关于地方善后之设计事项；（五）关于军法及盗匪案件事项。第四科掌理：（一）关于经费之出纳、稽核、保管及编造预算及决算事项；（二）关于薪饷及犒赏、恤金，并临时费事项；（三）关于粮服械弹事项；（四）关于营造修缮事项。

第二目　警务处①

一　省警务处之组织　省警务处设处长一人，简任，由内政部

---

①　省警务处组织法（一八·六·二七）《中华民国法规大全》（一），页八二三；修正：（二六·一一·四）《内政法规汇编》警政类第一目，页二——三。此处依修正者但组织法说明。但与原法有重要出入者，另加注。

部长遴员提请任命[①]。综理处务，并指挥监督所属职员及全省各级警察机关。秘书一人至三人[②]，承处长之命，掌理机要事务。设三科或四科，每科设科长一人，科员三人至六人，分掌各科事务[③]。另设视察办事员等人员[④]。

二　省警务处之职掌　省警务处直隶于省政府，受省政府之指挥监督，掌理全省水陆警察事务。对于所属机关职员所为之处分或命令认为违法或不当时，得变更或停止之[⑤]。不设警务处之省区，其警察事务，由民政厅掌理之[⑥]。

第三目　卫生处[⑦]

一　省卫生处之组织　省设省卫生处，隶属于省政府。置处长一人，简任或简任待遇，得列席省政府委员会议。另置科长科员技正技工，其名额官等俸给，及编制由省政府依事务需要及财政状况拟定，报由卫生署转呈行政院核定之。此外，并得设省立医院，卫生试验所，初级卫生人员训练所，卫生材料厂及其他卫生机关。

二　省卫生处之职掌　省卫生处掌理全省卫生事务。承办省

① 原法规定为由省政府咨内政部审核呈请任命之。

② 原法规定为一人或二人。

③ 原法为设二科主四科。

④ 原法不设视察，而设视察长，督察及技术员。

⑤ 原法规定："对于所属机关之处分或命令，认为违背法令妨害公益，或侵越权限时，得报由民政厅变更停止或撤销之"。

⑥ 各级警察机关编制纲要（二五・七・二五）行政院公布，《内政法规汇编》警政类第一目，页一——二。

⑦ 在民国二十三年以前，各省对于卫生行政，均未有专管机关。依当时省政府组织法之规定：卫生行政系属于民政厅之职掌，故多于民政厅设科办理，二十三年六月江西省设全省卫生处。其后陕西设卫生处，湖南设卫生实验处，云南设全省卫生实验处，贵州设卫生委员会。（二九・六・二一）行政院公布省卫生处组织大纲，省卫生行政机关，始有一致之规定。大纲见卫生法规（卫生署编），页七。

政府一切关于卫生之政令。对于卫生院市卫生局(或卫生事务所)负监督指导之责。

第四目　统计处①

一　统计处之组织　依据二十九年十二月五日公布之省(市)政府统计处组织规程之规定:省政府统计处设统计长,下分三科,设科长等人员。其组织与会计处(详后)大致相同。

二　统计处之职掌与地位　统计长承主计长之命及省政府之指挥监督,主办省政府及所属各机关之统计事务。统计亦属于主计范围,是以统计处之地位与会计处大致亦相同。

第五目　社会处②

一　社会处之组织　社会部改隶行政院后,行政院于三十年九月,公布省社会处组织大纲。依据大纲之规定:各省政府得设置社会处,主管关于人民组训社会运动、社会救济、社会福利等事宜。置处长一人,简任。得列席省政府委员会议。另置秘书、科长、视

① (二九·一二·五)国民政府公布省(市)政府统计处组织规程,见三十年二月国府主计处编:主计法令汇编。又,在此以前,除合署办公制度中省政府秘书处设置之统计室以外,(二二·六·二四)行政院曾公布地方行政机关统计组织暂行规则,(二三·八·一八)又由内政部及主计处会同颁行地方行政机关统计组织暂行规则解释要点,规定各省政府得设统计委员会,所属各厅得设统计股。暂行规则及解释要点均见国府主计处统计局编:《统计法规》,页七〇——四。

② 省社会处组织大纲(三〇·九·五)行政院公布,见社会法规汇编第一辑(社会部编)页一二。又,在组织大纲公布以前,三十年中央常务委员会第一六五次会议曾议决关于确定省(市)县(市)政府主管社会行政机构方面拟订办法五项,经国防最高委员会第五十六次常务会议决议交行政院办理,由国民政府于(三〇·四·三〇)调令行政院遵照办理。依该办法第一条之规定:"在省政府之下,得设置社会处主管关于人民组调、社会运动、社会救济、社会福利等事宜。其未设处之省,由民政厅设科主管,在直属行政院之市,归社会局主管。"处长局长由主管部提请行政院任用之,科长由省政府征得省党部之同意任用之。原文见国府渝三五八。

导、科员办事员。其名额、官等、俸给及编制由省政府依事务需要拟订，报由社会部核转行政院决定之。

二　社会处之职掌　省社会处之职掌有六：（一）关于全省人民团体之组织训练调整及其相互联系事项；（二）关于全省社会运动及人民团体目的事业外一般活动①之指导监督事项；（三）关于全省劳资争议之处理事项；（四）关于全省社会福利，社会救济，社会服务及职务介绍之指导实施事项；（五）关于全省贫苦老弱残废之收容教养事项；（六）关于其他有关社会行政事项。省社会处对外重要文件，以省政府名义行之，普通事项，以本处名义行之。

第六目　合作事业管理处②

一　合作事业管理处之组织　依据三十年十一月行政院公布省合作事业管理处组织大纲之规定：各省政府得设置合作事业管理处（以下简称省合作处），主管全省合作事业。置处长一人，荐任或简任。于省政府委员会开会讨论有关其职掌之事项，得列席会议。另置秘书、科长、视察员、督导员、技术专员、科员、办事员。其名额官等俸给及编制，由省政府依事务需要拟订，报由社会部核转行政院决定之。

---

① "称目的事业者，系指团体组成分子业务本身目的所在预定所欲完成之事业；称目的事业外一般活动者，系指不属于目的事业范围以内而为通常所为之活动。举例言之，遵照中华民国教育宗旨及其实施方针以研究教育事业发展地方教育，此为教育会之目的事业。如关于教育会进行组织程序办理选举事宜，以及举行或参加各项社会运动协助一般政令之推行等，则视为目的事业外一般活动。"行政院（三一·四·一）顺玖字第五七三五号训令，见《社会法规汇编》第一辑，页一三。

② 省合作事业管理处组织大纲（三〇·一一·五）行政院公布。见社会法规汇编第一辑页一四。又，关于省合作事业行政机关之沿革，见张达：《合作行政》，中央训练委员会出版，页四七——五〇。

二　合作事业管理处之职掌　省合作处之职掌有九:(一)关于全省合作事业之计划推进事项;(二)关于全省合作组织之登记考核事项;(三)关于全省合作教育之设施事项;(四)关于全省合作事业之调查统计事项;(五)关于全省合作金融之筹划及指导监督事项;(六)关于全省各县市合作行政设施之指导监督事项;(七)关于全省各县市合作工作人员之指导考核事项;(八)关于有关合作机关团体之联系事项;(九)其他有关合作事项。省合作处对外重要文件,省政府名义行之,普通事项,以本处名义行之。

第七目　地政局①

一　地政局之组织　依省地政局组织大纲之规定:各省地政局直隶省政府。设局长一人,简任,综理全局事务,并监督所属职员及机关,得列席省政府委员会议。必要时得设副局长一人,简任,助理局长处理全局事务。秘书一人。得分设三科或四科。设科长三人至四人,技正一人至三人及督导员,估计专员,科员,技士,技佐等人员。并得设测量队及县地籍整理办事处等。

二　地政局之职掌　地政局掌理本省土地行政事务。其职掌有四:(一)关于土地测量之规划指导及考核事项;(二)关于土地登记及规定地价之规划指导及考核事项;(三)关于公地清理土地、重划土地、使用土地、征收及地权事项暨;(四)其他有关土地行政事项。

---

①　省地政局组织大纲(三一·八·一四)行政院会议通过,见地政通讯第三期,按:民国十一年,广东即有土地局之设。定都南京以后,各省有设专管机关者,有由一厅或两厅兼管者。二十三年三月行政院公布各省市举办地政程序大纲,规定各地政由民政厅兼管,必要时设土地局,二十五年二月二十二日国府公布各省市地政施行程序大纲,同年三月十四日行政院公布省地政局组织通则(均见《中华民国法规大全补编》,页一二七——九),是为地政局之始。

第八目　会计处①

一　会计处之组织　依据各省政府会计处组织规程之规定：省政府会计处设会计长一人，简任。依事务之需要，分设三科。每科设科长一人，承长官之命，分掌各科事务。设科员二十四人至三十六人，办事员若干人。依事务之需要，得呈请国民政府主计处聘用专员，并得酌用雇员。遇有事务上之特别需要时，得调用省各级机关会计人员帮同办理。每月举行处务会议一次，由会计长召集并为主席。会计长于必要时，得呈准国民政府主计长及省政府主席，召集省各级机关会计人员会议。

二　会计处之职务与地位　我国目前采超然主计制度，是以会计处之地位，亦颇特殊。依据各省政府会计处组织规程之规定：省政府会计长承国府主计长之命，并依法受省政府主席之指挥，主办省岁计、会计事务及监督指导处内职员暨省各机关主办会计人员。会计长之任命，依国民政府主计处办理各机关岁计会计统计人员暂行规程②之规定，由国民政府简任③。会计长得出席有关其

---

① 各省政府会计处组织规程（三一·八·一五）国民政府令发。是江西省政府公报泰字第一四六号。按：二十六年三月曾制定设置各级地方机关会计人员办法及各省市政府会计处组织及办事通则，规定各省政府设会计处，均见国民政府主计法令汇编上册第一类页五六——八。三十一年八月，因川、粤、闽、陕、浙、皖、甘、桂、赣、湘、鄂、豫、黔等省政府会计处组织规程，均与国家财政与自治财政收支系统划分。不甚适用。由国府主计处呈请将上述通则及各省政府会计处组织规程废止。另颁新规程。参看（三一·八·二八）行政院训令，见同上。

② （二七·七·四）国民政府主计法令汇编上册第一类，页一四——五。依该规程之规定：会计长由国府简任，会计主任由主计处荐任，会计员由主计处委任。

③ 现在各省设会计处及会计长者有桂、浙、粤、闽、赣、湘、鄂、川、陕、甘、皖等省。山东、西康两省政府及云南省财政厅设会计室及会计主任。江苏省政府以战时经费支细，将会计长改为会计主任。

职务之各项会议。

会计处遇有关于会计组织之更改及会计制度之拟订或修改，应拟具方案，呈请国民政府核定。对于省财务上增进效能及减少不经济支出之研究，得拟具方案，建议省政府采择。对于国民政府主计处岁计会计报告及工作报告，应依照国民政府主计处之规定办理之。

第九目　人事处(室)①

一　人事处(室)之组织　依据三十一年九月国民政府公布人事管理条例之规定：各省政府设置人事处或人事室。人事处设处长，简任，下分二科至四科。人事室设主任，荐任或委任。各科及人事室视事务之繁简，设二股至四股，人事主管人员(指处长或主任)得出席所在机关有关其职掌之各种会议②。由铨叙部指挥监督，但仍应遵守本机关之处务规程与其他通则。并秉承原机关主管长官，依法办理其事务。人事处(室)之设置及其员额，由各该机关按其事务之繁简，编制之大小，与附属机关之多寡酌量拟订，送由铨叙部审核。但必要时得由铨叙部订定之。

二　人事处(室)之职掌　人事处(室)之职掌计十二：(一)关于本机关有关人事规章之拟定事项；(二)关于本机关职员送请铨叙案件之查催及拟议事项；(三)关于本机关职员考勤之纪录及训

---

①　人事管理条例(三一·九·二)国府公布，见《铨叙法规汇编》，页三五——九。依(三一·一〇·二〇)国府训令，本条例定自民国三十一年十一月一日施行。"并先以本府各处局五院及各院直属之部会署暨各部会署之直属机关等为实施机关。如地方机关请提前依本条例设置人事机构，亦可准其一体办理"。(三二·六·二)又指令考试院准于地方各机关施行。

②　参看人事管理机构设置通则人事管理机构办事规则，均(三一·一〇·一七)考试院公布，见《铨叙法规汇编》，页三八——九。

练之筹办事项；（四）关于本机关职员考绩考成之筹办事项；（五）关于本机关职员抚恤之签拟及福利之规划事项；（六）关于本机关职员任免迁调奖惩及其他人事之登记事项；（七）关于本机关职员俸级之签拟事项；（八）关于本机关需用人员依法举行考试之建议事项；（九）关于本机关人事管理之建议及改进事项；（十）关于所属机关有关人事案件之依法核办事项；（十一）关于人事调查统计资料之搜集事项；（十二）关于铨叙机关交办事项[①]。人事处（室）办理人事行政事项，涉及对外者依所在机关行政系统与程序，以所在机关名义行之。对于所在机关人事管理之改进，得建议于所在机关长官及铨叙部采择施行[②]。

第十目　机构之调整

省政府除各厅及上述各机关外，尚有图书杂志审查处[③]、驿运管理处[④]、赈济会[⑤]等机关。三十一年十一月五届十中全会通过调整省县机构确定权责范围简化业务程序以增进行政效率案，规定

① 人事管理条例第四条。又，二十九年十二月十日国府公布各机关人事管理暂行办法第三条所列举各机关人事管理事项共七款，较此稍简，但大致相似。见《铨叙法规汇编》，页三九——四〇。此项暂行办法已于（三二·六·一）下令废止。

② 二十九年七月国府曾以国防最高委员会常务会议之决议，令考试院转饬铨叙部，关于人事机构问题要点如下：“……其一，关于人事管理，各机关应有专门负责之人员。至于或添设单位专管（例如人事处、人事司、人事科、人事股）或组织委员会处理，或仅指定专员经办，可由各机关依其人事管理事务之繁简及其现行组织法规定之。……”详见（二九·七·二四）国府渝文字第六五二号训令，国府渝二七八。是以人事管理机构之设立，乃三十一年以后之事。

③ 省市图书杂志审查处组织通则三十年三月行政五〇四次会议修正通过。见《出版法规汇编》中央出版事业管理委员会编，页二九——三〇。

④ 修正各省驿运管理处组织通则（三一·五·二五）行政院令发，见外交部公报第十五卷一至六号合刊。

⑤ 各省赈济会议织规程（二七·一一·二八）行政院公布，国府渝一〇五。

真政府当前机构之调整，以设立民、财、教、建四厅秘书、会计两处为原则，其他直属省政府之机构，分别归并于以上各厅处，或改隶于以上各厅处之下。目下地政局改隶民政厅者有湘、闽、桂三省；卫生处改隶民政厅者有湘、闽、皖三省（桂省卫生处原隶民政厅）；驿运管理处改隶建设厅者有湘、闽（并入交通局）、豫、皖四省，并入建设厅者有黔、康两省；图书杂志审查处并入教育厅者为湘、浙、黔三省，改隶教育厅者为闽、桂两省；湘、闽、康三省合作事业管理处皆改为一科，湘省原为委员会，改科后隶于建设厅，福建、西康两处改科后，闽隶社会处，康隶财政厅，各省政府之机构，略见简化①。但各省能严格遵守十中全会决议、除四厅两处外不设立直属机构以乱行政系统者尚不多。

第五项　厅务或处务会议及行政会议

第一目　厅务或处务会议

各厅处为求行政之敏活计，亦多设有厅务或处务会议；兹将该会议相关问题分述于下：

一　会议之种类　厅务或处务会议，一般亦分常会与临时会二种。依各省会议规则规定，临时会于必要时，由各厅处主管长官决定召集。常会各省有每月举行一次者，有每周举行一次者，亦有每周举行二次者。

二　会议之会员　会议之会员，各厅处亦不尽同。有只认厅处以内之高级职员为会员者，有除此项人员外，更将直辖附属机关

① 行政院工作报告（三十一年九月至三十二年六月）页一。

之长官列为会员者。最可注意者,为广东建设厅厅务会议规则(刊于二十一年之广东建厅法规汇刊)所采之制度。依照该规则规定,该厅厅务会议会员,除厅长、秘书、科长、总务主任、技正、视察(以上皆系厅内人员)外,更有各直辖机关之主管长官如农林局局长、航政局局长、改良蚕丝局局长、河南士敏土厂长、西村士敏土厂长,及各公路、各试验场所长官,惟公路各试验场所长官,非尽居于省城,因之该规则规定:此类人员如因距省较远,不便每周来省参与会议时,至少每月第一次会议应行参与。此外各厅处会议规则多规定:厅长于必要时,亦得指定其他人员为会员。

三　会议之举行　厅务或处务会议开会时,多以各该厅处之主管长官为主席。主席因故不能执行职务时,会议规则有规定由秘书代理者,有规定由该长官事先指派者。厅务或处务会议所议事项,多系关系厅处行政事件。其中有由厅、处长交议者,有由会员提议者。厅务或处务会议之决议案,依照一般会议规则,多无拘束各该厅处长官之效力;且有明文规定,须呈经主管厅处长官核准方得施行者。

第二目　各厅行政会议

各厅为谋商讨主管行政计,仍多设有行政会议;内政部且于十七年十月公布各省民政厅行政会议规程①以为各省民政厅召集此项会议之准据。其余中央部会对于各省直辖各厅,仅有类似之规程,然各厅确皆设有此项会议。兹特依据内政部所颁规程及各省单行章则,分述该会议之关系问题如下:

一　行政会议与厅务会议　行政会议与厅务会议不同,在会

① 见二十二年立法院辑:《中华民国法规汇编》第四编。

员方面讲，厅务会议固亦有以厅外附属机关之主管人员为会员者，然该项会议之会员究以厅内职员为主干。行政会议则不然，各厅内职员亦可兼为行政会议会员，然行政会议会员之主干，究为附属机关之主管人员。又就会议所议事件方面讲，厅务会议所予议者，固亦有关系主管行政之事件，然亦不无厅内之问题；至行政会议所议之事件，类皆限于主管行政事项而无厅内问题；又以行政会议之规模较大，召集不易，因之其与议之事件亦皆较为重要。

二 会议之名称及会员 会议之名称，其由民政厅召集者则曰民政厅行政会议，由教育召集者则曰教育厅行政会议；惟亦不无稍以其他名目者，如十七年七月七日之广东省教育会议简章①称教育厅所召集之会议，为全省教育会议是。会议之组成分子，因召集之争厅不同而互异。依照内政部规程，民政厅行政会议之会员概有下述各种。一、民政厅长、主任秘书、各科科长、视察员；二、各县县长；三、本各省市市长；四、民政厅直辖附属机关之长官；五、其他与内政有关之各机关临时选派委员各一人；六、民政厅选聘之专家二人至四人；此外规程仍规定，内政部及省政府得派员参加会议列为会员；至省会所在地之未设市政府者，规程规定得由所在地公安局局长列席②。

此外其他各厅行政会议，亦皆有其特殊会员，如二十二年七月二十日江西省教育行政会议暂行规程③即规定该厅行政会议会员有下列各种。一、公私立中等以上学校校长；二、各县教育局局长，

① 见十七年广东省政府编广东省国府年刊。

② 该规程颁布之时，行政督察专员制度尚未成立，是以会员之中并无专员，现今各省民政厅行政会议，专员殆皆列为会员。

③ 见二十二年江西教育厅编：《江西现行教育法令汇编》。

或县督学；三、省立社会教育机关主管人员；四、省会公私立小学校长；五、教育厅长指派有关系之厅职员。以上所述，不过例示行政会议会员之大概，各省各厅亦非完全一致。如二十一年察哈尔民政厅行政会议组织大纲[①]关于会员之规定，即无部颁规程内之市长与民政厅所选聘之专家是。

三　会议之组织　行政会议类皆设置主席一人，副主席一人或二人。内政部规程规定，民政厅行政会议设主席一人，副主席一人。江西省教育行政会议暂行规程之规定亦与上同。惟二十一年察呤尔民政厅行政会议组织大纲则设主席一人，副主席二人。主席均申主管厅厅长兼任；副主席，内政部规程及江西教育行政会议暂行规程均规定由厅长就会员中指派；而察哈尔大纲则规定一名由厅长指派，一名由会员票选。主席因事不能执行职务时，以副主席代理。

四　会议之会期　会议召集之时期，内政部规程规定：民政厅行政会议每年在省会举行一次，其时间由民政厅长定之，并分呈省政府及内政部备案。惟因事实上或地理上之关系，而不能一期同时召集时，规程规定可以分期或分区召集，但以全省各县县长均能分届到会为限。以上乃系内政部规程之规定，惟各省多未能遵章办理。至于一次会议之期间，有定为三日者[②]，有定为五日者[③]，有定为一星期者[④]，而内政部规程则无规定。法定会期届满后，会议尚未结束时，依照各该章则，亦可稍事延长。

① 见二十一年察哈尔民政厅所编察哈尔二十一年行政会议特刊。

② 二十二年七月二十日之江西省教育行政会议暂行规程。

③ 二十一年察哈尔民政厅行政会议组织大纲。

④ 十七年七月七日广东全省教育会议简章。

五　会议之议事范围及其决议之效力　会议议事范围，皆以各厅主管事项为限。依照江西省教育行政会议暂行规程规定，该会所议事项，计有下列各种。一、关于"匪区"教育问题；二、关于体育、卫生问题；三、关于地方教育行政问题；四、关于青年训练，及童子军训练问题；五、关于生产教育问题；六、关于民众教育问题。会议之议案概可分为三种：一、主管厅交议者；二、出席会员提议者；三、人民团体建议者。开会法定人数，内政部规程则规定，非有会员之多数报到不得开会。会议之决议，一般皆应有出席人多数之赞成；其赞成反对之人数相等时，则决之于主席，会议之决议案，由主管采择施行；并无拘束主管厅之效力。

第六项　合署办公制

二十三年七月，军事委员会委员长南昌行营为求增进省政府行政效率计，颁布省政府合署办公室法大纲①。由行营陈报中央政治会议备案，在湖北、河南、安徽、江西、福建等"剿匪"省份先行实施，其他各省经呈请行政院核准者，亦得援案准用。二十五年十月二十五日，行政院为力谋地方行政效率之增进及减缩行政经费以扩充县行政经费起见，公布省政府合署办公暂行规程②，并废止南昌行营颁布之办法大纲。此种合署办公制对于省政府之机构与职权之运用，均有影响。兹依行政院公布之规程说明如次③。

---

① 《中华民国法规大全》(一)，页五一七至一八。

② 同上(五)页一一一三至一一一四。

③ 南昌行营颁布之大纲与行政院公布之规程大同小异，以下遇有区别处，当酌加说明。

一　合署办公之单位　省政府秘书处、民政、财政、教育、建设四厅及保安处一律开入省政府公署内合署办公。现在省政府公署办公屋房如尚不足以容纳各厅处时，应于可能范围内尽量并入，至少须先并人民政厅及保安处。一面将公署改进扩充，各厅陆续加入。但无论已未并人，其办公程序，应依暂行规程办理。

二　机构之调整

（一）现在一切直属省政府之机关，除已合署者及呈准行政院特准设置者外，应分别裁并或量为缩小，改隶于主管厅处[①]。

（二）各厅处及其所辖各机关之组织暨各科股之职掌，应依现在实际之需要，重新划定厉行裁并。

（三）省政府秘书处除设科分掌文书、会计、庶务等项外，得酌设技术室，掌理关于各种专门技术事业之调查、设计、审核及指导事项；法制室掌理关于法令之搜集整理草拟修订审核及指导事项，统计室掌理关于统计之编制及报告年鉴之编拟及各种表格之调整事项；编译室掌理关于公报及其他刊物之编译事项[②]。

三　文书处理之改制　文书处理之改制，为合署办公制之一重点，其要点如次。

（一）省政府合署办公后，除各厅处对于行政院所属主管部会署之命令，应径行呈复，及各厅处依其职权监督指挥直辖职员或直辖机关之事务进行者，在不抵触省会之范围内，仍得自发厅令处令

① 南昌行营颁布之办法大纲定为：如为推行特种要政之临时组织，应隆其职权，遵照厅处待遇，而以直属省府管辖为便者，得暂不改隶，但仍应受主管厅处之指导，而未规定“呈准行政院特准设立者”。

② 南昌行营颁布之办法大纲，不设编译室而设公报室，至于职掌，在文字上亦有出入，但大致相同。

及布告外，所有文书应以省政府名义行之[①]。

（二）一切文书，概由省政府秘书处总收总发。凡用省政府名义之文书，由主管厅处分别或会同主稿，呈主席判行，并由主管厅处长副署。此项呈判文书，主席认为有修改意义或办法之必要时，交由各主管厅处修改之。各厅处呈拟之命令或处分，经主席判行并以省政府之名义发布后，如发觉有违背法令逾越权限，或其他不当情形时，依省政府主席、主管厅处长或委员或其他厅处长或委员之提议，经省政府委员会之议决，仍得自行修正及分别停止撤销之。

（三）省政府及各厅处之文书，应采科学管理方法，预期迅速缜密简便，每日每周文书之收发及承办，除机密要件外，均应分类摘由统计，列表互送主席及各厅处长查考[②]。

（四）事务管理之改制，省政府及各厅处之经费，应集中管理，其材料物品，亦应集中购办。其一时不便集中者，亦应酌定项目范围，先行集中其一部或大部。实行合署办公后之节余经费，应悉数拨增各县行政费[③]。

---

① 南昌行营颁布之办法大纲除规定“主管厅处依其职权监督指挥所属职员或所辖机关之事务进行者，在不抵触省令之范围内，仍得自发厅令或处令”外，并规定“省府所属各厅处上对中央院部，下对专员县长或市长及其所属之科或局，均不直接往复，文书概以省政府名义行之”。

② 南昌行营颁布之办法大纲规定：“但特别机密事件，一时不宜宣布厅由主席及主管厅处，独负其责者，不在此限。”

③ 南昌行营颁布之办法大纲，未规定节余经费拨增各县行政费。

第五节　省行政机关之职权

省行政机关之职权甚多，兹择其中较为重要者述之于后。

一　发布命令及制定省单行规程权　省行政机关之此项职权，二年一月画一现行各省地方行政官厅组织令无有具体规定。三年五月省官制，及国民政府成立后历次省政府组织法，虽有详略不同，要皆明白规定。至省行政机关行使此项职权时应有之限制，省官制其初并无规定，及至三年九月六日修正省官制第二条，规定始属较详。依照修正条文规定，巡按使为执行法律教令，或依法律教令之委任，得发布省单行章程。此项省单行章程，不得与现行法令抵触，其应以法律教令规定事件，仍呈请大总统核办。省单行章程之发布，依公布法令程式令之规定行之。公布法令程式令[①]，乃三年十月公布。依照该令规定，省单行章程由省行政长官决定后，应依照法定款式缮具定本。编列省章程号数，记人发布之年月日，通饬所属官署，示知地方人民，并于发布后即行缮单呈报大总统查核，及咨陈中央主管各部。

国民政府成立初期之各次省政府组织法，对于该项限制，或规定于中央法令范围内，省政府得发布省单行章程[②]；或于上述限制之外，更规定不得违反党或政治会议之决定[③]；要皆略而不详。至

① 见三年十一月十八日政府公报。

② 十四年、十六年十月及十七年省政府组织法。

③ 十五年及十六年七月省政府组织法。

于规定较为具体而详而详尽者，则为十九年及二十年之省政府组织法。二法规定："省政府于不抵触中央法令范围内，对于省行政事项，得发省令，并得制定省单行条例及规程；但关于限制人民自由，增加人民负担者，非经国民政府核准，不得执行。"

二十三年三月，行政院又颁布划一各省市政府单行法规实施程序办法[①]，不但规定省政府之某些法令，非经中央核准不能施行；且将省单行法令呈至中央后，中央处置之程序加以规定。依照该办法规定，各省政府于制定限制人民自由或增加人民负担之单行条例及规程时，应于颁行之前呈送行政院，由行政院依其性质分交各主管部令审查，审查结果认为合法时，再由行政院通饬原省颁行，并呈报国民政府备案，其应经立法程序者，并应由院先咨立法院审议。凡省单行条例及规程应经上述程序，而各省擅行公布者，依照该办法规定，不生效力。单行条例及规程经中央核准公布者，该办法仍规定：原省政府应将公布时期呈报行政院及咨主管部备案。至于此外之其他期例规程，该办法亦规定：各省政府应于制定公布时，呈报行政院及咨主管部会备案。

以上乃就法令规定言；至于实施情形，则亦不无出入。兹舍国民政府成立以前不论，而专就国府成立以来言之，二十三年行政院颁布划一各省市政府单行法规实施程序办法以前，依照当时法令，各省颁布规章，本有应呈中央核准者；乃各省每多因循苟且，于应行专案呈请核办之规章，每有仅于工作报告内刊附印送即作了事者；因之国民政府特于二十年七月通令纠正，此种恶习始稍杀。

二　军事权　省行部机关之此项职权，划一现行各省地方行

① 见二十三年立法院辑：《中华民国法规汇编》第十三编。

政官厅组织令规定亦属抽象。省官制则规定，省行政长官除管辖全省民政各官外，更管辖省内之巡防警备等队。盖当时各省之军队本有二种，一即陆军，概由各省军事长官统率；另一即巡防警备等队，由省行政长官统辖。依照当时法令及三年六月颁布之各省军政民政长官管辖军队权限条例①，省行政长官关于此项军队之行政，应商承陆军部办理。

国民政府成立后，历次省政府组织法，关于此项职权，皆无明文规定。惟十四年、十五年及十六年七月诸次组织法，皆于省政府内设有军事一厅；而依广东省政府军事厅组织法②规定，该厅之职掌在于：一、受军事委员会之指导监督，并受国民政府军事部之指挥，掌理省区内关于地方绥靖事宜，监督省区内现在一切人民武装自卫团体；二、省区内临时发生事变，经省务会议议决须用兵力时，由军事厅陈请于军事委员会及军事部施行之；三、依照国民政府军事部所颁布之各学校各团体普及国民军事教育及体育诸计划，在省区内监督其实施及予以便利；由军事厅之职掌，可知省之具有军事权，乃属无疑。十六年十月以后之诸次省政府组织法，虽无军事厅之设置；惟至十七年十月，国民政府又颁布省防军组织暂行条例③，各省之得有军事权，又为法规所明定。

二十三年七月，国民政府军事委员会委员长行营，颁布各省保安制度改进大纲，整理各省保安团队。依照该大纲规定，省置保安司令一人，由军事委员长呈请国民政府任命省政府主席兼任，统辖

① 见三年六月二十九日政府公报。

② 十四年七月国民政府公布（见十四年七月十五日国民政府公报）。

③ 见二十二年立法院辑：《中华民国法规汇编》第二类。

省内保安团队；现时各省殆多遵令实行。亦是省政府有军事权之明证。

此外各省如遇紧急事变，省军力量不足应付时，仍得调用国军。依照省官制规定，巡按使（省行政长官）于非常事变之际需用兵力，或为防卫起见需用兵备时，得咨请驻扎临近之军队及军舰长官，派兵会同处理。三年六月各省军政民政长官管辖军队权限条例①规定，巡按使（省行政长官）遇有紧急事故时，得商同都督（省军政长官）调用陆军，都督对于此项商调事项，应呈报大总统及报明陆军参谋二部。

至于各省调用海军办法，依照元年五月颁布七年十月修正之各地方调用军舰条例。地方调用军舰概有二种场合。其一，虽有重大事故而时机并不迫切之调用。依照条例规定，此种调用，地方行政长官应将调用事由先期向海军部或总司令及舰队司令声明，以便视其事之性质分别派遣。另一，为事机迫切不及声明之调用。依照条例规定，地方长官得径与驻泊该地之司令或舰长接洽相机办理，一面仍电知海军部总司令及舰队司令。军舰调到地方以后之一切处置，该条例亦皆详加规定，而不准地方行政长官妄加干涉。

国民政府成立以后，历次省政府组织法关于省政府之此项职权，俱无明文规定；惟十四年、十五年及十六年之组织法，均于省政府内设有军事一厅，而十四年七月，国府颁布之广东政府军事厅组织法，关于该厅之职权，则有“省区内临时发生事变，经省务会议议决须用兵力时，由军事厅陈请于军事委员会及军事部施行之”之规

① 见三年六月二十九日政府公报。

定；由此可知省政府如因重大事变亦可调用国军。十八年一月，军政部又呈准制定各省县政府与驻军间“剿匪”接洽办法五条，对于省县政府调用驻军之手续规定颇详；是省政府之具有调用国军权，国民政府成立以后亦甚明显。

三　监督省内官吏权　省行政机关之此项职权，可就三方面讨论，一、任免省内行政官吏权，二、考核奖惩省内行政官吏权，三、撤销省内行政官非法或不当处分权，兹分别述之于后：

（一）任免省内行政官吏权　历次法律关于此项职权之规定亦不相同，二年一月八日划一现行各省地方行政官厅组织令之下，省行政长官对于省属官吏依照法令规定，有直接得以任免者，有须呈请中央任免者。其须呈由中央任免在者，当时为省行政公署各司司长，各道观察使，省行政公署，各道观察使署之科长、秘书、技正以及各县知事。其由省行政长官直接任免者，有省行政公署，道观察使署及县公署之科员、技士等次要人员。

三年五月省官制采取各级行政长官自委掾属办理行政制度，因之道、县行政人员，则分别由各该道尹或县知事自行委用；至省行政长官之得自行委用之人员，则以省行政机关内之行政人员为限，而道、县行政长官，则须呈请中央任免。

国民政府成立，十七年以后诸次省政府组织法，对于省属行政人员之任免均无规定；惟依公务员任用法，在现时，勿论县政府人员，省政府人员，以及最近采行之行政督察专员公署人员，凡官职在荐任以上者，例须由省政府呈请中央任免。至于委任以下各官，则由各级长官自行委用。十六年以前之组织法，则规定：省属各机关之荐任官吏，亦由省政府自行任免。

（二）考核奖惩省内行政官吏权　此项职权，划一现行各省地方行政官厅组织令未有明文规定。三年五月省官制，则规定：巡按使于所辖地方官吏认为应付惩戒或奖励者，呈报大总统交付惩戒或给予奖励，并咨陈内务部备案。至所辖官吏有贪劣款迹时，官制规定巡按使仍可径行撤任。此外官制并规定巡按使对于所辖高级官吏，按六个月将办事成绩，并出具密考，呈请大总统考核。国民政府成立后历次省政府组织法，对于此项职权，俱无明文规定，惟省政府对于省属官吏之具有考核奖惩之权，乃系不可否认，且各省仍有订定单行规程，以为行使此项职权之准据者。

（三）撤销或停止所属官吏非法或不当处分权　关于省行政机关之此项职权，除二年一月划一各省现行地方政府组织令规定抽象，及十五年十一月之省政府组织法未予规定外，其他诸次关系省行政机关组织之法令，殆无不定之明文。至其规定之内容，各法虽亦不无出入；惟大体皆谓省行政机关对于所属官吏之命令与处分，认为有建背法令逾越权限或其他不当情形时，得停止或撤销之。所谓撤销停止，有由省行政机关自动为之者，亦有由人民之请求为之者；盖依三等七月，及十九年三月之诉愿法，人民对于省属有些机关之违法或不当处分，得向省行政官署提起诉愿；诉愿之结果，若省行政官署认为原处分机关之处分确系违法或不当时，则可停止或撤销之。

第六节　省动员会议

一　动员会议之由来　战事开始以后，军事委员会检二十六年十二月八日颁布各省市县动员委员会组织大纲[①]。依据该大纲之规定：为实施全国总动员计划，促进地方党政军民之联系，并统一民众指导机关，特在各省设立动员委员会。以省政府主席，省党部常务委员或特派委员各厅长，保安厅长，国民军事训练委员会主任委员，驻军长官，兵役管区司令组成之。受军事委员会之指挥监督。委员会设主任委员一人，由军事委员长指定之。凡中央派赴各省协助动员工作之人员，得参加会议，为党政军联合实际指导动员之机关。其决定事项交由各参加机关分别负责办理。动员委员会之工作，为战时一切人力财力物力之管理。在战区如粮食、燃料、船舶、车马、工事、材料之供应及游击、守望、特务、交通、运输、救护、慰劳、消防、掩埋等队之组织；在非战区，如官兵宣传、军需补充、生产增加、医务看护人员之训练及全国总动员计划纲要中规定之事项。为动员业务之需要，得酌量聘请当地各界人士为设计委员。此项委员会员三十一年国家总动员法颁布并成立国家总动员会议，各省亦改设动员会议后，始告取消。

二　动员会议之组织　依据各省市县举行动员会议通则[②]之规定：省动员会议出席人员为省政府主席、委员、秘书长、各厅处局长、省党部主任委员、书记长及各处长、高等法院院长、军管区司令部参谋长、省临时参议会议长副议长及其他由省政府主席邀请或指派参加之人员。以省政府主席为主任委员，省党部主任委员及由省政府主席指定不兼厅处长之省政府委员一人为常务委员。每月开会二次，由省政府主席召集之。必要时得召集临时会议。议

① 见《中央战时法规汇编》（江西省政府编）下册民政类，页四九。

② （三一·七·一八）行政院令颁，社会部公报等七期。

事日程议事录之编制印发等事务，均由省政府兼办，不另设机构，但得酌量添置必要之人员。

三　动员会议之职务　各省政府为推动国家总动员法令及业务，与举行动员会议。其任务有四：(一)策进省政府所奉上级机关颁行国家总动员有关方案计划与法令之实施；(二)商讨当地各机关团体动员工作之联系；(三)考核当地各机关团体动员工作之执行及(四)审议其他有关当地各机关团体动员业务之措施。其议决事项，由省政府办理之。

第二章　地方军政机关

民国创建以至国民政府成立期间，地方军政机关计有省最高军政官署，及其他超省或省内各军政机关种种。省最高军政机关者，乃系以省为单位而设置之军政机关，如当时之都督府等是。超省之军政机关者，乃其辖区不以一省为限之军政机关，如巡阅使是。省内之军政机关者，乃谓设于省界以内之军政机关，如护军使及镇守使是。战前设立之绥靖主任公署，间亦为超省之军事性机关。本章特分二节，以第一节叙述省最高军政机关，第二节叙述超省及省内之军政机关。

第一节　省最高军政机关

第一项　概论

民国成立以至国民政府成立期间，省最高军政机关之组织与名称曾有数度变更。三年六月三十日以前，各省军政长官（亦有兼管民政者，且于军民分治以前，各省军政长官类皆兼领民政）称为都督；而最高军政机关为都督府。都督府之组织，在二年一月八日以前,因无统一法令,各省遂亦互不相同,二年一月八白,中央颁布现行都督府组织令[1],各省始据以为最高军政机关组织之根据,全国各省最高军政机关之组织,因之划一。三年六月三十日,中央明令裁撤各省都督,置将军府于京都,而以将军督理某省军务,为某省军政最高长官。同月十八日,复颁将军行署编制令[2],以为各省最高军政机关组织之准绳。五年七月六日,中央明令改称各省军长官名称为督军,军政机关为督军公署。至于公署之组织以及督军之职权,一如将军行署而未有变更。十三年至十四年间,中央复陆续改称各省督军为督办军务善后事宜。军政机关则称为督办某省军务善后事宜公署。至于公署之组织,则亦多仍以往,无大变更;惟十七年二月,北京军政府复颁督办军务善后事宜公署暂行条例[3],督办公署之组织虽因该条例之颁布而稍有变更,然行之未久,各省督办即被裁撤。

自督军改为督办军务善后事宜过程之中,各省尚有经过督理军务善后事宜之阶段者,如江西、河南等省是。江西于十一年六月十八日裁撤督军,至同年九月三日,设督理江西军务善后事宜,十三年十二月二十五日,复改督理江西军务善后事宜为督办江西军务善后事宜。河南亦然,该省于十一年十一月改督军为督理,至十三年十一月复改督理为督办。至于督理时代之机关组织,亦与督办官署相仿,仅名目稍异而称为督理某省军务善后事宜公署。其未经督理阶段者,则有江苏、甘肃等省。江苏于十三年十二月裁撤

① 见二年一月九日政府公报。

② 见三年七月十九日政府公报。

③ 见十七年二月二十三日政府公报。

督军,设置督办。甘肃于十四年一月十七日裁撤督军设置督办。

总上所述,可知自各省设有最高军政长官至该长官裁撤期间,规定省军政长官公署之组织者,计有二年现行都督府组织令,三年将军行署编制令,及十七年督办军务善后事宜公署暂行条例三种,惟十七年暂行条例未及普行而各省军政长官即被裁撤,是以本节特依二年及三年法令,叙述各省军政最高官署之组织及军政长官之职权于后。

第二项　省最高军政机关之组织

一　省最高军政长官　省最高军政机关,设长官一名。在都督府组织令时代,称为某省都督。在将军行署编制令时代,最初称为将军[①]督理某省军务,既则改为某省督军,再则改为督理某省军务善后事宜(有些省未经此阶段),终则改为督办某省军务善后事宜。最高军政长官由中央特任;有专任者,有由所在省份行政长官兼领者,任期并无一定。

二　会办及帮办　会办军务及帮办军务,乃为辅佐军政长官办理军事行政,所设署之军政官员。会办及帮办系临时性质,现行都督府组织令及将军行署编制令对于此项人员,均无明文规定。会办与帮办非各省所皆设,即在同一省份,亦有甲时代设置,乙时代即行裁撤者;且有于甲时代设置帮办,而乙时代设置会办者。至

---

① 查将军最初有上将军,及戴衔将军二种,其后又增不戴衔将军一种,三种之中,以上将军为最尊,戴衔将军次之,而不戴衔将军最低,方督理军务时代,不戴衔之将军尚未设置,督理各省军务者,虽亦有上将军,然以戴衔将军为多;所谓戴衔者即将军之上加"镇安","太武"等形容词也。

于会办与帮办之区别，中央并无规定；惟就实地情形观察，会办似较帮办尊严；因之各省之设置会办或帮办，往往因人而异；即被任人员地位较高时，则予以会办名义；地位较低时，即予以帮办名义。会办或帮办多由省内现任军职者兼充，至于专任斯职者颇少；依据当时情形，会办或帮办有由省内护军使兼任者，有由镇守使兼任者，亦有由师长兼任者。会办或帮办，有自设办公地点者，亦有不设独立办公地点，而以省最高军政机关为办公之所者。会办或帮办由中央任命，其中有简派者，有特派者。

三　参谋长及参谋　省最高军政机关设参谋长一人，由参谋本部呈请大总统简任。依都督府职员表及将军行署职员表之规定，省谋长为少将阶级。参谋长无一定之任期，去留虽决之于中央命令，然军政长官之爱憎，实为决定之要素。参谋长之职务，都督府组织令及将军府编制令规定为：辅佐长官赞军务。

参谋长之下，设有参谋。参谋之员额，都督府组织令定为五人或六人。将军行署编制令定为四人至六人。惟各省亦不无超额设置者。参谋之等级，都督府组织令及将军行署编制令规定：有上校、中校、少校及上尉四等。上校参谋，由参谋本部呈请大总统简任。中校、少校参谋，由参谋本部荐请大总统任命。上尉参谋，由军政长官任命。参谋之职务，为辅佐长官，分任各种军事事宜。

四　副官长及副官　军政机关设副官长一人，由军政长官经陆军部荐请大总统任命。副官长都督府职员表及将军行署职员表定为上校或中校阶级。副官长之事务，都督府组织令规定为："承都督之命，或参谋长指导，执行事务。"将军府编制令规定为："承将军之命，掌理宣达本署事务。"至于副官长与参谋长之关系，都督府组织令有"副官长承都督之命或参谋长指导"之规定；至将军行署编制令，虽无明文，然参谋长对副官长亦立于指导地位。

副官长之下，设有副官。副官之职额，都督府组织令规定为四人至六人。将军行署编制令规定为三人至六人。副官由军政长官任命。副官之职务，都督府组织令规定为："辅佐副官长，分任人事，及其他事务"；将军行署编制令规定为："承长官之命，分掌宣达本处事务。"

五　书记或书记官　军政机关，依都督府组织令设书记二人，承长官之命，办理文牍事宜。将军行署编制令将书记改称书记官，而事务仍旧。书记或书记官由军政长官任命。

六　各课　将军政机关设军务、军需、军医、军法四课。课设课长一人。课长之职务，都督府组织令规定为：承都督之命，或参谋长指导，综理课务；将军行署编制令规定为：承将军之命，掌理课务。以此，课长与参谋长之关系，将军行署编制令未有规定；惟该令施行当时，参谋长对于各课长，实居于指导地位。各课课长之下，设有课员，承长官之命，分理课务，对课长负责。课员名额，都督府组织令及将军行署编制令均规定为二人至四人。

上述各项人员之外，都督府组织令及将军行署编制令规定，军政机关因缮写文件或其他特别事务，得酌用雇员。

七　省行政长官公署内附设军务厅　以上所述，乃各省于行政长官之外。另设军政长官时，军政机关之组织。惟当时实地情形，各省亦有不设军政长官，而以行政长官兼理军务者。此类省份军政机关之组织，又与上述不同，而为其组织之根据者，则有三年七月颁布之巡按使（省行政长官）公署附设军务厅编制令[①]。兹特

① 见三年七月十九日政府公报。

根据该令，略述军务厅之组织于后。

依照巡按使公署附设军务厅编制令之规定，省行政长官奉有兼理省内军务之命令时，应于省行政机关内附设军务厅。军务厅置厅长一人，由兼理军务之行政长官荐请任命，承长官之命，掌理厅务。厅内设有军务，军需及军法各科。由兼理军务之民政长官委员分理各科事务。至于员额之多寡，编制令规定由该长官按事务之繁简，妥定以后，咨陈陆军部叙等注册。

第三项　省最高军政长官之职权

各省最高军政长官，管辖各该省内陆军。军政长官于行使其管辖省内陆军权时，依照都督府组织令及将军行署编制令规定，关于军事计划及军令之发布诸事项，承大总统之命而受参谋本部之指示与监督；关于军务行政事宜，则承大总统之命而受陆军部之指示监督。军政长因维持地方秩序，依所在民政长官之请求，得酌派军队协助进行。至如地方秩序急待维持，而该管民政长官怠于请求或不及请求时，军政长官亦有自行处置之权。

各省军政长官于其行使职权时，遇有牵联民政事宜时，应与地方民政长官协议行之。又当时各省军队，概可分为两种：一为陆军，一为巡防警备等队。各省军政长官之所统率管辖者仅为陆军，至于巡防警备等队，则例由各省民政长官统辖。惟因维持地方治安，需陆军巡防各队会同办理时，依照三年六月二十八日各省军政民政长官管辖军队权限条例，军政长官亦可会商民政长官调用巡防等队。

以上乃就法令而言；至于当时实地情形，各省军政长官除管辖所在省份之陆军外，即行政、司法亦莫不在其支配之下。江西某财政厅长，因不惬军政长官之意，而被逼去职；山东某军政长官之枪毙高等审判厅长，皆其明证。此外即中央直辖事业如铁道、税务、钱粮等等，使其势力之所能及，亦无不被其把持。至于拥兵干政者亦有。

第二节　其他地方军政机关

第一项　巡阅使

巡阅使之设置，以长江巡阅使为最早。长江巡阅使设置之后，直至十三年十二月十一日明令裁撤各巡阅使为止，此间所设各巡阅使，计有：闽、粤巡阅使，两广巡阅使，海疆巡阅使，东三省巡阅使，两湖巡阅使，直、鲁、豫巡阅使，苏、皖、赣巡阅使，闽、浙巡阅使，及热、察、绥巡阅使等等。其中有设而旋裁者，有裁此而后设彼者，情形殊不一致。

各巡阅使概可分为两类。其一为无省区之巡阅使，如长江巡阅使、海疆巡阅使是。另一为有省区之巡阅使，如闽、粤巡阅使，直、鲁、豫巡阅使是。有省区之巡阅使，有辖两省者，如闽、粤巡阅使，两广巡阅使，两湖巡阅使及闽、浙巡阅使是。有辖三省者，如东三省巡阅使，直、鲁、豫巡阅使，苏、皖、赣巡阅使，及热、察、绥巡阅使是。

各巡阅使之职务，有属于海军部管辖范围者，为闽、粤巡阅使，及海疆巡阅使是。此类巡阅使有所请求以及经费各件，均由海军部主持，而呈请总统核行。有属于陆军部管辖范围者，如东三省巡阅使，直、鲁、豫巡阅使是。此类巡阅使之事件，由陆军部主持，而呈请总统核行。

第一目　巡阅使署之组织

巡阅使署设于区内重要之地。巡阅使署之组织，中央采取个别立法主义；即每一巡阅使之设置，即颁一使置组织之条例。至于中央所以采行个别立法主义，或以各使差别较大，未便划一规定；且其性质又系临时而又重要，采行个别立法主义，一方固可因地制宜设立使署；他方亦可收设置节制之效。巡阅使署之组织，中央虽采个别立法主义；然各使使署组织之大体，颇多相类；兹以直、鲁、豫巡阅使，苏、皖、赣巡阅使，及东三省巡阅使为例，以述其大要于后：

一　巡阅使　巡阅使为巡阅使署最高长官，由中央特派军官充任，巡阅使有专任该职而不兼任区内其他职务者，如十三年五月以后之热、察、绥巡阅使王怀庆是。有除任巡阅使外，更兼区内他项职务者，其中兼任区内一省军政及民政长官者，如东三省巡阅使张作霖之兼任奉天军政及民政长官是；有只兼任区内一省军政长官者，如闽、粤巡阅使孙传芳之兼任督理福建军务善后事宜是；有虽不兼任区内一省军政或民政长官，然兼办区内其他特殊事件者，如直、鲁、豫巡阅使之兼任直、鲁、豫汽车路督办是；此外仍有兼任陆军师长者，如十三年二月二十九日以前之两湖巡阅使萧耀南是。

二　巡阅副使　巡阅副使由中央简派将官充任。巡阅副使非各巡阅使所尽有，如闽、粤巡阅使及热、察、绥巡阅使等之无巡阅副使是。亦非尽与巡阅使相终始，如长江巡阅使至民国九年十月始裁，而长江巡阅副使于八年十二月已裁是。巡阅副使有由区内某省军政长官兼任者，如苏、皖、赣巡阅副使之由江苏督军齐燮元兼任是。有虽不兼区内某省军政长官，然系兼任其他军职者；至不任军职，而充此职者殆少。巡阅副使办公地点，称为巡阅副使署，有附于巡阅使署之内者，有另设者。至有兼职之巡阅副使，则多以其兼职阅公地点为办公之所。

三　参谋长　巡阅使署设参谋长，由中央简任，承巡阅使之命，办理署内一切事务。参谋长最初有称为总参谋长者，后经参谋本部呈准一律改为参谋长。参谋长有专任者，有由巡阅使兼职机关人员充任者。

四　各处　巡阅使署多分处办事。直、鲁、豫巡阅使署计分秘书、参谋、副官、政务、军务、军医、军需及军法八处。苏、皖、赣巡阅使署则无政务处而设机要处，其余七处与直、鲁、豫使署同。各处置处长一人，由大总统简任，承巡阅使之命，掌管各该处事宜。各处之职掌如下：

一、参谋职掌理军事计划事项；

二、副官处掌理宣达事款；

三、军务处掌理关于军队事项；

四、军需处掌理军需事项；

五、军法处掌理关于陆军、司法事项；

六、军医处掌理关于军队卫生事项。

以上六处职掌，乃苏、皖、赣，直、鲁、豫二巡阅使署之所同。此外直、鲁、豫巡阅使署，因未设机要处故，乃以秘书处掌理机要事务，而设政务处管理军务行政事项；至苏、皖、赣巡使阅署，则设机要处以掌理机要事项而以军务行政事项委之秘书处。

各处处内组织，依照苏皖赣巡阅使署组织令①规定，由巡阅使定之。而直鲁豫巡阅使公署组织令②，则规定如下表：

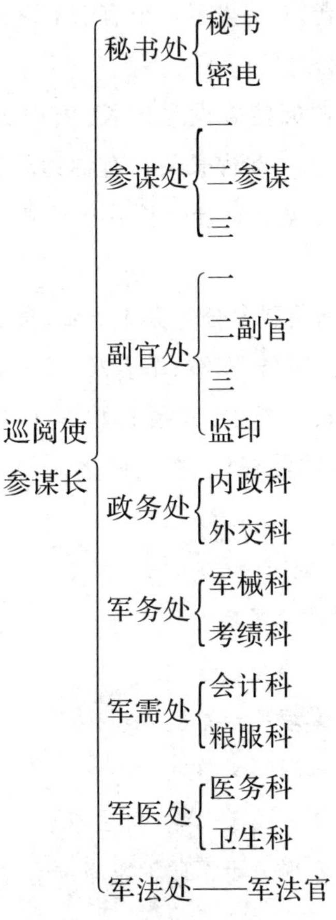

① 见十三年三月二十日政府公报。

② 见九年十月十八日政府公报。

五　其他组织　依照直鲁豫巡阅使公署组织令规定,除上述八处外,得酌设顾问咨议,以备咨询。至于顾问咨议之员额,组织令上并无定数。此外该巡阅使署,仍得设置宪兵司令一员,宪兵三百员,至于该使使署卫队,则就巡阅使现有军队内拨充。以上乃巡阅使署本身之组织,此外为达某种目的,仍有于使署所在以外地方,设有附属机关者;如直、鲁、豫巡阅使署,于北京设有驻京侦缉处是。

第二目　巡阅使之职权

巡阅使为军政官员,其职权在理论上系以统辖区内陆军,会同区内各省军政长官,筹办目的事务为限。观国务总理段祺瑞厘定东三省巡阅使职权呈中谓"奉、吉、黑三省,地居边要,现当欧战期内,我国加入战团,为共同防御计划,有事境外,所有各该省防军事,极关紧要,必须提纲挈领,统筹办顾,始足收策应联络之效,拟请□将东三省军队悉由该巡阅使节制调遣,会同各该省督军筹办……"等语,可知大概。惟事实上,当时各巡阅使,就行使职权之区域言,有名义上仅管两省或三省,而实地势力扩充至数省以上者。如北京政府自民九直、皖战争之后,几完全居于东三省巡阅使,及直、鲁、豫巡阅使支配之下;同时直、鲁、豫巡阅使之势力,远及江苏、安徽、湖北、陕西、江西以至四川及福建。东三省巡阅使之势力,则及于内蒙古及直隶北部是。就职权之范围言,则巡阅使所管者,并不以实施其目的事务所需要者为限,而几干涉各省任何行政,至于各省军政、民政长官,几为其附属矣。

第二项　护军使

护军使系临时组织,其设置由中央视各地有无设置之必要定之；护军使依二年十二月陆军部呈准颁布之护军使暂行条例[①]规定，概可分为二种。一为设于有军政长官省份之护军使，一为设于无军政长官省份之护军使。无军政长官省份之护军使，名虽为护军使，实则等于所在省份军政长官，以此一省类多仅设一人。有军政长官省份所设之护军使，有区域性质，因之一省有同时设置二个护军使者，如十二年五月二十二日至十三年二月二十二日福建同时设有漳厦闽北二护军使是。无军政长官之护军使之辖区，殆以所在省份为界限；至于有军政长官省份护军使之辖区，则由中央随时决定，或由各护军使商承所在省份军政长官订定，报部（陆军部）核定。

第一目　护军使署之组织

护军使署之组织，随护军使所在省份有无军政长官而异，惟皆由护军使及其所属人员组织之，兹分段述之。

一　护军使　护军使为使署最高长官，由将官充任，不论所在省份有无军政长官，俱由大总统简任。无军政长官省份之护军使，直隶中央，节制全省军队。有军政长官省份之护军使，应商承所在省份军政长官，管辖区内军队。

二　护军副使　护军使署仍有设置护军副使者，如民国四年淞沪扩军使下即设有淞沪护军副使是。惟护军副使之设置，当时颇少。护军副使由大总统简任，辅助护军使管辖该管区内之军政。

三　使署其他人员　护军使署其他人员之设置，以及各部组织，条例规定；无军政长官省份之护军使，使署所设员额及各部组织，比照省最高军政机关之办法。至有军政长官省份护军使署之

① 见二年十二月二十一日政府公报。

组织，条例规定：亦参照省最高军政官署之组织，惟其员额则以省最高军政官署人员三分之二为最大限度。三年五月二十八日，陆军部又呈准规定该种使署之组织，比照省最高军政机关减少军医、军法两课，酌设法官、军医各一员，以办理医务及司法事宜，至于员额则一仍故旧。

第二目　护军使之职权

无军政长官省份护军使之职权，依照护军使暂行条例及各军省政民政长官管辖军队权限条例规定，与省最高军政长官相仿，无容叙述；兹所论者，以有军政长官省份之护军使为限。

有军政长官省份之护军使，依照护军使暂行条例规定，有节制该管区内军队之全权。惟于行使此项职权时，应随时商承所在省份军政长官，并呈报中央核办。护军使所辖者仅以区内陆军为限，巡防警备等队俱不在内。

第三项　镇守使

镇守使之性质，与清代总兵相仿，设于重要区域，以绥靖地方者。民国一二年间，中央于国内重要不靖地带，或因所在省份军政长官请求，或因环境需要，先后设置镇守使。惟关于使署之组织及使署公费之数额，则无划一规定，以此组织分歧，各地不同。二年九月，陆军部呈准颁布镇守使署条例①，各使署之组织，始有划一之规定。三年三月，陆军部复呈准颁布各镇守使薪公表②，至是镇守

① 见二年九月七日政府公报。

② 见三年三月七日政府公报。

使之公费，亦有划一规定。

镇守使之设置裁废权在中央。所在省份军政长官，如以某地有设置必要时，可呈请中央行之。至中央之允准与否，则视实地之需要而定。新镇守使呈准设置以后，由陆军部核定等级，呈准通行。

依照三年三月陆军部呈准公布之镇守使薪公数目表，镇守使计分繁中简三等，而各镇守使之为繁为简，则视各该使所镇地方之重要与否定之。等第既定之后，如因环境变更，亦可呈请更改，如黑河镇守使由简缺改为繁缺是。

第一目　镇守使署之组织

镇守使署以镇守使及所属人员组织之，兹分段述之。

一　镇守使　镇守使为镇守使署最高长官，由大总统简任。镇守使之待遇，因充任镇守使者官阶之为中将或少将而彼此不同。镇守使待遇之差别，仍不以上述为限，此外更有因特殊关系而受特殊之待遇者，如上海镇守使及福建镇守使是。

二　镇守副使　关于镇守副使一职，条例并无规定，而当时各地亦少设置；惟亦不无设置者，且多仑镇守使区，不但设有镇守副使，且有副使机关部，另支经费，以为镇守副使办公之处；此外湘西、常澧等镇，亦曾设有镇守副使。镇守副使有由陆军军官兼任者，有为专任者，由大总统简任。至于待遇，亦因充任者官阶不同而互有出入，其数额则与镇守使相若。

三　参谋长及参谋　镇守使署条例规定，使署设参谋一员至三员。如三员俱设时，条例规定，应有上校参谋一员，中校或少校参谋一员，上尉参谋一员。又以上乃就一般使署而言，至地位特殊之使署，则亦不无超额设置者，如福建、上海镇守使署是。条例规定，参谋以最高级者为参谋长；参谋长辅佐镇守使，监督全署人员，并参赞一切事宜。参谋则承参谋长之命，办理一切计划，并人事、教育事宜。依照条例规定，参谋长由参谋本部荐请大总统任命；其余人员则由部委任。其实参谋长多由参谋本部呈请简任，中、少校参谋由参谋本部呈请荐任，至上尉参谋则系委任。

四　副官长及副官　条例规定，使署设副官一员至三员，而以官级最高者为副官长。副官长及副官承镇守使命令，及参谋长指导，办理一切军务事宜。副官长及副官，依照条例规定，由陆军委任；其实副官长由陆军部呈请荐任。副官员额，法定虽为一员至三员，实际亦不无出额设置者，如福建、上海等镇守使署。

五　军需官军医官法官及书记　条例定规：使署设军需官，军医官，法官各一员。承镇守使命令，及参谋长指导，分别办理军需、医务与卫生，及军法事宜。各官均系委任。以上乃条例之规定，实地则有出入。此外使署更置书记二员，委任，承照官之命，办理文牍事宜。

六　雇员及其他人员　条例规定，镇守使署因缮写文牍及办理庶务，得酌用雇员。此外，条例仍规定，镇守使署因地方情形不同，有兼管民政外交及其他事件者，得酌量添设人员，但须报部核准。惟当用各镇守使署，极少设署此类人员。晋西镇守使因奉命兼办屯垦、禁烟各项行政，及辖区蒙、汉杂处，诸待绥辑：曾于署内设秘书一员，下分两科、各设科长一员，科员三员，分掌上述各事；虽经陆军内务两部审核尚属妥协，然终未获总统批准。

第二目　镇守使之职权

镇守使为军政官员，其所管辖者亦以陆军为限。通常镇守使多系现统陆军之师旅长兼任，因之其所统辖者亦多为其所领军队。

至于非现任陆军统率而充任镇守使者，对于区内驻军，一般亦有调遣之权。以上乃一般而论；惟因地方情形不同，镇守使亦有兼管民政外交者，如川边镇守使是。以上乃就有最高军政长官省份之镇守使而言；至无最高军政长官省份之镇守使，其职权则与省军政最高长官相仿，如福建镇守使是。

第四项　绥靖主任

第一目　绥靖主任公署之组织

绥靖主任直隶于军事委员会：但以其所办理之事务，属于地方性质，且自二十二年开始在甘肃设置以来，颇见普遍，其影响于地方行政者，亦至重要，是以特于本章及之。

绥靖主任公署之组织，因系采个别立法主义之故，是以缺乏统一之规定。其辖区有为限于某一省份者，如驻闽、驻甘、驻赣等绥靖主任公署；亦有涉及两省者如冀察绥靖公署。但各公署虽各有其个别依据，在制度仍亦有其相似之处。兹述其一般情形如次①。

一　绥靖主任　绥靖主任公署设绥靖主任一人，由国民政府任命之，隶属于军事委员会委员长，并受参谋总长、军政部长之指导。（冀察、黔赣三条例，并有受训练总监指导之规定）

① 参看（二二・一一・六）军委会令准驻甘特派绥靖主任公署组织大纲，（二四・二・一四）国府公布同年八月十三日修正驻赣绥靖主任公署组织条例，（二四・二・一四）国府公布驻闽绥靖公署组织条例，（二四・四・一七）国府公布驻黔绥靖主任公署组织条例，（二四・四・二九）驻豫驻鄂特派绥靖主任公署组织大纲，（二四・一二・二三）国府公布冀察绥靖主任公署组织条例，均见《中华民国法规大全》（一）（五）两册。嗣后续有设立撤废，但无大变更。

二　参谋长　绥靖主任公设署参谋长一人，辅助主任，处理一切事宜。

三　处　绥靖主任公署分处办公。虽所设之“处”及其编制不尽相同，但大致均设参谋、秘书、副官、军医、经理、交通、军法等处。处设处长处员等人员。

此外，依驻闽、驻赣、驻黔等公署组织条例之规定。得各按本省情形，于绥靖主任隶属之下，划分所辖为若干分区，设员办事。

第二目　绥靖主任之职权

绥靖主任之设立，大致均为办理本辖区之绥靖事宜。历次组织条例或大纲之规定，在文字上亦不尽同。例如驻闽绥靖公署及冀察绥靖公署两组织条例之规定最为概括。即“为办理：……绥靖事宜”。驻黔绥靖主任公署组织条例定为“为办理黔省及邻接边区绥靖事宜”，驻甘特派绥靖主任公署组织大纲定为“为绥辑地方巩固边防”，驻赣绥靖公署组织条例定为“为办理赣省及协商邻接边区绥靖事宜”，驻豫驻鄂特派绥靖主任公署组织大纲定为“为继续‘清剿’及指挥‘剿赤’部队”，大致视其当时环境而定。至于绥靖主任之职责，有采概括方式者，例如驻甘、驻豫、驻鄂绥靖主任均概括的定为“有指挥……省驻军及特种部队水陆军警团防之权”。亦有采列举方式者，驻赣绥靖主任之职责组为“（一）肃清本区‘残匪’，（二）完成本区交通，（三）绥辑流亡，（四）督促指导民众组织与训练，（五）办理被灾区域善后事宜。”驻闽绥靖主任之职责，除上述五项外，尚有“负责整理编练本区内之地方团队与省保安队并监督其一切经理事务”。驻黔绥靖主任之职责，亦分五项，仅有文字上之出入。此外，凡采列举式者，均另行规定对于辖区内之行政督察专员，县长及县政府等军政机关，得随时指挥之。不过关于党政事务应分别商同省党部省政府办理[①]。

如上所述，可知组织条例或大纲对于职权之规定，不甚清晰，是以省政府与绥靖公署之间，权责急待划分，尤以战时为然。因之，行政院特商同军事委员会，于二十九年三月十三日公布调整省政府与绥靖公署职权原则[②]六项：

（一）凡属军事或绥靖范围如"剿匪"自卫构筑工事与辖境内水陆警察以及地方自卫武力之调遣整训运用，悉由绥靖公署主办；至辖境内之保安团队，应依据保安团队调整办法之原则，会商省政府办理[③]。

（二）属于军事或绥靖以外之一般行政事项，如组训民众清查户口抚辑流亡救济难民等事宜，仍归省政府主办。（按：现行各绥靖公署组条例多将此等此事件规定于绥靖公署职掌之内。）

（三）地方各级佐治人员保安团队水陆警察与自卫组织其人事经理考核抚恤仍由省政府按向省办理。

（四）绥靖公署直接指挥省政府所属机关（如专员公署及县市政府），以基于军事或绥靖上之急迫情事为限。

（五）绥靖公署对于一般行政事项，认为有施以特殊措置之必要时，应商请省政府办理。

---

① 驻赣绥靖主任公署组织条例又有但书之规定。即"但遇必要时，得便宜处理之"。

② 内政法规汇编民政类第一目页三。原办法经国防最高委员会第二六次常务会议备案。

③ 第（一）项原系："凡属军事或绥靖范围如'剿匪'自卫，构筑工事，水陆警察，保安团队，以及地方自卫武力之调遣整训运用，悉由绥靖公署主办"。嗣以与保安团队调整办，第十及十九两条抵触，经修正如现文，并经国防最高委员会第四九次常务会议备案。见（三〇·一·□）国府渝文字第二五号训令，国府渝三二七。

（六）绥靖公署办理主管事项，与一般行政有关者，或省政府处理主管事项关涉绥靖权责者，应视其事件之性质，事前会商或事后彼此通知①。

① 省之军政机构，除此外尚有全省防空司令部，及军管区司令部。前者直隶航空委员会，以实施监督指导本省防空情报消极防空之设施及指挥训练防空部队与当地空军之联络事宜。全省防空司令依例多由省政府主席兼任。余可参看（二七·九·二三）军委会训令颁布之修正调整全国防空机构办法及各省全省保安司令部组织条例，均见中央战时法规汇编（上），页三〇七——三三。军管区司令部办理各省兵役动员及国民军训，依各省原区域设立之。初称兵役管区司令部，设立于二十六年九月，二十七年一月改为军管区司令部，颁布非常时期军管区司令部组织条例（二十七年七月，二十八年十月，三十年十月修正，见兵役法规汇编，页一——三。中央训练团兵役干部训练班编）。军管区司令部直隶于军政部，其条务有关于军令、军训、政治、内政、教育各部者，并受各部之指导。设司令一人，以省政府主席兼任之，必要时得专设副司令一人。内部组织分甲、乙、丙、丁四种编制，设各处科室。详可参看原条例。

第三章　省议会

第一节　省议员

各省省议员之名额,由中央规定,其人数各省不同。依照元年公布之各省第一届省议会议员名额表①规定,直隶一百八十四名,奉天六十四名,吉林四十名,黑龙江四十名,江苏一百六十名,安徽一百〇八名,江西一百四十名,浙江一百五十二名,福建九十六名,湖北一百〇四名,湖南一百〇八名,山东一百三十二名,河南一百二十八名,山西一百十二名,陕西八十四名,甘肃五十六名,新疆四十名,四川一百四十名,广东一百二十名,广西七十六名,云南八十八名,贵州五十二名。兹将关系省议员各项问题分述于后。

第一项　省议员之选举

省议员之选举,有正常选举,与临时选举二种。正常选举,于议员在满改选时行之。临时选举,于正常选举无效,或候补议员补

① 见元年九月二十六日政府公报。

尽而仍有缺额时行之，省议员之选举，依照元年九月颁布之省议会议员选举法，系采间接选举制，而有初选与复选之步骤。初选所选出者为初选当选人，其人数多于议员名额二十倍。复选由初选当选人行之，复选所选出者始为正式议员。每届创举时期，依法各省置有选举总监督一人，由各省行政长官充任，总理省内一切选举事宜。初选区及复选区，亦各置选举监督一员，总理各该区内选举事宜。初选区监督，类由该区行政官吏（初选区多为县，故初选监督亦多为县知事）兼充。复选区监督，由选举总监督临时委任。监督官以外，初选、复选均置投票管理员，投票监察员，开票管理员，及开票监察员各若干人，由各该监督委用，分别掌理投票、开票事宜。兹将关系省议员，选举问题，分目述之于后。

第一目　选举人及当选人之资格

一　选举人之资格　依照元年九月省议会议员选举法规定，议员选举人，除应具有中华民国国籍之男子，年满二十一岁以上，于编制人民册以前，在选举区内住居二年以上之限制外；仍应具有下列资格之一，方可投票。

一、年纳直接税二元以上者；

二、有值五百元以上之不动产者；

三、在小学校以上毕业者；

四、有与小学以上毕业相当之资格者。

二　当选人之资格　省议员之当选资格，该法第四条规定“凡有中华民国国籍之男子，年满二十五岁以上者，得被选举为省议会议员”，而对于当选人是否应与选举人同，而须具有其他资格，则未规定,似有遗漏之处。盖一般选举法,被选资格之限制,皆较选举资格为严;该法关于年龄之限制,亦复如是;惟除年龄限制以外,该法关于被选举人资格之限制,反较选举人为宽;似有未妥。

三　剥夺选举权及当选权者　剥夺选举权及当选权之人民,依照选举法规定如下。

一、褫夺公权,尚未复权者;

二、受破产之宣告确定后,尚未撤销者;

三、有精神病者;

四、吸食鸦片烟者;

五、不识文字者。

四　停止选举权或当选权者　以上各种人民,乃系剥夺其选举权及被选举权者。此外依照选举法规定:下列各个人员暂时停止其选举权。

一、现役陆海军人,及在征调期间之续备军人;

二、现任司法官吏;

三、现任本省行政官吏及巡警;

四、僧道,及其他宗教师。

至停止被选举权者,除上述各项外,尚有下列人员。

一、小学校教员;

二、各学校肄业生;

三、承揽各该省工程之人，及承揽各该省工程公司之办事人；

四、办理选举人员，除监察员外，于其选举区内，亦被停止选举权。

第二目　初选举

初选举为省议员选举之必经阶段，于复选举以前举行。参与选举之人，为各该区之合法选民，而选出之人，则为真实选举省议员之人。初选举之日期，除临时选举由办理选政长官规定，及第一届省议员选举另有规定外，依照选举法规定，应为选举年之七月一日。以下分段讨论关系初选各问题

一　初选区　选举法规定，初选以县为选举区，各以所辖地方为境界。在府、州、厅未改为县以前，各该区域各为初选区。初选举即以各该区域之行政长官为初选监督。

二　投票区　初选监督应按照地方情形，划分本管区域为若干投票区。所划投票区在二区以上时，各投票区须冠以第一、第二等字样。初选监督于投票区划定后，一方应即通示本管区内，一方应于选举年限之前年十月一日以前，呈报该管省之选举总监督。

三　选举人名册　初选监督应就本管区内，分派调查委员，自选举年限之前年十月一日起，按照选举资格，调查合格者，造具选举人名册。初选区若分为数个投票区时，此项人名册应分别造具。选举人名册除应载明选举人之姓名、年龄、籍贯、住址及居住年限外，仍应载入下述二项之一：（一）年纳直按税之数额或所有不动产之价额，（二）某种学校毕业或有某种学校毕业之相当资格。选举人名册应于选举年限之前年十一月三十日完成，由各该初选监督

呈报该管省总监督，并于同年十二月一日，将各投票区选举人名册公布于各该区内。公布以后，各该区人民如认为有错误或遗漏时，得于二十月内取其证凭，呈请初选监督更正。初选监督接到前项呈请后，应于二十日内判定之。当事人不服其判定时，得上述于总监督；总监督之判决期限，亦与上述相同。凡经判定更正者，初选监督除更正人名册外，仍须呈报总监督。选举人名册确定后，应分存各投票所及开票所，并由选举总监督呈报各该省选民总数于内务部。初选区如有变更时，原辖选举监督，应将变更区内之选举人名，开单送交新辖区遵举监督。新辖区选举监督接到上项通知时，应誊写副本，分送关系各区之办理选举人员。又依省议会议员选举法施行细则规定，一人不得编入数个投票区之选举人名册。

四　当选人名额及其分配方法　选举法规定，初选当选人名额，定为议员名额之二十倍。每届选举时期，由总监督按照该复选区应出议员名额，用二十乘之，为详复选区内初选当选人名额。而后再以所得数额，除全复选区选举人总数，视得数多寡，定每选举人若干名，得选出当选人一名。再以此数分除各初选区选举人数，视得数多寡，定各该初选区应出初选当选人数目。初选区有选举人数不敷选出当选人一名，或敷选若干名之外，仍有零数，致当选人不足定额者，比较各初选区数多寡，将余额依次归零数较多之区选出之。若两区以上零数相等，其余额应归何区，以抽签定之。初选当选人名额分定后，由总监督于六月二十日以前通知各初选监督。

五　投票所及开票所　投票所，每投票区各设一处。开票所设于初选监督所在地。投票所及开票所，除选举人，及本所职员外，他人不得阑入。投票所启闭，以午前八时至午后六时为率，逾限不得入内。投票所须有相当设备,使投票人不能互相窥视,交换传观,及其他不正行为。投票所及开票所周围,得临时增派巡警保持秩序。投票所及开票所自投票及开票完毕之日起,十五日以内裁撤之。

六　投票纸投票簿及投票匭　投票纸由总监督按照定式制成,于选举年限五月一日以前,分交初选监督,初选监督于六月二十日以前,分交各投票所。投票纸及封筒分配于各投票所时,须记数目,俟投票完毕后,由投票管理员将用去数目报告初选监督,并将污残余纸一律交还。投票簿由初选监督造之,各投票区应有一簿,内载该投票区选举人之姓名、年龄、籍贯,以及住址等项。投票匭,法律订有样式,由初选监督制造。投票簿及投票匭由初选监督造具后,应于选举年限六月二十日以前,分交各投票所;投票匭除投票时间以外,应严加封锁。

七　投票　选举法规定,初选监督应于选举年限之六月二十日,将投票所及开票所之地点,投票方法,以及本区初选当选人名额等项,通告区内选民。选举日期到达时,选民应亲赴投票地点,在投票管理员及投票监察人之前,声述姓名住址等项,经投票管理员等审核与投票簿上所载相符后,即由该选民签字于选举簿上自己姓名之下,由投票管理员给予票纸一张(只能给一张);使所述各节与簿载不符或有其他疑义时,非有其他选举人之证明,不得发给纸票。投票人取得投票后,即行入内投票。投票采用无记名单记投票法,每票只书被选举人一名,不得自书本人姓名。投票人如将票纸或封筒写错或污损时,得请求将原票缴回另换新票;投票管理员遇有此种事件发生时,应将换票人之姓名记于投票录内。

投票人任投票所内应严守规则,除关于投票方法得与职员问答外，不得与他人接谈。如若犯有下述各款之一者，管理员及监察员得令其退出。一、冒替者，二、在投票所内，劝诱喧骚，不服管处员及监察员或巡警不制止者；三、在投票所内，互相窥视，及交换传观不服管理员及监察员或巡警之制止者；四、携带凶器入投票所者；五、犯刑事妨害选举各罚之嫌疑者；六、在投票所内，有其他不正行为，不服管理员及监票员或巡警之制止者。以上所述，乃被迫出所者，此外，选举人因有事故而自愿出所者，亦可。

选举人退出投票所时，勿论系被迫出所，抑系自愿出所，管理员将票纸取回，并将出所人之姓名及出所缘由载入投票录。自愿出所之选举人，出所以后再欲投票时，管理员应准其入内投票；其被迫出所之选举人，则无此项权利。投票人于票纸写好加封以后，于投票管理员及监察员之前，将票投入票匭。惟在第一人投票入匭之前，管理员应将票匭当投票人之面打开，以示其中无物，此后则不复开。票匭封锁以后，在未送达开票管理员之前，不得移出投票所外。投票人投票完毕后应即退出。投票时遇有天灾及其他事变发生以致不能投票时，投票管理员得呈报初选监督改定投票日期；惟所改日期不能延至能投票时三日以后。投票完毕之后，投票管理员及投票监察员应将选举始末造具报告，连同投票匭及管理所制之投票录等件，于投票完毕之次日，移交开票所并呈报初选监督。

八　开票　依照选举法规定，初选监督自投票区之投票匭送齐之次日，应约定开票时刻先行宣示，届时亲临开票所督同开票即日宣布。开票时，应将所投票数与投票簿对照。凡选举票有下列情形之一者，作为无效。一、写不依式者，二、夹写他事者（但记载被选举人职业或住址者不在此限），三、字迹模糊不能识认者，

四、不用投票所所发票纸者，五、选出之人为选举人名册所无者。开票时，选举人得请求进入开票所参观，但至所内座满时为止；此外，因有特别事故，开票管理员得临时限制入所人数。

开票以后，开票管理员须会同监察员决定有效无效名票数目，记于开票录内。至投票总数及投票人总数，开票管理员亦应会同监察员载入开票录内。投票总数与投票人总数有增多或减少时，并应将其增减理由载录于录内。开票完毕后，开票管理员及监察员，应将开票始末造具报告，连同各件，于开票完毕之次日，呈送初选监督，由初选监督，于本届选举年限内应保存之。

九　当选票额　依照选举法规定，初选以各该初选区应出当选人名额，除投票人总数，将得数三分之一为当选票额。初选当选人非得有上述当选票额，不得当选。其因不满当选票额致无人当选或当选人数不足时，由初选监督就得票较多者，按照所缺当选人名额，加倍开列姓名，即行榜示，于开票后第三日，在原投票所就榜示姓名内决选之。决选投票以得票较多者为当选。当选人名次以得票多寡为序，票数相同时抽签定之。其得票满当选票额，因当选人足额不能当选者，则为初选候补当选人，其名次亦依票数定其先后。决选投票后，其名列榜示单而未得当选之人，亦为初选候补当选人，至其名次之先后，则依得票之多寡定之。

十　当选　依照选举法规定，当选人确定后，应即榜示；并由初选监督具名分别通知各该当选人。当选人自接到该项通知后，应于十日以内答复愿否应选；其逾期而不答复者，则视为不愿应选。凡应选之人，由初选监督给予当选证书，而当选证书则由各省选举总监督，依照定式制就发给该管初选监督。当选证书给予后，初选监督应再将当选人姓名榜示，并分别呈报选举总监督，及所属复选区复选监督。初选当选人领有证书后，由初选监督按照距复选区投票所距难之远近酌给旅费。初选当选人领到旅费以后，有前往投票之义务；否则依照法律规定，不但追回旅费，抑且课以加倍罚金。

第三目 复选举

复选由初选当选人齐集复选监督所在地举行。复选日期，除临时选举由各省民政长官酌定，及第一届省议员之复选别有规定外，依照选举法规定，应为选举年限之八月一日。兹将关系复选各问题分段叙述于后。

一 复选区 露选合若干初选区为选举区。其包含初选区之多寡，由中央定之。依照元年十月颁布之省议会议员各省复选区表，各省所分复选区数并不相同。其分区多者，如云南之分二十二区，四川之分二十一区是。其分区少者，如吉林之分七区，奉天之分八区是。惟一般省份则均在十区与二十区之间。各复选区所含初选区数目，各区亦多寡不同。多者如四川第二十一区之包有三十一初选区是。少者如安徽第九第十等区之仅有两初选区是。惟议员名额之分配，依照选举法规定，系以选民之多寡为标准，是以复选区之大小无足轻重。复选区置复选监督一人，于选举年限六月一日以前，由该管省选举总监督任命之，总理各该复选区内选举事宜。复选监督应驻居区内何地，亦由该管省选举总督定之。复选举除复选监督外，仍有投票管理员，投票监察员，开票管理员，及开票监察员等职员。

二 选举人名册 复选选举人名册，依照选举法规定，应以初选当选人为限。其编制则视该复选区内，有初选区若干，顺序编列。册内应载事件，除初选选举人名册所载各件外，仍应载入各该初选当选人当选票数。

三　复选当选人　复选当选人，选举法规定，不以初选当选人为限。即谓虽未当选为初选当选人，仍得当选为复选当选人。复选当选人之名额，则与议员相同。

四　议员名额之分配　依照选举法规定，议员名额之分配，由选举总监督，以该省议员名额，除全省选举人总数，视得多寡，定每选举人若干名得选出议员一名。再以此数分除各复选区选举人数，视其得数多寡，定各该复选区应选出议员名数。复选区有选举人数不敷选出议员一名，或敷选若干之外仍有零数，致议员不足定额者，比较各复选区零数多寡，将余额依次归零数较多之区选出之。若两区以上零数相等，其余应归何区，以抽签定之。议员名额分定后，由总监督于六月二十日以前，通知各复选监督。

五　投票及开票　复选举投票及开票之方法，投票所开票所之设备，票纸票匦之制定，多与初选相同。惟初选时选举人所举之人若为选举人名册内所无者，选票即行作废。复选选举人所选之人，即令为复选选民人名册上所无，亦不得认为无效。

六　当选票额　省议会议员选举法规定：复选以本区应出议员名额，除投票人总数，将得数之半为当选票额。非具有上述当选票额，不得当选。至因不满当选票额致人当选，或当选人数不足时，依照该法规定，由复选监督就得票较多者，按照所缺当选人名额，加倍开列姓名，即行榜示，于开票后第三日，在原投票所，就榜示姓名内再行投票，以至补足缺额为止。至得票满当选票额，因复选当选人足额不能当选者，依照法律规定，即作为候补当选人，复选当选人及候补当选人之名次，以选出之先后为序，同次选出者以得票多寡为序，票数相同者则以抽签定之。至于候补当选人，依照法律规定，于复选当选人选足后；由各复选区选之，其名额与复选当选人同，而其当选之票额亦同于复选当选人。

七　当选　复选当选人当选之后，由各复选监督通知各该当选人。当选人接到通知后，应于二十日内答复愿否应选，其逾期不复者，以不愿应选论。凡应选之当选人，即为省议员，由复选监督给予议员证书。议员证书给予后，复选监督应将复选始末造具报告，连同投票簿，并有效无效之选举票纸，及议员名册，呈送总监督，于本届选举年限内保存之。并由总监督汇造该省议员名册，呈报内务部。

第二项　省议员之任期

省议员之任期，省议会议员选举法定为三年；而任期之计算，则自当选之日开始，任期届满后，下届如再当选，仍可继续任职。议员任职以后，即令原来选举区有所变更，亦不影响其任期。议员于任职期内因故出缺时，由本选区候补议员依次递补，候补议员递补无余时，由所在省份民政长官召集临时选举补选之。候补议员依照省议会议员选举法规定，于每届议员选举时选举。候补议员之任期，则以补满被补人之任期为限。

第三项　省议员之权利与义务

依照省议会暂行法规定，议员之权利有下述各种。一、议员除现行犯罪及关于内乱外患之犯罪外于会期内非经省议会之许可不得逮捕；二、会议时议员之言论及表决，于议会外不负责任；三、议员任职以后，非经省议会之许可不得解职；四、议员既系服务本省，应有相当待遇。至于议员之义务，依照该法规定，及当时之实况，亦有种种。其依该法规定者，如不得兼为国会议员，不得违背议会议事细则，不得无故不到会，以及不得以议会名义干涉外事是。其依当时实况者，如议员不得兼为其他行政官吏是。省议会暂行法不仅规定议员之各种义务，且对于违反义务之人，定有相当罚则。依照该法规定惩罚办法，计有停止到会及除名二种。议员违反议会议事细则，或以议会名义干涉外事而情节较轻者，则课以停止到会之处分。议员无故不到会以至十日以上，及以议会名义干涉外事而情节较重时，则课以除名之处分。至处罪之实施，则由议会公决行之。依照该法规定，停止到会之处罚，举以出席议员多数之决议行之，且其期限仍不得超过十日。除名之处分，则须出席议员三分二以上之决议，方得施行。

第二节　省议会之组织

省议会暂行法规定，省议会设于省行政长官所在地，由议长副议长议员组织之。此外更设秘书，办理秘书事务。除议员已于前节叙述外，兹将议长秘书分述于后。

一　议长副议长　省议会设议长副议长各一人，由议员互选之。至选举议长副议长之方法，依照该法规定，系分次用无记名单记投票法行之。即谓议长副议长应当分次选举，每次选举时，票上只写一人，而选举人无须署名。议长副议长，非得票过半数者，不得当选，议会选举议长副议长之时期，暂行法并无规定，惟当时各省多于新议会初次会议时选之，并咨由所在省份民政长官电报中央。依照暂行法规定，议长职权系在维持秩序，整理议事，及对外为议会之代表。此外，如为会议之主席，任命议会之秘书，及某一议案于赞反人数相等时去取之决定等等，亦系议长之特权。议长有事故不能执行职务时，由副议长代理。副议长亦有事故时，由议员相互选举临时议长，代行议长职务。议长、副议长之任期为三年，议长、副议长之是否可以连任，则法无明文。

二　秘书　省议会更设秘书，暂行法规定由议长任免，承议长之命，经理文牍、会计及一切庶务事宜；其员额及办事细则，由省议会自定。

第三节　省议会会议

省议会之会议，可分为常会及临时会二种。常会每年举行一次，由省行政长官召集。临时会于有紧要事件或议员半数以上之请求时，由省行政长官召集①。常会会期，法定以六十日为率，必要时仍可延会，惟所延日期不得超过二十日。临时会会期，不得超过三十日。或论常会或临时会，非有议员过半数之出席不得开会。议员提出议案，需以五人联署行之。议案之通过，以出席人员过半之决议为之，而赞成反对人数相等时，则取决于议长。至于行政长官之能否提案，暂行法上未加规定。惟该法规定省行政长官得自

① 临时会议所得讨论之事项，依照内务部六年一月解释，亦以特殊事件为限，而不能兼及一般事件。

行出席议会，或派员到会发言（但不得参与表决），可见省立法机关与行政机关之间，亦非十分隔绝。且十年六月颁布之省参事会条例，两于参事会之职权，有"审议省长（省行政长官）提交省议会之预算、决算案及其他议案"之规定。似省行政长官实有提案之权；且似预算、决算等案，非经该长官则不能提出者。议员于议案涉及本身或其亲属时，非经省议会之许可不得与议。省议会之会议，采取公开形式，准许外人旁听；惟以特别事件，经省行政长官之要求，或议员之提议而由多数之可决者，得禁止旁听。

依照法律规定，省议会之决议案应咨送省行政长官。省行政长官应于送达以后十日内公布之。如省行政长官对于所送议案，认为不当时，应于决议送达以后五日内，声明理由咨交省议会复议。复议时，最有出席议员三分二以上拥护原案，则行政长官仍应于复议案送达后十日内公布之。至无有上述人数拥护原案之结果如何？法律虽无规定，然就该法之整个用意观之，则原案应归无效。若行政长官认省议会之决议案为违法时，依照暂行法规定，得于咨达省议会后撤销之。如省议会不服其撤销，得提起诉讼于平政院，平政院未成立期间，则由最高法院受理。

省议会之会期，常会法定以六十日为率，即令廷会二十日，一年亦不过八十日：除非依法召集临时会议，则省议会多半时间皆在开会之中。于此开会期间，省议会之事务应如何处理，省议会暂行法并无规定。惟当时各省省议亦不无效法欧西各国之委员会制度，于闭会期间设置委员会，以行使议会之职权或其职权之一部者。据理解释，各该省议会之此种设施，自不能谓之不当；惟当时国务院则以省议会暂行法无有此项规定，而通令设有此项委员会省份之行政长官，不准承认，或竟有强之解散者。省立法机关之被摧残，殆已极矣。

第四节　省议会之职权

省议会之议权，计有议决权、监督权及建议权种种。

一　议决权　下列各项事件，依照省议会暂行法规定，应经省议会议决：

一、本省单行条例，但不得抵触法律与命令；

二、省预算及决算；

三、省税、使用费，及规费之征收（惟法律命令之有规定者不在此限）；

四、省债之募集，及省库有负增之契约；

五、省财产及营造物之处分并买入；

六、省财产及营造物管理方法（惟法律命令有规定者，不在此限）；

七、其他依法律命令，应由省议会议决事件。

二　监督权　关于省议会之监督权者，依照暂行法规定，计有下列各种：

一、受理本省人民关于本省行政请愿事件；

二、省议会对于本省行政长官认有违法行为时，得以出席议员三分二以上之可决，提出弹劾案，经由可内务总长，提交国务会议惩办；

三、省议会对于本省行政官吏认有违法纳贿情事时，得咨请省行政长官查办。

以上三端，乃省议会本身所具有之监督权，而须以议决行使。此外仍有一种权力，亦属监督性质，而可由省议员之一部行使者，即所谓质问权是。依照暂行法规定：省议会议员对于本省行政事项有疑义时，得以十人以上之连署，提出质问书于省行政长官，并限期答复。省议员对于行政长官之答复认为不得要领时，得要求行政长官自行到会，或派员到会答辩。查此类质问制度，法国最为通行，且每为倒阁之先声。法国系内阁制度国家，设有此项制度，诚属较有意义。我国当省时议会之设有此制，实属无谓。惟有此，省行政长官应亦有相当之忌惮耳。

三　省护会之建议权　省议会于上述二种权力之外，对于本省行政或其他事件有意见时，可随时建议省行政长官。省行政长官对于某项事件遇有疑难时，并可咨询省议会，该会亦得据实答复。

第四章　省临时参议会[1]

第一节　省临时参议员

第一项　省临时参议员之名额

省临时参议员之名额，各省不同，且间亦有陆续呈准增加者，兹列表于次[2]。

省临时参议员数

省别	原定名额	增加数目及日期	现在名额	成立日期	备注
江苏	五〇		五〇		
湖南	五〇		五〇	六·八·一	

① 省临时参议会组织条例(二七·九·二六)国府渝八七;原条例于(二七·一〇·三〇)下令定(二七·一一·一)施行。修正:(三〇·四·一四),国府渝三五三。

② 表内"原定名额"指(二七·九·二六)公布之组织条例内附表所列。各省历次增加之日期,系以国府命令之日期为准,分见国府渝一四八;五二;五三五;五三六;五四四;五五五;五六四。

续表

省别	原定名额	增加数目及日期	现在名额	成立日期	备注
四川	五〇	（二八·四·二八）增加二〇；（三一·一〇·一七）增加一〇；（三二·三·二三）增加二〇〇	一〇〇	六·七·一	
河北	五〇		五〇		
山东	五〇		五〇	三一·六·一八	其中威海卫行政区应出一名
河南	五〇		五〇	六·五·一	
广东	五〇	（三二·一一·一二）增加三	五三	六·五·一六	
安徽	四五	（三二·一·一五）增加五	五〇	二八·七·二〇	
湖北	四五		四五	二八·九·六	
浙江	四〇		四〇	二八·四·二五	
江西	四〇		四〇	二八·六·五	
山西	三五	（三二·一·一五）增加三	三五		
福建	三五		三八	二八·五·一五	
广西	三五		三五	二八·五·二一	
云南	三五		三五	二八·七·一〇	

续表

省别	原定名额	增加数目及日期	现在名额	成立日期	备注
陕西	三〇	（三二·一·九）增加五	三五	二八·七·一	
贵州	三〇	（三一·一〇·一七）增加五	三五	二八·五·一	
甘肃	二五	（三二·一·一五）增加三	二八	二九·一·三	
辽宁	二五		二五		
吉林	二五		二五		
新疆	二五	（三二·四·二二）增加三五	六〇	三二·五	
察哈尔	二〇		二〇		
绥远	二〇		二〇		
西康	二〇	（三一·一〇·一七）增加五	二五	二九·八·二六	
青海	二〇		二〇	二六·六·三	
宁夏	二〇		二〇	二九·一·四	
黑龙江	二〇		二〇		
热河	二〇		二〇		

除参政员外，各省临时参议会设候补参议员，其名额为参议员名额二分之一①。

① 组织条例本不设候补参议员，此系嗣后国防最高委员会之决议，见（二八·三·二）国府渝字第一〇五号训令，国府渝一三五。

第二项　省临时参议员之推选

一　资格①　中华民国之男子或女子，年满二十五岁曾受中等学校教育（或同等教育）具有下列资格之一者，得为省临时参议会参议员。

甲　具有各该省之籍贯并曾在各该省所属之县市公私机关或团体服务二年以上著有信望者：

乙　曾在各该省重要文化团体或经济团体服务二年以上著有信望者②。

唯现任官吏，不得为省临时参议会参议员，但办理地方自治人员及学校人员，不在此限。

二　推选方法③　省临时参议会参议员，依照各该省名额，由其所属县市住民中遴选十分之六（每一县或市所出此项参议员至多不得过一人。但所属之县数少于二十县者，不受此限制），由曾在各该省重要文化团体或经济团体服务人员中遴选十分之四。省

① 三十年二月国防最高委员会第五十五次常务会议决议："各省县参议会行筹设县参议会成立时，各省临时参议会之产生方法，势不能不有所变更。行政院应即着手起草省（市）临时参议会组织条例修正案，于县参议会组织条例颁行后，从速呈会核定。"但尚未见公布。（三〇・四・一四）国府渝文字第三四一号训令，国府渝三五三。

② 依国防最高会议决议：本款所称文化团体，应包括一切教师，新闻记者，律师，医药师，会计师，工程师等人员所属之团体。见（二七・一二・九）国府渝等七一三号训令，国府渝一〇九。

③ 依国防最高会议决议，"关于省市临时参议会推选之法令解释与指挥进行等事项，应指定行政院为主管机关"。见（二七・一二・九）国府渝字第七一〇号训令，国府渝一〇八。

临时参议员之由各该省属县市住民中遴选者，其候选人由各该省属每一县市政府于征询该县市党部及地方团体意见后，各就该县市住民中具有上述甲项资格者，提出候选人二人于省政府。省临时参议员之由该省文化团体经济团体人员中遴选者，其候选人由各该省政府及省党部联席会议就各该省区内文化团体或经济团体中具有上述乙项资格者，提出加并候选人（即该省规定名额十分之四之倍数）。两项名单汇齐后，由省政府呈送行政院转呈国防最高会议（现国防最高委员会，下同）决定之。国防最高会议选定省临时参议员时，得于各该省所呈送参议员候选人名单以外，选定若干参议员；但此项被选定之人员，仍须具有上述参议员之资格，且其名额不超过各该省参议员总数十分之二①。

第三项　省临时参议员之任期

省临时参议员之任期，初定为“任期一年，有必要时，得由省政府呈准行政院延长一年”，三十年四月修正组织条例，改为“……任期为一年，行政院认为有必要时，得延长之”。此种修正，不在于“呈准”，而在于得为无限期之延长。

第四项　省临时参议员之权利与义务

省临时参议员除依法行使职权，尚有其特殊之权利。即“参议

① 上依组织条例说明。嗣后增加候补参议员，亦未另定推选方法。依事实，均系由国民政府同时以明令发表。

员在会场内得自由发表言论，不受会外之干涉；但在会场外发表之一切言论文字，仍受一般法律之限制”。[①] 但亦有其一定之义务，即参议员全体有共同维护会场秩序之责任。如有违反议事规则妨害秩序情事，议长得予以警告或制止之。其情节重大者，得经会议之议决，停止其出席[②]。

第二节　省临时参议会之组织

一　议长副议长　省临时参议会置议长副议长各一人，由行政院就各该省参议员中遴选提请国防最高会议决定之，依例亦于决定后送由国民政府以明令发表。开会时，以议长为主席。议长因故缺席时，由副议长代理之。

二　驻会委员会　省临时参议会休会期间设置省临时参议会驻会委员会，由参议员互选五人至九人组织之（四川特准为十一人）[③]。其任务以听取省政府各种报告及省临时参议会决议案之实施经过为限。

三　审查委员会　省临时参议会之审查委员会共分两种。一为普通审查委员会，共三个。即：第一审查委员会，审查关于民政、自治、保安等事项之议案；第二审查委员会，审查关于财政、经济、建设等事项之议案；第三审查委员会，审查关于教育、文化等事项

① 省临时参议会议事规则（二七·一二·二二）国府渝一一二。

② 参议员党无给职，但开会时应给旅费。

③ 国防最高委员会第十一次常务会议决议。“暂准备案”。（二八·七·二七）国府渝字第四二二号训令，国府渝一七四。

之议案。一为特种审查委员会，审查特殊事项，依议长决定或会议之决议设置之。议案之内容涉及二个以上，审查会之审查范围者，得交各该审查委员会会同审查。各审查委员会之人数人选及召集人，由议长就参议员中拟定提交会议通过之。每一参议员以参加一种审查会为原则。

四　秘书处　省临时参议会置秘书处，承议长之命，办理参议会一切事务。置秘书长一人，由国民政府简派之。秘书一人至二人，由议长派充之。设议事、总务两组办事[①]。

第三节　省临时参议会会议

一　会期与开会　省临时参议会每六个月开会一次，每次会期两星期。省政府认为有必要时，得延长其会期或召开临时会。有参议员总额过半数之出席，始得开议；有出席者过半数之赞同，始得决议。省政府主席秘书长及省政府委员得出席于省临时参议会，但不参加其表决。省临时参议会以公开为原则，但经议长之决定或会议之决议，得宣告开秘密会。

二　提案与讨论　凡与省政或抗战有关之事项，均得提出为议案；但其内容不得抵触三民主义。省议员之提案，应由参议员五人之连署提出之。提案人之连署，不影响其在会议时发言及表决之自由。参议员提案暨省政府交议案件，均得由议长径付会议或先交审查委员会审查，连同审查报告提付会议讨论。审查委员会

① 省临时参议会秘书处组织规则（二七・一二・二二）国府渝一一二。

开会时，不因出席之参议员未过半数而延会。其议决以出席人过半数之同意为之。如有必要，召集人应将少数人之意见一并报告。开会时得请省政府派员列席发表意见。审查委员会召集人认为必要时，得请提案人列席说明。各审查委员会审查结果，应以书面报告于议长，由议长分别提出于会议。

各项议案经议长决定或会议议决认为特殊重要者，应由议长特别划定充分时间讨论之。讨论之进行，依议事日程所定之顺序，但依议长之决定或会议之决议，得变更之。参议员就省政或与抗战有关之事项，得于开会时一议案未开议前或已议决后以书面提出临时动议，但卓经参议员总额三分之一连署。对于议案之修正，得以书面或口头提出，但应经参议员五人之连署或赞同。表决由议长酌量以举手，起立，或投票行之。讨论终结时，如有数种意见，其表决之顺序，由议长决定之。

三　报告与询问　省政府关于施政方针之交议案件，应以书面提出。关于施政之报告，得提出书面或以口头为之。其以书面提出者，会议时，仍得请省政府主管长官列席说明。如有疑义，参议会得经议长许可为简要之发问。省政府之施政报告，经议长之决定或出席参议员三分一之要求，应列入议事日程，移付讨论。参议员对于省政府有询问时，应经参议员三人连署，以书面向议长提出。由议长请省政府主管长官定期答复；除因公众利益应守秘密者外，省政府主管长官，应为书面或口头之答复。

第四节 省临时参议会之职权

一 决议权 在抗战期间,省政府重要之施政方针,于实施前应提交省临时参议会决议。但在省临时参议会休会期内,遇有特殊紧急情形须为紧急处置时,应呈行政院核准,并应于省临时参议会次期集会时报告于省临时参议会。

二 建议权 省临时参议会对于省政兴革,得提出建议案于省政府。

三 听取报告权 省临时参议会有听取省政府施政报告之权。

四 询问权 省临时参议会参议员于开会时有依议事规则向省政府提出询问权①。

五 选举权 省临时参议会有依法选举国民参政会参政员之权②。

以上各权,第一第二两者较为重要。第五项职权之运用,乃随国民参政会之职权而表现其作用,由现状及对于省本身言之,其意义殊有限。一三两权之运用,尚有其他限制。即省政府对于此项议案如认为不能执行时,至迟应于省临时参议会次期集会时,提交复议。复议时如经法定出席参议员三分之二赞同原案或对原案予

① 参看本章第三节。

② 此为省临时参议会组织条例所未规定,而系见之于(三一·三·一六)修正国民参政会组织条例者。参看本书第一篇附录十二。

以修正时，省政府对于省临时参议会复议时之决议，除呈经行政院核准免予执行者，应予执行，此种限制有三：一为复议时"三分之一"法定人数，二为行政院之最后决定权；三为省政府得延至次期集会时提交复议。会期每六个月一次，若干议案，在六个月以后，已失时效亦甚可能。是以省临时参议会之职权，并不甚大。当省临时参议会初成立时，四川、陕西、湖南、湖北、安徽、浙江等省临时参议会曾电请将原定职权内增入议决省地方预算事项，但经国防最高委员会认为"省临时参议会之设置，原属临时性质，其职权已于组织条例明定，现时不必修改，如省临时参议会对于省政府收支及其他财政事宜有所主张，可就组织条例所赋予议决省政府施政方针及建议之权，为适当之运用。"[①]而未成功。

① 参看（二九·二·九）国府渝文字第一六五号训令，国府渝二三一。

第五章 省司法机关

省司法机关，可分省审判机关与省司法行政机关两方叙述。民国以来，省审机关之演变计分二期。法院组织法施行以前为第一期，法院组织法施行后为第二期。至省司法行政机关，清末民初，各省有设立司法司以主其事者，其后则裁撤该司而于各省设立司法筹备处以掌司法行政。二年（1913 年）九月，司法筹备处裁撤，司法行政事务又分归审判机关兼理。国民政府成立，又将司法行政事务自审判机关提出，而于省政府内设立司法厅掌之。惟不久又因司法部之请求，复将司法厅裁撤而将司法行政交归审判机关办理，是即今日之制。上述之司法司，司法筹备处及司法厅，均为省之司法行政机关，除司法司与司法厅之设置历史特短兹不叙述外，特将司法筹备处之组织关节述之于后。至审判机关亦为分期述之。

第一节 司法筹备处

司法筹备处设处长一人，由司法总长经由国务总理呈请大总统简任；承司法总长之命，总理处内一切事务，并指挥监督所属各员。处长之下设有委员，分别派充该处科长或科员。委员名额，二年一月之划一现行中央直辖特别行政官厅组织令[①]规定，由处长拟具现行相当人数，呈报司法总长核定。惟依同月司法部颁行之司法筹备处办事划一章程[②]规定，最多不应超出十人。委员由处长就通晓法政，或曾办司法行政事务，或熟悉地方情形各项人员中委用，并呈报司法部备案。委员之职务，系在承处长之命，分掌各科事务。司法筹备处除委员之外，依照划一章程规定，必要时仍得酌设技士。技士由处遴选娴熟技术事务者委任之，并呈报司法部备案。技士之职务，在承处长之命，处理处内一切技术事宜。技士之名额，则定为一人或二人。上述人员之外，司法筹备处为缮写文件办理庶务，依照法令定，仍得酌用雇员；至于雇员名额之多寡，依照划一章程规定，每科为二人至五人。

依照划一现行中央直辖特别行政官厅组织令规定，司法筹备处分科办事。划一章程并规定，司法筹备处应设二科，而冠以第一、第二等字样。科设科长一人，承处长之命，总理科务；科员若干人，承长官之命，助理科务。科长、科员均由处长就委员中委令兼任。各科事务之分配，由处长定之。其事务较繁之科，仍得于科长之外设置兼理。

司法筹备处之职务，在办理省内司法行政。至于该处如何完成其职务，依照划一章程规定：法院监狱之筹备，应由处长派员详细调查，分别先后缓急，拟具办法，呈请司法总长核行。凡欲于次年筹设之事件，并应将进行方法及实施概算，于前年四月以前拟就呈核。至于该处之工作成绩，依照章程规定，亦应每年编制报告，

① 见二年一月九日政府公报。
② 见二年一月二十四日政府公报。

于八月以前呈部考核。其法院或监狱之已经筹备成立者，自成立之日起，该处即不应管辖，按其性质，分别交由所在省份高等审、检二厅或典狱长官管理。

二年九月二十三日，大总统以财政艰窘，各省无力扩充法院，遂明令裁撤各省司法筹备处①。并将该处职掌，令由司法部就各省高等审检两厅中遴员呈请兼任。后经司法部呈准，将该处事务按其性质分别划归高等审判厅及高等检察厅各省办理，或由该二厅会同办理。

第二节　法院编制法下省司法机关

法院编制法下，省之司法机关，为高等审判厅。当时各省，除新疆因有特殊情形，未曾设有此项机关，而以司法筹备处代行其职权外，其余殆皆依法设置。又依该法规定，各省因地方辽阔或其他不便情形，得于高等审判厅所管之地方审判厅内，设高等审判分厅。三年(1914 年)九月二十四日高等分庭暂行条例②复规定，凡距省较远交通不便地方，除依法院编制法设高等分厅外，得因必要情形于道署所在地，暂设高等分庭。以此，当时省司法机关除上述之高等审判厅，高等审判分厅之外，仍有所谓高等分庭；本节特将各该厅庭之组织大略，分述于后；至与各该厅庭同级之检察机关，则于叙述各该厅庭之后另段述之。

① 新疆以高等审检尚未成立，当由司法部呈准暂予缓撤。

② 见三年九月二十五日政府公报。

一　高等审判厅　省设高等审判厅，置厅长一人，简任，总理厅内事务，并监督其行政事务。高等审判厅审判案件，采合议制，而以三人组织之合议庭行之。惟于审判上告案件时，厅长得因所审案件情形，临时加增推事为五员。至于厅内所设厅数，应视事务繁简定之。庭置庭长一员，以该庭推事兼充，监督庭内事务而定其分配。至高等审判厅所得审理之案件，则有下列各种。

一、不服地方审判厅第一审判决而控诉者；

二、不服地方审判厅第二审判决而上告者；

三、不服地方审判厅之决定或其命令，按照法令而抗告者。

高等审判厅之组织与管辖，略如上述。高等审判厅除担任审判职务外，在司法筹备处裁撤以后，仍担任省内之司法行政事务。依照三年六月十一日高等审判厅办事权限条例①规定，各省高等审判厅长，奉大总统之任命，管辖全省司法官吏，及考核兼理诉讼之县知事，总理全省司法经费暨特别收入款项。高等审判厅直隶中央司法部，遇有重要事件，亦得径呈大总统。高等审判厅长奉有特别命令，受所在省份行政长官之监督时，凡关于司法上行政事务，应秉承行政长官办理并受其考查。此外关于司法经费之支配，司法人员及兼理司法县知事之考核奖惩等等，高等审判厅长亦有权力，惟亦不无相当限制。如高等审判厅长，于行使上述职权时，或

① 见三年六月十二日政府公报。

须征求其他机关之同意[①]，或须呈请其他长官之核办之类是[②]。高等审判厅长因监督司法行政上之必要，对于兼理诉讼之县知事及承审管狱等员，一方可以下令指示及派员莅查，一方并可令其提出报告。高等审判厅长因事实之必要，关于其监督权之行使，仍可咨请省外道尹任考核调查之责。

二　高等检察厅　依照法院编制法规定，高等审判厅配置高等检察厅；高等检察厅由检察长及检察官组织之。检察长，编制法定为一人，简任，监督厅内事务。检察官之名额，编制法定为二人以上；至于其确切数额，则由司法部呈准定之。检察官由司法部荐请总统任命。高等检察厅之管辖区域，与高等审判厅同，即以所在省份为其界限：惟于紧急事件，检察官得于辖区以外执行职务。高等检察厅依照法规规定，应独立执行职务，不受高等审判厅之束缚。亦不容干涉审判，或代行其审判。至于检察官之职权，依照编制法规定，概有下列二种。

一、刑事　遵照刑事诉讼律及其他法令所定，实行搜查处分，提起公诉，实行公诉，并监察判断之执行；

二、民事及其他事件　遵照民事诉讼律及其他法令所定，为诉讼当事人，或公益代表人，实行特定事宜。

① 依照高等审判厅办事权限条例规定，审判厅长编制分配概算表，及收支对照表，其关于检察费用，应咨询高等检察厅检察长之意见，及高等审判厅长编制司法官吏成绩书，关于检察官之成绩，应征取高等检察厅检察长之意见等是。

② 如关于未设审检厅各县承审管狱等员之用撤奖惩，暨兼理诉讼之县知事，关于司法事件应予奖惩时，高等审判厅长俱须呈请所在省行政长官核办之类是。

三 高等审判分厅 法院编制法第二十八条规定：各省因地方辽阔，或其他不便情形，得于高等审判厅所管之地方审判厅内，设高等审判分厅。高等审判分厅得置民事一庭或刑事一庭。审判分厅如置二庭以上，以资格深者一员为监督推事，监督分厅行政事务。高等分厅之审判，亦采合议制，因案件之不同，亦有三人合议庭与五人合议庭之别。高等分厅之推事，除由本厅选任者外，得以分厅所在地地方审判厅或邻近地方审判厅之推事兼任，惟在三人合议庭，该项兼任推事仅以一员为限，五人合议庭，以二员为限。

四 高等检察分厅 高等审判分厅配置高等检察分厅，置检察官执行检察分厅职务。检察分厅检察官之名额，编制法上亦无规定，惟该法规定，分厅如置检察官二员以上时，得以资格较深者一员，为监督检察官，监督该分厅事务。检察分厅之辖区，与审判分厅同。此外关于其他事件，亦皆适用高等检察厅段内所述之规定；其所不同者，特以高等审判分厅为其对象耳。

五 高等分庭 高等分庭暂行条例规定，凡距省较远交通不便地方，除依法院编制法设高等分厅外，得因必要情形，于道署所在地，暂设高等分庭。高等分庭之设立或废止，依照条例规定，由所在省份高等审判厅长呈请司法部核定。惟在委任省行政长官监督省内司法行政之省份，则应经所在省份行政长官咨请司法部核定。其由高等审判厅直接呈请司法部核准设置或废止者，依照条例规定，司法部应于核定后，咨达所在省行政长官知照。

高等分庭置推事三人，审理案件以合议制行之。分庭之辖区，与所在地道区相同。分庭事项之处理，除与高等分庭暂行条例抵触者外，依照条例规定，俱皆适用法院编制法及其他法令关于高等审判分厅之规定。分庭之管辖权限，依照高等分庭管辖权限暂行条例规定，计有下列各种。

（一）高等分庭之事物管辖：

一、不服兼理司法县知事所为初级管辖之判断，而控告者；

二、不服兼理司法县知事所为地方管辖中刑事三等以下有期徒刑，五百元以下罚金，民事诉讼物价额一千元以下，及非财产权上请求之判断，而控告者；

三、不服兼理司法县知事所为之批谕，按照法令而抗告者；

第二项诉讼物价格之核定，依民事诉讼律草案第五条至第十二条行之；

又非财产权上之请求，与由此所生之财产权上请求合并成讼，而其诉讼物价额超过一千元者，高等分庭不得管辖之；

（二）依复判章程应送复判案件，除科死刑，无期徒刑，及一等有期徒刑，或科罚金五百元以上者外，高等分庭有复判之权；

（三）一款所定范围以外之控告案件，如有移送不便情形时，得由高等应嘱托分庭审理；惟判决仍应由高等厅核定后宣告之；但当事人不愿时，得声明抗告；

又一款所定范围以外之控告案件，应向高等厅提起上诉者，其上诉状得向高等分庭陈递；声明抗告时亦同。

六　高等分庭检察官　高等分庭依照条例规定，配置检察官一人，执行检察职务，但不设检察厅。

七　道官署内所设司法人员　依上所述可知，省司法机关计有高等审判厅,高等审判分厅,及高等审判分庭种种。惟当时以财政艰窘,各该厅庭均未能普遍设置。以此人民上诉每感不便。中央为谋补救计,初时则令各省高等审判厅,就省内所有各县指定若干县分,使其可以受理邻近县分上诉案件。按县之地位本皆相差不远,今以甲县为乙县之上诉机关,审理之际,每有因循顾忌之弊。因之另置上诉机关之需要日急一日。而在另一方面,高等分厅及高等分庭又不能普遍皆设。因遂有于道尹公署附设司法人员以为受理一定上诉案件之制。道尹公署附设司法人员,实为补救办法中之补救办法,以此关于此项人员设置之限制,亦属甚严;至限制方法,则有二种。一、对于道之限制,凡能设置此项人员者,以去省较远而附近又无上诉讼机关之道为限。二、关于管辖权及设置期间之限制,依照法令,此项人员得径为判决执行者,仅以刑事自三等有期徒刑以下,民事自一千元以下者为限;至于出此限度,即应咨由高等审判厅复勘,以昭慎重;至于设置期限之限制,依照法令规定,则一俟各处高等分庭设置成立,此项人员即应撤销。此项人员之名额,法令规定为二人或三人,由道尹遴派明白法律者充之。经费则道尹公署拨充,不另开支。至此项人员之管辖区域,一般与道尹辖区相同。惟亦不无出入者,如奉天洮昌道所设此项人员之管辖区域,仅以道内洮南等六县为限,至其余法库等七县,则以去省较近而由该省高等审判厅管辖是。

八　热察绥审判处　热河、绥远、察哈尔三特区,则设有审判处,以为区内司法机关。审判处设于都统府,置处长一人,由司法总长呈请大总统简任,指挥监督全处事务。审判处长亦有由各该区道尹兼任者。审判处长对全处职员有指挥监督之权,除其他人员得由处长径行奖惩外,所有处内审理员如有不当行为,处长亦得依照审理员惩戒条例规定，请付惩戒。审判处长因事离职时，由审理员依次代行职务，处内分设民事刑事二庭，每庭各置审理员一人，执行审判职务。审理员由该管区都统遴选，经由司法总长呈请总统任命。至于审理员之资格，依照条例规定，则有下列三种。

一、有受司法官甄拔之资格者；

二、曾任推事，或检察官一年以上者；

三、无前二款之资格，而曾办审办事务，满三年以上者。

审判处于审理员之外，仍得设学习审理员二人至四人。审理员因事不能执行职务时，由学习审理员代理。审判处仍设书记官二人至五人，办理诉讼记录，会计，文牍，以及庶务等事宜。此外仍置承发吏，检验吏，录事各员，分承长官之命，办理主管事宜。书记官以至于录事，俱由处长委任。至于处内所需之司法警察，则由各该区域之巡防警备等队处充。

审判处之职掌，在于审理所辖区内之民刑案件。审判处之辖区，依照条例第二条规定，与各该都统辖区相同。至于审判处所得审理之案件，依照条例规定，计有下列二种。

一、不服各该区内县知事之判决，而控告者；

二、各蒙旗，及蒙民之诉讼事件。

又，区内人民对于县言知事延案不结，及不合法之不受理，亦得向审判处控请催结或受理。至区内人民对于审判处之判决，如认为不满时，除不服县知事之判决而上告之案件，按照民刑事诉讼律草案规定，以高等厅为终审者外，得上告于大理院。

第三节　法院组织法下省司法机关

依法院组织法第十六条规定，省或特别区域各设高等法院。其省或特别区之区域辽阔者，应设高等法院分院。兹依据法院组织法，而略述各该院之组织于后，至于检察机关，则亦附于各该院之后述之。

一　高等法院　省设高等法院，为省内之最高司法机关[1]。院置院长一人，署理全院事务，并监督所属行政事务。院长由简任推事兼任，是与法院编制法下，高等审判厅长不兼推事者不同。审判案件，高等法院亦采合议制，是与法院编制法下之高等审判厅相同；惟合议庭组织之人数，在高等审判厅时代，可为三人，可为五人，至于高等法院，则确定之为三人。院内所设民事及刑事庭数，视事务之繁简定之。庭置庭长一人，监督各庭事务并定其分配。庭长除由简任推事充任者外，余就其他推事中遴选资格较深者兼任。至于高等法院所得管辖之案件，依照该法规定，则如下述。

① 战事开始以后，最高法院为便于处理诉讼事件，得就适当区域，设立分庭：受理各该区域内不服高等法院或分院之裁判而上诉或抗告之事件。详可参看最高法院设置分庭条例(二七·一·二二)公布，原称最高法院分庭组织暂行条例，见国府渝一七，修正：(二七·七·三〇)国府渝七一；(三二·七·二〇)国府渝五八九。三十二年之修正，仅将条例名称中之"暂行"二字删去，余与(二七·七·三〇)修正条例同。

一、关于内乱，外患，及妨害国交之刑事第一审诉讼案件；

二、不服地方法院及其分院第一审判决，而上诉之民事刑事诉讼案件；

三、不服地方法院及其分院裁定而抗告之案件。

二　高等法院检察官　法院组织法规定，除最高法院配置检察署外，高等法院及其他法院仅配置检察官。是与前法于高等审判厅配置高等检察厅者不同。高等法院配置检察官之员额，依照组织法，应由法律规定。检察官之员额如在二员以上时，以一人为首席检察官，监督所属事务。此外如检察官之辖区应与高等法院相同，而于必要时得于辖区以外执行职务，及检察官对于法院独立行其职务等等，新法之规定多与旧法相同，兹不多赘。至检察官之组织职务，组织法规定如下。

一、实施侦查，提起公诉，协助自诉，担当自诉，及指挥刑事裁判之执行；

二、其他法令所定职务之执行。

三　高等法院分院　法院组织法规定，省区地域辽阔者，应设高等法院分院。高等法院分院置院长一人，由推事兼任，总理该分院行政事务。高等法院分院推事在六人以上者，得分置民事庭刑事庭。各庭置庭长一人，除由兼任院长之推事充任者外，余就其他推事中遴选任充，监督各该庭事务并定其分配。分院推事之职务，依照组织法规定，得由高等法院院长派本院推事兼行。至于高等法院分院之事的管辖区，则与高等法院相同。

四　高等法院分院检察官　高等法院分院，配置检察官之员额，应以法律规定。所置检察官在二员以上时，以一人为首席检察官，监督所属职务之执行。分院检察官之管辖区域与分院同，但必要时，得于辖区以外执行职务。此外一切事件，俱皆适用于检察官之一切规定。

第四节　省司法行政之监督

各省司法行政，在国民政府成立以后，由中央直接监督，而与省行政机关不生关系。国民政府成立以前，曾设有省行政长官受中央特别委任，监督省内司法行政之制度。所谓特别委任者，即谓此项职权非省行政长官所当然具有，而须于中央特别委任后如得具有。兹将该制述之于后。

一　委任省行政长官监督司法行政之方式　省官制第一条规定"省置巡使使（省民政长官）……受政府之特别委任，监督司法行政……"。依照三年六月司法部呈准之办法，委任省民政长官监督司法行政，因该巡按使为实授或署任而委任之方法不同。巡按使为实受者，则委之监督司法行政；巡按使为署理或兼理者，则委之暂行监督司法行政。惟此乃名义上之分别，至于实地之权力，初不因其是否暂行而有出入。又依办法规定，各省巡按使受委监督司法后，如不胜监督责任时，亦得撤销委任。委任及撤委，均由司法部呈请大总统行之。

二　监督司法行政权之作用　监督司法行政权之作用，就省民政长官方面言，依照省官制第九条，有稽核司法经费，及考核司法官吏之权，凡各县承审管狱等员之任免惩奖，由高等审判厅厅长详请巡按使核办，转咨陈司法部。又各级审检人员经巡按使查有贪劣款迹，得饬该管厅长先行撤任，再行呈报大总统请付惩戒，及咨陈司法部。

依上所述，巡按使监督司法行政之职权，约可分为四种。(一)稽核司法经费；(二)考核司法官吏；(三)核办各县承审，管狱等员之任免惩奖；(四)各级审检人员，经巡按使查有贪劣款迹，得饬该管厅长先行撤任，再行呈请惩戒。惟依临时约法第五十二条规定，"法官在任中，不得减俸或转职，非依法律受刑罚宣告，或应免职之惩戒处分，不得解职。"是上述巡按使对于审检人员，有贪劣款迹时，先行饬令该管厅撤任，再行呈请惩戒之权，实与约法不符。惟省官制之颁布，在三年约法废止之后，是以不生违宪问题。惟约法恢复之后，巡按使(后称省长)之此项职权，实为违宪。以此，司法部遂于六年呈准停止省长之此项职权。

又依前述，巡按使对于各级审检人员，查有贪劣款迹，得饬该管厅长先予撤任，再行呈请惩戒，不但与约法抵触，且与法官惩戒法冲突。依照该法二十三条规定，各监督该官对于司法官认为应付惩戒者，应经司法总长；由司法总长呈请大总统交惩戒委员会审查之。而该法之颁布又在省官制之后；是即使约法不恢复省官制上之规定，依照后法之效力优于前法之原则，亦应予以纠正。惟省行政长官既因特别委任而享有监督司法行政之权，若对于监督范围以内之审检人员，明知其有贪劣款迹而不能设法处置，亦非事理所容。是以司法部于上述呈文中亦声明，省行政长官对于各级审检人员认为确有贪劣款迹时，并即一面咨报司法部，一面饬知该管检察长速行侦查，以示折衷。

至被监督之司法机关，依照三年六月颁布之高等审判厅办事权限条例规定，高等审判厅长奉有特别命令受省行政长官之监督时，凡关于司法上之行政事务，应秉承省行政长官办理并受其考查。此外关于机关经费之支配，属员工作之成绩，以及其撤调奖惩，或须按时向省行政长官提出报告，或须经由行政长官方得实行。

第六章　特别区域行政机关

特别区域，即普通行政区划以外之特殊行政区。论其性质，有与省之地位相似者，如国民政府成立前之热河绥远察哈尔京兆东省特别区及西康是。有与市（直属行政院之市）相似者，如国民政府成立后之威海卫行政区是。又有与县相仿者，如江西湖北等省所设之特别行政区是。本章所述，以其性质与省相近者为限。此外国民政府成立以后，热河、绥远、察哈尔及西康虽皆改省，惟西康之行政组织则与普通行省不同，是以本章亦分一节以述该行省政组织之大要。国民政府成立以来，省与中央之间，亦有设有其他组织者，本章亦略述之。

第一节　京兆特别区域行政机关

京都附近三十余县，清代即已划区特治，而称之为顺天府。置府尹一人为区内最高长官。同时又设监尹一员以监督之。府尹于受监督以外，一切吏治财政仍受制于直隶（河北）长官，是以权限混乱，职务糅杂，几无系统可言。民国成立，虽废监尹不设，而于二年（1913 年）一月八日，颁布划一现行顺天府属地方行政官厅组织令[①],以为该府官署组织之准绳;然关于该府之辖区以及其与直隶之关系,则一仍其旧。直至三年(1914年)五月,内务呈准将原辖各县中之去府尹驻所较远者四县,划归直隶,而定该府之辖区为宛平等二十县后,该府辖区遂行订定。至于行政权限,亦由内务部呈准脱离直隶,而自行独立;举凡区内行政,均由府尹专辖,凡前此之受制于直隶长官者,至是则尽行罢去,顺天府始真成为特别区域。三年十月,中央颁布京兆尹官制[②],改称前此顺天府所辖区域为京兆,而名该区之行政长官为京兆尹,并将该尹因京兆系属特别区域所享有之特权,俱皆订入明文;京兆之为特别行政区,自是而更为明显。

第一项　京兆特别区域行政机关之组织

京兆特区之行政机关,其与各省相类者,则有财政厅、实业厅及教育厅等。本节所述,专以该区特殊行政机关为限。规定该特殊机关之组织者,在顺天府时代,有二年一月八日划一现天顺天府属地方行政官厅组织令,在京兆时代,有京兆尹官制。兹特依据该二法令,叙述该区行政机关组织于后。

一　特区行政长官　依照划一现行顺天府属地方行政官厅组织令规定。顺天府设府尹一员,为该府行政长官,由内务总长经由国务总理呈请大总统简任。府内行政机关称为顺天府尹公署。三年十月四日,中央颁布京兆尹官制,改称府尹为京兆尹。至于京兆

① 见二年(1913年)一月九日政府公报。
② 见三年(1914年)十月五日政府公报。

尹之任命方法，官制虽无规定，然亦由内务总长经由国务总理呈请大总统简任。行政机关则改称京兆尹公署。

二　各科　无论在顺天府尹公署时代，抑在京兆尹公署时代，公署之下均系分科办事，分科多寡，二期相同而均为四科。惟所分之科，二期略有不同。顺天府尹公署时代，各省区之财政多由各该省区之行政机关自理，是以当时顺天府尹公署所设为内务、财政、教育，及实业四科。京兆尹公署时代，京兆设有财政分厅（后改财政厅），办理区内财政事务。因之京兆尹公署所设各科，为总务、内务、教育、实业四科。京兆尹公署之四科。在公署成立初年，本直属于京兆尹，至十年左右，京兆尹公署设置政务厅后，科与京兆尹之间遂多政务厅长一级。

各科置科长一人，承长官之命，总理科务。科长之下设有科员，助理科务。科员名额，划一现行顺天府属地方行政官厅组织令及京兆尹官制均规定：由该管行政长官，依照事务繁简，拟定相当人数，呈请中央核定。惟在顺天府尹公署时代，依照国务院之命令，府尹公署所设科员，应与当时各道道尹公署相同，而不能超出十六员以上。科员盖由行政长官委任，但须呈报内务部备案。

科长科员之外，划一现行顺天府属地方政官厅组织令规定：府尹公署仍设秘书一员；此外因办理技术事务，仍得酌用技正及技工。至于京兆尹官制，对于秘害书技正技士等员，则无规定；惟当时京兆尹公署，不但设有秘书一职，且于四科之外另设文案处。上述人员之外，公署因事实之需要，仍得酌用雇员。

三　附属机关　京兆区域行政官署组织之干部，概如上述；此外因办理特殊事件，该区亦与各省相同，可以随时设置直辖附属机关，专责办理。关于此类机关之设置，划一现行顺天府属地方行政官厅组织令规定，应于未设以前声叙理由，呈报中央核准；至于京兆尹官制，则无规定，惟京兆尹公署实设有附属机关，至于设置手续，亦皆事先呈准中央。

第二项　京兆特别区域行政长官之职权

关于该区行政长官之职权，划一现行顺天府属地方行政官厅组织令并无规定。当时该府府尹之实地职权，初期亦未能离直隶（今河北）长官独立行使。及至三年五月，内务部呈准划定顺天府辖区，及确定府尹为辖区以内之行政长官，而罢去直隶长官之一切干涉后，顺天府尹所有之职权，始得独立行使。三年十月京兆尹官制公布，对于京兆尹之各项职权，如管理区内巡防警备等队权，颁布区单行法规权，监督区内属吏权，紧急处置权及受特别委任而监督区内特种行政权等等，皆为列举规定。至于各该种职权之意义以及其行使之方法，该区与各省相仿，兹不赘。

第二节　热察绥之行政机关

热河绥远察哈尔三区行政机关之组织，亦作尽与各省不同；如财政厅、实业厅、教育厅、敬务厅等机关，虽其名称或范围或与各省稍有不同，然就大体言之，究尚相类；是以此项机关之组织，本节概予从略，而仅叙述其与各省行政机关之不同者。热察绥三区行政机关特色，在以都统府为各该区之军民最高行政机关。规定该府之组织者，为三年七月六日颁布之都统府官制[①]。十七年（1928年）二月二十二日，北京军政府另颁都统公署暂行条例，各该区行政机关之组织略有变更；惟其变更之处甚少，且新条例实行不久，三区即已改省，是以本节所述者，仍以三年之条例为据。

一 都统 都统府置都统一人，总理府务，为该管区内之军政民政最高长官，都统由大总统简任，而各省军民长官则为特任，是与各省不同者一。又各省军政民长官，固有由一人兼任者，然亦有由二人分任者，至于各该特别区域都统，依照官制规定，例须兼长军民二政，是与各省不同者二。

二 其他人员 依照官制规定，都统府置书记官三人，参谋长一人，参谋二人，副官二人。书记官承都统之命，掌理机要事宜，由都统委任，惟兼任都统府总务处处长之书记官，应由都统经由内务部荐请总统任命。参谋长辅助都统参赞军务，由大总统简任。参谋承长官之命，轴佐参谋长分任军事计画事宜；其任命之方法，则视该参谋之官阶不同而互异。参谋之额数，官制虽定为二员，惟当时各都统府实地设置之参谋，亦有多于二人者。副官承长官之命，管理宣达事务，由都统任命。此外依照官制规定，都统仍得自委掾属及委任军官佐理军务处及总务处事务，其职掌及员额，由都统自定，仍呈报大总统及咨陈陆军部或内务部叙等注册。

三 各处 都统府设军务总务二处，分别掌理军务总务事宜。各处设处长一人，承都统之命，总理本处事务。军务处处长由参谋长兼任，总务处处长由书记官一人兼任。军务处分课办事，课置课长一人总揽课务，由各该都统经由陆军部荐请总统任命。各课之

① 见三年七月七日政府公报。

中,其较为普通,而为各都统府皆设者,有军务、军需及军法等课。其较为特殊,为甲都统府所设,而为乙都统府所无者,如察哈尔都统府之军牧课是。总务处,虽其职掌名为总务,实则以管理民政为主。民十以后改称政务厅,厅长由中央简任,至于该厅之组织,亦多比照各省。

第三节　东省特别区行政机关

东省特别行政区域,原为中俄合办中东铁路之附属区域。十三年(1924 年),我国收回该路行政权,即于其地设置行政长官,以管区内行政。惟东省特别区行政长官之设置,虽自十三年始;东省特别区域之设定,则在十三年以前。至于设置该区之用意,十三年以前,主要系为司法目的。九年十一月公布之东省特别区域法院编制条例第一条有曰:"东省铁路界内,为诉讼上便利起见,定为东省特别区域。"殆即其证。十三年收回路权后,因于原有司法区内设置行政长官,区内之行政,始得尽由我国处理。国民政府成立后,内政部以前此特别区域,或已先后改省,或则根本撤销;东省特区之地位,自有重行厘定必要。因于十八年(1929 年)五月,公函东北政务委员会,征询改组意见。翌年五月,政务委员会复称,该区地位特殊,拟请暂予保留。内政部据复后,遂经由行政院,转奉国民政府第七十九次国务会议议决保留。东省特别区,以哈尔滨为中心,南至长春,东至绥芬,西抵满洲里,即以中东铁路沿线原有占用七地为限。

一　东省特别区行政长官公署之组织　东省特别区,设行政长官公署,为区内最高行政机关。公署置行政长官一人,总理区内行政而直属行政院。公署以内设政务厅,厅置厅长一人,简任,承行政长官之命,掌理本厅事务。政务厅设财务一处及总务、内务、教育、实业与外交五科,分掌该管事务。至科处之职掌以及所设之员额。则由行政长官核定。至于公署之直辖机关,则有:

(一)市政管理局　局内分设三科,更有多处分局为其直辖机关。

(二)地亩管理局　局内分设三科,并有各分局为其直辖机关。

(三)警察管理处　处内分设四科,而有各区为其直辖机关。

(四)教育厅　厅内分设四科,而有各学区,各学校,及公立图书馆,公立体育场等为其直辖机关。

(五)特别市市政局　内分总务、财政、工程、市业及卫生等五科。

二　行政长官之职权　特区行政长官之职权,计有下列各种。

一、行政长官于管辖区域内,执行行政事务,遇有应兴应革事项,得发布特别区单行章程,但不得与法令抵触;

二、行政长官于所辖各官署之命令或处分,认为违背法令或妨害公益侵越权限时,得停止或撤销之;

三、行政长官于所辖官吏,认为应付惩戒,或应给奖励者,应咨呈主管呈请政府交付惩戒或给予奖励;

四、行政长官所辖荐任以上官吏,应咨呈主管部呈请政府任免之;

五、行政长官于该管区域内,遇有非常事变,需用兵力,或为防卫起见,需用兵备时,得咨请驻扎邻近之军队长官,会同处理。

第四节　西康之行政机关

省设省政府，省政府之组织，依照省政府组织法之规定，乃国民政府成立以后一般之原则；惟亦有建省以后，因有特殊情形，省政府未能成立，而设有其他组织者，如西康是。西康于十七年九月十七日，经国民政府明令与热察绥及青海同改为省，惟该省省政府，则迄未成立。二十三年（1934 年）八月，中央政治会议为谋适合实用计，乃决议：在西康省政府未成立以前，设西康建省委员会，执行所属地方一切政务，该会直隶中央，其经费由中央补助之。其后，内政部复会同蒙藏委员会，拟具西康建省委员组织条例①，呈经行政立法两院公布施行。二十三年十二月二十九日，国府简派刘文辉等七人为委员。二十四年（1935 年）七月二十二日，该会在雅安正式组织成立。二十七年（1938 年）国民政府令划四川之宁雅两属改隶西康，同年十二月一日令于二十八年（1939 年）一月一日成立西康省政府，其组织亦依省政府组织法之规定。兹将民国以来西康政制之沿革及建省委员会之组织概况，路述于次。

第一项　西康政制之沿革

西康原名川边，至改为西康，则自十四年（1925 年）二月二十

① 见二十四年（1935 年）立法院辑：《中华民国法规汇编》第二类。

八日起。国民政府成立以前,西康与热察绥同为特别行政区域,惟其设官分职时有变更,而不若热察绥之固定一贯。计西康自民国元年至国民政府成立期间,二年(1913 年)六月中央设有川边经略使,以主西康行政。同年七月复加经略使兼都督衔,仍为西康长官。三年(1914 年)一月裁川边经略使兼都督一缺,而置川边镇守使,总理区内军民二政。镇守使署之组织,则依镇守使署条例规定,惟以其兼理民政之故,范围少为扩充。三年五月二十三日,中央明令各设立财政厅,各特别区域设财政分厅。西康亦遂设立财政分厅。惟应长一职不另简派,而由镇守使兼充;厅内组织,则亦尽量紧缩,而较之热、察、绥各分厅范围为小。

五年(1916 年)一月,经四川巡按使之请,于川边镇守使之外,更置川边道尹一员,以负民政专责:并将财政分厅厅长改由道尹兼充。道尹公署之组织,则依道尹官制规定。道尹与镇守使之间,并非立于平等地位;而隶属于镇守使。一切川边地方政务,均由镇守使参照都统府官制(热、察、绥三特区之制度)督饬办理。十四年(1925 年)二月,因四川政变,乃将川边镇守使裁撤,而另置西康屯垦使兼理民政,而为区内之最高长官。十六年,二十四军接管西康,又改旧制;初设财政统筹处,十八年(1929 年)春,成立西康政务委员会、政务委员会商承川康边防总指挥兼二十四军军长刘文辉及二十四军边务处之命,办理西康民财各政。

政务委员会,由二十四军军长任命委员五人组织,并就其指定一人为主席。会内日常文件,即由委员随时商同妥办;至较为重要事件,则须开会讨论,开会时,会内主管该事件之秘书,科长均得列席。讨论结果,各委员意见不一时,应呈请军长核办。此外最重要之事件,委员会须预先电呈军长请示办法。至遇不及请示之事变时，该会得商调戍边部队相继处理。委员会之对外文件，各委员俱须署名负责；委员会为总理西康全境政务之机关，对于全区行政官吏，均有监督指挥之权。委员会为监督行政之必要，仍得抽派委员二人，分巡南北两路，考察实地情形。

委员会之下，设置秘书一人至二人，掌撰拟保管机要函电，暨总核各科文件之责。秘书以外，更置一、二、三、四四科。科设科长一人，总理科务，四科共置一等科员三人，二等科员三人，分掌各科事务。秘书，科长及科员，均由军长核委。至于各科职掌：则第一科掌理内务、司法及财政事宜。第二科掌理外交及夷务事宜。第三科掌理教育、实业及交通事宜。第四科掌理屯垦，及矿务事宜。上述职员之外，再设庶务、收发及管卷各一人；译员、通事各二人；司录事、勤务、公役各若干人；分掌各项事务，由委员会雇用或任命。

第二项　西康建省委员会

依照二十四年（1935 年）二月二日公布之西康建省委员会组织条例规定，西康在省政府成立前，设西康建省委员会，筹备建省事宜，并执行政务。委员会直属于行政院，并受中央主管部会之指挥监督。委员会与其他省政府同，于不抵触中央法令范围内，得发布命令，并制定单行规程；惟关于限制人民自由，增加人民负担者，非经国民政府核准不得执行。依照条例规定，下列事项应经委员会之议决：

一、关于建省计画，及发展地方经济文化事项；

二、关于地方行政区域之划定，及变更事项；

三、关于本省预算，决算事项；

四、关于地方官吏呈请中央任免事项；

五、关于增加人民负担事项；

六、关于处分省公产，或筹划省公营事业事项；

七、关于地方绥靖事项；

八、其他建省委员会认为应议决事项。

委员会以委员五人至七人组织之。委员由国民政府简派，并于其中指定一人为委员长。委员长于委员会开会时，为会议之主席。委员会之决议，由委员长执行。委员长因故不能执行职务时，由委员互推一人暂行代理其职务。代理期间以二个月为限，代理事件发生时，并应呈报行政院备案。

委员会比照各省政府各厅处之组织，设置一处五科。各处科之名目与职掌，则如下述：

（一）秘书处　掌理机要、文牍、庶务、会计及不属于其他各科事项；

（二）民政科　掌理全省官吏之任免、宗教、礼俗及其他民政事项；

（三）建设科　掌理全省实业、交通、水利及其经济事项；

（四）财政科　掌理全省财政事项；

（五）教育科　掌理全省教育文化事项；

（六）保安科　掌理全省警卫、治安事项。

以上所设各处科，如有减并之必要时，得由委员会呈请行政院核准减并之。又因事务之必要，委员会仍得呈准行政院，设立其他附属机关。

委员会设秘书长一人，秘书二人，掌理秘书处事宜。科长五人，掌管各科事宜。科员十二人至三十人，分任各处科事宜。秘书长简任，科长及秘书荐任，科员委任，委员会因事之需要，仍得酌用专门技术人员及雇员。

委员会之行政经费，应编制概算书，呈行政院转请依法核定之。

但上述组织，于二十七年修正组织条例时、，加以变更①。依据修正组织条例之规定：建省委员会设两处两组，组内分设科局。即如次②。

（一）秘书处　掌管机要文牍、庶务、会计及不属于其他各组处科局事项；

（二）第一组　设下列各科：

民政科　掌管全省官吏任免、宗教、礼俗、经界、户籍、民众组织及其他民政事项。

教育科　掌管全省教育、文化事项。

财政科　掌管全省财务行政事项。

（三）第二组　设下列各局：

交通局　筹划经营全省水陆空交通事业及促进同类民营事业。

农牧局　筹划改进推广并经营全省各种农牧事业。

---

①　二十七年（1938年）共修正二次：（二七·一·二一）国府渝一六；（二七·五·二〇）国府渝五〇。第二次仅修正第七、八两条。

②　（二七·一·二一）修正时设两处两组，组之名称为政治组、经济组。（二七·五·二〇）将政治组改称第一组，经济组改称第二组，其余均同。

工矿局　筹划经营全省各种轻重工业、指导改进民营工业，并调查探采全省各种矿产及管理民营矿业。

（四）保安处　掌管全省警卫、治安及壮丁训练事项。

上述各组处科局之设立，如有裁并之必要，得由委员会议决呈准行政院减并之。各组各设主任一人，由委员长指定委员兼任之，设秘书长一人，简任；保安处处长一人，以少将或同少将充任。秘书二人，科长、局长各三人及技正科员、局员、处员、技士、技佐等人员，必要时得酌用雇员。

第五节　省与中央间之组织

国民政府成立以来，省与中央之间，不设其他地方组织，乃系一般之情形，惟因特殊关系，亦不无于中央与省之间另设其他组织者。其较重要者，有国民政府西南政务委员会，冀察政务委员，及行政院驻平政务整理委员会三种，今分述于后。

第一项　国民政府西南政务委员会

依照国民政府二十年（1931 年）十二月三十一日公布之国民政府西南政务委员会组织条例①，国民政府依照第四次全国代表大会之决议，设西南政务委员会，监督指挥西南区域内内政、军政、财政、交通、实业、教育及司法行政等事宜。政务委员会以特任委员

① 见二十二年（1933 年）立法院辑：《中华民国法规汇编》第二类。

十五人至二十七人组成,并就委员之中指定五人至七人为常务委员。政务委员会议秘书处,置秘书长一人,简任,秘书五人至七人,简任或荐任,科长三人至五人,荐任,科员书记官若干人,委任,分别掌理处务。政务委员会更设审计处,置处长一人,简任,审计五人至七人,简任或荐任,协审八人至十二人,稽察六人至十人,荐任科员十六人至二十人,书记官九人至十二人,委任,掌理审计事宜。政务委员会于秘书审计二处以外,依照条例规定,仍得设置专门委员九人至十二人,简任或荐任,主管专门问题。

政务委员会,依照条例规定,每星期开政务会议一次,以常务委员轮流为主席。会议时,秘书长及审计处长等均列席与议;下列事项条例规定应由委员会决议:一、荐任以上行政司法审计官吏之任免,二、省与省间不能解决之事项,三、关于预算决算事项,四、其他依法令或常务委员认为应付议决之事项。委员会之决议案,应呈国民政府察核,并分别咨送行政院或监察院备案。委员会于不抵触中央法令范围内,对于管辖区域,得发布令及单行规则。委员会与中央各院部发生权限争议时,条例规定呈由国民政府解决。

委员会本身之组织与职掌,略如上述,此外委员会仍设有其他附属机关。如西南国防委员会,广东国防要塞建设委员会,及国外贸易委员会等等是。西南政务委员会,于二十五(1936年)七月十三日,经五届二中全会议决裁撤。

第二项　行政院驻平政务整理委员会

依照二十四年(1935年)五月四日国民政府公布之行政院驻平政务整理委员会暂行组织大纲规定,行政院为整理北方各省市之政务，特设行政院驻平政务整理委员会。委员会置委员二十三人，由行政院长提请中央政治会议通过后，由国民政府特派之。委员会设委员长一人，就委员中指定之。委员长总理全会事务。委员会设参议厅，秘书处及调查处。参议厅置总参议一人，总理厅务。秘书处置秘书长一人，掌理处务。调查处设调查主任一人，掌理调查处事宜。必要时，各厅处仍得酌设帮办及副主任。厅处之外，委员会于必要时，仍得酌设顾问及咨议。

驻平政务整理委员会，乃系直属行政院之机关，与西南政务委员会及冀察政务委员会之直属于国民政府者不同。驻平政务委员会于二十四年八月二十九日裁撤。

第三项　冀察政务委员会

依照二十五年一月十七日冀察政务委员会暂行组织大纲规定，国民政府为处理河北省、察哈尔省、北平市、天津市政务便利起见，特设冀察政务委员会总理各该省市一切政务。政务委员会设委员十七人至二十一人，就中指定一人为委员长，并指定三人至五人为常务委员①。委员均由国民政府特派。委员长总揽会务，常务委员襄助委员长处理会务。委员会设秘书、政务及财政三处，各处置处长一人，总理各该处事务。必要时，各处仍得酌设副处长一人，佐理处务。各处之外，政务委员会于必要时，得增置各项特种委员会研讨各项问题。此外更得设置顾问参议咨议专员各若干员，以备委员之咨询。

① 常务委员制至二十五年（1936年）二月二十八日废弃，见东方杂志。

委员会会议大纲并无较详规定，惟依二十五年二月十七日该会自己公布之冀察政务委员会会议规则规定，委员会于每星期五上午开会一次，是为常会。此外经委员长或委员三人以上之提议，仍得召集临时会议。会议以全体委员过半数之出席为法定人数。会议时，以委员长为主席，委员长缺席时，得就常务委员中公推一人为主席。会议时，该会各处处长均得列席，各处副处长主管人员有备咨询时，经委员长之许可亦得列席。委员会所属各机关长官，于必要时，经委员长许可，亦得列席会议。

第七章　省县间之行政组织

省县间之行政组织，国民政府成立以前，有道，国民政府成立以后，有广东行政委员制，广西行政督察委员制，军事委员会南昌行营在江西所设之党政委员分会制，安徽首席县长制，江苏行政区监督制，浙江县政督察专员制，江西区长官制，新疆区行政长制，云南殖边督办制，及现时流行甚广之行政督察专员制；兹为便于叙述起见，本章特分三节，以第一节叙述道制，第二节叙述国民政府以后各省特有之中间组织，第三节叙述行政督察专制员。

第一节　道制

第一项　道之存废

道乃清季旧有区域，民国成立，存而未废：惟各道之名称，则多改异。其中亦有变更辖区者，且有一度裁撤而旋又设置者。总计全国计有九十余道。至各省所设道数，平均皆在三道四道之间，但亦不无较多者，如甘肃之设七道，广东广西各设六道是。至各道所辖县数，多者如陕西汉中直隶保安，及山西冀宁等道，辖县多至四十以上。而新疆伊犁及后设之塔城等道，则所辖又仅三五县。至其他各道辖境，普通均在二三十县，惟管辖十余县之道，亦不在少。道之辖县既定以后，如有改划情事，类须经由中央核准，方可有效。至于道之驻所，皆由内务部于道内各县，择其地位适中交通便利而足以控制全道之地设之。惟辖区包有省城之道（首道），其驻所则必设于省城。各道驻所既定之后，如因环境变迁，而有迁移之必要时，亦应呈由中央核准，方得迁移。

依照内，财两部会呈，全国各道按其辖区之广狭，事务之繁简，财赋之多寡，以及形势之要否，参照宋清分等之方法，先分各道为六类，既又将此六类划列三等，而以等第决定各该道行政公署之经费。呈中所谓六类者：一、为繁要缺，首道（即辖区包有省城而其行政长官驻于省城之道）及地方形势紧要而治理又属繁难者属之。二、为边要缺，凡边陲地方而形势最关紧要者属之。三、为繁缺，凡辖县较多，财赋充盈，或辖县虽寡，政务素称繁剧者属之。四、为边缺，凡地属极边，有关形势者属之。五、为要缺，凡地当冲要，或境内辖有重要商埠者属之。六、为简缺，凡辖县较少，或政务清简，或财赋向非蕃宦者属之。所谓三等者，即一、二两类列作第一等，三、四、五三类列作第二等，六类则自为第三等。等第不同之道，其行政公署之经费亦各不同。道等既定之后，如因环境变更而有改等之必要时，得由该管省份民政长官呈请改列。惟各省以道等与道署经费有关，每多妄请升等，是以内务财政两部又于四年六月呈准：各省道等，除有特别情形得准改列外，一律仍旧。至于各等道数之多寡，依照四年六月内务财政二部报先，当时全国所有九十三道之中，计列为一等者三十有八，列为一等者三十有九，列于三等者十有六。

第二项　道行政公署

民国成立以至废止道区期内，关于道行该公署之组织，中央曾经颁布二次法令。第一次系二年一月八日之划一现行各道地方行政官厅组织令[①]。第二次系三年五月二十三日之道官制[②]。兹为明了各该期内之道行政官署组织计，仍依上述二令，叙述其大概如后。

一　道长官　道置行政长官一员，划一现行各道官厅组织令称之为观察使，而道官制则称之为道尹。道行政长官之任命，依照划一现行各道官厅组织令规定，由该管省民政长官呈由国务总理呈请大总统简任。道官制则无规定，惟该官制施行之后，各道道尹之任命，其方法殆与前此无异。道行政长官因事不能执行职务一节，划一令未有规定，而省官制则规定。道尹有事故时，以同城或邻近之县知事护理之。至于道行政长官办公之处所，划一令称之为观察使公署，而省官制则称之为道尹公署；其公署内部之组织，则如下述。

二　各科　依照划一令规定，观察使公署分设内务、财政、教育及实业四科。科置科长一人，承观察使之命，总理科务，由观察使经该管省份民政长官呈由内务总长经由国务总理荐请任命。科长之下置有科员，承长官之命，分理科内事务，由观察使呈请该管组分民政处官委任，并须呈报内务部。科员名额，该令规定，由观

① 见二年一月九日政府公报。

② 见三年五月二十四日政府公报。

察使依事务之繁简自行定之；惟二年三月国务院拟定各道观察使公署暂行办事章程①，规定公署四科所设科员，总额不得超出十六人。至各科之职掌，依照各道观察使公署暂行办事章程规定，除各省行政公署暂行办事章程第二条第一款之机要事项，由秘书办理；及省公署总务处所掌之事项，因道公署内未设总务科，一律移交内务科办理外；道公署各科之职掌，皆与省公署各该司之职掌相同。至各省行政长官特别委办之事件，依照章程规定，由观察使分配各科办理。道官制时代之道尹公署内部组织，该官制仅于第十二条规定：道尹得自委椽属，其职掌员额，详由巡按使（省民政长官）核定之，并咨陈内务部分别叙等注册。至各该属之如何组织，该官制则毫无规定。惟当时各道实地情形，亦多分科办事。

三　各科以外之其他组织　依照划一现行各道行政官厅组织令规定，观察使署除四科之外仍设秘书一员，此外仍得酌用技正技士。秘书、技正，依照该令规定，应由观察使经由该管民政长官呈请内务总长经由国务总理荐请大总统任命。技士则由观察使呈请该管省份民政长官委任。秘书掌管机要事项，技正技士掌理技术事宜。关于此类人员，省官制亦未规定。

第三项　道行政长官之职权

关于道行政长官之职权，划一现行各道地方行政官厅组织令仅为概括之规定；而谓：各道观察使依现行法规之例，办理该道行政事务及该省行政长官委任之事务，仍受监督于该省行政长官。

① 见二年三月二十九日政府公报。

至道官制,则规定较为具体。兹特根据上述二令,略述道行政长官之职权于后。

依照道官制规定,道行政长官之职权概可分为两种:其一当然职权,其二为委任职权者。所谓当然职权者,即为道行政长官所当然具有,如监督道内行政权,考核道内行政官吏权,颁布道单行规程权,及军权是。所谓委任权者,即非为道行政长官,当然具有,而须于高级长官委任之后始为具有,依省官制规定,受省民政长官之委任而监督财政及司法行政暨其他特别官署时所享有之职权是。兹将上述道行政长官之二种职权,分段述之于后。

一 然当权 道行政长官之当然权,依照省官制规定,略有下列各种。

(一)颁布道单行规程权 道行政长官之颁布道单行规程权,道官制最初规定甚为简略;而谓:道尹就道内行政事务,依其职权或特别之委任,得发道令。三年九月,修正道官制,规定道尹为执行法律教令省章程或依法律教令省章程之委任,得发道单行章程;惟不得与现行法令及省章程抵触;其应以省章程规定之事件,呈请该省行政长官核办;而应以法律教令规定之事件,仍呈请该省民政长官,转呈大总统核办。道单行章程发布之程序,依照三年十一月之公布法令程式规定,除应将所颁章程缮本饬知所属官民外,仍应呈报该管省份行政长官。

(二)监督道内行政官吏权 依照道官制规定,道行政长官监督道内行政官吏之职权,概有下述诸种。

一、停止道内各县行政官吏之命令或处分权,道官制规定,道尹于所辖各县知事之命令或处分,认为违背法令妨害公益或侵越权限时,得停止或撤销之;但道尹于行使此项职权时,应呈报该管省份行政长官。二、声请奖惩道内各县行政官吏权,省官制规定,道尹于所辖各县知事,认为应付惩戒或给奖者,应详请该管省份行政长官核办。三、选委道内县行政官吏权,道官制规定,道尹于所辖知县,遇有事故或出缺时,得委员代理,并就分发该省之知事内,遴选数员,详请巡按使核择荐任之。

(三)军事权 依照道官制规定,道尹受巡按使(省行政长官)之命令,对于驻扎本道之巡防警备各队,得节制调遣之。此外依照官制规定:道尹于非常事变之际需用兵力,或为防卫起见需用兵备时,得详由该管省行政长官,请驻扎邻近之陆军或军舰长官派兵处理;但因特别情形不及详请时,得径向各该军队及军舰长官请求。

二 委任权 关于道行政长官之委任职权,省官制特将监督司法财政二项提出。兹特依据当时法令,解释道行政长官之此项职权于后。

(一)受委监督财政权 依照三年八月颁布之巡按使(民政长官)委任道尹监督财政权限暂行条例规定,省行政长官委任省内道尹监督道内之财政时,应将被委道尹咨陈财政部。道尹于被委之后,即应依照法定方法行使其监督权。惟仍受省行政长官之监督。省行政长官对于被委道尹认为不胜职务时,得随时查办。又被委道尹于咨陈财政部后,财政部亦得随时纠察,如发现上述情事时,亦得随时咨请该管省份行政长官查办。

至于被委道尹如何实施其此项监督职权,依照条例规定,概有下述各种方法。

一、关于所转各县知事办理征解等项事务是否符合定章,有调查考核之权;

二、关于所辖各县知事财务支配是否适宜，有调查考核之权；

三、所辖各县知事办理财政如有废弛职务及确有贪劣款迹者，得咨明财政厅或财政分厅并详报巡按使核办；

四、对于该管区内之县知事，因监督财政上之必要，得随时饬令提出报告并委员莅查；

五、各县因灾应请蠲缓钱粮等事，报由道尹委勘明确，由县造具图册，详道加结，咨送财政厅或财政分厅，并详报巡按使汇案核办；

六、各县知事新旧交代，由本管道尹督同依限算明，加结咨送财政厅或财政分厅，并详报巡按使汇案核办；

七、各县起解正项赋税及各项公款，俱须按起报明道尹查核；如财政厅或财政分厅有应催各县税项等事，得咨由道尹就近催解，其必须委提者，亦可咨由道尹就近委员提解；

八、各道尹辖区内征收税课各局所，凡系本省财政或财政分厅所辖者，遇有蠹国病商私侵入己之事，道尹查出实据，得咨明财政厅或财政分厅并详报巡使核办。

关于监督事宜，依照暂行条例规定，道尹如系与财政厅厅长或财政分厅厅长驻扎同城时，得以随时商议进行。其非驻扎同城者，必要时，道尹向财政厅或财政分厅调档查阅。道尹行使监督权时，应以辅助财政厅厅长而不妨其职权为断。又关于变更征收法令及科则等事，应由财政厅或财政分厅执行，而不在监督范围以内；但事关地方利害，道尹如确有所见，得据实咨明财政厅或财政分厅并详报巡按使核办。

（二）受委监督司法权　监督司法权，亦为委任权之一种，各道行政长官之具有该权与否，亦视该管省份之行政长官之委任与否定之。省行政长官委任道尹监督道内司法行政时，依照三年七月颁布之巡按使委任道尹监督司法行政办事权限暂行条例规定，应将被委道尹陈司法部备案。道尹被委后，即可依法实行其监督职权。惟仍受省行政长官之监督。依照该条例规定，省行政长官对于被委道尹认为不胜职务时，得随时查办。至于司法部，则于被委道尹咨报到部以后，亦有随时考核之权，如认某道尹不胜厥职时，亦可咨请该管省份行政长官查办。

至于被委道尹行使该项监督权之方法，依照条例规定，计有下述五种。

一、对于该管区内兼理游讼县知事经费事宜，有调查考核之权；

二、关于该管区域内兼理诉讼县知事之惩奖，及承审管狱等员之用撤惩奖，有随时考核，咨明高等审判厅长，并详报巡按时使（省民政长官）核办之权；

三、对于该管区域内高等分庭审检人员，如有废弛职务及确有贪劣款迹者，得咨明高等审判厅长，并详报巡按使核办；

四、对于该管区域内兼理诉讼之县知事，用监督司法行政上之便宜，得随时或定期饬令提出报告；

五、对于该管区域内兼理诉讼之县知事及承审及管狱等员，因监督司法行政之必要，得派员莅查。

道尹之监督司法行监权，目的在于辅助高等审判厅长，而不应妨碍高等审判厅长固有权限之执行。又条例规定，道尹行使此项监督权，所在地方高等审判厅长认为必要时，仍得为下列之处置。

一、征取报告，

二、咨请查复，

三、派员莅查。

（三）监督其他特殊官署行政权　依照道官制规定，道尹因该管省份行政长官之委任，仍可监督道内其他特殊官署之行政。至于道尹监督此类官署行政之方法，依照道官制之规定，则依各该特殊官署官制之规定行之。

三　出巡　道行政长官之职权，略如上述，当时各省为谋道长官职权之得以切实施行计，亦皆设有出巡制度。福建等省且皆立有专门章程。依照福建章程规定，出巡计分两种：其一为定期出巡，章程规定，于每年三月九月两期行之；一为临时出巡，于有特别任务时行之。定期出巡年分两期行之，辖县较多之道，一期得半视一半；至辖县较少之道，则又得一期巡视完毕。惟无论一次巡完或分次巡完，依照章程规定，各道道尹每年须亲身巡历道内一周。至于出巡之经费，则准于道署经费内开支；而出巡所应行遵守各点，亦多为之规定。

第二节　各省特有之中间组织

第一项　广东行政委员制

广东曾于十四、五年间，将全省份为广州各属，西江各属，东江各属，南路各属及琼崖各属等区域。每区设置行政委员一人，由国民政府简员充任。按当时实地情形，行政委员多由其他官员兼任，其专一设置者，颇属不多。委员之办公处所，称为行政委员公署，委员之由其他官员兼任者，公署亦多附设他项官署之内。公署以内，类皆分科办事，科设科长一人，总理科务，此外更设秘书，办理文电事项。科长、秘书均由行政委员经由省政府荐请国民政府任命。科长、秘书之外，更设其他人员，承长官之命，办理各项事务。惟行政委员既由其他官员兼充，行政委员公署又多附于其他官署之内，因之公署之职员，除因事实之必要成专为任命者外，亦多由其他官署职员兼充。至于行政委员职权，依照十四年(1925年)十一月二十五日国民政府规定广东东江南路行各委政员职权令规定，有下列二种：一、督率所属各县县长，处理地方行政事宜，二、对于所属各县县长，得充先行任免，再行报告省政府。十五年十一月十日，国民政府明令裁撤各路行政委员，因之该制遂告消灭。

第二项 广西行政督察委员制

广西行政督察委员制,与广东行政委员相仿,亦将全省划为若干区,每区设一行政监督署,而以行政督察委员为其首长,以负监督区内地方行政之责。广西动议呈至中央后,国府当以该制既与建国大纲之规定不符,亦复与当时之省政府组织法抵触,因之未予照准。后经广西省政府再三陈明:该省设置该项委员系因辖境辽阔,特于边远各区各设委员一人,专司调查特殊案件,及督促各县进行要政,并非永久制度,始于十六年(1927 年)十二月,经国府核准备案。当时广西设置行政督察委员之处,计有:桂林、柳江、田南及镇南等区。

第三项 江西党政委员分会制

江西党政委员分会制度,乃国民政府军事委员会委员长南昌行营所设。按军事委员会委员长南昌行营,曾于营内设置党政委员会。借谋党政军三方联合,以达肃清“赣匪”目的。党政委员会设委员长一人,由“剿匪”总司令充任,处理会内一切事宜;委员三人,襄助委员长处理会务。委员会之下,设置两个设计委员会,一为党务设计委员会,一为政务设计委员会。设计委员会由主任一人,委员若干人组织之。设计委员会各就党务政治实况,计划推进与改善之方法,随时建议于委员长;委员长如有咨询时,设计委员会亦得据实答复。除设计委员会之外,党政委员会并设下列各处:一、秘书处,二、党务指导处,三、地方自卫处,四、地方赈济处,及

五、考核处。处置处长一人,总理处务,处员若干人,分办处务。

党政委员会,乃一集中之机关,在广阔之区内,每有指挥不灵之苦,行营乃将"匪区"以内重要地点,划为若干区域,每区设置党政委员分会,总理区内党务政治。分会之辖区,多为三五县,分会直属于党政委员会,设委员长一人,委员二人。委员长总理会务,委员则赞襄委员长处理会务。分会之驻所,设一区内之一县,设有分会之县,其县长即由分会委员长兼任,因之分会之职员亦得兼领所在县县政府之职务。分会除一般职员外,仍得选派区内负有才望而能办地方党务及事务之人,为分会参事。参事为无给职,但得给以相当之车马费。参事之职务,一方在于备分会委员长之咨询,一方则因委员长之委托,赴各县各乡任指导或调查之事务。

党政委员分会之职权,概括言之,则有下述各种:

> 一、督察区内各县党政机关及其所属职员,并将各该员之工作成绩呈报党政委员会分别查明奖惩;
>
> 二、凡与职务有关之事件,得随时提出建议于党政委员会,并得出席党政委员会各种会议,陈述意见;
>
> 三、对于有些事件,应于兼领内即早完成,以为属县之表率,并督促其办理;
>
> 四、指挥区内之保安队及保卫团;
>
> 五、各县政府及各级党部呈报省政府及省党部之案件,应同时呈报所在地之分会查核。

党政委员分会,于二十年(1931年)十二月,因"剿匪"军事结束,遂被裁撤。

第四项　安徽首席县长制

安徽首席县长制，创设于江西党政委员分会裁撤以后，而于行政督察专员制度为该省采行之后，即被裁撤。依照该制，安徽将全省各县分隶十区，每区设置首席县长一人，即以区内某县县长兼充。首席县长之职权，几与一般县长相同而无何特异。至该省所分区数，及各区之辖县，则如下述：

第一区　怀宁、桐城、潜山、太湖、望江、宿松

第二区　芜湖、当涂、繁昌、和县、含山、无为

第三区　合肥、舒铁、庐江、巢县、全椒

第四区　凤阳、怀远、定远、寿县、凤台、滁县、莱安

第五区　六安、英山、霍山、霍邱

第六区　阜阳、颍上、太和、涡阳、蒙城、亳县

第七区　泗县、五河、盱眙、灵璧、宿县

第八区　贵池、青阳、铜陵、石埭、秋浦、东流

第九区　宣城、南陵、泾县、宁国、旌德、太平、广德、郎溪

第十区　歙县、休宁、婺源、黟县、祁门、绩溪

第五项　江苏行政区监督制

江苏行政区监督制，亦创设于党政委员分会裁撤以后，而于行政督察专员制度采行后裁撤。依照该省制定之行政区监督署组织

规程,该省将所属各县分隶十五个行政区,每区设置行政监督一人,简任,并兼领区内首县县长。至于十五区之首县,则为:镇江、江宁、武进、吴县、上海、松江、嘉定、南通、江都、秦县、盐城、淮阴、东海、铜山及宿迁。行政区监督对于区内各县行文用令,因之俨为县上之机关。至其职权,则如下述。

一、承省政府及主管厅之命,指挥辖区各县;

二、撤销或停止辖区各县长违法或失当之命令或处分,但须呈报省政府及主管厅;

三、考核辖区各县县长成绩,每三月为一结,每一年为一总结,呈请省政府及主管厅分别奖惩;

四、因治安之需要,得节制调遣辖区各县警察或保卫队;

五、为推行政治,得召集转区各县县长举行行政会议。

第六项　浙江县政督察专员制

浙江县政督察专员制,亦系党政委员分会裁撤以后设立,而于行政督察专员制度采行后裁撤。依照该省十一年五月三十一日之县政督察专员章程,该省将所属各县划隶于十二个区域,每区设县政督察专员一人,简任,由民政厅就区内选任才望兼备之县长兼充。至于十二区之首县,则为:杭县,海宁、吴兴、鄞县、绍兴、临海、兰溪、衢县、建德、永嘉、丽水及龙泉等处。县政督察专员对于区内各县行文,亦用令;而其职权,则如下述。

(一)每三个月巡视区内各县一周,并将巡视情形及各县政治实况，呈报省政府；对于区内各县，应行督促辅导之事项如下：

一、关于区内之行政计划及其实施程序事项，县政督察专员应参考国家及省行政之方针，邀集县长及其他关系机关团体，暨有学识之绅士，共同讨论，拟定纲要，呈请省政府核定；

二、关于区内各县正在进行之事项，县政督察专员应分别考查其进行情形，加以督促与指导。

（二）每四个月召集区内县长举行行政会议，于必要时，得召集临时会议，该项会议议决案，应呈请省政府核定；

（三）关于“剿匪”及治安事宜，经省政府特委，得调遣指挥区内各县之军警团队；

（四）对于所属区内各行政机关及人员，认为有应行奖惩者，可随时详叙事实密呈主管厅核办。

第七项　江西区长官制

江西于党政委员分会裁撤后，即采行区长官制度。该省将全省所属各县分隶于十三个行政区，每区设区长官一人，简任，即以之兼任驻在地县长。至于十三区区长官之驻在地。则为下述各县：南昌、萍乡、武宁、九江、鄱阳、上饶、临川、宜黄、吉安，永新、赣县、宁都及龙南等处。区长官之职权如下：

一、于省政府指挥监督之下，管理区内行政保安事宜；

二、指挥监督辖区内各县保安部队，水陆公安警察队及保卫团队；

三、考核辖区内各县县长之成绩，每年分四期，每期三个月，年终为一总结，胪列事实，呈报省政府分别奖惩；遇有县长渎职时，随时呈请省政府撤惩；

四、撤销或停止辖区内各县县长违法或失当之命令与处分，但须分报主管厅处及省政府备案；

五、为推行政治起见，得召集辖区内各县县长，举行行政会议；

六、呈荐秘书主任与保安主任并委任署员等。

第八项　新疆区行政长制

新疆区行政长制，乃中央政治会议第一八一次会议决议存留着。按十八年新疆省政府呈称：一、新省幅员辽阔，和阗、克什阿山各地，距离省城五六千里不等，较内地有隔数省之遥，若无行政长官视察监督，于行政窒碍实多。二、新疆三面与苏英接壤，沿边各埠，皆驻有苏英领事，外交向称棘手，历来以沿边各区行政长兼任外交特派名义，与驻在地领事办理交涉事宜，苏英两国久已认成惯例，认定各区行政长始有一切谈判之权，若不变通设置，对外交涉将立行停顿，此为最大困难。三、新疆司法，因人才经费两皆缺乏，各级法院尚未完成，为权宜计，暂以各县政府兼理民刑诉讼，自不能不畀各区行政长以监督司法之权，用事救济。请求国民政府准将各区行政长暂缓裁撤。国民政府遂将该案送经中央政治会议第一八一次会议议决："新疆各区行政长准暂存留，"至今未废。兹将各区辖境表列于下。

（一）迪化区　辖迪化、哈密、奇台、孚远、阜康、吉昌、绥来、善鄯、镇西、乾德、呼图壁、木垒河等十二县，及七角井设治局；行政长驻迪化

（二）伊犁区　辖伊犁、精河、绥定、博乐、巩留、霍果尔斯等六县；行政长驻伊宁

（三）塔城区　辖塔城、额敏、乌苏、沙湾等四县，及和什托落盖设治局；行政长驻塔城

（四）阿山区　辖承化、布尔津、布伦托海，哈巴阿、吉木乃等五县；行政长驻承化

（五）焉耆区　辖焉耆、吐鲁番、轮台、尉犁、且末、婼羌等六县，及托克逊设治局；行政长驻焉耆

（六）阿克苏区　辖阿克苏、坷坪、托克苏、阿瓦提、乌什、温宿、拜城、库车、沙雅等九县；行政长驻阿克苏

（七）喀什区　辖疏勒、疏附、巴楚、莎车、泽普、蒲犁、英吉、麦盖提、叶尔羌、伽师等十县，及乌鲁克恰提设治局；行政长驻疏勒

（八）和阗区　辖和阗、于阗、策勒、叶城、皮山、洛浦、墨玉等七县，及赛图拉设治局；行政长驻和阗

第九项　云南殖边督办公署

云南殖边督办公署，亦为省县间之一种组织；惟其与前述各种组织略有不同者，即该公署仅关于殖边事务，对于所辖各县局有指挥监督之权；至于各该县局之普通行政，仍归该省民政厅直接管理而不受公署之支配。按云南与越南缅甸接壤，边务至为重要，道制

未裁之先，边务即由道尹督同办理。当以道尹仍有兼理其他民政之责，已有不能顾之弊。废道以后，为谋澈底解决计，该省乃于十八年（1929年）十一月，于腾冲成立第一殖边督办公署，于宁洱成立第二殖边督办公署，监督沿边各属，办理边务事项。十九年（1930年）九月，云南省政府将殖边督办公署暂行章程并设置理由，咨请内政部查照。内政部复经由行政院及国民政府，转奉中央政治会议决议暂准设置。兹将殖边督办公署之辖区组织及职权述之于后。

第一，殖边督办公署辖区，计有：腾冲、中甸、龙陵、维西、兰坪、镇康、丽江、剑川、云龙、保山、永平、顺宁等十二县；德钦、贡山、福贡、碧江、泸水、盈江、莲山、陇川、潞西、瑞丽等县设治局。第二，殖边督办公署辖，计有：宁洱、思茅、景谷、景东、缅宁、双江、澜沧、车里、南峤、佛海、镇越、六顺、江城等十三县；宁江、猛丁两设治局。

殖边督办公署，设督办一员，会办一员，由省政府任命。秘书一员，科长三员，一等科员三员，二等三等科员各六员，视察员技术员各若干员，由督办遴员呈请省政府委任。雇员若干人，由督办酌用。殖边督办公署直隶于省政府，其职权，计有：一、掌管关于界务、垦殖、防守，以及边地之交通、实业、文化、教育、卫生等事项。二、督办关于殖边事务，对于所辖各县局长官，得命令指挥之，并有考核呈请省政府奖惩之权。三、督办于必要时，对边境各县局之常备团队，得指挥之。四、边境发生非常紧急时，督办等径行处理，仍一面呈请省政府查核。殖边督办公署行政经费，由督办拟具预算，呈请省政府核定，由省库支给；事业费，则于兴办某种事业时，由督办议拟专案，呈请省政府核定筹给。

第三节　行政督察专员制

第一项　概论

一　行政督察专员制度之由来　行政督察专员制度之创设，直接导源于安徽首席县长制，江苏行政区监督制，浙江县政督察专员制及江西行政区长官制；而间接导源于江西党政委员分会制。盖在江西党政委员分会制度被裁以后，安徽等省即因"剿匪"当局之敦促，依据党政委员分会之精神，分别设立上述各种制度。其中除安徽首席县长制无背法令且系临时性质经内政部准予备案外；其余，江苏等省制度，皆有变更地方制度之嫌。是以各该省于咨请内政部备案时，内政部即曾经由行政院，将各该省关系章则送请立法院核议。立法院当以各该制违背当时法令，遂予拒绝通过。惟当时各省之此项组织均已成立，而非立法院拒绝通过即能废止。内政部为谋适合实地计，乃在不破坏省县二级制之原则下，拟定各省行政督察专员暂行条例①，呈奉行政院，于二十一年(1932 年)八月六日修正公布，以划一各省此类机关之组织。同年同月，豫鄂皖"剿匪"总司令部亦颁布"剿匪"区内各省行政督察专员公署组织条例②通令施行；行政督察专员之制度遂确立。

① 见二十二年立法院辑:《中华民国法规汇编》第二类。

② 同上。

观上所述可知，行政督察专员制度之创立，实属临时性质，而内政部所拟条例。且为明文之规定；惟事实演变，至于今日，不但各省采行此制者日多一日，且该制度之基础亦日趋稳固，几成为省县间之一级政府矣。

二　行政督察专员制确立后之演变　行政督察专员制度之确立，始于二十一年八月行政院之各省行政督察专员暂行条例，及豫、鄂、皖三省"剿匪"总司令部之"剿匪"区内各省行政督察专员公署组织条例。而行政督察专员成立后之演变，则可分为二期述之。二十一年八月行政督察专员制度确立后，至二十五年十月行政院第二次颁布行政督察专员公署组织暂行条例止，为第一期。第一期内，是为二十一年八月行政院之第一次条例与豫、鄂、皖三省"剿匪"总司令部之条例并行时期。即行政院条例于"剿匪"区域以外之省份施行，而总司令部条例于"剿匪"区域以内施行。二十五年(1936 年)十月行政院第二次条例布后，前此之行政院条例及总司令部条例均被废止，而专员制度亦由两个不同系统变而俱受一条例之规定，是即吾人所谓之第二期。

三　行政督察专员设置之目的　关于设置专员之目的，不但行政院第一次条例之规定，与"剿匪"总司令部之条例不同；即行政院第二次条例之规定亦与第一次条例不同，查行政院颁布第一次条例时，一方江苏、浙江等省设有吾人前节所述之各种制度，一方立法院对于各该制度之设置则不予以通过；行政院为谋适乎实际及维持中央法制计，乃于不违反省县二级制之原则下制定第一次条例。行政院制定第一次条例之初，既须顾及上述各端，因之其对于专员设置之目的，则规定为"省政府在离省会过远地方，因有特种事件发生(如"剿匪"清乡等等)，得指定某某等县为特定区域，临时设置督察专员；于不抵触中央法令范围内，补助省政府督察该特种区域内地方行政。”该条例仍规定：“行政督察专员于某项特种事件办理完竣后，即撤废之。”可知行政督察专员为办理特种事务之特种机关，且其性质仅为临时之设置而非永远之定制。

“剿匪”总司令部条例对于专员设置目的之规定，则为：“……整饬吏治，增进行政效率，以便澈底清乡及办理善后……”是总部之条例并未明定专员制度为临时性质，惟该条例所规定之专员职务，有“剿匪”清乡及“匪区”善后事宜等项，而各该项事件俱皆具有临时性质，可知即在总部条例之下，专员未必为常设之制度亦甚明显。

二十五年十月，行政院第二次条例颁布，对于专员设置之目的亦有规定。该条例第一条谓：“行政院为整顿吏治，绥靖地方，增进行政效率起见，得令各省划定行政督察区，设置行政督察专员公署，为省政府之辅助机关。”第二次条例规定之特点，在于尽删第一次条例关于专员制度临时性之规定。盖自第一次条例颁布以后，各省每因办理特殊事务，时有据以采行专员制度者，而其设置区域，亦每遵照条例规定仅于必要地点，并不普及省内，如江苏因办理“剿匪”清乡事宜而设江北各区专员及河北因办理平东平北一带战事善后事宜而设滦榆蓟密二区专员，即其显例。及后，特殊事务办理完竣，各处所设专员，本应依照条例从事裁撤；惟实地情形，各省不但将应行裁撤之专员不予裁撤反于条例规定无须设置专员之地设置专员，如江苏等省是。盖江苏之设置江北各区专员，本为办理清乡及“剿匪”事宜，及后各该事宜办理完竣，江北专员依然未裁；不仅如此，且将专员制度推行于无特殊事务待办之江南各地。以此本为办理特殊事务而设置之专员制度，至是已变为办理正常事务之机关。行政院第二次条例删除专员制度临时性质之规定，盖在谋切乎实际情形而给今日一般专员以法律之地位。

四　行政督察专员设置之程序　关于设置行政督察专员应遵之程序，行政院第一次条例与第二次条例暨“剿匪”总司令部条例之规定，虽有详略之不同，要皆加以明文规定。依照总司令部条例规定，各省行政督剿区域之划定，专员公署之所在，均由该部按照各省面积，地形，户口，交通及经济状况暨人民习惯，以命令定之。行政院第一次条例及第二次条例之规定，大体相同，而以第二次条例较为详尽。依照该条例规定，行政区域之划定，及专员公署之所在，均由所在省之省政府决定；惟省政府于划定行政督察区设置行政督察专员公署时，应开明行政督察区名称，设置次第，区划情形，管辖县市及行政督察专员公署驻在地点，绘具详细图说，咨请内政部转呈行政院核定，并呈报国民政府备案。其行政督察专员并非一次设置者，其分次设置之初，亦应遵照上述办法办理。又条例颁布时已经设置行政督察专员之省，并应补行呈报手续。至行政督察区或督察专员名称之订定，总司令部条例并无规定。行政院第一次条例规定应名为某某省某某等县行政督察专员或行政督察区。第二次条例则规定以数字定之，即谓第一区第二区……是。行政督察区非同时设置时，该条例仍规定以设置之先后定其次第。

五　行政督察专员公署之等级　行政督察专员公署，于专员制度演变之第一期内，本无等级之可言，而各该专员公署之经费，皆由省政府核定拨给。二十五年十月，行政院第二次条例颁布，同月，内政部颁布行政督察专员公署办事通则①，专员公署遂有等级

① 见二十五年十月份内政公报。

之分。依照部颁通则，专员公署计分甲乙丙三等，除不兼任驻在地县长之专员公署，应作为丙等外，其余则由该管省政府斟酌各该行政督察区实地情形定之。专员公署因其等级不同，其经费以及设官亦互异。行政督察专员制度之由来以及种种关系问题，略如右述；兹再将专员公署之组织以及专员之职权分项述之于后。

第二项　行政督察专员公署之组织

第一目　行政督察专员

行政督察专员公署，设行政督察专员一人，依照行政院第二次条例规定，专员承省政府之命，推行法令，并监督指导暨统筹辖区内各县市行政。关于行政督察专员之任命方法，以及待遇，总司令部与行政院各条例之规定，均不相同。依照总司令部条例规定，行政专员由该部委派，简任待遇，并由所在省省政府加委兼任驻在县之县长。行政院第一次条例规定，行政督察专员，由省政府就本督察区域内各县县长中指定一人兼任，并咨报内政部转呈行政院备案，惟行政督察专员亦非任何县长均可兼任，依照该条例规定，能兼任督察专员之县长，以经内政部铨叙部审核合格转呈国民政府正式任命者为限；以是，省政府所派之代理县长，或未经上述任命手续之县长，依法不能兼任行政督察专员。至于专员之待遇，该条例规定，以支原来县长之薪俸为原则；必要时，经省政府委员会之议决，得支简任初级俸。观上所述，可知在总司令部及行政院第一次条例之下，亦即吾人所谓专员制度演变之第一期内，专员应由辖区某县县长兼任，仍属无疑；惟当时实地情形，则亦不无出入之处，如江苏各区行政专员多不兼任县长是。

行政院第二次条例，关于专员之任命及待遇，则规定：专员由行政院或内政部长提出呈请国民政府简派①；在“剿匪”或其他特种事件尚未办理完竣之省，其提出专员人选，得征求军事委员会之意见。至于专员兼任县长问题，该条例规定，专员除有特殊情形者外，应兼任驻在地之县长。

行政督察专员，虽由行政院或内政部部长提出人选，呈请国民政府任命；然行政院或内政部部长之提出权命，亦非毫无限制。依照例条规定，行政院或内政部部长提出之人选，应以审查合格之人员为限。至于何项人员即为合格，依照二十五年十月十五日行政院颁布之行政院审查行政督察专员人选暂行办法②规定，凡年在三十岁以上有下列资格之一者，始能充任专员：

一、曾任政务官一年以上者；

二、现任简任官或曾任简任官一年以上者；

三、对党国有特殊勋劳，或致力国民革命十年以上，而有行政经验者；

四、曾任县长三年以上，或最高级荐任官四年以上，办事著有成绩者；

五、曾任教育部立案之大学教授二年以上，副教授或讲师

---

① 行政院第二次条例规定，专员由行政院或内政部部长提出呈请国民政府简派；惟该院审查行政督察专员人选暂行办法，则又规定：行政督察专员由行政院就存记候用人员中遴选提出行政院会议通过呈请国民政府简派，是前后规定不无不妥之处：衡诸一般当理，即使内政部呈请任官，亦皆经由行政院，是第二次条例中“或内政部部长”不如删去反较妥当也。

② 见二一七九期国民政府公报。

三年以上，于地方行政素有研究者。

凡有下列各款事实之一者，不得任为行政督察专员：

一、褫夺公权，尚未复权者；
二、受惩戒处分，在停止任用期间者；
三、曾因赃私处罚有案者；
四、亏空公款，尚未清偿者；
五、吸用鸦片或烈性毒品者；
六、体质孱弱或年力衰颓，不胜繁剧者。

至于是否合格，则应经审查。被审查人之提出，依照办法规定，军事委员会内政部及各省政府，得就具有上述积极资格之一者，开具详细履历，附加考语，连同证明文件，体格检查证明书，及本人三寸半身像片二张，备文送请行政院交付审查。至具有积极资格之个人，依照办法规定，亦能呈赍详细履历，证明文件，体格检查证明书，及本人二寸半身像片二张，径请行政院交付审查。凡经审查合格之人员，准以行政督察专员存记候用。

审查工作，由行政督察专员资格审查委员会担任。依照二十五年十月十五月行政院颁之行政督察专员资格审查委员会规则①规定，审查委员会附设行政院内，以主任委员一人，委员四人至六人组织之。主任委员由内政部长充任，其余委员由行政院长就行政院及内政部高级职员中遴派。至审查方法，依照规则规定，委员

① 见二一七九期国民政府公报。

会接到送请审查资格人员之文件后，应即依据行政院审查行政督察专员人选暂行办法规定资格审查，除经历年资格等项应请证明文件审查外，关于特殊著作，并得聘请专门人员从事审查；于必要时，委员会仍得通知被审查人到会，面加考询。委员会审查完竣后，应将审查结果报告于行政院院长，其合格人员，即由行政院存记候用。各省行政督察专员出缺时，即由行政院就存记候用人员中遴选，提出行政院会议通过，呈请国民政府简派。

第二目　行政督察专员之僚属

关于行政督察专员之僚属，在专员制度演变之第一期内，以法定专员必需兼任所辖一县县长之故，因之该期诸条例对于专员公署内部之组织，或则规定不设专署而于所领县政府内附设办事处，或则虽设专署然令专署兼理所领之县事务。是以在此期内，专员公署所设人员，除所领之县县政府职员外，虽亦有为专员公署特设之官，然其数目究属不多。兹将该期诸条例关于专员公署内部组织之规定，约略述之于后。

“剿匪”总司令部条例规定，行政督察专员公署设秘书一人，荐任待遇，由行政督察专员呈请总司令部委任。署员四人，事务六人，均由专员委任，分呈总司令部省政府及知照民政厅保安处备案。专员公署职员，分别兼理专员兼领之县政府事务，不另支薪，惟依该部二十一年九月所颁布之“剿匪”区内行政督察专员公署办事通则①，规定，凡行政督察专员驻在地之县政府秘书及其所属各局各科，均暂撤销，由专员公署接收合并管理。至于专员公署之内部组织，除秘书外，并设四科。各科科长科员，由署员及事务员分

① 见二十三年立法院辑：《中华民国法规汇编》第三编。

别充任。以一专员公署，并兼理一县之事务，决非条例所设一秘书，四署员，及六事务员所能胜任；因之，当时"剿匪"区内各专员公署之设员分职，大体上虽依照总司令部条例之规定，然亦不无出入之处。如安徽第八区行政督察专员公署，设秘书一人，科长四人（第一科科长由秘书兼任），科员十六人；此外更有管卷员，书记暨管理税收人员等等，仍不在内是。上述人员之外，总司令部条例仍规定，专员公署得聘请区内负有时望及能办地方事务之人员为公署参事。参事之员额，条例定为五人至九人。参事为无给职，但因事实之必要，得酌给伕马费。其职务，则在参赞署务或受专员之委托，分赴各县各乡实行调查或指导工作。参事之设置，乃该条例之特色，不但行政院第二次条例无是项人员之设置，即与该条例同时施行之行政院第一次条例，亦无同类人员。

至于秘书及公署以内各科之职掌，依照"剿匪"区内行政督察专员公署办事通则规定。秘书掌理机要事项，撰拟文稿，稽核署内职员勤惰，专员特别交办事件，及各项会议事宜。第一科掌理印信典守，文件收发、缮校、保存，公署人员任免及区内县市长暨所属员兵升降调遣登记，报告表册等等事项。第二科掌理保甲、保卫团、民众自卫组织等事项。第三科掌理各项税捐之征收及其他财务事项。第四科掌理工程、土地、农村合作及教育礼俗等事项。

二十一年(1932 年)八月行政院第一次条例，关于专员公署之组织则规定：专员并不设独立官署，仅于所领县政府内附设办事处，置秘书一人，事务员二人，及书记二人，助理一切文件及应行事宜。秘书由专员遴选合格人员，呈请民政厅委派，必要时，准以荐任待遇。事务员及书记，均由专员自行委任，而呈报省政府及民政厅备案。专员办事处，依照条例规定，仍得于所辖区内流动设置。

惟当时实地情形，各省专员公署之组织，不但有与上述规定相互出入，且有反乎规定而设有庞大组织之独立官署者。

行政院第二次条例，关于专员公署之组织则规定：专员公署设秘书一人，由专员遴选合格人员，呈谓省政府咨由内政部转请荐任。科长二人至四人，视察一人，由专员遴选合格人员，呈请省政府委任，准以荐任待遇。技士一人或二人，科员二人至四人，事务员三人至六人，均由专员委任，呈报省政府备案。此外，因事实之必要，专员公署仍得酌用雇员。又依该条例规定，行政督察专员，除因特殊情形者外，应兼任驻在地之县长；专员公署并应与驻在县县政府合署办公；因之专员公署之职员，于专员兼任所在县县长时，亦应兼理县政府事务，不另支薪。

二十五年(1936年)十月二十日，内政部颁布行政督察专员公署办事通则，对于专员公署之内部组织，规定较详。依照该通则规定，专员公署设秘书室，由秘书主持，秉承专员，掌理文书，会计，庶务，及不属于各科之事项。至于公署之分科，则因专员是否兼任县长而多寡不同。兼任县长之专员公署，分设三科或四科。其分设四科者，以第一科掌民政事项，第二科掌理理财政事项，第三科掌理教育事项，第四科掌理建设事项。其仅分三科者，各科之职掌，由专员就民政财政教育建设各事项酌量分配。不兼县长之专员公署，该通则规定，仅能设置二科；至各科之职掌，亦由专员按照上述四项事务，妥为分配。该通则仍规定：秘书室及各科得分股办事。

第三目　区保安司令部

关系行政督察专员之条例，除二十一年八月行政院第一次条例外，莫不规定：行政督察专员同时兼任该区保安司令，区保安司令部，即专员藉之行使其保安司令职权之机关。依照“剿匪”总司令部条例规定,行政督察专员,兼任该区保安司令,承保安处长之命管辖指挥该区各县之保安队,保卫团,水陆公安警察队,及一切武装之自卫民众组织;但此项团队,依该省现行章制,如尚未划归保安处而仍属民政厅主管者,应秉承民政厅长之命办理。该条例并规定,专员公署设区保安副司令一人,由专员呈请全省保安处长核定,转呈总司令部委任,承专员之命,襄助处理团队之管辖,指挥及一切保安事务。设参谋一人,副官二人,由专员专呈保安处长委任后,分呈省政府及总司令部备案,承长官之命,助理应办之保安事务。

行政院第一次条例,虽未规定专员应行兼任保安司令;然该条例第十一条则曰:行政督察专员因维持治安之需要,对于本督察区域内所属县市之警察保卫团,得节制调遣之。是几将保安司令所有之职权,完全授之督察专员,其与其他条例不同者,仅未采用保安司令之名目。

观上所述,可知专员制度演变第一期内之各项条例,或则未立保安司令名目,或则虽设保安司令而无保安司令部之机关;惟当时实地状况,各省专员公署亦有设置区保安司令部者。

至于设有区保安司令一官,同时又置区保安司令部者,则自二十五年十月行政院第二次条例始。依照该条例规定,行政督察专员,除有特殊情形者外,应兼任该区保安司令,对于辖区内各县市之保安团队,水陆公安警察,及一切武装自卫之民众组织,有指挥监督之权。至于区保安司令部之组织,条例规定另由法令规定。二十五年十月二十四日,该院遂又公布修正区保安司令部组织暂行条例[1]，规定区保安司令部之组织如下。区保安司令部设区保安司令一人，除有特殊情形者外，由行政督察专员兼任。区保安司令行政督察专员兼任时，司令部与专员公署合署办公。区保安司令部设副司令一人，参谋一人或二人，均由省政府就合格军官提请内政军政两部转送军事委员会审查后，函由行政院呈请任命[2]，副官二人，军法助理员一人，办事员二人至四人，书记二人，由区保安司令就合格人员委任，呈报省政府备案，士兵若干人，由区保安司令募补。区保安司令总理该部事务，监督所属职员，副司令辅助司令处理事务，司令因事故不能执行职务时，由副司令代理。参谋副官、军法助理员、办事员、书记，承长官之命，分别办理主管事务。

第四目　战时行政督察专员公署及区保安司令部之合并组织

三十年十月二日，行政院公布战时各省行政，督察专员公署及区保安司令部合并组织暂行办法[3]，规定各省省政府为适应战时需要并经行政院核准，依该办法之规定，将行政督察专员公署暨区保安司令部合并组织，其名称定为某省某区行政督察专员兼区保安司令公署。设专员兼司令一人，承省政府主席兼全省保安司令之命，督察指导辖区行政暨指挥团队绥靖地方事宜。所有对外行文，均以专员兼区保安司令名义行之。设上校区副司令一人，辅佐专员兼司令，办理本区绥靖事项执行参谋主任职权。凡有关军事文件，均由区副司令副署。

公署内部之组织，设秘书一人，荐任，综核文稿指导各科办理

① 见二一八八期国民政府公报。
② 副司令之叙上校者，依照条例规定，得转请简派。
③ 行政院公报渝四卷二〇号。

行政事务及主办不属于各科事务。科长二至三人，分掌关于辖区民政财政经济教育建设事项，其职掌酌量科数分配之。另设视察、技士、技佐、科员、中少校参谋、同少校军法助理员、上中尉副官、会计员及办事员等人员。此项合并组织之编制及经费之支配，由省政府分咨内政军政两部转呈行政院核定之。

第三项 行政督察专员之职权

行政督察专员之职权，概与省政府及国民政府成立以前之道官署相仿，而多属监督性质。惟在专员制度之下，依照前项所述，专员每皆兼任辖区一县县长；是专员除监督性质之职权外，更有一种表率或倡导性质之职权。关于专员之此项职权，行政院第一次条例及第二次条例皆无具体规定，惟各该条例或则规定专员应由县长兼任，或则规定应以县长兼任为原则，是专员表率倡导之职权，已[显]然概括于其中。

"剿匪"总司令部条例，虽亦明定专员应行兼任县长，然为隆重专员倡导之作用计，特于条例中规定：行政督察专员，应遵照现行法令，首先举办各项急应推行之要政，以为辖区各县市之倡，并督促各县之实施。颁发该条例之训令复曰："每一省内，欲物色数十或百余之县长，实属不易，而访求十余人或数人之精干专员，尚有可能。然后借专员之躬行振导，使所属县长，贤者愈奋而加勉，庸者望风而有为，庶几砥砺事功，转移风气，得以形成澄清吏治，铲除'匪患'之重要枢纽；……"尤足见专员倡导职权之重要。专员倡导性质之职权既如右述，兹将监督性质之职分段述之于后。

一 颁布区单行规程权 关于专员之此项职权，行政院第一次条例及三省"剿匪"总司令部条例并无明文规定。行政院第二次条例规定:行政督察专员公署为筹划辖区内各县市地方行政起见,于不抵触中央及省之法令范围内,得订立单行规则或办法。惟专员颁布单行规程时,应呈报省政府转报行政院及主管部会署备案:又关于限制人民自由,增加人民负担,及变更组织或预算之规程,非经依法核准不得执行。

二　审核区内县市单行规程及撤销县市之非法或不当处分权　审查区内县、市法规之职权,行政院第一次条例及三省"剿匪"总司令部条例均无明文规定。其定之于明文者则自行政院第二次条例始。至于专员之撤销或停止所辖县、市不当或违法之处分与命令权,除行政院第一次条例外,其余条例皆有明文。三省"剿匪"总司令部条例规定:行政督察专员对于区内县长之命令或处分,认为违法或失当时,得命令停止或撤销之,并应呈报总司令部及省政府,知照主管厅处查核。行政院第二次条例规定:行政督察专员,对于辖区内各县市长之命令或处分,认为违法或失当,不及呈报省政府核办时,得以命令撤销或纠正之;但仍须补报省政府查核。

三　考核辖区各县市行政人员之成绩而定其奖惩权　关于行政督察专员之此项职权,历次关系专员公署组织之条例,皆有明文规定。行政院第一次条例规定,行政督察专员,对于本督察区内各县市政府行政人员,认为有应行奖惩之必要时,得随时开明事由,密报省府及主管厅核办。"剿匪"总司令部条例则规定,行政督察专员,有随时考核辖区各县市长,及其所属员兵成绩之权,每三个月一次,半年总核一次,胪列事实,呈报总司令部及省政府,知照主管厅处,分别奖惩或为其他之必要处分;所属县长如有渎职行为,尤应随时密呈总司令部及省政府,知照民政厅撤惩;此外如遇有紧急处分之必要时，专员并得先行派员代理。

行政院第二次条例，关于此项职权之规定为：行政督察专员，对于辖区内各县市长及所属工作人员成绩，应每年举行考核一次，拟定奖惩意见，呈报省政府；如所属各县，市长有违法失职行为，应随时密呈省政府核办。至成绩考核之方法，依照二十五年十月二十日内政部公布之行政督察专员公署办事通则规定，专员考核辖区内各县、市长成绩，应按照各该县市本年度行政计划或施政方案，及其进行程序，与预算情形，并参酌各县、市地方环境，与事务性质之繁简难易行之，并将考核情形，附具意见，密呈该管省政府核办。

四　召集行政会议之权　行政督察专员，为统筹区内行政计，有召集行政会议之权。关系专员公署组织条例，关于专员之统筹行政权，有定之于明文者。如行政院第二次条例，即于第三条中明定专员此项职权，而于该条说明之中，则曰"专员兼辖数县，应以统筹各县市行政为其最重要之职责，故规定条文，俾如统筹与监督指导并重"，是。有虽不明白规定，而采行某项制度，其结果足以达到统筹之目的者。如行政院第一次条例及总司令部条例，虽未明白规定统筹区内行政为专员之职责，然该二条例均皆设有行政会议制度，其结果亦足以达到统筹之目的是。观上所述，可知行政会议关系专员职权之行使。兹特依据各该条例之规定，叙述该会议之大略于后。

行政会议之会员，各条例之规定虽有不同；然其主要分子，厥为行政督察专员，专员公署秘书科长辖区以内县、市行政长官及其所属局长或科长。此外各该条例仍规定：有些人员，如各县、市办理地方自治事业或保安人员，及地方团体代表与负有声望并热心公益者等等，经专员之邀请，亦得列席会议。至于会议事项，主要系在讨论区内县市应行兴革事项，确定行政计划方案等等。行政会议议案，行政院第一次条例规定，应呈报省政府及主管厅核定施行。“剿匪”总司令部条例规定，应呈报总司令部及省政府查核。行政院第二次条例规定，应呈报省政府查核，并由省政府分别呈咨行政院及主管部会署查核。

五　监督区内县市财政权　专员之此项职权，行政院第一次条例及“剿匪”总司令部条例均无规定。推国民政府军事委员会委员长南昌行营，曾于二十三年（1934 年）二月二十日之训令，及二十三年七月颁行之各省行政督察专员职员系统划分办[①]中，为之规定。依照二十三年二月训令中规定，各县地方财政收支实况，应按月册报该管行政督察专员查核。至二十三年七月之各省行政督察专员职责系统划分办法，除规定各县地方财政收支之实况，各县政府应按月册报该管专员公署查核外；仍规定各县应编之预算决算，及预算中所列预备费之动支，暨一切财政整理之办法，各县政府除依“剿匪”区内整理县地方财政章程之规定，径呈省政府核办外，并应分呈该管专员公署备查；专员如认为有应分别准驳或修正者，得申具意见，即速陈明省政府，以备主管厅处审核之参考。

行政院第二次条例，则规定，专员有审核辖区内各县市地方预算之权。而二十五年（1936 年）十月内政部所颁布之行政督察专员公署办事通则，则将前此行营所颁各省行政督察专员职责系统划分办法之规定，尽行载入；即各县市应编之预算、决算，及预算中所列预备费之动支，暨一切财政整理之办法，各该县、市政府，除依

① 见二十三年立法院辑：《中华民国法规汇编》第三编。

法令规定径呈省政府核办外，并应分呈该管专员查核，专员如认为有应分别准驳或修正时，应即陈明意见，呈请省政府参酌。至各县市地方财政收支实况，各该县市政府亦应按月册报该管专员查核。

六　军事权　关于行政督察专员之此项职权，行政院第一次条例虽无区保安司令之设置，然规定：行政督察专员因维持治安之需要，对于本督察区域内，各县市之警察保卫团得节制调遣之，是专员之具有军权，乃无疑义。“剿匪”总司令部条例及行政院第二次条例，均设有区保安司令之制度，因而在各该条例之下，专员之军权更为具体。依照“剿匪”总司令部例条规定，行政督察专员兼任该区保安司令，承全省保安处长之命，管辖指挥该区各县之保安队，保卫团，水陆公安警察队，及一切武装自卫之民众组织；但此项团队，依该省现行章制，如尚未划归保安处而仍属民政厅主管者，应秉承民政厅长办理。此外该条例仍规定，大军“清剿”区内之“匪共”时，行政督察专员应督同管区内各县长，共受“剿匪”高级将领指挥，尽力协助。“匪共”败退或小股潜伏区内，实行清乡时，现驻在区之军队，应受行政督察专员之指导，或由高级将领就近指拨兵力之一部，径由专员指挥。区内各县清乡共需之兵力，亦得由专员统筹，汇请总司令部拨定，暂受专员之指导或指挥。

行政院第二次条例，亦设有区保安司令之制度，除有特殊情形者外，且令专员兼充，至于区保安令之职权，依照该条例及二十五年十月二十四日修正区保安司令部组织暂行条例之规定，系在指挥监督区内各县市之保安团队，水陆公安警察，及一切武装自卫之民众组织，暨掌理其他有关军务事项。

三十年(1941 年)十月公布战时各省行政督察专员公署及区保安司令部合并组织暂行办法以后，专员兼司令，成为法定之事实，赋有指挥团队绥靖地方事宜之权力，其军事权更无可疑。

七　出巡　关系专员公署组织各条例，为使专员得以充分行使其监督权计，皆定有出巡制度。惟出巡虽为各该条例所规定；然行政院第一次条例仅规定，专员应定期轮流巡视本督察区域内各县市政府之工作状况，而未将巡视之期间具体定出："剿匪"总司令部条例及行政院第二次条例，对于出巡之期间，皆有明白规定，惟其规定之内容则又不同。前者定为每三个月内应轮流亲赴辖区及县市巡视一周，后者定为每半年轮流巡视辖区内各县一周。专员出巡之结果，依照各该条之规定，应分别呈报上级机关查核。出巡方法，各该条例均规定适用备省民政厅长巡视章程之规定。出巡费用，依照国内出差旅费规则支给，不准接受地方供应。专员出巡时，依照行政院第一次条例规定，其原领县长职务，应呈准省政府及民政厅，派本县县政府秘书或科长代理。至专员本身之职务，该条例并未规定代理办法。"剿匪"总司令部条例及行政院第二次条例，亦皆无代理规定。惟二十一年总司令部颁行之"剿匪"区内行政督察专员公署办事通则规定，由秘书及保安副司令，分别代理其职务。内政部二十五年通则规定，得由秘书或科长代行其职务，并须呈报省政查核备案。

八　视察　行政院第一次条例及"剿匪"总司令部条例，对于视察均无规定；其有明文规定者，则自行政院第二次条例始。依照该条例规定，行政督察专员公署设视察一人，由专员遴选合格人员，呈请省政府委任，准以荐任待遇。又依内政部二十五年十月二十日颁布之行政督察专员公署办事通则规定，视察秉承专员，考察辖区内各县市地方政务，及自治推行状况。

九　兼办军法权　行政督察专员兼任军法官，始于二十四年七月南昌行营公布之各省行政督察专员兼任本行营军法官暂行条例。二十五年三月军事委员会复公布各省行政督察专员及县长兼办军法事务暂行办法及各省最高军事机关代核军法案件暂行办法[①]。凡归军法机关审判之案件，得由军事委员会加委"剿匪"区域之行督察专员及县长暨"剿匪"区域以外各省之行政督察专员兼任行营军法官办理之。但此项委任，得随时撤销。兼军法官对于（一）现役军人犯刑事或惩罚法令者，（二）非军人在"剿匪"区域犯军事法令者，（三）犯危害民国紧急治罪法者，（四）犯"剿匪"期内审理盗匪案件暂行办法者，（五）犯修正"剿匪"区内惩治土豪劣绅条例者，（六）犯禁烟禁毒各种法令者，（七）其他依法令应归军法机关审判者，有视察审判之权。（但第三款案件，以报经授权者为限。）但凡设有其他军法机关者，由最先受理之机关审判。二十七年（1938 年）五月，由军事委员会将上述暂行办法修正为县长及地方行政长官兼理军法暂行办法及各省最高级军事机关代核军法案件暂行办法[②]。依其规定：凡依法令应归军法审判之案件，得由县长或地方行政长官兼理。但中央最高军事机关对于此类兼理之军法案件，得随时提审，派员莅审及移转管辖。其设有其他军法机关者，由最先受理案件之机关审判。唯设有卫戍警备或戒严司令部之区域，凡与军事或治安有关之军法案件，不问受理先后，均送由卫戍戒严司令部审判。

对于战区省份，二十八年（1939 年）三月，军事委员会复颁行

① 见二十三年立法院辑：《中华民国法规汇编》第三编。

② 均（二五·一二·一八）公布，《中华民国法规大全》补编，页一九六至一九八。

战区行政督察专员及区保安司令兼任军法执行总监部督察官服务规则[①]。依此项服务规则之规定，军事委员会得委派各战区之行政督察专员或区保安司令兼任军法执行总监部督察官，受军法执行总监及战区司令长官之命，并受战区军法执行监之命，执行下列任务：（一）发觉有违犯战时军律及其他有关军事法令之罪嫌者，应立予检举，密报军法执行总监部核办。如认为情势迫切有紧急处置之必要时，得立予逮捕。（二）发觉有违犯军风纪者，如情节轻微，得径予纠正，事后呈报军法执行总监部备查；其情节重大者，须呈报军法执行总监部核办。（三）对于执行公务工作不力有影响抗战效能之虞者，随时详列事实，密报军法执行总监部核办。兼任督察军法官无审判权。依上述（一）项逮捕之人犯，应于二十四小时内解送有权审判机关依法审理并随时呈报军法执行总监部备查。

① （二七·五·一五）见《中央战时法规汇编》上册军事类，页二五七。

第三编

县　　制

第一章　县组织法规沿革

第一节　清末之县组织法规

民初因国体改革，百端待理，中央方致力于中央官制，对于地方官制则未遑制定，于是各省率自为政，对于县之组织及行县政长官之名称，皆不一致，然大体皆沿清末之制，兹述清末之制如下：

第一项　各省官制通则

清代县之组织，光绪三十三年（1907年）以前，多沿明制，兹不具述，三十三年始有新官制之规定，兹略述其梗概如次：

光绪三十三年五月二十七日，总核官制大臣曾拟定各省官制通则[①]以为宪政萌始，依此通则之规定，县之直接上级机关为府，为直隶州，县设知县一人，下设警务长一人，视学员一人，劝业员一人，典狱员一人，主计员一人。知县为县中之最高行政长官，处理

① 参阅《大清光绪新法令》第二类官制二。另见《大清新法令》第二卷，商务印书馆2011年。

县境内之各项行政。警务长掌县中之消防、户籍、巡警、营缮及卫生等事项，其下有区官掌区内之巡警事务①。视学员掌县中之教育②。劝业员掌县中之农工商及交通事项。监狱员掌监狱事项。主计员掌财务以管收税，惟此职并不与以上诸职员同时并设而以"应俟县官俸公费确有定数，实行支给并将从前平余名目一律剔除后"为设立之条件。

以上诸职于地小事简之县则不备设，一人可兼二职，惟警务长及视学员则不得以他员兼任，亦不得兼任他职。此外更设文庙奉祀官一人由原设教职酌量改用。对于县议事会董事会③审判厅④亦有分期设立之规定。

按各省官制通则据当时原议仅拟从东三省及直隶、江苏两省先行举办，其他各省，虽有陆续改革者，然亦不过照原有定增删一二而已。

第二项 府厅州县地方自治章程

宣统元年(1909 年)十二月二十七日更颁布府厅州县地方自

---

① 民政部原拟各直省巡警道官制并分科办事细则第十二条规定"警务长得就本属各设警务公所。"宪政编查馆所修正之巡警道官制细则，则无警务公所之规定(同前)。

② 学部奏定劝学所章程，有视学员兼充劝学所总董之规定。惟各省官制通则第二十九条云："视学员不得以他员兼任，亦不得兼任他职，"二者未能一致(同前第七类教育三)。

③ 董事会后改名为参事会。

④ 初级审判厅原称乡谳局。

治章程[1],此章程为当时民政部所拟,经宪政编查馆改订。此实为中国县自治组织规定之始。依此章程之规定县之自治组织分为议决机关及执行机关,议决机关分为县议事会及县参事会。县议事会设议长一人,副议长一人由县议员互选。议员名额最少二十名,最多一百名由城镇乡选民选举。议事会中更设文牍、庶务等职,由议长副议长派人充任。县参事会设会长一人由知县充之。参事员名额为县议事会议员名额十分之二。由议事会议员中互选充任。更设文牍、庶务等职由知县派充。

执行机关为知县,下设自治委员若干人由知县任免。自治委员之外,更可增设临时委员,但须经议事会之议决及督抚之核准。至于县之下级地方自治,于光绪三十四年(1908年)七月二十八日宪政编查馆已订有城镇乡地方自治章程[2]。

据是年宪政编查馆逐年筹备事宜之计划,以光绪三十四年为第一年;第一年颁布城镇乡地方自治章程,第二年颁布府厅州县地方自治章程,第三年筹办厅州县地方自治,第四、第五两年续办,第六年限年内粗具规模,第七年府厅州县地方自治一律成立。又宣统元年民政部所奏逐年筹备事宜,以第三年(宣统二年)督催各省就省会地方首县筹设县议事会董事会;以第四年(宣统三年)督催各省外府所属各首县照常筹设县议事会董事会。惟届至辛亥(宣统三年)各省之已成立者已属不少。及民国肇始,各省临时议会虽有自议订地方单行自治章程者,然率沿仿之,至民国三年(1914年)三月二日袁世凯下令停办各级自治,此制遂废止。

---

① 参阅《大清法规大全》宪政部卷三。

② 同上。

第二节　北京政府时代之县组织法规

第一项　民元(1912年)至民四(1915年)之县组织法规

民军起义之初各省皆设军政府，县之组织颇不一律，例如鄂军政府下，地方分为府县，府惟设于首都，其余一律称县，府县设知事及书记、科长、科员、工师、工手、掾史等职，分总务、内务、税务、警务诸科。其他各省县之组织颇参差不一，或改知事之新名，或仍沿牧令之旧制。

民国元年(1912年)十一月二十六日临时大总统始令各省都督民政长暂行画一官吏名称，将各县及凡府直隶厅州之有直辖地方者所有长官官名，一律先行改为知事①。民国二年(1913年)一月八日临时大总统始公布划一现行各县地方行政官厅组织令。将有直辖地方之府及直隶厅，直隶州、厅、州等地方皆改为县。长官称为县知事。县知事公署设第一科，第二科，事繁之县可增设至四科。各科设科长一人科员若干人，以为佐治员。此外更可设技士办理技术事务。并可酌用雇员缮写文件及庶务等事。此制施行各省最为普遍而时期亦最长②。

---

① 参阅当时政府公报。按县知事民元十一月以前，各省名称不一，例如江苏省称民政长，浙江省称民事长。参阅民国各县志官师志。

② 十七年县组织法未颁布前，除有单行章程之省外，各省之县组织皆依此制。

民国三年(1914 年)五月二十三日袁世凯始以命令制定县官制[①]。县官制对于县之组织并无具体之规定,只列举县知事之职权及其对上对下之关系而已。

民国三年二月三日袁世凯下令停办各级自治。于是各级自治之组织遂废止。复于同年十二月三十日以大总统令公布地方自治试行条例。将县分为若干自治区,其户口较繁之区为合议制,设区董及自治员。户口较简之区为单独制,只设区董一人而无自治员。区董之下得用雇员,佐理员办理文牍及庶务事项。区之自治监督则以县知事充之。至民国四年四月十四日复公布地方自治试行条例施行规则以地方自治条例之施行分为三期。第一期为自治事宜之调查,第二期为自治事宜之整理及提倡,第三期为自治事宜之实行。后因袁氏帝制运动失败此条例亦未果行。

民国四年(1915 年)七月二十一日袁氏令以京兆为特别区域,作自治模范,并任命昆东王达二人筹办京兆地方自治。是年九月二十一日更公布京兆地方自治章程,与地方自治试行条例所规定者大体相同。每县分为八自治区或十六自治区。区设区董区副各一人受县知事之监督。惟止为单一之区董制,不设自治员[②]。

第二项　民四至民十(1921 年)之县组织法规

民国六年(1917 年)一月十一日国会参议院议员蒋曾燠曾提出县自治制并选举章程草案。系"参酌前清旧制及共和成立后各

① 县官制第二条,于国民三年九月六日修正公布。参阅政府公报。

② 京兆地方自治章程公布后,如大兴、宛平二县遂有区董之设置。

省单行自治规章之有成绩者订立”。此草案之内容，系以县议事会参事为自治职，以县行政长官及自治常任委员，临时委员，办理自治行政。大体与清季府厅州县地方自治章程无甚差异。同时参议院更有提出县自治施行细则草案者，然此等草案直至国会解散亦未得议决。

是年一月十二日国会众议院会议决回复地方自治案主张回复清季之地方自治制度或回复民初各省所订单行自治章程。惟当时政府主张另订自治法案，不主张回复民初自治制度。是年一月十九日总统黎元洪令内务部迅即厘订地方自治制度，及举行自治一切事宜。乃将回复地方自治案交国会覆议，彼此争持约半年之久。同时各省县亦有以恢复自治请愿于国会者。国会旋于是年六月十三日解散遂无结果①。

民国八年(1919年)九月八日徐世昌为大总统时公布县自治法，此法为当时北京政府所谓第二届国会所议决。原案由众议院议员黄云鹏提出，依此自治法之规定，县分为自治议决机关，及执行机关。县之议决机关为县议会，县议会设议长一人，副议长一人，议员名额由十人至三十人，更设书记二人或三人由议长雇用。县自治执行机关为参事会，参事会会长一人。由县知事充任，县参事名额为四人至六人，半数由县议会选举，半数由县知事委任。县参事会更设佐理员二人至四人，由会长派充，更有出纳员及书记等职。

民国九年(1920年)十一月十七日徐世昌令切实筹备地方自治。十年(1921年)一月一日又令内务部召集地方行政会议，是年

① 参阅参议院公报期二，册三三。

五月四日内务部所召集之地方行政会议正式开会，于六月八日始行闭会，此会议由内务部，关系各部署，及各省区长官所遴派，及各省省议会所推举之会员，组织而成。开会期间一月余，其重要议决案为县自治法施行细则，县议会议员选举规则皆于十年六月十八日由大总统公布。他如市自治制，乡自治制亦于此会议中议决，皆于十年七月三日由大总统公布。十年九月至十一年三月间大总统叠颁县自治法施行日期及施行区域令，然实际施行者尚未之闻[①]。

第三项　民十以后之县组织法规

民国十二年(1913 年)十月十日公布之宪法第十二章地方制度，对于县自治组织亦略有规定。依此章之规定，县设县议会及县参事会，略同县自治法之制，其异点则为县长由县民直接选举。惟此宪法未实行。

民国十三年(1914 年)十月十九日曹锟为大总统时公布，当时国会所议决之恢复县议会办法。其办法为：(一)县议会依民国元年省议会议决之法律成立者克期恢复原状，其有未成立或议员不足数者，即依当时公布之法律，速行选举或补行选举，限两月内一律成立。(二)未经议决县自治法之省，迅由该省议会自定县自治，或县议会暂行法，及议员选举法，克期公布，限三月内完成。旋曹氏于是年十一月三日宣布退职，此办法亦未果行。

民国十四年(1915 年)京兆尹薛笃弼氏，因县公署中之房书，

① 民国十年前后如浙江、湖南、广东、云南等省，皆有县自治之组织，然皆依其本省自治规章而设，并非依北京政府所颁之县自治法而组织。

衙役等大半沿袭未改,一切陋规恶习亦未尽除。掾属人员又乏专门知识,于是年二月二十八日,呈内务部改订京兆各县行政公署组织章程,而将京兆所属各县加以改组。除县知事外下设民政、财政、总务三科。各科设科长一人,及科员若干人,处理科之事务,更酌用雇员以司缮写文件。民政科管理内务、教育、实业、交通等事项;财政科管理国家及地方收支各款事项①。总务科管理收发、监印、会计、庶务及不属他科之事项。

此外,县公署更设档案室,设管卷员司之。并设行政警察若干名,设队长一人,受县知事之监督指挥,司缉捕、传案、送达文件等事项,并将从前所有之差役一律革除。

第三节　国民政府成立后之县组织法规

第一项　国民政府初期之县组织法规

国民政府于十四年(1925 年)七月一日成立,十五年十月二十日国民党中央委员及各省特别市海外总支部代表联席会议通过省政府与县市政府及省民会议县民会议议决案。议决县政府用委员制,由省政府任命委员若干人分掌教育、公路、公安、财政各局,必要时得增设土地、实业、农工各局,由省政府指定一人为委员长。更有县民会议,用职业选举法选举代表。嗣复议决县政府不得用

① 其划归征解处办理者,不在此限。

任何名义组织军队①。

民国十六年(1927 年)六月九日国民政府依中央执行委员会第一百次会议之决议,始令各县一律用县长制。十七年五月八日国民政府公布战地各县县政府组织暂行条例②,此条例为战地政务委员会拟订,由国民政府批准。依此条例之规定战地各县县政府设县长一人,受战地政务委员会之指挥监督,处理全县之行政事务。下更设第一、第二、第三三科。但各县因区域之大小,事务之繁简各科亦可增减。及十七年县组织法公布后遂废止。

第二项　十七年(1928 年)至二十三年(1934 年)之县组织法规

民国十七年(1928 年)九月十五日国民政府公布县组织法此法由中央执行委员会政治会议第一五三次通过。依此法之规定,县政府设县长一人,下设二科至四科,科之多寡以县之等次为准,并得雇用事务员及书记。更设公安、财务、建设、教育四局,于必要时可增设卫生局及土地局。此外更有县政会议及县参议会,县之下级自治机关为区公所,村里公所及闾长邻长。此法公布后各省有遵其制而改组者。

是年十二月内政部召集第一期民政会议,此会议由江苏、安

① 十五年十七年间,各省于军事甫定后,皆订暂行县制。十六年以前民国政府统治下之县,其县之组织率设县务会议,下设县长及总务、民治等科,更设民政、财政、土地、教育、公路等局;此外更有秘书处,惟各县组织极不一致。参阅谢守恒著县政建设及当时省政府公报所载暂行县制。

② 战地各县政府未组织前,多设临时委员会。

徽、江西、浙江、福建各省之民政厅厅长，南京、上海两特市之公安、社会、土地各局局长，及内政部部长，次长、参事、司长、秘书等组织而成。此外由各省民政厅长，更派本省县长，公安局长，各五人，到会出席。此会议于十七年十二月十五日开会，二十六日闭会，会议中关于县政府组织之议案凡七项，要皆为修正十七年所颁县组织法之提议，对于该法第十一条县长之任用，认为规定单简，并拟定县参议会于区长民选时同时选举[①]。对于县政府设局设科及设秘书问题，亦皆有讨论。遂影响十八年间县组织法之重订。

民国十八年(1929 年)六月五日，国民政府更公布重订县组织法即现行之县组织法。此法大体与十七年九月之组织法相同，惟于县政府增设秘书一人，科数减为一科至二科。下级自治机关之村里公所，改为乡镇公所。村里之制乃模仿山西自治之组织而设[②]，后因通国之情形不可以一省之制律之，故改为乡镇制。盖皆依第一期五省民政会议之决议议案而订。国民政府依据十八年三月第三次全国代表大会通过之政治决议案，及十八年六月第三届中央执行委员会第二次全体会议完成县自治案，决定全国训政时期定为六年，即自十九年起至二十四年止，全国自治一律完成。遂以十八年十月十日为县组织法施行日期，以十九年内为完成县组织时期，而以二十三年底为完成县自治时期。

依十八年十月二日公布县组织法施行法，各省完成县组织最迟之期限，为十九年十二月终，依十九年一月内政部拟定完成县自治进行程序表(经中央政治会议第二百零七次会议议决通过)，将

---

① 现行县组织法第二十条即照此拟订。

② 见本文第五章县之下级组织。

内政部所主管应办之自治事务，如厘定自治系统，储备自治人才，确定自治经费，肃清盗匪，整顿警政，调查户口，完成县市组织等，由十八年至二十三年(1934 年)，共分六期，每期每事项，皆有进行之程序，而对于完成县组织之程序则定为：第一期(民国十八年)依照县组织法厘定县等级。改组县政府整理各县疆界，及依县组织法划分区及乡镇各自治区域。第二、第三期(民国十九年至二十年)县政府及各局组织完竣，划定各区，成立区公所，遴派区长，划定乡镇，成立乡镇公所，选任乡长镇长，各乡镇选任乡镇监察委员，成立乡镇监察委员会，各乡镇编定闾长，邻长，区乡镇闾邻组织完竣。第四第五两期(二十一年至二十二年)各省政府斟酌各地方情形，咨准内政部，实行区长民选。实行区长民选时，并选举县参议员成立县参议会，此时乡长镇长之选任罢免，由乡民大会或镇民大会直接行之。第六期(二十三年)实行县长民选，完成县自治及县民使用四权。惟实际上各省皆未能依所订者完成。

民国十九年七月七日更修正县组织法第六条、第七条、第四十条及第四十三条条文，此等条文之修改对于县政府之组织并无变更，仅将乡镇之组织略事增减而已。

二十年一月内政部为厉行训政工作，统一内务行政，并征集各方意见起见，召集第一次全国内政会议①。此会议为由各省省政府，行政院直辖各市，及与内政有关各部会之代表各一人；内政部长、次长、参事、司长、简任秘书，内政部选聘专家五人及首都警察厅厅长组织而成。于是年一月十五日开会，二十五日闭会。

① 十七年十二月之第一期民政会议，又名五省内政会议，二十年一月之内政会议，为第一次全国内政会议。

此会议中关于修正县组织法之提案，多为欲变更该法中关于下级地方组织之规定，同时对于修改县组织法施行法亦有以“二十三年底完成县组织”之主张。

二十一年十二月更召集第二次全国内政会议。其目的最要者为完成地方自治。此会议由各省民政厅长，省会公安局长，行政院直辖各市政府之公安、卫生、土地、社会局长、行政区专员，内政部所派各省自治筹备委员，国民政府直辖及内政部所辖水利机关之代表，与内政部有关各部会临时选派之代表，内政部选聘之专家，首都警察厅长及内政部部长、次长、参事、署长、司长、简任秘书等组织而成。遂于是年十二月十日开会，十五日闭会，历时约一星期，提案，报告及意见书等共约五百余件。

此会议中关于县组织法之重要提案，为修改地方行政机关组织案，县政改革案，及地方自治改革案。关于县政府之改革据当时之决议为：（一）县政府以一律设科为原则，（二）科或局须合并于县政府内办公，（三）县政府惟以县长名义对外行文，（四）县政府应事实之需要，得呈准省政府增设技术人员及各种专门委员会，（五）教育经费独立之县，应设教育经费管理委员会。

关于地方自治之改革据当时之决议，共分三十六项。最要者为关于自治区之划分与组织，以及自治事业及权限之划定。关于自治区之划分及其组织，依决议第一项之规定为：现行县以下之区、乡、镇、闾、邻各组织，得由各省斟酌情形存废，但不得少于二级或多于四级，其各组织之名称（如乡、镇、闾、邻或保、甲等）亦得由各省自行决定，汇报内政部备案。关于自治事业及权限，依决议第九项之规定，为确认县政府为行政机关，而兼自治机关，区以下之自治组织为自治机关，而兼下级行政之辅助机关。

自第二次内政会议后，县组织之改革及自治之进行，皆不能超乎此范围。

第三项　二十三年以来之县组织法规

二十三年二月间内政部拟订各省县市地方自治改进办法大纲咨各省通行，此办法为确定县为自治单位，县行政与自治不可勉强分开，切实整理县行政，充实县政府之组织与职权，增进行政上之效率，以为实施地方自治之初步；在训政时期之区公所，应认为县市以下佐治机关，其一切进行事业，均须受县长之指挥监督，在此时期，区长及其他自治职员之选举，应暂缓举行。区乡镇画分过细者应酌量合并。

是年二月二十一日中央政治会议第三九六次会议通过改进地方自治原则，（二十三年四月内政部奉行政院令公布，同年八月修正第二项条文。）此原则之要点为除在建国大纲中已经明白规定外，确定县与市为地方自治单位，县为一级，县以下之乡镇村等各自治团体，均为一级，直接受县政府之指挥监督。更将地方自治之进行分为三期：

（一）扶植自治时期　此时期即实行训政时期，县长依法由政府任命，设县参议会，得由县长聘任一部分专家为议员，乡、镇、村长等由各乡镇村人民选举三人，由县市长择一委任。

（二）自治开始时期　此时期即官督民治时期，在此时期，县长仍依法由政府任命，惟县议会①及乡镇村长等，则由人民选举。

① 县议会在现行县组织法上无此规定，依内政部之解释，认为在县议会组织法及县议员选举法未颁布以前，现行县参议会组织法仍旧适用。

（三）自治完成时期　即宪政开始时期，在此时期，县长、县议会及乡镇村长等皆由人民选举。

此外更规定每省至少应设置县政建设实验区一处，或分区设置实验县若干处。此项原则经内政部解释定为一切自治法规之最高原则，凡现行自治法规如与原则冲突则以原则之规定为准。此原则对于县组织之最大改革则为将县、区、乡、镇之三级制改为县及乡镇村两级制。是年八月十一日行政院依此原则公布扶植自治时期县市参议会暂行组织办法，俾各县根据其自治进展之实况而成立①。

二十三年三月间南昌行营，因国难严重，"匪氛"弥漫，召集各省高级行政人员于南昌集会，与会者有江苏、浙江、安徽、江西、河南、湖北、福建、湖南、陕西、甘肃等省之民政长官，于十八日开会二十日闭会。此会议中对于县政府改革之意见为：县政府须集中权力以增进效率，减少机关费移充事业费，对于区亦有扩大区公所组织，确定区长、区员、人选之标准等建议。是年十二月三十一日南昌行营遂公布"剿匪"省份各县政府裁局改科办法大纲通令湖北、河南、安徽、江西、福建等"剿匪"省份于大纲公布后三个月内各县一律实行②。

此大纲之原则凡五端：

（一）集中权责。即将县政府下现设之各局一律裁撤，将其职权分别归并于县政府中之各科管理，一切县政之设施，悉由县长总其成。

---

① 依内政部修正改进地方自治原则要点之解释，以为一省以内之各县，根据其自治进展之实况，而分别成立县参最会（扶植自治时期），或县议会（自治开始时期），不必勉强划一。

② 现今贵州、四川、陕西、甘肃等省亦皆采此制。

（二）充实组织。各局既裁之后，将县政府原有组织稍加扩大，另为增科添员。

（三）教建合一。即将教育建设两项事务，并为一科。

（四）警卫连系。即将保甲壮丁团队等自卫组织与警官编配。

（五）税收统征。即将税源数额特大者准特设专局征收外，其余概由县政府统一经征，并得附设经征处，同时更设县金库，以为收款解款及保管划拨之机关。同日并公布"剿匪"省份分区设署办法大纲。

自"剿匪"省份各县政府裁局改科办法大纲公布后，湖北、河南、安徽、江西、福建等省先后本此大纲拟订该省县组织规程从事改组。他如四川、贵州、陕西、甘肃等省亦采此制。浙江省亦照此制变通而裁局改科。影响所及几遍全国，实为县组织改革之一关键。二十六年（1937 年）六月四日行政院公布县政府裁局改科暂行规程用以代替上述之大纲，惟其内容则无甚差异。

第四项　二十七年（1938 年）以来之县组织规定

二十六年七月战事突发，国民大会既告延期，宪政时期之开始，自有所待。嗣后战事日烈，战区渐广，地方政制自不能不求适应之方。因之，行政院于二十七年（1938 年）五月公布战区各县县政府组织纲要①。凡战区各县县政府之组织，依其规定②。战区各

① （二七·五·五）公布，（二七·一〇·一九）修正。见内政法规汇编民政类，页三八——四〇（内政部编，三十年十一月版）。

② 凡纲要所未规定者，仍依现行法令。

县如与省政府隔离时，得由该管行政督察专员公署径行指挥监察，如与原管行政督察专员公署隔离时，得由邻近之行政督察专员公署指挥监督。如与上级机关完全隔离时，得由县长便宜行事。在有遭受敌军侵入之危害时，县政府得事先就本县辖境内选定适宜地点，呈请该管行政督察专员公署核准，筹设行署。如遇敌军进犯，因战略关系，不能在原县治行使职权时，得呈请该管军政长官核准，迁至行署办公。如辖境内无法行使职权时，得于其边境或邻县境内设置临时办事处，补报该管军政长官核定。但当地有驻军时，应事先征得驻军主官之同意。

县政府之组织，亦加调整。即战区各县原设之专管人员，应由县长斟酌情形，呈准裁减或分别归并于县府各科内。凡与抗战无关之机关或事业，得由县长斟酌情形，呈准裁并。战区各县县长以富有军事学识及县政经验之干员充任为原则①。县政府兵役科科长由县长遴选富有军事学识经验者呈请委任之。战区各县原有之壮丁队警察队及一切民众自卫团队，应集中编为国民自卫总队，由县长兼任司令。凡有关抗战之重要事务，遇事机紧急时，得由县长先办后报。如须动用预备费，并得提交财务委员会通过，先行动用，补报备案。区乡镇长得由县长就训练合格人员或当地公正士绅之年富力强者遴选充任，呈报备案。战区各县县政府筹设行署时，应就（一）组织及人员，（二）原县治之防守，（三）国民自卫总队之调度，（四）壮丁之召集及补充，（五）老弱妇孺之迁移及救济，

① 凡合于此项资格而依修正县长任用法及补充县长任用资格标准实施办法不能合格者，得照审查各机关秘书任用案办法，认为准予任用。其应为实授或试署，及核叙级俸，仍依法例办理。二十七年五月三十一日铨叙部咨内政部经呈行政院核准。内政法规汇编民政类，页四〇。

（六）被占区域内之秘密留守人员，（七）县政府所属各机关职员之疏散及集合，（八）地方公款及钱粮之保管，（九）县政府印信与有关财政簿册串票及其他重要文卷之移置与保管，（十）有关军事设备及可供军用物资之处置，（十一）监狱囚犯之处置及（十二）文化教育机关之处置等项，拟具计划呈经该管行政督察专员公署核准，并转报省政府备案。行署应以编组国民自卫队驱逐敌人，恢复失地为主要任务，行署经费如因收入款绌无法维持时，得呈请由省库拨款补助，县治收复后，县政府应即迁回原治办公。遇有设立临时办事处时（其条件见前），县长应统率国民自卫总队并所属机关及职员与随同迁移之士绅商人壮丁移至本县边境或邻县境内择定适当地点，呈准设置县政府临时办事处。县长应以监督指挥所属各机关及自卫团队从事（一）在敌人后方发动游击战，（二）协助军队担任筑路挖战壕及运输等工作，（三）侦探敌情破获汉奸组织，（四）救护伤兵及安抚被难人民，（五）编调壮丁补充国军及（六）其他有关抗敌宣传及政治推进事项为其主要任务。临时办事处经费由县长编具预算呈请上级机关核定拨发。于县治收复或能于辖境内行使职权时，应即迁回原治办公，或在本县境内适宜地点改设行署①。

上述办法，乃所以适应战区或其邻近各县为主。至于县制之根本问题，并未涉及。因之，而有二十八年（1939年）九月县各级组织纲要之颁布②。

先是，二十七年四月五届四中全会时，蒋总裁曾作改进党务与

---

① 依原纲要之规定："本纲要于邻近战区各县，遇有必要情形时准用之。"

② （二八·九·一九）国府渝一八九。

调整党政关系之讲演，其中附有县以下党政机构关系草图，并加图例释要[①]以说明之。同年十月经中央执行委员会及国防最高委员会议决，交行政院令川、陕、黔、湘、赣五省各择二县试办。嗣复于行政院中设置县政计划委员会，以作研究机关，并增多试办县数。二十八年六月二十八日，蒋氏复在中央训练团作确定县各级组织问题之讲演[②]。旋将此项讲稿送中央执行委员会审议，仍交国防最高委员会秘书厅整理，草拟县各级组织纲要及县各级组织纲要实施办法，提经国防最高委员会第八次常会通过，交由行政院签注，再加研究，加具意见。复经国防最高委员会第十四次常会议决："县各级组织纲要照修正案通过，送国民政府公布。实施办法由行政院依据本纲要修正各点，重加审核，妥为厘定，并令各省政府按照该省情形，拟具实施计划限期实行。……"于是县各级组织纲要乃于二十八年九月十九日由国民政府公布。依据该纲要第五十九及六十两条之规定："本纲要自公布之日施行"，"本纲要施行后，各项法令与本纲要抵触之部分，暂行停止适用"。是以此项纲要，实为今日县制之基本法。

县各级组织纲要之基本特端，约有三端。其一，县地位之确定，即以县为地方自治单位，并承认其为法人。其二，县财政之独立。县各级组织纲要对于县财政之规定，主要有二：（一）确定县之收入，即土地税之一部（在土地法未实施之县，各种关于县有之田赋附加全额），土地陈报后正附溢额田赋之全部；中央划拨补助地

---

① 总裁言论选集（二），中央训练委员会编，页五五七——五九二。五届四中全会关于改进党务并调整党政关系案第一项："接受总裁所示关于改进党务及调整党政关系各要点。"中国人民党历次会议宣言及重要决议汇案编，页九一〇。

② 总裁言论选集（二），页九四六——九六四。

方之印花税三成;土地改良物税(在土地法未实施之县为房捐);营业税之一部(在未依营业税法改定税率以前为屠宰税全额及其他营业税百分之二十以上),县公产收入,县公营事业收入及其他依法许可之税捐。(二)县之财政,由县政府统收统支;所有国家及省事务之经费应由国库及省库支给,不得责令县政府就地筹款开支,县政府应建设上之需要,经县参议会之决议及省政府之核准,得依法募集县公债①。其三,纳自卫与自治于一炉。过去我国保甲制度,一般而言,实为自卫组织之性质。县各级组织纲要确定县以下为乡(镇),乡(镇)内之编制为保甲,使自卫自治合为一体。

县各级组织纲要对于县政制方面,规定县设县设县政府,置县长一人,受省政府之监督,办理全县全治事项,受省政府之指挥,执行中央及省委办事项。设民政、财政、教育、建设、军事、地政、社会各科。设科之多寡及其职掌之分配,由各省政府依县之等次及实际需要拟订,报内政部备案。置秘书,科长指导员督学警佐、科员、技士、技佐、事务员、巡官。其名额官等俸级及编制,由省政府依县之等次及实际需要拟订,报内政部核定之。县设县参议会,由乡(镇)民代表选举县参议员组织之。每乡(镇)选举一人,并得酌加依法成立之职业团体代表为县参议员,但不得超过总额十分之三。县参议会暂不选举县长,但县参议会之议长,以由县参议会自选为原则②。

县各级组织纲要公布后,依该纲要之规定:“自公布之日施

① 三十年十一月八日财政收支系统实施纲要公布,将全国财政分为国家财政与自治财政。后者即指县以下而言,县财政之独立,于以确定。

② 县各级组织纲要实施后,县制之变动,当于本编各有关部分分别说明。此处仅作概括之提示而已。

行";"本纲要施行后,各项法令与本纲要抵触之部分,暂行停止适用。"同时行政院并公布县各级组织纲要实施办法原则,共分三点:(一)本纲要各省应同时普遍施行,但有特殊情形之县份,暂时不能施行者,得由该省政府呈请行政院核定延期实施;(二)各省政府应体察,该省境内各县之人力财力,分别先后规定其完成期限;但至迟应于六年内全省各县一律完成;(三)纲要推行之顺序,由县而乡镇而保甲,至各项事业之进度,由省政府斟酌各县地方情形分别规定①。嗣又将上述(二)项之六年缩减为三年②。至于战区各省,另有实施注意要点③。共分五项:(一)乡镇保各级,应特别注重军事、政治、经济、教育等组织之配合;并以自卫为中心,教育为方法,务期全民动员,造成简单、统一、强固、坚韧自卫团体,进而打击敌人;(二)县以下各级干部人员,在未完全受训前,即以现在战地工作,或即已受训练之效忠党国,具有苦干精神者,尽先拔用,继续调训,并不得因调训而停顿战地工作;(三)举办县以下干部训练时,对于战地人员,应特加训练,增强抗战工作效能;(四)在中央各项办法,尚未完全颁布前,各省可即根据纲要及总裁在中央训练团之讲演,并斟酌敌后之特殊需要,制定办法,先行实施,报会备核;(五)保民大会及乡镇民代表会等关系重要,均应作普遍之宣传,唤起民众自觉参加,造成广大民众力量,深植地方自治基础。

自组织纲要及实施原则,相继颁布以后,各省曾分别就本省实

---

① (二八·一〇·一九)行政院吕字一二九三六号训令通行,曾经国防最高委员会核定。具县各级组织纲要浙江省实施总报告(二九年至三一年)附编,页一〇一。

② (二八·一二)行政院删一电通行,见同上。

③ (二八·一二)委员长战政亥州电通行,具同上。

际情形，拟具实施计划，先后呈准办理者，计有川、康、滇、黔、桂、粤、闽、浙、苏、皖、赣、湘、鄂、豫、鲁、陕、甘、宁、青、晋、绥等二十一省。不过各省有特殊情形之县份可延期实施或暂不实施，并非强制一律施行。四川、云南等十六省县局（设治局）共一三一六单位，尚待实施者二一〇，他如苏、鲁、晋、绥等省情形特殊，虽亦定有计划，自难尽付实施①。

县各级组织纲要公布时，附有县各级组织关系图，惟图内壮丁队字样，嗣经通令改为国民兵队②。又，纲要与附图歧异时应以纲要为准③。

第五项　宪政时期之县组织规定

宪政时期之开始，依建国大纲第十六条，规定以一省全数之县皆达完全自治则为宪政开始时期，故各省之宪政时期并非同时。所谓完全自治之县者依建国大纲第八条之规定，条件为全县人口调查清楚，全县土地测量完竣，全县警卫办□妥善，四境纵横之道路修筑成功，人民曾受四权之训练。完毕其国民之义务，誓行革命之主义，选举县官以执行一县之政事，选举议员以议立一县之法律始得完全自治之县。

训政时期之结束原为二十四年（1935 年）四月，但迄今中华民

---

① 内政部：各省实施县各级组织纲要成绩总报告提要，页二及四。

② 二十九年二月军政部删渝教役组代电通行，见浙江省民政厅编：县各级组织纲要浙江省实施总报告附编，页一〇二。

③ 行政院答湖南省政府，见杨君励编：各省县各级组织纲要实施计划汇编，页二六一。

国宪法犹未公布施行，而所谓完全自治之县合于建国大纲之条件者尚未之有，所谓宪政时期者，仅为将来施政之时期而已，故宪政时期县之组织亦为将来之组织而已。

依民国二十五年（1936年）五月五日国民政府宣布之宪法草案第一百零四条至第一百一十条，皆为宪政时县组织之规定。其内容系以县为地方自治单位①。县之自治组织为县民大会，县议会及县长。县议会及县长皆由县民大会选举，任期皆为三年。

二十五年九月五日立法院曾议决修正县自治法草案，十一日议决修正县自治法施行法草案。依修正县自治法草案②之规定：县有县民大会以县公民组织而成，行使选举、罢免、创制、复决四权。县之行政机关为县政府，县政府置县长一人，由县民大会选举，下设六科，分掌全县各行政事项，但亦可改科为局或减并科数。各科设科长一人，科员一人至五人。县政府更设秘书一人，助理员一人至四人。县之立法机关为县议会，县议会议员由县民大会选举，县议员之名额由七人至三十人。凡此草案或可为研究未来宪政时期县制之参考，但实际究将若何演变，殊难逆料。

第四节　总述

以上为自清末民初关于县组织法令沿革之概略。惟实际上北

① 县为自治单位，即县以上更无地方自治团体。

② 县自治法草案及县自治施行草案，于民国二十三年十二月二十一日立法院议决。

京政府时代只依划一现行各县地方行政官厅组织令及县官制为准则，国民政府成立后。则以十八年重订县组织法为准则，实行最为普遍，时期亦为最长。在北京政府时代及国民政府成立后两时期中，除县组织改革外，对于县之上级监督机关亦有申述之必要。北京政府时代，县之上为道，道之上为省或特别区。故县之第一级监督机关为道尹，更上为省长公署或特别区之都统，为三级制。及国民政府成立后废道改为二级制，县之直接监督机关为省政府[①]，及二十一年（1932年）间行政督察专员开始设置后，颇有恢复三级制之趋势。

至于县组织之性质，民三以前地方办理自治，县为国家下级地方行政机关，同时亦为上级地方自治机关。惟此时国家行政权过大，地方自治权过小，故此时期县之性质仍为下级地方行政机关，所谓自治者不过补官治之不足而已。至民国三年自治停办，则县更为纯粹之下级地方行政机关。及国民政府成立后，军政时期则县完全为下级地方行政机关；训政时期虽曰以县为自治单位，无以国家之行政权，扶植地方自治权之发展。在此过渡时期所谓县者，一方为下级地方行政机关，一方为上级地方自治团体。然严格言之，则仍为下级之地方行政机关。县各级组织纲要规定县为地方自治单位。县长一面受省政府之监督办理全县自治事项，它方受省政府之指挥，执行中央及省委办事项。此项执行中央及省委办事项，应于公文纸上注明之。同时并承认县之法人地位及其独立

① 在法制上，县之直接监督机关为省政府，实际上为省政府所属之各厅。由县而厅，而省政府，亦可谓为三级制；惟省政府合署办公后，则省政府与各厅始并为一级。

之财政。但县参议会既暂不选举群县长，而由事实上言，县去自治之地位，似亦尚有相当距离。

此外县更有等级之分，而十八年（1929 年）以前，与十八年以后，本不相同，二十八年（1939 年）县各级组织纲要且有更新之规定①。在此沿革中对于县之行政权之集分亦不可不予注意。北京政府时代县知事一人独裁，县之行政权皆集中于县知事，其所属之科长科员，亦不过备咨询及助理文稿而已。其他各局所，皆直隶于县知事之下，并不与县知事分立。国民政府成立后，局科分设，各局皆直接受省政府主管各厅之指挥监督，虽曰直属于县长，然实际上县长并不能直接指挥监督，县之事权已成县长与各局分治之势，故其行政权并不集中。及裁局改科后，县长之职权提高，所属各科及其他职员，皆直接受县长之指挥监督，县政府组织充实，县之行政权复趋集中。县各级组织纲要颁布以后，此种趋势亦未减少。

---

① 十八年十二月以前，各省县等殊不一致，或分为一、二、三三等。或分为甲、乙、丙、丁、戊各等。或分为特等及一、二、三各等。或于等第之中又分为甲，乙各级。十八年十二月二十三日国府公布各省厘定县等办法后，按各县面积，人口，财赋三项，一律分为三等，各省始逐渐改为三等，惟现今广西省份为五等。参阅十八年二月内政部革新县政计划书及各省厘定县等办法。县各级组织纲要规定按面积合经济文化交通等状况分为三等至六等，由各省政府划分报内政部核定之。行政院于（二九・四・三〇）并公布各省厘定县等办法，内政法规汇编民政类第七目，页一九□。

第二章　县行政机关

县之行政机关，普通皆指县政府而言，清曰县衙门，北京政府时代曰县知事公署[①]，国民政府成立后曰县政府。县政府有两种意义，一仅指县政府内部之组织而言，即县长、秘书及各科是也。一则兼含县政府所属之各局。惟局科合并后，则上述两种意义之不同自归消灭。本章所论之范围，则为县政府及其重要之附属机关。至县政府之职权，向无具体之规定，约言之，则为理全县行政[②]，监督地方自治。

第一节　县行政长官

县设行政长官一人，以为县行政机关之首领。清曰知县，民国成立后北京政府时代曰县知事[③]，国民政府成立后曰县长，兹分述

① 此不过就一般而言，实际上，国民政府成立后，广西等省各县犹沿称县知事公署。

② 县之权限，向无规定，约言之，凡县中不属于国家及省之事权者。皆为县之权限。县政府于不抵触中央及省之法令范围内，得发布县令，并得制定县单行规则。

③ 民十前后各自治省之自治县称曰县长。东三省于十八年末易帜前仍称县知事。

如下：

第一项　北京政府时代之县知事

北京政府时代，县知事之称始于鄂军政府，鄂军政府除首都称府，设府知事外其余一律设县知事，惟当时各省、府、厅、州、县分官设职率皆自为风气，南方各省皆自定官制，北方则只山西一省自定官制，其余皆沿清代官制，故有改知事之新名者，亦有沿清旧制者①。民元（1912 年）十一月二十六日临时大总统始令各省参照复选区表所列各初选区，将所属各县及凡有直辖地方之府直隶厅州之长官，官名一律先行改为知事②。此令公布后，各地方之官厅犹多各为风气，有道府并存者，亦有府县相辖者，于是于地方官制未公布以前，临时大总统乃订一暂时划一之办法，凡各项官厅之组织与所订之划一办法不符者，均须遵照改定。并限民国二年三月以前一律办齐。此即民国二年一月八日所公布之划一现行各县地方行政官厅组织令。此令将原有直辖此方之府及直隶厅，直隶州及厅州等地方皆改为县，与原有之各县长官皆以知事为之。此划一办法视民元十一月二十六日之命令，更进一步。盖民元十一月二十六日之命令，除县知事外，更有府知事，厅知事，州知事等名称，今则一律须称县知事矣。

民国三年（1914 年）五月二十三日袁世凯以教令公布县官制，

① 参阅民元参议会第十四次速记录。清代府长官曰知府，厅曰同知，通判，州曰知州，县曰知县。

② 参阅政府公报元年十一月份一一〇号。

其第一条为:“县置知事,隶属道尹为县行政长官。”于是县知事之名称始固定,直至十七年国民政府统一后为止,各省县之行政长官皆称县知事。

第一目　县知事之资格及任用

一　县知事之资格　县知事之资格有两种:一为经试验及格者,一为经保荐由内务部注册者。应试验者之资格,其年龄之限制为三十岁以上,教育及服务之限制,则为:(一)在本国或外国大学或专门学校修法律、政治、经济之毕业生,或修业一年半而办行政事务满二年以上者;(二)或曾任简任,荐任文官满三年以上者或有与简任、荐任文官相当之资格而历办行政事务满三年以上者;(三)或具有上述文官相当之资格,并在前述学校修业一年半,并曾办行政事务满一年以上者;(四)或无上述各资格而由国务总理,各部总长,各地方最高民政长官特送试验者,则亦可应试。

保荐之资格,则定为有政事学识之著述,或有政事经验之成绩者。

二　县知事之任用　县知事之任用共有两种方法。一为经试验后而任用。一为经保荐后而任用。县知事之试验有二种,一为由内务部试验,一为由县知事试验委员会试验。由内务部试验者为知事试验暂行条例未公布①前之临时办法,应试验者,皆为当时现任之县知事,未经部试验前,皆为署理或代理,试验及格后始可分发或回任。由县知事试验委员会试验者,其应试者并不限定当时署理或代理之知事,凡年满三十具有前述之资格者皆可应试。

① 知事试验暂行条例于民国二年十二月三日公布。

试验后名列甲乙等者可分发任用①。

县知事试验委员会有委员长一人，主试委员若干人，监试委员二人至四人组织而成。内务总长为当然之委员长，主试委员则由各部次长、参事、司长、国务院及各部所属局长参事充之。监试委员则由总检察厅，高等检察厅及地方检察厅检察官充之。各委员皆由内务总长开列名单经国务总理呈请大总统派充②。

县知事之经保荐而后任用者，其程序为：凡各部总长③暨各地方最高民政长官，认为有富于政事学识，及政事经验者，可将其事绩胪列，特加保荐。保荐有保荐文，文内除开明被保荐者之姓名、年岁、籍贯外，并列其政事学识之著述，政事经验之成绩，及其品行才具之考语。保荐文先送内务部审核。内务审核其事绩相符，然后交县知事试验委员会审查。此项审查由试验委员会过半数决定，如试验委员会决定其免试，则由内务总长会同国务总理呈请大总统核准，并由内务总长注册，然后始可任命分发。如试验委员会决定其仍须试验者，则除免试甄录试外，其余则仍须试验。

及民国三年更将试验及保荐之办法稍加改正，知事试验委员会委员长，不限于内务部总长充任，其他各部总长亦可由大总统特任。主试委员只限二人，惟襄校委员则无定额。其保荐之办法亦较从前为单简，除各部总长及民政长外，国务总理亦可保荐，但仍须出具保荐文，送交内务总长，由内务总长核明后，交由主试委员审查，其准免试验与否，则会同委员长决定。被保荐者之资格亦较以前办法为宽，

① 试验后名列丙等者，则送入地方行政讲习所肄业，俟学有成绩再行分发。凡分发任用之县知事，满一年后更有甄别，以定去留奖惩。

② 边远省份，例如新疆省，则县知事试验由应省举行。

③ 最初只许由民政长官保荐。

政事学识与政事经验具其一项，即可取得被保荐之资格，固非以前除二者兼备外，更须有品行才具也。此制实开幸进滥竽之途。县知事分发以前尚有觐见[①]及回避[②]等制皆沿清之旧制。

第二目　县知事之职权

县知事之职权可分为行政权，关于立法之权及关于司法之权。兹将三者分述如下：

一　行政权　县知事所办理之行政事项或为本县之行政事项，或为国家或省之委任事项，或为与邻县彼此有关系及协助之事项。县知事之行政权则可分为下列各项：

（一）发布命令权　县知事就县内之行政事务，或由上级机关特别之委任事务，于中央之法令及省道章程不抵触之范围内，可以发布县令或县单行章程。

（二）任命权　县知事以下科长、科员、技士等职，皆名为掾属，民国二年定为由省之行政长官委任，及民国三年县官制公布后，则定为由知事自委，惟各掾属之职掌及其名额，须呈道尹转呈巡按使核定注册，然后由巡按使咨陈内务部备案。他若办理自治之自治委员，亦由县知事委派。

（三）监督权　县知事对于所属各员吏之行政处分，认为违背法令，妨害公益，或逾越权限时，可以停止，或撤销其处分。他若自治委员有过失时，县知事亦可对之施以处分。

此外县知事更有维持治安之权，对于本县之警备队可以调用；

---

① 觐见大总统，系沿清代知县引见皇帝之制。

② 回避有两种，一为人的回避，即回避亲属；一为地的回避，即回避本籍，皆沿清制。

如遇非常事变，需用兵备时，可呈请巡按使或道尹，请驻扎邻近之陆军或军舰长官派兵处理；如因特别情形，不及呈请时，可以直接向驻扎邻近之军队军舰请求。

二　关于立法之权　民初县之自治制度皆设县议事会及县参事会。县议事会之召集、开会、闭会及展会皆由县知事掌之，并可令议事会停会。每届会议应议之事件于距开会十日前亦由县知事通知议事会议员。参事会且由县知事为会长。因当时所谓自治者实为官治之辅，故县知事之地位亦较议事会及参事会为高。县知事关于立法之权，约有下列数种：

（一）立法提议权　提议权可分为两种：一为提案权。一为陈述意见权。县知事可提交议案于议事会或参事会，提交议事会之议案，事先应交参事会审查，如参事会与县知事之意见不同时，参事会得将其意见，附列议案之后，同提交议事会讨论。议事会开会时，县知事可亲自到会，或派委员到会陈述意见，但无表决权；参事会开会时，县知事亦可派委员到会，与列席议事会之办法同。

（二）编制预算决算权　县之会计年度，以国家之会计年度为准，县知事每年预计明年县之收入支出编成预算，附加按语，于议事会开会之始，交议事会议决。预算议决后，由县知事申请省民政长官核准，交内务财政两部存案。并于本地方公开榜示于公众。

县知事每年将上年之支出收入编成决算，连同收支细账，于议事会开会期内，提交议事会议决。决算议决后，其呈报及公布之程序，与预算同。

（三）覆议权　县知事之覆议权，亦可名为否决权，覆议权可分为二：一为对于县议事会或参事会违法议决案之交令覆议，一为对于不当议决案之交令覆议。对于违法议决案交令覆议后，而议决机关仍执前议者，县知事得施以撤销；对于不当之议决案[①]，县知事得呈请本省行政长官核办。惟当时各省县之自治，不沿清末之制，而由省议会自订县自治制者，（例如江苏省）则县知事覆议权较小，如县知事认为议事会或参事会之议决案，有妨害公益，或违背法令，可将其事由原委说明，交令覆议，如议事会或参事会仍执前议则由知事请省议会公断。

（四）撤销权　县知事之撤销权可分为二，一为径行撤销，一为经覆议后之撤销，县议事会或参事会之议决及选举，县知事认为有逾权限，或违背法令者，可将其事由说明，即行撤销。或将其议决事件交令覆议，如议事会或参事会仍执前议时，县知事得施以撤销。惟原议决机关如不服此项撤销，则可呈请行政审判机关处理[②]。

（五）紧急处分权　县知事如遇议事会不赴召集，或不能成立，或遇紧急事件不及召集时，或应行议决之事件不能议决，或闭会期届，尚未议决等情形，可将不能议决之事件交参事会代议。如参事会亦有以上之情形，则由县知事申请省行政长官，核准施行；惟须于下次议事会或参事会开会时，分别声明，如议事会或参事会认为县知事之办法不当时，可呈请省行政长官核办，或行政审判机关处理。

三　关于司法之权　民国二年至三年间，未设法院之县设审检所，以县知事专执行检察事务而以帮审员司审判。民三以后县知事兼理司法之权更为扩张，凡未设审检厅各县，其第一审之民事刑事诉讼属于初级或地方厅管辖者，皆由县知事审理，而受高等审判检察厅长之监督，其下虽可设承审员然亦不过处于助理之地位

① 例如对于县之收支为不适当之议决，或有碍公益之议决案。

② 清末民初之际，其行政审判机关，即当时各省之会议厅。

而已。此外华洋诉讼之案件亦归县知事办理。此不独兼理司法之县知事为然，即设有地方审检厅之省城或商埠，其华洋诉讼案件，亦不归法院审判，而仍归县知事办理，盖当时之法院不欲外人观审，以损其尊严，故由县知事处理之。

第二项　民十（1921 年）前后各自治省之县长

民国九年（1920 年）至十三年（1924 年）间，省自治运动颇为风行，而县自治之复活，亦应运而兴。其实行较著者则仅广东一省，他若湖南省宪及云南省之暂行县制亦曾一度实行，其余则仅为条文上之记载而已。县之行政长官皆曰县长，兹概述如下：

第一目　县长之资格任用及任期

一　县长之资格　此时期各自治县县长，以民选为原则，故县长须有一定之被选举资格[①]。被选举之资格有积极与消极两类。积极之资格，除具有选民之资格外，更有年龄及教育两种之限制。年龄之限制，则以规定满三十岁者为普遍；亦有规定满二十五岁者[②]。教育之限制，则有规定须有于中等学校以上之学业程度或有相当之资格者[③]。广东省更有服工役之限制，须服工役三日，或缴纳免工费六毫者始有选举及被选举权。其消极之资格，则与无选举权者相同。凡受褫夺公权之宣告尚未复权者，吸食鸦片者，为不正当营业者，曾服公务受行政处分，被罢免未满三年者，选举日期

---

① 当时被选举者，其性别皆限男子。

② 例如云南省暂行县制则定为二十五岁。

③ 参阅江西省暂行县自治条例（内务部编：《地方自治讲义》广东省自治附录）。

前被控侵吞公款尚未判决者，有废疾者，有精神病者，不识文义者。凡有上述之一者皆不得被选举为县长。此外现役海陆军人及在征调期间之续备军人，现任司法官吏，宗教师僧道尼皆不得被选为县长。广东省更规定凡于选举年内，械斗及帮斗之乡族，于三年内亦不得被选举为县长。

二　县长之选举及任用　各自治县县长其选举及任用之方法，各省不同。有由县民大会选举一人呈请省长任命者①，有由县议会选举六人，再交全县公民决选二人，呈请省长择一任命者②，有由县选民中直接选举三人由省长择一任命者③有原则上由人民选举，但在自治未完成前而由省长任命者④。就中以由县公民或县议会选出数人而由省长择一任命为最普遍之方法。

三　县长之任期　县长之任期有定为四年者（例如湖南省），有定为四年而得连任者（例如广东省），有定为二年而连任以二次为限者（例如江西省），惟在任期中如有溺职或违法行为时，县民大会或县议会，对县长可提出罢免或弹劾。

第二目　县长之职权

县长之职权⑤，各省规定，颇不一致，今综述如下：

一　行政权

（一）执行权　执行权可分为两种，一为执行本县之地方行政，

---

① 但省长认为不合法时，可以不任命，而由县民大会另选，参见江西省暂行县自治条例。

② 参阅湖南省宪法。

③ 参阅广东暂行县自治条例。

④ 参阅云南省暂行县制（内政年鉴第一册）。

⑤ 关于县长之司法权，皆无明文规定，应与县知事之司法权相同。

并执行上级官署委托于县之国家行政，或省之行政事项，一为执行县议会之议决案，或□县公约，县规则之自治行政事项。执行前者，县长对于监督之长官负责；执行后者，县长对于本县之住民负责。

（二）发布命令权　县长之发布命令权，一为依国家或省之法令而发布县令，一为依县议会之议决案而发布县令。

（三）财政权　县长之财政权一为监督县之财政，一为掌管县自治经费之收支，及属于县自治之财产及营造物。

（四）监督权　县长之监督权一为监督其属下之权，对于其所属官吏可以任免；一为监督下级之自治。

二　关于立法之权　县长关于立法之权与民主以前县知事之所有者种类虽略同，但其权较小。县长不复能控制县议会。县长遇有非常事变于维持公共秩序范围内，固仍可发布紧急命令，对于县护会固仍有提交议案权，县议会议决事件，县长如有异议时固仍可于三日内声明理由，咨请县议会覆议，但如县议会列席议员三分之二以上，否认紧急命令，或仍执行县议会之前议时，县长应即呈省行政长官核定或依决议案执行。

第三项　国民政府成立后之县长

国民政府于十六年（1927 年）六月以前，势力所及之省，军事甫定，百端待理，于新旧交替之过渡期间，各省多自定县之暂行组织，有采委员制者，有采县长制者，各自为政，颇不一致。及十六年六月九日国民政府始依中央执行委员会第一百次会议之决议，令各县一律用县长制，于是县长之名称始定。嗣后历次县组织法皆相沿不改。

第一目　县长之资格任用及任期

一　县长之资格　县长之资格[①]一为由考试取得之资格，一为由学历及经历取得之资格。其由考试取得县长之资格为：(一)依中央法令受县长考试及格者；(二)由高等考试行政人员考试及格，并曾任荐任官一年以上者；(三)在依中央法令举行县长考试以前，而由各省考取之县长，经考试院覆核及格，并曾任荐任官一年以上者。其由学历及经历取得之资格，则为：(一)在教育部认可之国内外大学，独立学院或专门学校研究法律、政治、经济、社会各学科得有毕业证书，并曾任荐任官二年以上，经甄别审查合格。成绩列甲等有证书者；(二)曾任简任官一年以上者；(三)或曾任荐任官三年以上者；(四)或现任县长曾经内政部呈荐，复经铨叙部甄别者；(五)或曾任最高级委任官五年以上者。五者皆以经甄别审查合格，成绩列甲等，得有证书者为限。凡年满三十岁以上有其中之一项资格，皆可充县长[②]。后以此等限制较严，各省合于此项资格之人才甚少，以致往往不敷任用，纷请变通办理，经二十三年(1934年)中央政治会议第四一五次会议议决，将此等资格之限制展宽[③]。

依上述之议决，将由考试取得之资格为：凡经高等考试及格，或与高等考试相当之特种考试者，各省县长考试及格经考试院审查核准者。其学历之资格改为：在教育部认可之国内外大学毕业，而有专门著作经审查合格者；或在教育部认可之国内外大学，独立

① 参阅县长任用二一·七·三〇日国府公布，二二·六·三日修正。

② 县长不分性别，非如以前之只限于男子。

③ 内政部以中央议决案为根据，拟定补充县长任用资格标准实施办法呈请行政院核准，于二十三年九月一日公布。

学院,或专门学校研究政治、法律、经济、社会各学科三年以上得有毕业证书,并曾任荐任职三年以上者。其经历之资格则改为现任官或曾任荐任职,或最高级委任职三年以上经甄别审查考绩及格者,曾任县长以上,确著政绩,或曾任荐任职五年以上成绩卓著有公文书足资证明者,或曾于中华民国有勋劳,或致力国民革命七年以上而有成绩经证明属实者。以上所述之资格有其中之一项即有充县长之资格,惟各省之规定,[率]多例外[①]。

战事开始以后,除战区县长之资格,另有变通办法已于前述外,未作何法律上之变更。

二　县长之任用　县长之任用最初定为由省政府任用[②],及五省民政会议则以此等办法太简单,故有由民政厅提请,然后由省政府任用之决议案。及十八年(1929 年)六月重订县组织法公布,则定为由民政厅提出合格人员二人至三人,经省政府议决择一任用。

在二十一年(1932 年)以前一省县长任用之办法并不一致,综可分为两种,一为考试[③],一为荐举。考试者须经该省县长考试[④]及

---

①　例如"剿匪"区内限制县长回避本籍,故本县之住民,反失去充本县县长之资格。又如二十一年六月间,广西省政府委员会第四十四次会议议决任用县长暂行章程,规定现供少校以上军职人员已继续任荐任军职二年以上,经直辖最高长官认为劳绩卓著,确有政治经验送经审查合格者,亦可为县长。更规定受褫夺公权之宣告尚未复权者,亏欠公款尚未清结者,确有不良嗜好者,则不得为县长。

②　参阅十七年县组织法第十一条。

③　县长之考试,依县长考试暂行条例(十九年一月二七日公布)之规定,在中央考试院未依法行使考试权以前,由国民政府委托各省政府在各省举行。

④　县长考试条例(二四年九月七日公布)规定县长考试分省举行,每三年举行一次考试,设典试委员会及试务处,典试委员长由中央特派,试务长由所在地省政府主席任之,第一试注重学理之应用,第二试注重本省实际问题及建设方案均以笔试行之,第三试注重应考人之经验及才识,以口试行之。

格后始可任用，荐举者则由该省省政府委员，荐举于民政厅长，由民政厅长提出省政府委员会审查，审查合格后由民政厅存记[①]。县长任用之先，其资格及履历由省政府咨送内政部，由内政部转送铨叙部，经铨叙部审查合格后，再由内政部呈行政院，由行政院转呈国府任命。及二十三年九月后中央对于县长之任用办法及资格之标准始规定渐备，而各省检定委员会亦逐次成立。

二十三年（1934年）后县长任用之程序可分为检定或登记、训练、试署及实授。县长合格与否先由各省县长检定委员会检定，委员会之组织及检定之办法，皆由各省省政府自定，咨报内政部备案。各省检定委员会率以省政府委员为委员，以省政府主席为委员长。检定委员会分为审核及事务等股，其检定之办法，则为审核被检定者之资格，及考询被检定者之经验及学历等事。检定合格之县长，则由省政府发给检定证书，发交民政厅登记候用。检定合格后，于任用前由各省之地方行政人员训练所，施以相当之训练。训练毕业，然后分班轮委试署。试署之期间为一年，试署期满，成绩优良者则予以实授。县长之试署及实授，均由省政府咨内政部转咨铨叙部，经审查合格后，由内政部呈行政院，转呈国民政府任命，其程序与以前同。

各省检定之外，在中央内政部，更有登记法定合格县长办法，凡合格之候委县长经内政部核准登记后，不经各省检定之手续则可实施训练，其训练及任用之办法与检定后[同]。惟原来计划，此

① 广西任用县长临时办法（二一年八月二四日公布）规定为：凡具有县长资格者之各项人员，由第四集团军总司令部，高等法院，财政部广西财政特派员公署，民政厅，财政厅，教育厅汇报后，由省政府委员会审查确定后，由民政厅分别任用。

等经内政部登记合格之县长，暂就宁夏、甘肃、新疆、青海、察哈尔、绥远等六省先行支配任用，俟办有成效后，再由边省渐次推及于其他各省[①]。

三　县长之任期　县长之任期分为试署期间及实授期间：试署期间为一年，实授期间以三年为一任[②]其有优先之资格[③]，而曾任县长二年以上著有成绩经奖叙有案者，可不经试署即予实授。依县长任用法而实授之县长，在任期内不得调任，任期届满，成绩优良者，则可连任或升任等级较高之县。惟实际上各省之县长更动无常[④]，其原因一则由于中央及各省对于县长规定种种考成条例，及惩戒办法，动辄停职免职随之，一则由于荐举之途太滥，县长率因人而进，不但上下随之，而缺之肥瘠亦因人而更调，故县长不能久任。比第二次全国内政会议，青海民政厅厅长始提出实行县长久任并严禁滥荐以期政治修明案，经大会通过，由内政部咨行各省。并订县长有未满任期而被关或辞职或撤差者，由内政部抽查其原因理由，倘有不公平不合法之处，其长官应受处分。及二十二年（1933 年）六月三日修正县长任用法公布，更规定依该法试署县

① 二十六年五月十二日中央政治委员会修正通过县长任用法原则，此原则系将县长任用法，公务员任用法，“剿匪”区内县长任用限制暂行办法，三种法规规定之资格高下不同者，酌量归纳于一法之内，复略加行政经验及研究等条件。凡依此原则取得县长资格者，均须先经内政部统一训练后，分发任用。

② 二十四年十月间，广东省份县长之任期为试署，署理及实授，试署之期间一年，署理之期间二年，实授之期间三年。

③ 现行县长任用法第一条第一款至第七款所列各项之资格，皆为优先之资格，任用时皆依所列各项资格，按次择委。

④ 县长普通不满一年即行更动，其能在任至三年以上者，除山西省较多外，各省几绝无仅有。参阅二十年分各省更动县长任期间统计表（第二次全国内政会议报告书，页二三三）。

长者，在试署期间内，省政府如认为应予免职或停职时，须先开具事实咨报内政部，经内政部核定后始可执行，惟情节之重大者，省政府亦可先予停职，再行报部。其依该法实授之县长在任期内，除自请辞职或遇县治合并外，非依公务员惩戒法经付惩戒或付刑事审判，依法应停职或免职[者]，不得停免，于是县长任期之保障始逐渐稳固①。

第二目　县长之职权

县长之职权不外综理县政，监督所属机关，然细分之亦可分为行政，及关于立法，司法之权。

一　行政权　县长之行政事务最为繁赜，举凡县内公安、财政、建设、教育等事项，及下级自治之监督，县自治之筹办，莫不由其综理，兹分述其行政权之大者于后：

(一)任命权　县长之任命权，较北京政府时代县知事之任命权为小，除自治职员外，对于县行政人员皆不能直接任命。行政人员如县政府之秘书、科长，皆由县长呈请民政厅委任，县之各局局长及公安分局局长，由县长就考试合格人员中遴选，呈请省政府核准委任。

自治职员，在区长民选以前，区长由县长于区中遴选②呈请民政厅委任。区助理员，由区公所遴选后呈请县长委任。区监察委员会委员，在区长民选以前，县长可委任二人③。乡长副乡长，镇长

① 二十年一月二日，汉口行营对于湘、鄂、赣、豫、闽、皖，各县县长，训令提高地位，保障三年满任，惟对于放弃县城之县长，则不论其情节如何，必照军法从事。

② 此为十七年九月十五日县组织法第三十五条之规定。十八年六月五日重订县组织法第三十三条，则订为在区长民选实行以前，区长由民政厅就训练合格人员委任。

③ 民选区长时，区监察委员则完全由民选举，参阅十八年重订县组织法第三十一条。

副镇长，皆由乡民大会或镇民大会选出加倍人数，由区公所转请县长择任。

县各级组织纲要公布后，区长之性质与前不同。区长亦定由县长遴请省政府委任，指导员由区长遴请县政府委任。在未举行选举省份，乡镇长及副乡镇长由县长任免，保长副保长则由乡镇公所推定呈请县政府委任。

局长科长虽曰由县长遴选呈委，但在事实上，皆由省政府各厅委派，及第二次全国内政会议始提议各局长、科长、与秘书等职，皆由县长遴选合格人员，向省政府呈荐任用。及二十三年（1934 年）以后各省多裁局改科，所有县佐治人员，概由县长遴选，呈请省政府核委，县长之任命权乃较前提高。

（二）监督权　县长对于所属机关及职员皆有监督权，县之行政人员违法或失职时，县长可先令停职，派员暂行代理，呈省政府核准，然后依法交付惩戒①。对于办理地方自治职员如区长违法失职时，县长可以呈请省政府罢免。乡长副乡长，镇长副镇长，违法失职时，县长可自行罢免。区长实施监督最要之方法则为视察，县长除临时抽查外，每半年出巡所辖之区域，视察行政及自治等事项，凡各区长镇办事之成绩，县政府掌管事务实施之状况，上级机关特交查办之事件，以及各地方民间一切状况，皆属于视察之范围，考查结果，认为有应行惩办者，不论行政及自治人员，以及土豪劣绅等，均照法定程序及权限分别办理。县各级组织纲要颁布以后，区署已成为县政府之辅助机关，对于乡镇长，则仍具有监督指挥之权。

---

① 参阅县行政人员任用条例（二四年十二月七日国府公布）。

在局科未合并之前省政府主管各厅可直接命令县之各局各局亦可直接向各厅呈请，县长与各局几同分立，县长对于各局几无监督指挥之可言，及局科合并后，皆受县长统一之指挥，而县长之监督权因以提高。

二　关于立法之权　扶植自治时期，县之设有参议会者，县长关于立法之权，大致与以前相似，惟无紧急命令权及撤销权；县长对于县参议会有提交议案之权，但提交预算案时，事先须经县政会议审议[①]。县参议会对于县长提交案件，须提前审议，如延不审议，县长于本届县参议会闭会后，可呈请上级机关核准办理[②]；但县参议会闭会前一星期内交议者，不在此限。此外县参议会开会时，县长可应县参议会之请，列席报告或说明。

县长更有覆议权，亦与以前相似，县长认为县参议会之决议案不当时，可详具理由送交县参议会覆议，如全体参议员三分之二以上仍执前议而县长仍认为不当时。则呈请该管上级机关核定。他若聘任专家为县参议员：议长副议长未选定前，县参议会之召集开会亦皆属于县长职权之范围[③]。

县各级组织纲要颁布以后，各省正在筹设之县参议会，其与县长之关系，大致与此相似，详可参看第三章，兹不赘。

三　关于司法之权　关于司法之权，县长有二种，一为普通司法权，一为特种司法权；普通司法权为县长兼理司法，仍沿北京政府时代之旧，详见本文第四章姑从略，兹仅述其特种司法权如次：

---

① 县长对于县政会议亦有提交审议案之权。

② 原定为提付县公民依法旧决，后则改为县长呈请上级机关核定。参阅扶植自治时期县参议会暂行组织办法第九条(二三年八月一一日行政院公布)。

③ 县参议员选举时，由县长充任县参议员选举委员会委员长。

特种司法权即县长除兼理普通司法外，更有兼办军法事务之权。二十一年（1932 年）九月间豫鄂皖三省"剿匪"总司令部为整顿军纪，清除"匪患"计，始加委"剿匪"区内各县县长为该总司令部之军法官。及二十五年（1936 年）三月间则改由军事委员会加委，其范围并不止于"剿匪"区。凡县长所辖县境内之现役军人犯刑事或惩罚法令者[①]，非军人在"剿匪"区域犯军事法令者，犯危害民国紧急治罪法者，犯修正"剿匪"区内惩治土豪劣绅条例者，犯禁烟禁毒各种法令者及其他依法令应归军法机关审判者，兼军法官之县长对之皆有检察及审判之权[②]。其未兼军法官之县长，于辖境内发觉应归军法机关审判之案件，得为紧急之处分，并即时详报该管兼军法官之行政督察专员核办。兼军法官之县长，可派员兼任军法承审员[③]及书记以为助理。判决文内军法承审员可以副署，惟负责者仍为兼军法官。二十七年（1938 年）五月县长及地方行政长官兼理军法暂行办法颁布以后，改为凡依法令应归军法审判之案件，得由兼理。设有其他军法机关者，由最先受理案件之机关审判。但设有卫戍警备或戒严司令部之区域，其与军事或治安有关之军法案件，不问受理先后，均送由该卫戍警备或戒严司令部审判。县长判决之案件，并须缮具判决正本，被告声辩书及全案卷证呈由各省高级军事机关核转中央最高军事机关核定。同时中央最高军事机关，对于县长兼理之军法案件，得随时提审，派员莅审或移转管辖。

① 此等案件，须另经军事委员会授权后，始可办理。

② 兼军法官审判之案件，未经军事委员会核准者不得执行。

③ 军法承审员，普通司法处承审员不得兼充。参阅县司法处承审员不得兼军法审判职务令（法令周刊期三一九）。

此外县长更有其他之职权，例如为县政会议之主席，为县参议员选举委员会之委员长，为县各种委员会之当然委员或主席，而各省在县设立之，关由县长监督或兼任其长官者，亦不乏其例[①]。战事开始以后，县长之兼职更多，兹当于第七节及其他有关章节中及之。

第二节　秘书

清代之县衙门，有由知县私人延聘之刑名、钱谷等幕友，以为知县之辅佐，民国成立，各县公署之科长科员等职即为幕僚之变相。及国民政府成立后，于十七年（1928 年）十二月间五省民政会议，浙江省政府民政厅始提出县政府应添设秘书员额案，其理由则以县政府为行政枢纽，各局成立后往来公文紧赜异常，应添设秘书一人，佐理县长办理机要，撰拟章则，审核文稿。于是于十八年重订县组织法始定为县政府设秘书一人。

县政府秘书之职务，为秉承县长办理机要，总核文件，承办职员进退，典守印信，并掌管县政会议事项，及其他不属于各科等事项。在局科合并时期，在事务较简之县则由秘书兼第一科科长[②]。裁局改科后，秘书之职权更为增高，将局科分设时期常设科所掌之

① 例如广东省潮梅各县水利分局局长，由县长兼任，又如十八年九月七日国府公布清乡条例第六条规定，县清乡局局长由县长兼任。

② 例如二十一年后，山东省三等县第一科科长，由秘书兼任。二十年后，浙江省各县秘书，亦有兼第一科科长者；至二十四年五月间，该省规定秘书得兼任科长，但未限定兼任第一科。

会计庶务以及统计等事项，亦归秘书[1]掌理。县长因公外出时，秘书可代行其职务。裁局改科后，更有务原局之重要职员隶属于秘书室者[2]。除掌原有事项外，局科分设时期县政府总务科之职务，亦无异由秘书兼理。秘书之职务，随裁局改课而增繁，故有设助理秘书一人或二人以为辅助者。

县各级组织纲要规定县政府设秘书，但其名额则由省政府拟订报内政部核定之。

第三节　局与科

县之局为县政府外部之行政组织[3]，县之科为县政府内部之行政组织，二者似不可并为一谈。然历来局科或分或合大有一而二，二而一之概；各省之县，局科之分合，先后既不同，组织亦不一致，错综纷纭，变化多端，极难缕述，兹略叙其梗概如次：

北京政府时代民十（1921 年）以前多设某某所，民十以后局之设立始渐推行，可名为局之萌始时期，及国民政府成立后十七年（1928 年）颁布县组织法，各省多依其规定而分科设局，可名为“局科分设开始时期”，二十一年（1932 年）后因第二次内政会议有裁局并科之提议，又以水灾国难之影响，地方经费支绌，厉行减政，故各省之县，或合署办公，或裁局并科，可名为“局科合并开始时期”，

---

① 江西省九江县，于二十年一月间因九江市政府取消，更添设洋文秘书，以办理不关外交之外人事务及文件。

② 例如二十四年浙江省，设四科之二等县及三等县，则将技士隶于秘书室。

③ 今署办公之局，亦非县政府内部之组织。

二十三年(1934年)后因受南昌行营颁布“剿匪”省份裁局改科办法大纲之影响，各省更由裁局并科进、而为裁局改、科，可名为“裁、局改科开始、时期”。迨及二十六年(1937年)六月，行政院公布县政府裁局改科暂行规程[①]以后，裁局改科之原则，乃告确定。县各级组织纲要仍采设科之制。惟过去情形各省间并不一致，或此省局科分设，而彼省局科合并，或此省局科合并，而彼省裁局改科。上述各期亦只就多数之省而言而已。

局与科之数目及名称各省各时期既不一致，而一省之中，各县亦不一致，至于某科改某局，某局改某科，其办法更不一致。

大凡局科分设时期，一等县之科局以二科四局较为普遍，二三等县则以经费较少，局科之数不能具备，或将局缩小为科，或将局科之数减少，其能设二科四局者，反为例外[②]。局科合并时期，除公安局外，则科之数目殊不一致，例如二十一年间山东省各县则率设五科，二十二年间察哈尔省各县则率设三科。裁局改科时期，除公安局外则各县设三科。

裁局为科之办法，局科分设时期其经费窘绌之县，率为裁局设科，其办法即将原来之公安财政建设教育等局缩小其组织而分设为公安、财政、建设、教育等科[③]。

局科合并时期，除合署办公[④]外，其办法率为裁局并科，即将各

① (二六·六·三)公布(二六·六·二二)修正；内政法规汇编民报类第三目页四二——四三。

② 参考内政调查统计表关于县组织之统计。

③ 十八年九月二日，内政部公布县政府办事通则，第七条云：“县政府将所属各局改设为科者，应称为公安科、财政科、建设科、教育科。”

④ 参阅本文第六章河北省。

局分别裁撤后，其事务并入于县政府内原设之各科或另设科办理[①]，此时之科可分为三种：有局与局合并之科，有科与科合并之科，有局与科合并之科[②]。

裁局改科时期，其裁局为科办法，即将原设之公安、财政、建设、教育各局尽行裁撤为原则，将原设之科尽行改组扩大，以共设三科为原则，分掌原来各局科之事务，并以教育建设事项合为一科为原则，同时对于财政等事更设其他机关分理，即所谓"剿匪"省份裁局改科之办法，然实际上并不限于"剿匪"省份。二十六年六月确定县政府裁局改科以后，规定公安、财政、建设各局应实行裁撤，将其职掌分别归并于已设之各科或另设科办理。但在人口众多事务繁剧之县分有设局之必要时，得由省政府决议设置之。唯教育事务，则以设局办理为原则。

局科分设时期，其裁局设科，仅将局之组织缩小为原则；局科合并时期，其裁局并科仅将各局之事项，并入原设之各科为原则，同时并不限定将所有各局尽行裁撤；裁局改科时期，则除公局外，将局一律裁撤为原则，同时将科之组织扩大，故县政府内部组织日臻充实，而权责亦日趋集中。

县各级组织纲要采设科制度，各省情形，近已渐趋一致。

---

① 例如二十四年江西省，将被"匪灾"各县之公安、财政、建设、教育诸局裁撤，只于县政府中，另设一科办理各局之事务，实为并科之先声。

② 例如二十二年察哈尔省各县，将财政局事务，并入第二科办理，教育及建设二局并为第三科，故第三科为局与局合并之科。又如二十三年绥远省各县，将财、建、教三局事务并入第二科办理，而将原来第二科事务并入第一科办理；故第一科为科与科合并之科，而察省之第二科则为局与科合并之科。参阅本文第六章。

第一项　局

局为县政府外部之行政组织，民国初年，各县除掌财政之组织有公款局外，其余局之名称率皆称所，其掌公安者则为警察所，掌教育者则为劝学所，掌建设者则为实业所。至民国十二年（1923年）以后始公布县教育局规程，改劝学所为教育局，十四年以后始逐次成立实业局。至十七年国民政府颁布县组织法后，始改为公安、财政、建设、教育四局。二十一年（1932年）后局科多合并，二十三年（1934年）后因受南昌行营“剿匪”省份裁局改科办法大纲之影响，各省之县除公安局有存者外，其余各局一律裁撤。县各级组织纲要大致仍之。兹分述其组织如下：

第一目　北京政府时代之局所

一　警察所　依清末之制，关于县之公安事项，由县之警务长掌之，凡县中之消防、户籍、巡警、营缮及卫生等事项，亦属之，并得设置警务公所。民国成立后，于民国二年（1913年）北京政府始规定办有巡警之县设警察事务所[①]。由县知事监督指挥，及民国三年又改警察公所为警察所[②]。

县警察所之组织为：所长一人，下有警佐一人至三人，并得酌用雇员。县警察所所长由县知事兼任，惟各省中所长亦有专任者。县警佐承所长之命，管理警察事务。此外尚有警察分所，设于县区域内之繁盛地方，分所所长则以警佐充之。县警察所之职务，则为

① 参阅划一现行地方警察厅组织令（二年一月八日公布政府公报）。

② 参阅县警察所官制（三年八月三〇日公布同前）。

管理县区域内之警察事务[①]。

二　公款局　民元以后各县恒有设公款局者，设正局长一人，副局长一人，董事二人，会计书记各一人。凡县之地方收入支出及特别捐款，皆归其掌管。惟其组织亦不一致，例如民国七年间山西省之公款局[②]。设经理一人，司事一人，司账一人；经理掌公款局之收发及保管款项等事项；司事受经理之指挥催收各项捐款，支发各项经费，并兼办文牍等事项；司账掌公款局之账簿及会计报销等事项。惟公款局多采官督民办主义，可名为半自治行政之机关，并非县之正式行政机关。

三　实业局　依清末之制，各县设劝业员一人，受劝业道及知县之指挥监督，掌理县之实业及交通事项。及民国六年以后，直隶、山东、陕西等省，于各县有设劝业所者，亦有设县实业公所者，其名称颇为参差，大抵皆以地方之绅士主持办理，亦非正式之行政机关。及民国十四年五月后始一律改为实业局[③]，设置始渐普及。实业局设局长一人下设劝业员及事务员，其名额视县之实业事务之繁简而酌定，实业局长之职务为：商承县知事之命，办理全县实业行政，并督促指导属于县实业进行之事务。实业局隶属于实业厅，其职务为办理县之地方实业行政。

四　教育局　清末县之教育，由县视学员掌之，并设劝学所以为全县学务之总汇，劝学所以知事为监督，以县视学兼总董，并由县视学选择土著之绅衿充劝学员，掌调查兴学等事项。民元以后，

① 不设警察所之县，其警察事务由保卫团代管。

② 参阅民国八年山西省单行法规公款局章程。

③ 参阅实业局规程（十四年四月二五日农商部公布政府公报）。

各省或存或改[①],或废,极不一致;至民国四年劝学所规程[②]公布后,始又次第设立。

劝学所设所长一人,劝学员二人至四人,并可设书记一人至三人,视事务之繁简以为差。劝学所所长受县知事之监督指挥,总理所内事务,每一学年内,须周历县属各区一次或二次。劝学员受所长之监督指挥,分掌所内事务;并分任各区劝学事项。劝学所之职务,为辅佐县知事办理县教育行政事项。此外更设县视学一人至三人,秉承县知事之命,视察全县之教育事项。

至民国十二年三月更改劝学所为教育局[③]。教育局设局长一人,下设视学及事务员,其名额视县教育事务之繁简而差。更设董事会,董事定额为五人,但教育发达之县,得增至七人至九。县教育局长之职务为商承县知事之命,主持全县教育行政事项,并督导指导县以下所属之市乡教育事务。董事会董事由县知事遴派县视学一人充之,其县则由县教育局局长推荐办理教育著有成绩者四人,从事实业或办理地方公益著有声誉者二人,呈请县知事选任[④]。董事会之职务,为审议县教育之方针及计划,筹画县教育经费及保管县教育财产,审核县教育事项。二十六年(1927 年)三月之后,除教育局外,其他各局依法均应裁撤。县各级组织纲要颁布之后,则只有一警察局。但教育局之已设者,得暂缓裁撤[⑤]。

---

① 例如广东省,于民元八月曾设督学局,后改为劝学所。参阅广东教育厅编广东教育行政制度沿革史页五三。

② 参阅劝学所规程(四年一二月一八日公布政府公报)。

③ 参阅县教育局规程(十二年三月三〇日公布政府公报)。

④ 设有参事会之县,则由县参事会选举,并选县参事一人为董事。

⑤ 行政院会,内政法规汇编民政类第三目,页四八。

此外县更划为若干学区，每区设教育委员一人，受教育局长之指挥办理学区之教育事务。

第二目　国民政府成立后之局

民国十年（1921年）间广东省各县实行自治，各县政府之组织摹仿当时广州市政府之组织，设总务科外更设教育、实业、财政、公安、工务、卫生六局，各局设局长一人，下设局员若干人，按事务之繁简而定，惟教育局特设督学二人至六人不等，实为后来各县分科设局之滥觞①。

国民政府成立后，于十七年（1928年）九月十五日公布县组织法，始定各县政府设公安、财务、建设教育四局，于必要时，县政府更可呈请省政府设置卫生局及土地局。及十八年六月五日公布重订县组织法，规定县政府设公安、财政、建设、教育四局。各局有缩小范围之必要时，县政府得呈请省政府，改局为科，附设于县政府内。有扩充必要时，县政府更设置卫生、土地、社会、粮食管理等局。重订县组织法较第一项县组织法之异点，则为将财务局改称财政局，将常设四局得缩小为科，将非常设之局除卫生、土地二局外，更增社会局及粮食管理局。

十七年后各省纷纷颁布关于县各局组织之法规，各局相继成立，惟除常设之公安、财政、建设、教育四局外，其他诸局则皆未设，只江苏、浙江、广东等之县，间有设土地局者。十九年以前，各省对于各局组织之规定极不一致，其所颁布各局组织之法规，或名章

① 参阅李宗黄著新广东视察记录三章。民十江西省暂行县自治条例，亦有局之规定，惟无卫生局，大体摹仿当时广东县制。参阅内务部地方自治讲义广东省地方自治附录。

程，或名条例，亦皆不一致。十九年三月十四日内政部始咨各省省政府，凡县政府各局之组织章则统名规程，并应于规程内订明各局局长，应受主管各厅及县长之指挥监督，其各局经费，应由县款支给，或由省款补助，各局之职掌及局长等之任用亦须照县组织法之规定。是年六月间，内政部更咨各省省政府，嗣后拟订各县所属各局组织规程，皆应援照江西省县政府各局组织规程之各点办理[①]，于是各省对于县之各局组织法规之订定，形式上始渐整齐。

关于各局之组织，省与省间情形既不相同，而一省之中，县与县间亦不一致，或此有彼无，或此增彼减，极难予以概述。大凡各省县属之局，以公安、财政、建设、教育四局为最普遍。可名为常设之局。江苏、浙江、广东等省各县中有间设土地局者，可名为非常设之局，兹就此五局分述如下：

一　公安局　各省县公安局之组织颇不一致，繁盛之省则其组织较复杂，边瘠之省则其组织较单简。各县公安局之内部组织普通设局长一人，下分三课[②]（亦称科）[③]或两课，或不设课而仅设局员数人。更有督察长及督察员。其外部之组织则于各区设公安分局，设分局长一人[④]，局员一人至三人，巡官一人或二人，书记二人或三人。更设警察分驻所，设巡官一人，书记一人或二人，警察派出所设巡官或巡长一人。皆有长警若干人。县公安局所属之

① 参阅广东省政府公报十九年六月份，期一〇四，页一〇。

② 公安局设三课者有广东、广西、浙江、湖南等省，设两科者有江西、江苏、四川等省，不分课者有云南、贵州、陕西、山西等省，参阅十九年及二十三年间各省省政府公报县公安局组织规程。

③ 课亦称科，各省并不一致，例如江苏省则先称课，后改为科。

④ 江西省县公安分局，下分设两股。

队，则有消防队，警察队，及侦缉队，皆设队长一人或更设副队长一人，下有书记一人。

（一）公安局长　县公安局长之职务为受民政厅及县长之指挥监督，综理全局事务，并指挥监督全县公安分局及所属员警，办理一切公安事务，第一区公安分局局长亦多由公安局长兼任。

（二）课　县公安局之分课者，有设三课者，亦有设两课者。每课设课长一人①，课员一人至三人，并有专务员若干人。课长之职务为承局长之指挥监督掌管本课一切事务，并得依各项规则或成案裁决本课事项。第一课之职务为掌理关于全县警察之编练；调遣及分配，职员长警之考核进退，升降奖惩及请假，收发文书，掌管印信，管理案卷，及编制预算决算统计，以及会计庶务及不关于他课之事项。第二课掌理关于保安及整饬风纪，交通户籍，公共卫生及消防，以及保护森林渔猎等事项。第三课掌理关于缉捕、侦查及违警处分等事项，其设两课之公安局，则第二第三课事务由第二课掌管②。

（三）督察长及督察员　督察长及督察员，亦有设督察处者，其职务为监督外勤勤务。

县公安局之职务为掌理全县之公安事务，凡户籍、警卫、消防、防疫、卫生、救灾及保护森林，渔猎等事项皆归其掌管。此外更有警务会议③，由公安局长，召集各公安分局长举行，以议整顿全县警务事项。

---

① 二、三等县公安局第三课课长，得由第二课课长兼任。

② 此等办法他局亦如此。

③ 警务会议率为每月举行常会一次，必要时可召集临时会议。亦有科长、督察长，可列席提议者，其他职员，如有条陈，可由该管长官代为提出。

局科分设时期，各县有将公安局之组织缩小为公安科，附设于县政府内。局科合并时期，县公安局多并入第一科。裁局改科时期，县公安局之事务，亦多改属第一科办理[①]，更另设警佐一人以掌公安事务，惟繁盛之县，公安局多未裁改。

民国二十五年（1936 年）十二月十六日内政部公布县警察机关组织暂行条例并于同日施行，于是县公安局之组织复改，依此规程之规定，县分为设警察局之县及不设局之县，设局之县警察局内部之组织，与以前各县公安局之组织大致相同，惟将县公安局改为县警察局，第一课改为总务科，第二课改为行政科，第三课改为司法科，但事务较简之局，并设二科。其外部之组织则将公安分局改为警察所；而警察分驻所及警察派驻所[②]，皆依旧称，县警察局所属之队则有消防队、侦缉队、水警队及保安队，皆因其需要而设置，另外更可增设警察训练员以训练警察。他如警务会议亦由局长召集，皆无甚更张。不设警察局之县，则于县政府内设警佐一人，警佐之职务为承县长之命，掌理关于全县警察之编练调遣，考核及赏恤，警察装械之管理，及勤务之配备，调查户口、保安、正俗、消防、交通、卫生及渔猎农林之维护，违警处理及司法协助，保甲及壮丁队代行警察职务之训练指挥及其他警卫等事务。

县各级组织纲要颁布后，县设警察局，其制大致与过去相似。

---

① 各区公安分局亦行裁改，只设巡官一人，下有警长警士驻于重要乡镇之联保办公处。

② 警察所须有警士三十名以上，警察分驻所须警士二十名以上，警察派出所须有警士十名以上。警察所设所长一人，巡官一人至二人，警长三人至六人；分区设署之县。则于区署内设巡官一人，不设警察所。参阅县警察机关组织暂行规程（二五年十二月二六日内政部公布）。

关于县警察编制经费人事以及训练等项，在设有县警察局之县，应由县警察局承县长之命，统筹办理；在不设警察局之县，由县政府统筹办理。区警察所亦为区署之直属机关[①]。

二　财政局　县财政局原称财务长，十八年(1929年)六月后，始改称为财政局。县财政局设局长一人，下设三课(或称科)[②]，或两课，或不设课，各课下有事务员，其不设课之局，仅设事务员数人而已。

(一)财政局长　县财政局长之职务，为受财政厅及县长之指挥监督，综理全局之事务，并指挥监督所辖之职员。

(二)课　县财政局普通设三课或二课不等　各课设课长一人，课员一人至三人，及事务员若干人。第一课之职务为掌理关于文书之收发、缮校及印信卷宗图书之保管，职员之任免，考核奖惩，田赋捐税册串、单照等之印制保管，县公款公产之管理及监督，公债之募集，前后任之交代，临时委办之特种财务，全局之会计庶务及不属于其他各课之事项，第二课之职务为掌理关于赋税之征收、调查、稽核、整理及规划，户粮管册之整理，串票单照等之制发及稽核，及其他关于征收等事项。第三课之职务为掌理关于全县财政统计，及月报日报各项单表之填造，各种收支款项之登记，全县地方预算决算之审核编制，各机关簿记之整理。

---

① (二九·四·三〇)内政部令浙江民政厅之解释，内政法规汇编行政类第三目页四九。

② 财政局局长之下，有分两股者，例如江苏省奉贤县，于民国二十一年则将原设三科改为两股，每股设主任一人，下有股员二人至六人。第一股有管卷、收发、出纳、庶务、监印、校对等股员，下有事务员及书记，另设田赋征收处，置田赋主任，及保管串册票照员，以管理征收粮事务。下有督催吏及催征吏，更设杂税处有□牙税专员及事务员等。第二股主任下设登记员及统计员。参阅奉贤县政(二一年份)。

县财政局之职务则为掌理征税、募债、管理公产及其他地方财政等事项。此外更有局务会议，由局长召集其所属之重要职员所组成，以议整顿全县之财务事项，亦有另设县公款公产保管委员会者①。局科分设时期，县财政局有改设为财政科者，局科合并时期，则恒并入县政府第二科，裁局改科时期，则财政局一部分之事务改属于县政府第二科，另设经征处，财务委员会及县金库等机关，以分掌财政局之事务②。

三　建设局　县建设局③设局长一人，下分四课（或称科），亦有分三课、两课④不等，亦有不分课者，此外更设技佐⑤，其不分课之局则仅设技术员数人⑥，建设局更有事务员及书记。

（一）建设局长　建设局长之职务为受建设厅及县长之指挥监督综理全局事务，并指挥监督其所属职员。

（二）课　各课设课长一人，课员一员至三人，其设四课之建设局，第一课之职务为掌理关于文书之收发、缮校及印信卷宗图书之保管，职员之任免考核奖惩，建设经费之支配，领发审核及预算决算之编制，统计表册，及月报之编造，全局之会计，庶务及其他不属

① 浙江省裁局改科前，县财政局附设县公产公款保管委员会，并有县金库由相当之银行经理。

② 例如江苏省则另设会计主任。

③ 湖北、湖南二省向无建设局或建设科之组织，湖南省仅设建设专员。参阅历次湖南省年鉴，及二十四年内政年鉴。

④ 江苏省二十二年前建设局设技术，事务二科，各科设科长一人。技术科设技术员二人或三人，事务科设事务员一人或二人，惟该省灌云、砀山等县则设建事务所。参阅内政年鉴及该省县建设局组织规程。

⑤ 技佐可兼课长。

⑥ 例如二十一年至二十三年陕西省之县建设局，一等局技术员四人，二等三人，三等二人。

于各课等事项。第二课之职务为掌理关于道路桥梁之修筑及管理，航业之管理及取缔，电业之保护及管理，水利工程之测勘规划及设施，关于建筑而不属于土地行政之测丈，新市新村之建筑及其他土木工程，运输业团体之管理等事项。第三课之职务为掌理关于农林、蚕桑、畜牧、渔业、矿冶业之规划，奖进、保护、管理，益虫益鸟之保护及害虫之防治，农村之改良，农民银行及合作社之管理，地质及土壤之调查等事项。第四课之职务为掌理关于工商业之提倡奖进，保护管理，商品之检查征集，权度之检验，工商业之注册登记，工商团体之立案及监督以及劳工行政等事项。

建设局之职务为掌管土地、农矿、森林、水利、道路、桥梁、工程、劳工、公共营业等事项及其他公共事业。此外局长更可召集局务会议以便利建设事务之进行。建设局于局科分设时期，有缩小为建设科者，及局科合并时期则多并入县政府第三科，及裁局改科则与教育局合并为第三科，另设技士一人以办理建设事项。

四　教育局　教育局设局长一人，下设三课（或称科）或两课，或不设课，其不设课者，则设局员二人或三人，此外，更设县督学一人至三人，全县并可划分若干学区，每区设教育委员一人。

（一）教育局长　县教育局长之职务，为受教育厅及县长指挥监督，综理局务，并指挥监督所辖职员。

（二）课　县教育局各课政课长一人，课员一人至四人①。第一课之职务为掌理总务及其他教育行政事项，凡关于文书之收发缮校，及印信卷宗图书之保管，全县教育经费之出纳稽核，及预算决算之编制，教育建筑物之修建保管，及建筑物图样之审查，教育设

① 课长课员，可以县督学或区教育委员兼任，但不另给薪。

备及教育用品之购置分配，教育刊物及儿童补充读物乡土教材之编纂，教育统计材料之调查，及图表之编制，学校卫生及不属于其他各课等事项皆属之。第二课之职务为掌理学校教育事项，凡党义教育之实施，各种学校课程之查核，训育标准之制定，假期之变更审核，学校用费标准之订定，各校编制及费用之核定，教员之登记；教材及教育设备，教育用品之审查，教师之聘免奖惩，儿童身心之检验，全县教育效率之测量及增进，学区之划分，各种研究会之召集，学校法令之执行，学龄儿童之调查，义务教育之计划及进行，学校之设立，立案及变更，私塾之取缔及改良，学生参加社会活动之领导，学生就学及升学之指导，教师之进修，及其他学校教育等事项皆属之。第三课之职务为掌理社会教育事项，凡关于民众教育馆，及民众学校，体育场运动会，及其他民众健康教育，科学教育馆，职业补习学校，职业指导所，及其他民众生计教育，识字运动，民众问字处，民众读物图书馆，及其他民众文字教育，家庭改良及其他民众家事教育，礼俗改良及其他民众社交教育，党义宣传，四权训练及其他民众公民教育，戏剧音乐说书杂艺及其他民众休闲教育，青年人之低能及残废者之特殊教育，感化教育，中小学兼办民众教育，社会教育，师资训练，博物馆及其他社会教育事项皆属之。

（三）县督学及教育委员　县督学之职务为承局长之命，视察并指导全县教育事宜。县教育委员之职务为受局长之指挥监督，办理其学区之教育事务。

县教育局之职务为掌理全县学校，图书馆，博物馆，公共体育场，公园等事项及其他文化社会事业皆属之。此外局长亦可召集局务会议与他局同。县教育局于局科分设时期，各县缩小组织者，将教育局缩小为教育科，及局科合并时期，各县之裁并教育局者，多并入第三科或第四科。及裁局改科时期，则与建设局合改与第三科，另附设督学以办理教育事务。二十六年三月，县政府裁局设科规程规定教育事务以设局为原则，但在人口较少事务较简之县，得由省政府酌量改设专科。目前教育局亦仍有存在者。

五　土地局　土地局为非常设之局，止于江苏、浙江、广东等省各县中，有设之者，兹述其组织如次：土地局设局长一人，下分四课或三课[①]，全局设课员六人至八人，技术员二人至六人，更可酌设办事员及雇员。另外更可组织清丈队，调查队[②]。

（一）土地局长　土地局局长之职务为受省土地局之命并秉承县长综理全局事务，指挥监督所属职员办理全县土地行政之事务。

（二）课　土地局各课设课长一人，课员若干人。第一课之职务为掌理总务等事项，凡关于撰拟文牍，编纂统计，职员考勤，及收发文件，典守印信，保管档卷，会计庶务及其他不属于各课事务皆属之。第二课之职务为掌理测丈等事项，凡关于测丈，覆核测丈图册，及抽查已丈户地，厘定经界，及编制保管各种图册等事项皆属之。第三课之职务为掌理登记事项，凡关于土地登记及调查，公私产权之移转，发给凭证，编制登记表册，及保管一切单契等事项皆属之。第四课之职务为掌理调查等事项，凡关于溢地升

---

① 土地局设三课者，将第四课事务并入第一课办理。

② 浙江省土地局组织较紧、分总务、调查、清丈、求积及制图，编制及统计，登记六课。审查及考绩一处，除课长课员外，并设审查及考绩处处长一人，技正一人，并有审查员、测量员、队长、班长、清丈生、制图员、制图生、计算员、总习生等名目。参阅浙江省县土地局规程。

课，请查县有土地审核地价，查验契据，土地分配及使用等事项皆属之。

土地局虽隶属于县政府，但受省土地局之指挥监督，办理全县行政之事务。此外更有公断委员会，以解决土地纠纷及评估地价。县之设有土地局者极不普遍[①]，至民国二十六年三月间，已将土地局改称地政局。

第二项　科

第一目　北京政府时代之科

清代之县衙门，知县之下，分设吏、户、礼、兵、刑、工六房，（亦曰科）各置典吏一人，以总其本房之事务，其下更有贴写帮差等名目，以司抄写。及民国成立，将房改组为科，有民治（或称内务、总务）、财政、教育、交通、实业、兵警、司法等科之名目，其数之多寡极不一致，而其中亦叠有改变[②]，及民国二年一月八日，划一各县地方行政官厅组织令公布后，各县之科始渐次改组而趋整齐。

各县公署自民国二年后，始改为第一，第二等科，科之数目由二科至四科不等，视各县事务之繁简而定。各科设科长一人[③]科员二人至四人，另设技士一人至三人。科长科员之职务为：撰拟文稿承转案件，即清代幕友之变相。至于各科之职务：第一科掌理总务，凡关于机要、印信、统计及报告编制，职员履历及进退纪录；文

① 例如江苏省，止江宁、镇江二县设有土地局。

② 参阅民国各县志职官表。

③ 各县亦有只设科员不设科长者，例如未依县组织法改组前之河南省各县是。

件之收发、分配、保存、编纂；会计庶务及其他不属于各课等事项皆属之。其他诸科之职务则为掌理关于选举，监督下级自治团体，及其他公共团体之行政；赈恤、救济及慈善、道路、土木工程、宗教礼俗、征兵征发、户籍、警察卫生、土地调查、土地收用，本县行政经费，委任国税之征收，教育学艺、农林工商、地方交通行政等事项或由各科分掌或由一科合掌不等[①]。

第二目　国民政府成立后之科

国民政府成立后，县政府之各科，可分为局科分设时期之科，局科合并时期之科，及裁局改科后之科。兹分述如下：

一　局科分设时期之科　民国十年(1921 年)间，广东省各县实行自治之时，各县公署设总务一科，县公署以外分为各局实为局科分设之先声。十七年九月间国民政府公布县组织法，规定一等县政府设置四科，二等三科，三等二科。及十八年六月间重订县组织法，则改为县政府设置一科或二科，依事务之繁简而定。设一科时称为总务科，设两科时称为第一科，第二科。各科设科长一人，科员二人至四人。科长科员之职务亦为拟办文稿，承转案件，由科员拟稿，科长核稿兼拟重要文件。第一科之职务为掌理公安教育，及规划考核公安局教育局掌理之事务，地方自治及选举、地方保卫团、禁烟、风俗、宗教、典礼、社会救济、著作出版、保存古物、收发文件及不属于他科等事项。第二科之职务为掌理财政、建设，及规划考核财政局建设局掌理之事务，工商业、度量衡、编制预算决算、保管公物、统计、编存档卷、会计庶务等事项。如只设一总务科时，则

---

① 参阅各省行政公署暂行办事章程(二年三月二三日公布政府公报)及法令辑览第五类，页八八九。

二科掌理之事务并总归务科管理[①]。

以上之科，乃为县政府常设之科，此外更有非常之科。此等非常设之科，乃由县政府所属各局因缩小其范围而改设，附设于县政府内。各局缩小为科者，并非将四局皆须缩小，其未缩小为科者各局仍继续存在。由某局缩小为某科者即以该局之名称称其科[②]。非常设之科与常设之科之异点，则为名称之异，数目之异，组织之异，及事务之异。常设之科称为第一，第二或总务科。非常设之科则仍其局之名。称为公安、财政、建设、教育等科[③]。常设之科，其数目由一科至二科，非常设之科，其数目为由一科至四科。常设之科设科长科员等，其组织较单简。非常设之科，如由公安局改为公安科者，则可用巡官，财政局改设财政科者则有事务员，建设局改设建设科者则有技术员，教育局改设教育科者则有督学教育委员等职，故其组织较复杂[④]。常设之科设两科者，其所掌理之事务，县长可以互易其掌理，非常设之科，其掌理之事务皆为原有各局之事务，则不可互易其掌理。

非常设之科，一般皆为由四局所改，然亦有由其他机关缩改者，例如甘肃省于二十一年（1932 年）六月，将鼎新县公款委员会改为财政科，广东省于二十五年（1936 年）三月将各县编处裁撤，

① 参阅县政府办事通则（十八年九月二日内政部公布）。惟设总务科者，同时亦有设第二科者，例如二十二年间湖南省之武冈县及新化县是，参阅二十二年湖南年鉴。

② 此仅为原则，由局缩小为科者亦有以数目字称者，例如二十一年十二月山东省政府，除各县原设两科外，将财政局改设为第三科，建设局改设为第四科，教育局改设为第五科。参阅该月份山东省政府公报、山东省各县县政府组织暂行办法。

③ 各局改科者，多以该局局长为科长。

④ 参阅内政公报内政部咨青海省政府文（卷六，期六，页四〇九）。

于县政府内增设警卫科。更有因办理某项事务而专设某科者，例如二十一年一月广东省各县因办理自治而于县政府内设自治科[①]。

二　局科合并时期之科　局科合并之科即裁局并科后之科。裁局并科者，即将局或科之事务，并入原设之科，或新设之科办理，而将原设之局裁撤。局科合并之科可分为三种，一为局与局合并之科，一为局与科合并之科，一为科与科合并之科。局与局合并之科，例如二十二年十一月察哈尔省将县教育、建设两局并为第三科。局与科合并之科，例如二十二年十二月河南省将县公安局裁撤并入第一科，财政局撤并入第二科。科与科合并之科，例如二十三年十二月河北省设四科或三科之县政府，其第一科皆由原设第一第二两科合并。

裁局并科与缩局改科不同。缩局改科用原局之名称其科，裁局并科期以第一第二等数目字称其科。缩局改科以一局改设一科为准，裁局并科则无此限制[②]。并科后之科更有分为若干股者，股设主任科员，以办理原来之局或科之事务。

三　撤局改科时期之科　裁局改科可名为进一步之局科合并。裁局并科后之科，原设之局与科之事务并不融合，故有设股以分掌其事务者；裁局改科后之科，则将原设局科所办理之事项，更为融合，以

① 自治科设科长一人，科员一人。自治科之职务为：办理关于全县地方自治之督促，指导及考核；自治经费之调查，整理及稽核；地方自治区域之划编，地方自治之争议调解，各级自治职员之选举，自治人才之养成；人民行使四权之训练，全县户籍调查，及人事统计；地方自治团事项及其他有关于地方自治事项皆属之。参阅广东省政府公报（二一年一月份）。又兼理司法之县，亦有将承审员及书记等组织司法科者，参阅各县县政概况。

② 有由三局改并一科者，例如二十三年十二月后河北省设三科之县政府，其第二科乃由财政、建设、教育三局改并。

不分设办事为原则。裁局并科后并不另设其他机关,而裁局改科后则于科外另设其他机关。裁局并科后,原设之重要职员,仍附于原局所并之科,裁局改科后,则将原局之重要职员,如警佐、技士、督学等之地位提高,直接承县长之命,辅助主管科长办理公安、建设、教育等事项,并非隶于由原局所改之科。故裁局并科可视为缩局改科之更进一步,裁局改科为比裁局并科更进一步之合并。

裁局改科后之科有两种形式。一则为改设三科者,如"剿匪"等省份①是。一则不限定改设三科,或改设四科或五科不等如江苏浙江等省是②。改设三科者,则本集中权责,充实组织,教建合一,警卫连系等原则而定,改设四科或五科者则不拘此原则。

改设三科者之组织有科长科员,大致与以前常设之科相同,惟科员下增设事务员,第二科兼办经征事务时,可增设经征员。第一科之职务为掌理民政及公安事要,凡保甲、地方保卫、公安、禁烟、卫生、社会救济、礼俗宗教、保存公务等事项皆属之。第二科之职务为掌理地方财政事项,凡编制预算决算、征收、管理公物公产、会计、庶务及其他关于财政事项皆属之。第三科之职务为掌理建设及教育等事务,凡农、工、商、矿、森林、水利、道路、桥梁、土地、农村合作、度量衡、著作出版、文化及其他关于建设及教育等事项皆属之。

其改为四科或五科者,各科之组织大致与改为三科者相同,惟各科之职务,则因省而差。例如江苏省第一科之职务为掌理总务及自

---

① "剿匪"省份本定为湖北、河南、安徽、江西、福建五省,嗣后贵州、四川、陕西、甘肃等省亦采此制。

② 参阅江苏县政府组织通则(二二年一月江苏省政府第五六〇[次]会议通过)。修正浙江省各县政府改局为科暂行组织办法(二四年五月一八日浙省政府第四一五六号训令颁布)。

治事项，第二科掌理财务，预算决算等事项，第三科掌理公安、保卫、警备等事项，第四科掌理教育、建设等事项，浙江省则第一科掌理民政、保甲等事项，第二科掌理财政、土地等事项，第三科掌理公安、保卫等事项，第四科掌理教育事项，第五科掌理建设事项。其设四科之县，则将第五科事务设技士一人办理，隶属于秘书室。故改为四科或五科者仍有裁局并科之性质，不如改设三科者较为澈底。二十六年(1937 年)三月县政府裁局改科暂行规程，虽明定改科制度，但对之数字及其职掌，则另由各省政府按照需要拟具县政府组织规程咨送内政部转呈行政院核定之，是以各省仍缺一致之规定。

县各级组织纲要一面确立设科制度，同时并规定科之名称与数目。即县政府设民政、财政、教育、建设、军事、地政、社会各科以及秘书、科长、指导员、督学、警佐、科员、技士、技佐、事务员、巡官等人员。但设科之多寡，职掌之分配，则由省政府自行拟订报内政部备案。各省设科之情形，颇有以“多”为原则之趋势。三十一年(1942 年)五届十中全会特通过“调整省县机构确定权责范围简化业务程序以增行政效率案”，规定县政府以设民、财、教、建、军五科及秘书会计两室为原则。目前各省之实际情形，依所已知者而言，亦大致遵照办理。(参看第六章第二节附表)

第四节　县行政人员之任用

第一项　北京政府时代县行政人员之任用

一　资格　北京政府时代。县之科长科员统名掾属，实为县知事延聘之幕友,故无一定之资格,而各局、所长,除县警察所所长,率以县知事兼任外,其他之局所长,则多以地方绅董充之,并非正式之官吏,惟其资格,在法规上亦间有规定者,例如山西省于民国七年(1918 年)十二月五日公布各县地方公款局通行规则,规定公款局经理[①]之资格,以家道殷实,品行公正之士绅为限。实业局局长[②],自十四年(1925 年)六月十六日公布县实业局规程后,始定为须有下列资格之一:(一)毕业于各实业专门以上学校者;(二)毕业于甲种实业学校,曾任实业行政或其他职务三年以上者;(三)曾任实业行政职务五年以上确有成绩者;(四)办理实业著有成效者。教育局局长自十二年三月三十日公布县教育局规程[③]后,始定教育局长之资格,须有下列之一:(一)毕业于大学教育科,师范大学校,成高等师范学校者;(二)毕业于师范学校,并曾任教育职务三年以上者;(三)毕业于专门以上学校,并曾任教育职务二年以上者;(四)曾任中等学校校长或小学校校长三年以上者;(五)曾任教育行政职务五年以上著有成绩者。

二 任用 县政府之掾属,由县知事自委,但须将其职掌员

① 山西省公款局之司事,司账等职,亦皆由经理遴员,请县知事委任。参阅民八山西省单行法规汇编各县地方公款局通行规则。

② 实业局之劝业员须有下列之资格:(一)毕业于甲种实业学校者,(二)毕业于乙种实业学校,曾任实业职业三年以上,确有成绩者;劝业员由局长呈请该管省区实业厅长委任。参阅县实业局规程(十四年六月一六日公布政府公报)。

③ 教育局未成立前,劝学所所长须具有下列资格之一:(一)曾任地方教育事务五年以上者,(二)曾任高等小学校校长三年以上者,(三)曾任在师范学校毕业任教育职务一年以上者。劝学员须具有下列资格之一:(一)曾任地方教育事务二年以上者,(二)曾任国民学校或高等小学校教员二年以上者,(三)曾在师范学校毕业者。参阅劝学所规程(四年一二月一八日公布政府公报)。教育局委员,由县教育局长,就素有教育学识经验者选任,参阅县教育局规程(十二年三月三〇日政府公报)。

额，呈道尹转陈省之行政长官核定，分别叙等，注册，并咨陈内务部备案。县公款局局长（例如山西省）则由绅商学董加倍推选，由县知事择委，分报省公署及财政厅备案。实业局局长则由县知事就合格者推荐三人，呈请实业厅长选任，并分报农商部，及该管省或区之行政长官备案。教育局长之任用，与实业局长相似，亦由县知事就具有资格者推荐三人，呈请该管省或区之教育行政长官选任，并报教育部备案。

第二项　国民政府成立后县行政人员之任用

县政府秘书，科长或局长，县政府科员及技术人员等，统称县行政人员。此等县行政人员之任用，虽曰由省政府主管各厅就全省考训练或甄拔合格人员，开列名单，交县政府遴选后，呈请省政府准核委任，然实际上多由主管各厅直接委任。对于资格及任用，各省规定亦不一致，惟对于局长考试，各省亦间有行之者①。然其考试程度标准过低，考取后之实习及训练方法亦多不适当。且考取人员由省政府所属各厅径自委任，亦往往不能与县长合作。及民国二十四年（1935 年）十二月七日国府始公布县行政人员任用条例，县行政人员之任用始有划一之规定。

一　资格　科长或局长须有一定之资格始可任用，其资格为：（一）经普通考试及格或与普通考试相当之特种考试及格②曾任委任职一年以上者，（二）经相当于普通考试，相当之特种考试及格，

① 例如广东、江苏等省曾举行县财政局长考试。

② 例如二十六年三月间福建省曾举行县科长考试。

曾任委任职一年以上者,(三)现任或曾任委任职一年以上,经甄别审查,或考绩合格者,(四)现任或曾任县政府科员,继续服务三年以上,而成绩优良者,(五)曾于普通考试举行前,在内政部备案之各省县政训练机关毕业,并曾任委任职一年以上者,(六)曾在主管教育机关认可之专科以上学校毕业,并任委任职一年以上者,(七)曾致力于国民革命五年以上而有成绩,经证明属实,并曾在主管教育机关认可之中等学校毕业者。凡具有上列资格之一者,并与其所任职务具有相当之学识或经验者,始可任用。惟对于警察官及技术人员之资格则另有规定。

县警察局长或警察所长(即以前之公安局长及公安分局长)或警佐之任用须有下列资格之一:(一)经普通考试警察行政人员考试及格者,(二)现任或曾任警察机关,或专办理警察行政事务之委任警察官,经甄别审查或考绩合格者,(三)现充各级警察机关警长,服务三年以上成绩优良者,(四)在内政部认可之国内外警官学校毕业者①。

技士之任用亦须有下列资格之一:(一)经普通考试各种技术人员考试及格,或与普通考试相当之特种技术人员,考试及格者;(二)现任或曾任委任职技术人员经甄别审查或考绩合格者;(三)在立案之中等以上职业学校毕业,并在国营事业机关,曾任与委任职相当之技术职务,四年以上著有成绩者;(四)在教育部认可之中等以上职业学校毕业,并曾在各官署曾任与委任职相当之技术职务,四年以上著有成绩者;(五)在教育部认可之国内外专科以上学校毕业者;(六)在认可之中等以上职业学校毕业,并在主管官署登

① 参阅警察官任用条例(二四年一一月九日国府公布)。

记之营业场厂实习四年以上，或继续担任技术工作以上，著有成绩者；（七）各种专门职业人员，经依法领有证书并继续执行职务三年以上著有成绩者；（八）在认可之中等以上职业学校毕业，或具有同等学力，并曾任与所拟任职务相当之职务一年以上，著有成绩者；（九）曾任有关技术之雇员五年以上，成绩优良者[①]。

县政府科员之资格为：凡具有局长或科长之资格者皆可；惟关于考试后取得之资格则不限曾任委任职一年以上，关于劳绩取得之资格，则不限中等以上学校毕业；其他如现充或曾充县政府办事员，或书记，继续服务三年以上，而有成绩者；曾在主管教育机关认可之中等以上学校毕业，并曾任行政事务一年以上者；曾任小学教职员二年以上者；曾办地方自治二年以上，确有成绩，并有相当之学识者；于普通考试举行前在内政部备案之各省县政训练机关毕业者。凡有上列之一种资格并具有与其所任职务相当之学识，或经验者皆可任用。

二　任用　县行政人员任用之程序，为由县长遴选合格人员，呈请省政府委任[②]，考试及格分发人员，及本县合格人员，皆有尽先任用之优先权。惟设有行政督察专员省份之县，则秘书、科长、督学、技士、警佐须先荐请该管行政督察专员公署，转呈省政府核委，其余科员，办事员，雇员则可由县长径行委任，汇报该管行政督察专员公署转呈省政府备案。

---

① 参阅技术人员任用条例（二四年一一月八日国府公布）。

② 局科分设之县，局中课员以上诸职，由局长遴员，呈请县政府转请该管各厅核准委任；课员由局长遴员，呈请县政府核准委任。参阅各省各局组织规程。县土地局局长，由省土地局局长遴选合格人员，呈请民政厅转省政府委任。参阅各省土地局规程。

县行政人员之任期[①]向无一定之保障，县行政人员任用条例公布后，始规定经考试合格依法任用之县行政人员，则非依法律不得停职或免职，惟违法失职时，县长可先令其停职，派员暂行代理，然后呈省政府核准。依法交付惩戒。惟秘书虽由县长呈请省政府任免，但实际上随县长为去留。

此外北京政府时代县政府之书吏，则为清代各房书之变相，国民政府成立后，则将此等雇员之地位提高。北京政府时代之法警，则为清代捕、壮、快三班之变相，国民政府成立后，则改为政务警察，而变其组织；因二者地位虽极低下，然最能舞弊病民，故欲促进县政，对于此等微职必须先加改善。

县各组织纲要颁布以后，对于县行政人员之任用，并无法律上之变更[②]。

第五节　县参事会

民三（1914 年）以前，县之设议事会者，同时更设县参事会，以

① 局长有规定任期者，例如二十一年陕西省规定财政局及建设局长任期二年，教育局长任期三年，惟对于公安局长无规定。参阅陕西省各局组织规程。

② 但对于县政府及区署指导员之任用资格及军事科长之资格与遴委，内政部有所规定依（二九・一一・二八）内政部咨各省市政府之县政府及区署指导员任用资格暂行办法，规定县政府指导员原则上比照科长，若有特殊情形，得比照科员；区署指导员比照，县行政人员任用条例第四条即关于科员之规定。军事科科长依（三〇・一・八）内政部咨各省市政府之解释，资格应具备（一）县行政人员任用条例第三条规定其资格（按即比照其他科长）（二）经中央或地方训练合格。其任用则应由省政府遴选会同军管区司令部委派，报请内政军政两部备案。见内政法规汇编民政类第三目页四七。

为自治行政之辅助机关，县参事会亦可代议事会议决种种事件，实亦兼有立法机关之性质，比民国三年停办自治后，各县参事会与议事会遂皆被废止。

第一项　县参事会之组织

县参事会由县知事及议事会互选之参事员组织而成，而以县知事为会长；参事员之名额为议事会议员名额十分之二，由四人至十二人。此外更有文牍庶务等职，由县知事遴人派充。

县参事员由议事会议员中互选，选举之方法亦用无记名单记法。议事会选举参事员时，同时另选候补参事员，其数额与参事员同，皆为议事会议员名额十分之二。参事员因事出缺则以候补参事员补充，其任期以补足前任未满之任期为限。参事员任期为三年与县议员同。议事会改选时参事员及候补参事员亦一律改选，惟连选得连任。参事员不得兼任议事会议员，他如不得兼上级地方下级地方之议员或职员，及回避亲族，以及其他义务皆同于县议员。其待遇亦与之同。

第二项　县参事会会议

县参事会每月开常会一次，遇有特别事故，经县知事之召集或参事员半数以上之请求，可开临时会。参事会开会之会期由县知事酌定。会长及参事员到会半数以上，始可开会，以出席参事员过半数为表决数，可否同数时则取决于会长。惟县知事交参事会代议事会议决之事件，县知事则不能参与表决。

县参事会会议时，县议事会议员，及县知事所派之委员，可到会陈述所见，但无表决权。参事会会议时，禁止旁听，非议事会公开可比。每届会议议事录，由会长及参事员二名以上署名存案。

第三项　县参事会之职权

县参事会之职权为：议决议事会决议事件之执行方法及其次第；或议事会所委托之代议事件，及县知事所交与代议事会议决之事件；审查县知事提交议事会之议案；议决本县全体诉讼[①]，及其和解事件；并可会同县知事，或所派委员查核自治经费之收支账目；及其余依据法令属于参事会权限内之事件。

县知事对于县参事会之覆议权，及撤销权，与对议事会者同，参事会应行议决事件而不能议决时，则由县知事呈请省行政长官核准施行，如参事会认为县知事执法不当者，可呈请省行政长官核办或行政审判机关处理[②]。

第六节　县政会议与县行政会议

第一项　县政会议

县政会议为县政府内部之一种组织，北京政府时代，无此组

① 即选举舞弊涉及全体之诉讼。

② 本节参阅本文第三章第一节第一项。

织，十七年国民政府公布县组织法后，各县始有此组织，盖酌采合议制之精神。县政会议由县长、秘书、科长及各局局长所组成。县政会议之职权为：审议县预算决算，县公债，县公产处分及县公共事业之经营管理等事项。县长认为必要时，亦可以其他事项提交县政会议。县政会议开会时以县长为主席。县长不能出席时，有由临时推定一人主席者，亦有由秘书代理者。出席法定人数有规定须会之数三分之二者，亦有规定过半数者，因会议规则皆有各县县政会议自订，故无定则。

设有县参议会之县，县政会议皆有出议决事项，关于县参议会职权者，须由县政府送交县参议会议复，方得执行。县参议会议决执行事项，县政会议亦得再行提出审议，如认为有窒碍时，则交由县政府声明理由，再送县参议会覆议，覆议结果面县政会议仍认为有窒碍时，则转呈上级机关核办①。

自裁局并科及裁局改科后，县政会议之组织亦随之而改，例如二十二年(1933 年)江苏省县政府设有政务会议，以秘书科长为出席人员，科员区长亦可以县长之命列席会议。县政务会议之职权则为议决关联两科或关系两区以上之事务②。广西省于二十二年各县设有县务会议，由县长及各重要县行政职员组成，而掌理司法之承审员亦为其中之一。县务会议讨论之事项为县长交议事项，出席各员提议事项，关于奉令应行办理之重要事项，及关于县单行章程等事项③。二十三年后“剿匪”省份各县之县政会议，除县长

① 参阅解释县政会议及县参议会职权(广东民政厅指令第一四七三一号广东省政府公报二一年一二月六日)。

② 参阅江苏省县政府组织通则(二一年一月江苏省委通过)。

③ 参阅广西县政府县务会议规则(二十二年广西民政现行法规汇编)。

秘书科长外,□有财务委员会委员长、督学、技士、警佐、各区区长及其他由县长特别指定之人员组成;其目的则为推行县政,增进效率。故与县行政会议几无甚差别,而县政会议之组织亦逐渐扩大。

县各级组织纲要颁布之后,仍设县政会议,并由内政部制定县政会议规则①。依其规定,县政会议由县长,国民兵团副团长,县政府秘书、科长,指导员,警佐,督学,技士,会计员,县仓库主任。及其他经县长指定之人员组织之。每两星期开会一次,由县长召集之,并为主席。如县长有事故时,由县政府秘书代理主席。其讨论之事项有四:(一)奉令办理之事项;(二)县政府及国民兵团应办之主要事项;(三)准备提出县参议会之议案及(四)其他有关县政之重大事项。

第二项　县行政会议

国民政府成立后,县政府于县政会议之外,更有县行政会议,由县政府召集,每年举行二次,其时期由县政府规定。县行政会议,由县长,县政府各科科长,各局局长,各区区政及地方团体首领,或由县长聘约之地方公正士绅所组成,此外民政厅亦可派员参加会议,列为会员,县行政会议以促进县属政务为目的,其职权为:议决县长交议事项,出席会员提议事项,以及议决地方各团体之建议等事项,各地方团体提出建议于县行政会议时,须经行政会议会员三人以上之连署介绍。

开会时以县长为主席,更有副主席一人由会员票选。开会须

① (二九·五·二八)内政法规汇编民政类第四目,页六二——三。

有会员过半数之报到,表决数则为出席会员之多数,可否同数时则取决于主席。会议议决事项,由议长采择办理。闭会后则将议决案汇集呈报民政厅备案。

县行政会议与县政会议不同,县政会议之会员,于局科分设之县,则限于县政府之重要职员;县行政会议则无此限制。县政会议为县政府内之审议机关,有其固定之职权,县行政会议为县政府以外之建议机关,与中央各机关,及省之各行政机关,所召集之各项行政会议,同其性质①。

县各级组织纲要颁布后,在县参议会未成立前,仍须举行县行政会议,县预算及决算并应先经其审定,再由县长呈省政府核准。

第七节　县之其他行政机关或人员

除前述诸机关外,其他之临时及特殊之机关人员,名目尚多;例如国民政府成立后,因度量衡改制,则有度量衡检定所,设检定员一人以推行度政;裁区后,区长则变为自治指导员,以指导下级自治;他如收音员,治虫人员及其他琐碎之机关,如将全国各省各县之所有者而综计之,之则不下数十百种,因无关重要概从略,今择其比较普遍而重要者分述如下:

① 参阅县政府会议规程(一七年一〇月内政部公布)。

第一项　县佐

清代之县，有设县丞以为知县之佐贰者，民国成立后仍沿其制，改称县佐。县佐设于县境内之要津地方，以其驻在地为其所辖之区域，以不与县知事同城为原则。县佐之设置，并不普遍，凡省行政长官，认为有设置县佐之必要者，可声叙理由，咨陈内务部呈请大总统核定。故县佐为非常设之行政机关。县佐之下，更有书记员及雇员以办理文牍庶务等事项①。

一　县佐之资格与任用　县佐之资格有两种，一为考试分发之资格，一为推荐候补之资格。考试分发者，为曾任县知事试验，酌量挑选分发之员。推荐候补者必须具下列资格之一：（一）曾任各项佐职实缺者，（二）原有各项佐职资格，曾经到省办理行政事务满三年以上者，（三）曾在行政公署，充当科长科员三年以上，著有劳绩者，（四）在外国警察学校毕业，或本国警察学校三年毕业，曾办行政事务满一年以上者，（五）在中学以上学校毕业，曾充行政公署科长科员满一年以上者。凡具有上列各款资格之一者，由各省或地方之最高行政长官选择相当人员，咨陈内务部核准注册，作为候补县佐。县佐之任用，由该管道尹遴选具上述之资格者数员②，呈请省最高行政长官委任试署，并咨陈内务部核准注册，试署一年期满，如其成绩优良，即由道尹呈请省最高行政长官转咨内务部

① 参阅县佐官制（三年八月九日公布法令辑览类四，页一三二），沿河地方更有河工县佐以掌河工。

② 曾受知事试验，挑选分发人员。有优先权，参阅县佐任用条例（三年十二月一二日公布政府公报）。

请补。

二　县佐之职务　县佐之职务为承县知事之命，掌理巡徼、弹压、暨勘灾、捕蝗、催科、堤防水利，及县知事委托各项事务，并得承县知事之命指挥监督其驻在地方之警察。县佑更可处断其驻在地方之违警案件，但须呈报于该管县知事。县佐本无司法之权，故以不受理民刑诉讼案件为原则，惟边远省份如新疆云南等省县佐，亦可兼理民刑初审案件，但该管县知事仍负其责任。故县佐之职务以掌理公安建设为最要，财政次之，司法更次之。

国民政府成立后，十九年（1930 年）二月间中央第二百零七次政治会议通过训政时期完成县自治实施方案内政部主管事务分年进行程序，于厘定自治系统项下，有废除道尹及县佐之规定。嗣后各省对于县佐制度率行裁撤，惟边远省份如陕西、四川、云南、贵州、新疆等省，或分期裁撤或暂时保留。民国二十三年（1934 年），广西省有副县长之设，虽其职务仅为训练民团，然仍与县佐相类①。现行之县各组织纲要仍本废除县佐之原则，目下各省在事实上大致亦皆不设。

第二项　县征收机关

县财政收入以田赋为最要，北京政府时代各县皆沿清末之旧，委征收田赋之事于柜书粮役之手，而由县知事负其责。及国民政府成立后，则征收田赋事项由财政局管理，不设财政局者由管理财政之科理。其由财政局管理者，则于财政局掌管经征之课下，设一

① 广西省历次县组织法规，对于副县长迄无明文规定。

田赋主任，其下为稽核，督征等员，下更设比较，册串等处。其不设财政局者，则设钱粮柜于县政府，属于管理财政之科，有征收员等掌之[①]。

关于田赋以外之税，有由省单设机关专收者，有由县单设机关专收者。由县专设者，例如推收所则为办理全县不动产过割[②]。事项之机关，更可于各区设推收分所。契税征收处则为征收契税之机关，皆各设主任一人以综理其事。惟此等机关名目甚多，属省属县亦不一致。其不专设机关征收者，有由县财政局掌管经征之课设一杂税主任，下设验契及管理征收等员以掌其事，惟各省制度极不一致，财政系统甚为紊乱。

二十三年十二月后，“剿匪”省份及他省之各县因受裁局改科之影响，县之征收机关始逐渐整理，其原则不外统一征收，金库独立，并设财政务委员会以为审核机关。“剿匪”省份各县于裁财政局改为第二科后，遂设县经征处以为征收机关，设县金库以为出纳机关，设县财务委员会以为审核机关[③]。

经征处设主任一人，征收员若干人，受县长及主管科长之监督指挥办理一切征收赋税事项。凡全县应征省县正附赋税如田赋、租课、契税、营业税、烟酒牌照税、暨其他法定捐税等，均由县经征处统一征收，惟某项税额特大者，全年收入在三万元以上，而开支经费之最高额未超过收入数百分之十五者，可并准省政府设立专局征收；惟全年省县正附赋税合计不满一万元之县，得呈请省政府

① 参阅各县县政府行政报名，及各县县政概况财政编。

② 即不动产物主转移之登记。

③ 参阅本节第四项财务委员会。

核准，由主管科增设征收员及雇员，直接承办，不另设处。经征处除受县长及主管科长监督指挥外，并受财务委员之查核[①]。此外更于县政府所在地置县金库[②]，设主任一人及事务员若干，以掌理全县经管省县地方款项之出纳保管事务，直接受省政府之指挥监督，惟当地县政府及县财务委员会，亦可派员会同检查账目，惟至多以每月一次为限。

其未采"剿匪"省份之县制者，因受其影响，对于县征收机关亦有实行整理者，例如浙江省于二十四年七月对于田赋征收机关采行新制，于全县设一征收总处，于各区设各区经征处。征收总处设征收主任一人。各区经征处设经征主任一人，下设会计员，管串员，地籍员，或经征人。另外与征收总处平行机关则为金库，县金库设主任一人，下设收款员及司册员。亦将经征，保管分为两机关办理，但两机关皆隶于县长之下[③]。

近年来，财政部依据五届八中全会改进财政系统案内"中央管理全国各项租税，应先于税收所在地方设置统一经征机关，相度地方之宜，分区设置统一稽征机关"之规定及第三次全国财政会议"统一征收机关改进税务行政"一案，拟订省税务管理局组织暂行条例及县市税务征收局组织暂行条例，于三十一年（1942 年）七月呈奉公布施行[④]。县税务征收局受本省税务管理局之指挥监督，办理各该县之国家及自治财政系统各税之征收事宜。设局长一人，

① 参阅"剿匪"省份各县政府经征处暂行章程（二五年一月二二日军事委员会行营训令各省照办）。

② 参阅"剿匪"省份各县县金库暂行章程（同前）。

③ 参阅浙江省田赋征收章程施行细则（二四年七月五日公布施行）。

④ （三一・七・三〇）广西省政府公报一四七六。

副局长二人，会计员一人及课长税务员等人员。分六课办事，但在税务较简之县份，得由财政部酌减之。未设公库之县并由附近公库指派人员驻局，办理经收税款事务。

第三项　县会计及统计机关

一　会计机关　清末各县有设主计员之规定，民国七年山西省各县曾设主计员一人助理一切财政事项，及撰拟文牍等事项，皆为县设会计机关之先声。国民政府成立后，县财政府局有设会计主任者，由财政厅委派，而受财政局长之指挥监督。及裁局改科，则会计主任随局而废①。县政府内之设有会计员者，乃为县政府内之科员或办事员以办理县政府之会计事务，并非独立机关。及二十五年七月一日会计法施行后，则县会计主任为一独立机关，由省政府之主计机关委派，其职务为商承县长办理省款及县地方款之会计稽核事项②。二十六年七月并颁布各县市政府会计室组织及办事通则③，依其规定，县政府设会计室置会计员一人，主任会计室事务，由国民政府主计处委任，直接对国府主计处负责。但受省政府会计处会计长之监督指挥并仍依法受县政府长官之指挥，主办岁计会计事务。三十一年（1942 年）六月复颁布县市政府会计室

---

① 参阅陕西省地方政务研究月刊（卷二，期五，页八六）。各省县财政局组织规程并无会计主任之规定，但实际上江浙各县有设之者。

② 会计制度江苏省于二十三年间即实行。浙江省于二十四年七月二日公布浙江省各县会计稽核主任职务规程并于同日施行。会计法（二四年八月一四日国府公布，二五年七月一日施行）。

③ 国民政府主计法令汇编第一类，页六六——六七。

组织规程[①],而将上述之组织及办事通则废止。依组织规程之规定,会计室设会计主任一人,由省政府会计长或会计主任遴请国民政府主任计长委任。承国府主计长之命,受国府主计处主管局局长及省政府会计长或会计主任之指挥监督,并依法受县政府长官之指挥,主办县政府及所属各机关岁计会计事务,并设科员书记等人员。

二　统计机关　各县政府更有设统计机关以办理统计事项者。统计机关有两种组织。一为统计委员会,由县政府所属各局之统计股[②]或专办统计人员所组成。设委员长一人由省政府主计机关委派专门人员充任。统计委员会之职务为审议关于统计事项。一为统计股,统计股主任一人,及股员若干人。统计股主任,由省政府主计机关设置任免,并转呈国民政府主计处备案。统计股主任,同时并为统计委员会之当然委员。统计股之职务则为办理统计事务。统计股设于县政府秘书处,或总务科内。惟遇有特别情形,不能即设统计股者,则可先设统计员以专责成。统计股受省政府主计机关之直接监督指导外,并受县长之指挥。至于统计委员会,则由县政府指挥监督。惟两种组织并受国民政府主计处之监督指挥[③]。三十一年三月复颁布县市政府统计室组织规程[④]以后,县政府改设统计室。设统计主任,承国府主计长之命,受国府

① 江西省政府公报泰字一四四。

② 此乃各统计法规所订(见剿匪省份各县县金库暂行章程),实际上现今各县已多裁局改科,自无统计股之组织。

③ 参阅统计法(二一年一〇月一九日国府公布,二三年五月一日施行),及统计法施行细则(二十三年四月二十四日国府公布同日施行)。

④ 陕西省政府公报八〇三。

主计处主管局局长及省政府统计长或统计主任之指挥监督，并依法受县政府长官之指挥；主办县政府及所属各机关之统计事务，并指挥监督县政府及所属各机关统计人员。另设科员事务员等人员。

第四项　委员会及其他机关

第一目　委员会

县委员会为备咨询或执行某项行政之机关。北京政府时代，各县几无委员会之设置。虽于民国四年(1915年)十二月十八日颁布学务委员会规程，然此规程系根据地方自治条例而定，地方自治条例既未施行，故此规程亦随之未能实行。国民政府成立后，各县始有委员会之设立，尤以江浙二省最为繁多。各县委员会数目不一，名称亦殊，少者数种，多者数十种，皆视各县事务之繁简而异。大别之可分为常设之委员会，与非常设之委员会。常设之委员会，可分为属于省之委员会者，附于县政府者，及附于县政府各局者。非常设之委员会，更有临时性质者与非临时性质者之别。常设之委员会置较为普遍，非常设之委员会则因事因地因时而异，其设置殊不普遍。

各委员会之组织各省皆不一致，大抵皆设委员若干。委员有当然之委员，由县长及与有关县政府之重要职员充任。有延聘之委员，由县党部之代表，及当地士绅或具有专门知识者由县政府延聘充任，委员会有主任委员，率以县长充之，开会时则以主任委员为主席。委员普通为无给职，惟延聘之委员亦有酌给津贴者。延聘之委员任期由一年至三年，连聘可连任，当然委员则任期无定。

委员会之职务为备县政府之咨询，及辅助办理行政；惟亦有直接办理某项行政者，皆视其性质而异。委员会常会之会期有每年二次者，有每月一次或二次者，此外更可召集临时会议。兹将重要之常设委员会分述其梗底如下：

一　属于省之各委员会者　县常设委员会属于省之各委员会者。县禁烟委员会，及土地评判委员会为较重要。

（一）县禁烟委员会　县禁烟委员会设委员五人至七人，由县政府遴聘地方热心禁烟公正人士充任，各委履历须呈省禁烟委员会备查。省禁烟委员会可派员参加县委员会，随时督同办理禁炮事项，县禁烟委员会下设两股分掌会务，其职员由县政府指调人员兼任，惟必要时亦可酌量雇用。县禁烟委员会之职务，为对于县政府办理禁烟禁毒事项，有监察、督促、检举、纠正、设计、调查、稽核建议之责。凡关于禁烟禁毒之督促考核，协助缉私，及处理烟毒人犯案件之考查，管理戒烟戒毒院所及其经费之筹划支配，办理禁烟禁毒人员奖惩之审议，没收烟毒犯财产，一切收支之稽核，推行禁令之设计，及宣传文告插画之拟计，暨审查；禁烟禁毒文件及议案报告之撰拟等事项皆属之。此外如受军事委员会禁烟总会之命令时，亦可执行其委托之事务①。

（二）县土地评判委员会　县土地评判委员会，有由县长，县土地整理处职员，县农会代表及士绅组织而成者，亦有除县长为主席外，更由承审员，指导员，主管科长及绅士等所组织而成者。此等土地审判委员会皆隶属于省高级土地评判委员会，故亦有称为初级土地评判委员会者。土地评判委员会之职务为评判关于地权之

① 参阅各省市县禁烟委员会组织通则（二五年六月三日国府公布）。

争执，地价之评定，及登记清丈事务之发生，及县土地行政机关之委托或咨询事项，以及其他之争议事项①。

二　属于县政府者　广义言之，县之各委员会，皆附属于县政府，此则就其直接附属于县政府者而言。此等委员会种类甚多，关于保卫者，则有保卫委员会，关于计划各种事业者，则有设计委员会，关于教育者，工业发达之县，则有劳工教育委员会；关于文化者，则有文献委员会；关于粮食调剂者，则有粮食调剂委员会；关于卫生事项者，则有卫生委员会，种类繁多不胜枚举。今就其比较重要者，列述于后：

（一）财务委员会　财务委员会有称为地方财政委员会者②，有称为公款公产保管委员会者③。裁局改科后，"剿匪"省份之县，县财政局事务之一部分，划归财务委员会，其他之管理各款产，及稽核经济等委员会，及其他机关，皆一律取消，由财务委员会接管。财务委员会之组织，为由委员七人至十一人组成④，除县政府办理财政之科长为当然委员外，其余委员由县长遴聘各法团，及各区之有声望者充之。并指定一人为委员长，除当然委员外，遴聘之委员，任期皆为一年，但连聘得连任。

财务委员会设审核，出纳两组，每组设主任一人由委员兼任；审核组之职务，为办理文书及稽核预算决算等事项；出纳组之职务，为办理收入支出，及保管等事项。凡预算内之各项支出，须经

① 参阅各省县土地评判委员会章程（安徽省民政公报，期二八，页一二。湖北省法令汇编土地二三。浙江民政月刊，期一〇，页八五）。

② 例如二十一年云南省各县设有地方财政委员会。

③ 例如二十二年甘肃省各县设有公款公产委员会。

④ 一等县十一人，二等县九人，三等县七人。

审核组主任核明，财务委员会委员长签名盖章[①]，县长始发支付命令。凡不具备此种程序之支付命令，出纳组则不得付款。惟设立县金库之县，则出纳组所掌之事项皆划归县金库办理，而财务委员会则为专任审核之机关。

财务委员会之职务，为受县长之监督，办理县地方财政；凡县有之教育团防，自治[②]，慈善各款以及其他一切县有之公款公产均属之。对于县政府所编制之预算，及其财务行政，可为种种之建议，凡县地方岁入各款如田赋附加，田亩附捐，及各种杂税捐之整理，各种苛细重复税捐之豁免归并，各种征收情弊之革除，非必要或可省之县地方岁出，分别裁撤或核减等事项；皆可建议于县长。县长对于此等建议，有核定施行之权，如认为不能采用时，则连同建议书，附具理由，转呈财政厅核示。财务委员会于每月上旬编具上月份实收实支清册，呈送县政府查核备案。遇有增减税捐之必要时，由财务委员会先拟订办法，再由县政府征集各法团意见，递呈财政厅省政府核准。县有公产之购置、建造、变更、售卖、租赁、贷用及县有公款之存放生息，皆由财务委员会呈由县政府转呈财政厅核准。

县长对于财务委员会，可行使其监督权。对于财务委员会收支管理之情形，可随时调阅册簿，并检查其实况，对于县财务人员处理不当时可以警告，或加以纠正，其情节较重者可以改任，如发觉其有舞弊时，则依法惩处；保管公款如有损失，县长则勒令保管

① 预算外之支付命令，及关于动用预备费，而未经财政厅核准之支付命令；财务委员会委员长可拒绝签署。

② “剿匪”省份自二十三年十二月后分区设署，已停办自治。

人员限期赔偿，如因不能避免之事故，而致损失者，非经县长证明呈财政厅核准，不得解除其责任[①]。裁局改科后，裁局为四科或五科者（非采"剿匪"省份制者），县财务委员会之组织则与前述者略异，对于县长之关系较采"剿匪"省份制者地位较高，职权较重，委员会亦不分审核出纳二组，只由常务委员会责经理。例如二十四年六月后浙江省财务委员会是[②]。

（二）建设委员会　建设委员会之当然委员为县长，建设局长或改局为科之科长，或不设科之主任科员及财政局长或主管财政之科长，及县党部推举之委员；聘任委员五人至十人，由县长遴选热心提倡本县建设事业者，或富有建设事业之学识或经验者充之，用县政府名义聘任，任期一年或二年，但连聘得连任，县建设委员均为无给职，开会时，聘任之委员可酌支川旅费。

建设委员会之职务，为计划建议及稽核各种建设事业，审议县政府交议，及地方公私团体或个人建议之关于建设事项，监督筹划及保管建设经费，审查县建设经费预算及决算，解决关于县建设纠纷等事项。

县建设委员会以县长为主席，以建设局长，或主管建设之科长，或主办建设之主任科员为常务委员，处理日常事务，如主席不能出席时，由常务委员代表行其职务，县建设委员会常会，至少每月一次，但经委员三人以上之提议，或主席认为必要时，得集召临

① 参阅"剿匪"区内整理县地方财政章程（二十一年十二月二十二日"剿匪"总部公布）。"剿匪"省份裁局改科办法大纲（二十三年十二月三一日南昌行营公布）及各"剿匪"省份县组织规程。

② 参阅浙江省各县县政府财务委员会规程（二四年六月一〇日浙江省政府公报）。

时会议。会议议决之事项皆送请县政府核定执行，并由县政府呈报建设厅备案，其关系重要者，则先呈请建设厅核准。建设委员会江、浙二省各县有设之者，裁局后，原有涉及建设事业之各项委员会，皆一律裁撤归并于县建设委员会[①]。

（三）县义务教育委员会　自二十四年（1935年）六月十四日教育部实施义务教育暂行办法大纲施行细则公布后，各省多遵设县义务教育委员会。其当然委员为县长，主管教育科科长，督学一人，财务委员会委员会一人[②]；聘任委员则由县长遴聘对于教育有经验者三人或五人充之。

县义务教育委员会之职务为：拟具全县义务教育推行计划，监督各县义务教育经费，及上级政府给予本县义务教育补助费之保管与用途，审核所属义务教育经费之预算及决算，及考核所属办理义务教育成绩。

义务教育委员会以县长为主席，每月开常会一次，但亦可召开临时会议。委员会议决后之方案，送呈县政府。由县政府呈报教育厅核准施行。

三　属于各局者　局科分设时期有附属于各局之委员会，四川、山西、陕西、江西等省于未裁局前曾设之以代局务会议，裁局后则率随局废止，此种委员会中重要者，则为附于财政局之财政讨论委员会，附于建设局之建设讨论委员会，附于教育局之教育讨论委

---

① 参阅浙江省县政府建设委员会规程（二十一年十二月二十八日公布浙江省政府公报）。江苏省各县建设委员会组织规程（二十二年三月一三日省委会第六四〇次通过江苏月报卷一，期五）。

② 浙江省更有设计委员会委员一人，湖北省有县各区区长及县中心小学校长代表一人。

员会[①]。兹分述如下：

（一）财政讨论委员会　财政讨论委员会附设于财政局内，其当然委员为县长，财政局长，县政府各科长；聘任委员由县长选聘地方上品望素孚，富有经验者三人至五人充之。县财政讨论委员会之职务为讨论整理地方财政事项；凡关于委员之提议及县长之交议事项，民众及地方团体之建议等事项，。皆可于开会时讨论，议决后呈请县政府交县政会议议决。会议时以县长为主席，县长因故不能出席时，则以财政局长为主席。

（二）建设讨论委员会　建设讨论委员会附设于县建设局内，其组织大致与财政讨论委员会同，惟当然之常务委员为建设局局长，技仕及农工商会会长，更聘请富有实业技术经验之士绅五人至七人为委员。建设讨论委员会之职务为促进一切建设事项，凡关于县内建设计画之分年进行，每年建设实施办法，各村建设事业之合作分工配置，及改进之指导，农业及副产业之提倡及改良，县长交议及人民咨询等事项。皆为其讨论之范围。

（三）教育讨论委员会　教育讨论委员会附设于县教育局内，除教育局局长及所遴派督学为当然委员外，更延聘办理教育著有成绩者二人或至四人，从事实业或办理地方公益著有声誉者一人或至三人，及县党务指导委员会委员一人为聘任委员。教育讨论委员会之职务为讨论促进一切教育事项，凡机关于县教育之方针及计划，县教育经费及县教育财产，县教育之预算决算，及县教育

① 公安局设公安讨论委员会者颇罕，惟江西省尝设之。因公安局组织较完备，警官亦须有专门知识，故多设局务会议。与其他士绅另组讨论委员会，在事实上并非需要。

局之交谈事项皆为其讨论之范围。

至于非常设之委员会，乃为对一般常设之委员会而言。常设之委员会比较普遍，非常设之委员会则专为某地某事而设，更有临时委员会，待办理某项事务完毕后。则该委员会随之解散。非常设之委员会例如二十四年湖北省设立武当山庙产监督委员会是，临时之委员会例如"剿匪"区内二十四年各县设有临时清乡善后委员会是，待清乡善后事项办理完竣后，则临时清乡善后委员会由县长呈准省政府撤销①。

委员会以江、浙二省为多为普遍，各县多者二十余，少者亦十数种，综计全县委员数额多至百余。除县政府有关各重要职员为当然委员外，其余聘任之委员，则以地方人才不敷分配，率由少数人兼充；结果委员会之数目虽多，而其效能则极有限。且县长一人而兼任各委员会主席，非但浪费其许多时间，且亦不能兼筹并顾。而各地豪绅，多借委员为干涉县政之工具，每遇县政府决定兴办重要事业，辄以委员会名义多方干涉破坏，以致专权割裂阻碍横生，且各委员会常额经费，总数亦颇可观，各县多者数万，少者亦数千，亦为财政上之浪费，故现今委员会亦有随局科而裁并之势，凡关于公款公产之各种委员会，则合组为财务委员；关于建设之各种委员会，则合组为建设委员会；关于设计及促进性质之委员会，则合为设计委员会。

第二目　其他各机关

上述之委员会，乃就战事发生以前之组织而言。自战事发生

① 参阅修正"剿匪"区内各县临时清乡善后委员会组织细则（二四年六月一〇日公布）。

以后，县之其他机关，日渐增多，而其设置或裁并亦鲜常轨。行政院有鉴于此，根据调查结果，商得各主管机关同意，并报奉国防最高委员会核准，特制定调整各县地方行政机构及县长兼职办法，于二十九年(1930年)三月二十三日，以阳字第五二七三号训令通饬各省政府遵行。兹录之于次，以见县其他机关情形之一般[①]。

调整各县地方行政机构一览

机构名称	调整办法
一、动员委员会 抗敌后援会 优待出征军人家属委员会 县军事参议会	(1)各县未设动员委员会，及抗敌后援会者，应即设动员委员会。 (2)各县已设动员委员会，或抗敌后援会者，可仍旧名，暂勿变更，其同时设有两会者，该将抗敌后援会裁并于动员委员会。 (3)其余一切类似之机构，如优待出征军人家属委员会，县军事参议会，均应合并，或附属上述两会之内。
二、义勇壮丁总队部 国民自卫队总队部 县社会军事训练总队部 国民抗敌自卫团总团部 民训总队部(惟湘省有此组织)	(1)各县于设立国民兵团，并依县各级组织纲要成立军事科后，兵役与民众组训事务，已另有专负责机关，上列各种民众组训机构，一律裁撤。 (2)县动员委员会，对于县民众组训事宜，有建议之权。

① 原令见内政法规汇编民政类第三目页五三——五六。又，表内之动员委员会，现已改组为动员会议，仅为会议性质。

续表

机构名称	调整办法
三、县财政委员会 战时财政委员会 县教育基金保管委员会 县禁烟经费保管委员会	各县于实施县各级组织纲要时,所有县财政事务,应即依照纲要,由县政府统筹支配,上列各种财务组织,一律裁撤。
四、县禁烟委员会 戒烟所	(1)县禁烟委员会裁撤。 (2)县卫生院,或县立医院,应兼办戒烟事务,原设戒烟所,应改隶于卫生院,或县立医院。 (3)未设卫生院,或县立医院地方,戒烟所暂维现状。
五、县防空支会	裁撤。
六、县赈济院 县救济院 县赈济会	县赈济院救济院,均应附属于县赈济会。 关于救济战时灾民事宜,亦由该会办理。
七、国民经济建设委员会各县支会	裁撤。
八、林务专员办事处	裁撤,其职掌归于县政府主管并或兼管建设之科办理。
九、县各级行政人员之训练机构	应依县各级干部人员训练大纲之规定办理。

调整县长兼职一览

兼职名称	调整办法
司法处检察职务及行政事务	仍由县长兼任，俟各县成立法院后，即将县长此项兼职解除。
监所协进委员会委员长	仍由县长兼任，俟各县成立县参议会后，即将应会裁撤。
军法官	仍由县长兼任。
国民兵团团长	仍由县长兼任。
防护团团长	仍由县长兼任，并由县警察局局长（或警佐）兼任副团长。
县航空建设支会会长	仍由县长兼任。
县动员委员会主任委员	仍由县长兼任。
优待出征抗敌军人家属委员会主任委员	该会应裁并，或附属于动员委员会，如附属动员委员会时。其主任委员一职，仍由县长兼任。
县新生活运动促进会主任干事	仍由县长兼任。
后方勤务部军运代办所所长	此职以裁撤为原则，如有设立必要之县份，仍由县长兼任。
船舶总队第几大队长	裁撤。
盐务协助专员	裁撤。
县赈济会主任委员	此职改由县政府民政科科长兼任，凡依县各级组织纲要，设有社会科各县，则由社会科科长兼任。

续表

兼职名称	调整办法
县义务教育委员会首席委员	此职改由县教育局局长,或主管县教育之科长兼任。
县社会教育推行委员主席	此职改由县教育局局长,或主管县教育之科长兼任。
强迫儿童入学委员会联合会主席委员	此职改由县教育局局长,或主管兼教育之科长兼任。
县免费及公费学额审查委员会当然委员	此职改由县教育局局长,或主管县教育之科长兼任。

附注　凡调整各县地方行政机构案内,应予裁撤之机关,原由县长兼任之职务,当然撤销,此表概未列入。

依上表所示,可知其机构之繁杂。但此尚仅就依据中央法令规定者而言。至于依地方法令而成立者,自亦不少。行政院在其训令中,另定原则四项,令各省政府依据办理,其原则如次。

(一)凡地方特设之机关,含有监督地方政务性质,或为沟通政府与人民间意见而设者,俟县参议会成立后,一律裁撤。

(二)依事务性质,无庸特设机关,可划归县政府各科办理者,原设机关,应即裁撤。

(三)依事务性质,无应特设机关,但不必由县长自理者,可改由县政府高级职员兼任。

(四)依事务性质,有特设机关必要,且涉及县政府重要兴革者,仍由县长兼任。

自经此次调整后,机构似稍减。近年来虽有新设立者,如公有款产管理委员会[1]、财政整理委员会[2]之类,率皆为特种委员会之性质。但中央各机关因办理本身业务而直接在各县设立者,似尚未有减少之象征。

① 依整理自治财政纲要而设,参看县市公有款产管理委员会组织规程(三二·六·一九)财政部公布贵州省政府公报四卷三八。

② 为整理自治财政而设,参看县市财政整理委员会组织规程(三一·一二·八)行政院公报,财政部公报渝四卷三四期合刊。

第三章 县议会及县参议会

县议会及县参议会皆为县自治之议决机关，亦可称为县民意之代表机关。自治系封官治而言，凡县政由国家设官办理者为官治，由县住民自己办理则为自治。惟地方自治权广狭不一，广者则县境内所有公共事项皆属于自治范围，狭者则仅划出某种事项关于自治之范围。自治权之大小有两种看法，一为看上级机关监督自治权之大小，一为看县自治议决机关职权之大小。凡上级机关监督自治权小，而县自治议决机关权大者，则县之自治权大；反之则县之自治权小。

县自治为实施宪政之基础，自清末以至国民政府训政时期，皆相沿未改。设立县自治议决机关，可名为县自治之特征。惟民国成立以来，因政治未上轨道，几无县自治之可言，而县自治议决机关之设置，遂呈不固定不普遍之现象。将来宪政时期，宪法实行后，县自治在宪法上既有保障，而县自治议决机关必为各县之常设机关。

县自治议决机关，民元（1912 年）至民三（1914 年）间沿清末之制，各省率皆设立，至民国三年二月袁氏下令停办各级自治，于是县自治议决机关遂被解散。民十前后各省提倡自治，于是县自治议决机关有复活之象，然其实行较著者，仅广东一省而已。至国民政府成立后，十七年（1928 年）县组织法虽有县参议会之规定，然第一期内政会议议决，县参议会与区长民选同时举行；重订县组织法第二十七条因之。二十三年（1934 年）一月间内政部虽咨各省成立县参议会，于二十三年十二月以前完成[①]，然仅云南一省有普遍之设置，察哈尔省于二十三年后亦有数县设置。他若贵州省甘肃省于二十三年亦有数县设立，然旋即停办自治，县参议会亦被废止。惟广西省自二十年（1931 年）后，本县地方自治条例及其他单行法规，于各县早已设置县参议会，迄今未改。兹分述各时期县自治议决机关于后：

第一节　北京政府时代之县议会

第一项　民三（1914 年）以前之县议事会

民国元年至民国三年间，县自治议决机关，率沿清末之制；其由各省省议会自定制者，亦不超乎清末所规定者之范围，惟其职权则稍大。此时期县自治议决机关为议事会，兹述其梗概如下：

第一目　县议员

一　县议员之选举

（一）议员被选举之资格　凡城镇乡之选民，皆有被选举为县议员之资格，其积极资格为：（1）有本国国籍者，（2）男子年满二十五岁者，（3）居本县所属城镇乡接续至三年以上者，（4）年纳正税

---

① 参阅内政公报卷七，期二，页二九。

或本地方公益捐二元以上者,(5)经城镇乡议事会议决作为选民者,(6)纳正税或公益捐较本地选民内纳捐最多之人所纳尤多者。其消极资格则为:(1)品行悖谬,营私武断确有实据者,(2)曾处监禁以上之刑者,(3)营业不正者,(4)失财产之信用,被人控实尚未清结者,(5)吸食鸦片者,(6)有心疾者,(7)不识文义者。凡具有以上消极资格之一者,则不得被选举为县议员。

他如现任本县官吏或巡警者,现充军人者,现为僧道及其他宗教师者,现在学堂肄业者,及小学教员皆无被选举之资格,故不能充任县议员。

县议员由有选举权者之县住民选出,选举人之资格,与被选举人之资格相同,惟肄业于学堂者,及小学堂教员无被选举权而有选举权。

(二)选举区　选举时,于各选举区举行,选举区以县所属城镇乡之区域为准。各选举区应选出议员之额数,由县知事依各选举区人口之多寡而分配,呈请省行政长官核准。选举日期,由县知事指定。选举举行以前,由县知事出选举告示,对于选举区之划分,各选举区应选举议员之额数,及选举日期,一一载明,颁布于各选举区。此项选举告示,在应另造选举人名册时,至少须于选举举行八十日以前颁发,如不须另造选举人名册时,至少须于二十日以前颁发。

(三)办理选举人员　选举事项,城镇由总董管理,乡由董管理,如二乡以上合为一选举区者,则由县知事派定乡董一人管理。届选举期时,城镇乡总董及管理选举之乡董,须亲莅投票所监察,投票所有二处以上者,呈请县知事派人分莅监察,投票所之启闭由监察员掌之,启闭之时间则由上午八时下午六时。

（四）选举人名册　选举人名册由城镇总董及乡董编造。选举人姓名、年龄、籍贯、住居、年限，及完纳税捐年额，皆按名记载，并须于选举期五十日以前造成，存放于自治公所，宣宗于公众。宣示日期以二十日为限。如选举本人以为错误遗漏，于宣示期内取具凭证声请城镇总董或乡董更正。逾期则不得再请。此项声请由总董乡董即日知会县参事会公断。参事会接到知会后须于十日断定，如断定准其更正，则由总董乡董加以更正。更正后，选举人名册即为确定。选举人名册确定后，则由总董乡董保存。选举人名册确定后，一年内如有改选补选则仍以此册为准，选举人名册更有副本若干册，由县知事呈报省行政长官存案，并交各投票所开票所各一份备查。

（五）选举程序　投票所分设于各选举区，选举区较大者，可由城镇总董乡董划定地区，分设投票所。投票所在地亦由其规定。各投票所人数由其分别造具投票簿，以记载投票人姓名年龄籍贯及住所。并依定式制成选举票及投票匦，于选举日期十日前分交各投票所。

投票时之投票人，以列名各投票所之投票簿者为限，届选举日期，投票人须亲赴投票所自行投票，不得倩人代理，惟经特许者亦可请人代理。投票时须将代理凭证，向选举监督员呈验，每人须在投票簿所载本人姓名项下签字，方准领票以一人一张为限。投票方法用无名单记法，即将票上书明所选举人一名，而选举人则不署名。并可于选举票上附记格内，注明所选举人之官衔、职业、住所等项，此外则不得夹写他语。投票人于投票所内，除关于投票事项可与有关选举之职员问答外，不得涉及他事，亦不可与他人接谈。投票完毕即行退出不许逗留窥视。如有顶替及违背定章等事项，选举监察员可令其退出。投票完毕，由选举监察员将选举始末情形，造成报告书，于翌日连同投票匦移送开票所，并呈报县知事。投票所则自投票完毕之日起，于十五日内裁撤。

开票所设于各选举区之城镇乡自治公所。城镇总董及乡董于各投票匦送齐后之翌日，先行榜示开票之日期及时刻。届时须亲莅开票所，当众检点票数即行开票。检票须先选举票与投票簿对照，如有票数不符及放弃选举权等事，则另以册记明，开票时并准选举人前往参观。凡选举票之写不依式者，字迹不可认者，不用投票所所发之选举票者，及选出之人不合被选资格者，则选举票作为无效。

（六）选举审定　选举以得票较多数者为当选，当选人名次以得票多寡为先后。票数同者以年长者列前，年同则由城镇总董，管理选举之乡董抽签定之。当选人确定后，城镇总董管理选举之乡董即将当选人姓名及得票数目榜示，并造具清册及选举始末情形报告书，以及选举票呈送于县知事由县知事通知各当选人。当选人接到通知后，自通知之日起五日以内答复应选，逾限不复则作为谢绝，应选者由县知事给予执照并呈报省行政公署存案。

（七）选举争议　凡选举人确认为选举人名册有舞弊作伪情形、牵涉全数人员，或办理选举不遵定章，或被选举资格不符，或当选票数不实，或当选后失其资格，可以提起选举争议，由选举人申诉于县参事会公断，不服县参事会之公断者可移请省议会公断。申诉期间，自选举之日起以三十日以内为限，惟因当选后失其资格而提起申诉者其期限则不限三十日。经公断证实后关涉全数人员者则为选举无效，关涉被选个人者则为当选无效。选举无效则另行改选，当选无效则另行补选①。

二　县议员之任期及权利义务

（一）议员之任期　县议员以三年为任期，任满改选，惟连选可连任。议员因事出缺至逾定额三分之一者则，补选，补缺议员之任期以补足前任未满之期为限。

（二）议员之权利义务　县议员皆为无给职，但亦有酌给相当之公费者。县议员同时不得兼任上级或下级地方之议员及职员。父子兄弟须回避，不得同时任县议员，如同时当选，则以子避父，以弟避兄；议员当选后，不得谢绝当选，亦不得于任期内告退。惟有下列事由之一者亦可谢绝当选或告退：（1）确有疾病不能常任职务者，（2）确有他业不能常居境内者，（3）年满六十岁以上者，（4）连任至三次以上者，（5）其他事由，特经县议事会允准者。如无上列事由之一，而谢绝或告退者，县议事会可议决停止其选民权一年以上五年以下。

第二目　县议事会之组织及会议

一　县议事会之组织　县议事会设议长一人，副议长一人，县议员名额由二十名至六十名，以县之人口总数为准，总数二十万以下者，以二十名为议额，自此以上每加人口二万增设议员一名，至多以六十名为限②，更设有文牍庶务等职由议长副议长选人派充。

---

① 参阅府厅州县地方自治章程，府厅州县议事会议员选举章程（皆于宣统元年十二月二十七日颁布，大清法规大全宪政部卷三，地方自治页二四）。城镇乡地方自治章程（光绪三四年十二月二七日颁布，同前页一）。

② 江苏省县人口总数在三十万以下者，以二十五名为定额，自此以上每加人口三万，增设议员一名，至多以六十五名为限。参阅江苏省暂行县制并选举章程（民二六月修正公布，江苏省单行法令初编）。

议长副议长均由议员用无名单记法互选，任期皆为三年但连选可连任。开会时以议长为主席，议长如有事故不能出席时则以副议长代理，遇出席议员可决否决同数时则决于议长。会议时议长副议长可提议禁止旁听，议员有不守法制上之规定，及议事规则者，议长可停止其发议，如仍发议则可令其退出，如议场秩序因而紊乱，致不能会议者，议长可令暂时停议。旁听人如不守规则，议长亦可令其退出，每届会议完毕则由议长副议长将本届议事录，会同议员二名以上署名报告于县知事。对于议事会所设之文牍庶务等职亦由议长副议长遴人派充。此外例如江苏省更规定县议事全由议长召集。

二县议事会会议　县议事会之会议，每年一次，以八月或九月为会期，会期以一个月为限，会期限满而所议事项尚未完毕者，更可以延长会期十日。此外如有临时应议之事件，可开临时会议，会期亦以十日为限，议事会之召集、开会、闭会、展会皆由县知事管理，亦有规定议事会之开会由议长召集者，惟先期须通知县知事。召集之期距开会之期须在十五日以外；由县知事召集开会者，县知事应将本届应议事项距开会十日以前，通知县议事会议员，但临时会则无此限制。

县议事会开会时，出席议员须过半数以上始可开会，表决数为出席议员之过半数，如可否同数时，则取决于议长，开会时以议长为主席，如有事故则以副议长代理，副议长并有事故，则由议员中分推临时议长代理。会议时，县知事或其所派之委员，及参事会之参事员，皆可列席陈述意见，但无表决权。县议事会会议时不禁止旁听，惟县知事特令禁止者，或议长副议长提议禁止者，或议员五名以上提议禁止者，经会议议决后，则不得旁听，凡会议事件关系议长副议长及议员之本身，或其父母兄弟妻子者，则有关系之议长，副议长或议员须回避而不预议，如有议员半数以上须回避者，则移交参事会代为议决。

省行政长官遇有不得已情节，可咨请内务部解散县议事会，议事会解散后于三个月以内改选，重行召集，其会期之长短，由县知事呈请省行政长官酌定。

第三目　县议事会之职权

县议事会之职权，为议决本县自治经费，岁出岁入预算及决算事件；及自治经费筹集及处理之方法。凡城镇乡议事会应议决而不能议决之事件，则由县议事会议决，城镇乡争执事项则由其公断和解，遇开会时，县议事会可推举议员若干人，会同县知事或所派委员检查各项经费收支账目，及其余依据法令属于议事会权限内之事件皆归之。

此外县议事会对于地方公益事项，可建议于行政机关核办。故县议事会之职权，最要者则为对于自治经费之财政权，及对于下级地方之公断权而已。然当时县行政长官之职权颇大，对于县议事会之议决案除交令复议权外，并有撤销权，故县议事会之职权甚小，几完全在县知事控制之下。惟由各省省议会自订县自治制者，则议事会之职权较沿清末制者为大，例如江苏省县议事会，除有前述诸权外，对于全县应兴应革之事件则有议决权，并非前者只可建议之比。县知事对于议事会之决议案，要求复议，而议事会仍执前议时，则由县知事呈请省议会公断，县知事对之无撤销权。

第二项　民十(1921年)前后各自治省之县议会

自民国三年(1914年)三月各级地方停办自治后，县之立法机关遂皆被裁撤。民国六年中央及各省虽有恢复自治之酝酿，然并未实现。民国八年(1919年)九月八日曾公布县自治法，对于县议会及县参事会皆有规定。县议会议员由十名至三十名视县之人口多寡而定，设议长一人，副议长一人大致与民三以前之县议事会相同。惟县参事会则改为执行机关，设会长一人以县知事任之。参事四人至六人，半数由县议会选举，半数由县知事委任，其资格与议员被选举之资格同。惟县自治法公布后各省并未实行。

民国九年(1920年)九月间至十三年八月间，各自治省之省宪及县自治之单行章程相继颁布，如广东省，云南省曾一度实行①。兹综述如下。

第一目　县议员

一　县议员之选举　县议员之选举各省多不可考，兹所述者，除县议员之资格外，其余皆为广东省县议员选举制度。

(一)县议员被选举之资格　县议员被选举之资格即为选民之资格，惟其年龄则限满二十五岁以上。其积极资格有规定有中华

① 十年四月广东暂行县自治条例曾实行外，云南省于十三年八月间公布暂行县制，有县议会之规定，于昆明、宜良、阿迷、蒙自、个旧、会泽、腾冲、思茅八县试办。湖南省宪第十章有县议会之规定；湖南省宪虽一度实行，然当时各县是否选出县议会则不详。四川省宪法草案第十一章规定县置县议会。江西省暂行县自治条例第四章第二节有县议会之组织，浙江省九九宪法第十四章规定县设县议会及县参事会。惟皆未实行。

民国国籍之人民于县境内现有住所或寓所继续满二年以上者，于本次选举年内于县自治服工役三日或缴纳免工费者①。有定为除继续居住本县境内一年以上外，并曾任或现任公职者，或初级小学以上毕业或与有相当之程度者，或曾办或现办地方公益事项著有成绩者，以及年纳国税或地方公益捐二元以上者。其消极之资格大致与民初所规定者相同，另外受褫夺公权之宣告尚未复权者，及有废疾者，皆无选举权及被选举权。其停止选举权及被选举权者亦与民初所规定大致相同，惟在征调期间之续备军人，现任国会及省议会议员，及选举委员于其所办理之选举区，亦皆加以停止。

县议员之选举事项，各省多不可考，兹述广东省县议员之选举②如次：

（二）选举日期及选举区　县议员由县选民选举，选举每两年举行一次以十二月一日为选举日期，惟遇有改选及补选时由选举监督另定。如遇有事变不克按期举行时，则县选举监督另定日期举行并报告省长。选举区以各县自治区为准，在区自治未举办以前由选举监督划定。

（三）办理选举人员　各县议员选举设选举监督一人，以综其事，由省长于九月以前委任，补选时由省长临时委任，每选举区设选举委员一人及投票开票之管理员若干人，由选举监督于选举日期二十日以前委任，但不得委本选举区以内之人充之。投票管理员掌管投票所之启闭及投票纸，投票匭及选举人名册，并维持投票

① 此仅为广东省之规定。

② 参阅广东暂行县议会议员选举条例（一〇·四·一六日公布，内务部地方自治讲义广东自治）。

所秩序等事项。开票管理员掌管开票所之启闭，清算投票数目，检查投票纸，维持开票所秩序等事项。更设投票监察员与开票监察员，分别监视管理员，所办投票及开票事项。

（四）选举人名册　每届选举期，由选举监督于九月一日分派调查员调查男女姓名年岁籍贯及住居年限造具选民总册。于十月一日由调查员报告选举监督。选举监督即将选民名册公布于各选举区。选民名册于公布后十日内如有认为遗漏者及错误不实者，选民可取具证据陈请选举监督更正由选举监督判定。

（五）选举程序　选举委员于选举日期十日以前须颁发选举通告，开列投票所开票所地址，投票方法及选举日期。投票所每选举区分设五处以上十处以下，其地址由选举监督于选举日期十日以前指定。开票所则设于选举委员驻任之地。投票纸及投票匭皆由选举监督按照定式制成，分交选举委员，更由选举委员先期分别造具投票簿载明选民姓名年岁籍贯及住居年限，于选举期前分交各投票所。

投票人以列名本投票所之投票簿者为限，届选举日期，投票人须亲赴投票所投票，并将本年服工证书或免工费收据交管理员验明，领投票纸时，须于投票簿所载本人姓名下签字，用无记名单记式投票①。投票人如有冒替及其他违反法令情事时，管理员及监察员可令其退出。

（六）开票　管理员及监察员于投票完毕后，将会同所造之报告书及投票匭送致选举委员，选举委员收到报告书时即预定时刻，宣示开票，开票完毕后，即行宣布选举结果。开票所管理员及

① 投票纸上只书被选举人一人，不书选举人姓名。

监察员于开票完毕之翌日,会同造具报告书送致于选举委员。所有选举票应分别有效无效由选举委员送致选举监督于二年内保存。

(七)选举审定　候选人以得票比较多数者为当选,票数相同时则抽签定之。得票次多数者则为候补当选人,其名额与各选举区内分配之议员同,当选人确定后,除榜示外,并由选举委员通知各当选人,当选人接到通知后,须于五日内答复愿否应选,其逾期不复者,则以不应选论。其答复应选者,则由选举委员呈选举监督,由选举监督给与当选证书并将本县全体当选,姓名榜示,更造册报告省长。

(八)选举诉讼　凡选举人确认为办选举人有舞弊及其他违反法令行为时,可于十日内向本县地方审判厅或分庭起诉,如选举人名册因舞弊而牵涉全数人员,或办理选举违反法令经审判确定后,则选举为无效,于原选举区举行改选。与原选举之办法同。当选人不愿应选,或死亡,或被选资格,或当选票数不符,经审判确定者,则为当选无效,另以本选举区候补当选人递补。

二　县议员之任期及权利义务

(一)县议员之任期　县议员之任期各省规定均为二年,任满改选,议员出缺时,由出缺议员之选举区选出之候补当选人顺次递补,递补之议员,其任期与前任已过之期合并计算。县议员之任期虽为二年,但县住民认为不称职时,可由原选举区三分一以上之原选民连署,发刊布告,于五日内定期投票,依投票数四分三以上之同意将其召还①。

---

① 此仅为广东省之规定。

（二）县议员之权利义务　县议会议员有三人以上之连署，可提出议案于县议会；于会期内除现行犯外，非经议会之许可不得逮捕。会议时，议员之言论及表决，对于会外不负责任。议员为无给职，在会期内可受相当之办公费或旅费，其数目由县长定之。

县议员当选后，不得谢绝当选，任职后，非经县议会之许可，不得辞职，否则停止其选举权及被选举权一年至三年。同时不得兼任县公署职员，大致与民初规定县议员之义务相似。议员更有出席之义务，无故不到会延至五日以上者除名。违背议事细则时，或以县议会名义下预外事者，则停止其到会，其情节重者则除名。停止到会须依出席议员多数之议决，停止期限至多不得过五日。除名须依出席议员三分之二议决。

第二目　县议会之组织及会议

一　县议会之组织　县议会设议长一人，副议长一人，县议会议员之名额，各省规定不一，然皆依县之大小及人口之多寡而定；例如湖南省则定为各县县议员人数不得少于十六人，至多不得过五十人；广东省则定为人口不满十万之县选举二十名，满十万至二十万者选举二十五名，每十万依次递增五名，至五十万以上者不得逾四十五名，惟于人口未调查以前，则依惯例分各县为大中小三等，大县选举议员四十名，中县三十名，小县二十名。云南省则定为每县人口十二万以下者以二十名为定额，自此以上，每加人口二万可增设议员一名，但至多不得过六十名。其他职员与以前议事会同。议长副议长由县议员互选，其职权与民初县议事会者相同。

二　县议会会议　县议会之会议分为常会及临时会，常会开会日期有定为二月十五日[①]者，有定为六月一日者[②]。开会期间有定为一月者，有定为二十日者，但皆可延会十日。常会届期由议会自行集会。临时议会之开会期间，有定为至长不得过十五日者，临时会议之召集或由议员四分之一以上或三分之一以上提议召集，或由县长召集。

会议时之主席，及表决数等，皆与民三以前之县议事会同。县住民如以为县议会违法或失职时，可用法定投票程序将其解散[③]。

第三目　县议会之职权

县议会之职权总括之则为立法权，关于议决行政事项之权，及监督权。

一　立法权　关于立法之权最要者则为制定县自治范围内之各种单行章程，如县公约及县规则等是；此外对于县住民及县行政公署及各法团提交之议案皆须县议会议决。并议决县议会内之规则，及县属各区议会应议决而不能议决之事件，以及其他法令属于权限内应议之事件。

二　关于议决行政事项之权　关于议决行政事项之权，最要者则为议决预算权及其他财政权。

（一）议决预算权　县长于县之一会计年度开始前，预计县之岁出岁入编成预算案，于县议会首届开会后三日内咨交县议会议

① 此为广东省之规定。

② 参阅江西省暂行县自治条例。

③ 县住民认议会为违法时，得由三分之一以上之原选民连署，发刊布告，于二十四日定期投票，以原选民四分之三以上之投票，投票四分三以上之同意解散之。县民大会认县议会为违法或失职时，有县民大会三十人以上之提议，得到会代表过半数之投票，解散之，并规定县民大会，如否决议会对于县长之弹劾案，则县议会自行解散。

决。提出预算案时，县长须将预算计画事务，制定说明书及财产表册，连同上年度预算决算案一并咨交县议会。县议会议决举办之事项，或依法令举办之事项，非一年所能完竣者，或其费用非一年所能筹足者，可经县议会议决预定年限筹集继续费。预算案议决后，由县长将全案公布并呈报省长备案。县长于每一会计年度终结后，将上年度之岁入及岁出，连同收支簿记，单据表册，咨交县议会议决。决算案议决后，由县长将全案公布并呈报省长。

（二）其他财政权　县议会对于单行税及附加税之赋课及其征收之方法，县公债之募集及使用费之征收方法，县有财产营造物，公共设备之经营及处分方法皆有议决之权。

（三）关于其他行政权　凡县地方行政事务，及一切应兴应革事项，皆由县议会议决。对于县长可以建议，并答复其咨询，县行政公署所定执行方法，县议会认为有违法或不当时，可声明理由停止其执行，若县行政公署坚执不改，县议会可呈请上级官署核办。

三　监督权　县议会对于县长可以提出质问，如认为县行政官吏有违法行为或溺职时，可提出质问，如认为县行政官吏有违法行为或溺职时，可提出弹劾案呈请省长查办。县议会认为有必要时，可选举委员若干人，随时检查县自治会计，县长及其所属职员不得拒绝。

县议会尚有其他之权限，对于县地方公共利害，可以提起诉讼，并可受理本县住民之请愿，县议会亦可请愿于省议会。

各省县议会之组织，仅为昙花一现，广东省各县县议会在民十二年（1923 年）即为陈炯明一律解散，湖南省之自治时代，自民国十一年十二月赵恒惕当选为湖南自治政府省长起，至民国十五年国民革命军入湖南之日止为期仅四年。四年间，各县议会是否皆已成立，尚无明确之记载，云南省之暂行县制自十三年八月公布后仅就昆明宜良等八县试办至十七年(1928 年)依县组织法改组为止，为期亦仅四年。

第二节　国民政府成立后之县参议会

十七年(1928 年)之县组织法及十八年重订之县组织法，虽皆有县参议会之规定，然实际上迄未成立，至民国二十一年(1932 年)八月十日国民政府更公布县参议会组织法及县参议员选举法，并定于二十二年三月十二日施行。二十三年一月间内政部虽咨各省成立县参议会，然实行筹设者寥寥无几。二十三年二月二十一日中央政治会议第三九六次会议通过改进地方自治原则，将地方自治之进行分为扶植自治，自治开始，及自治完成三时期，扶植自治时期县之立法机关为参议会，自治开始时期，及自治完成时期，县之立法机关，则为县议会。二十三年八月十一日行政院本此原则，制定公布扶植自治时期县市参议会暂行组织办法，现行县参议会之组织皆依此为准则。二十三年甘肃省贵州省及二十三年后察哈尔省之各县间设参议会者，以及二十四年一月后云南省之各县参议会，皆为扶植自治时期之县参议会，惟“剿匪”省份皆已停止自治，故甘肃贵州二省皆已停办，其他各省虽或有筹设者，然尚未成立。惟广东省于民国二十年五月，中央执监委会开非常会议于广州，成立所谓广州国民政府，遂于是年七月一日公布县地方自治条例及县地方自治施行细则，八月十一日公布县参议会组织条例，七月二十二日公布县参议员各区乡镇里自治人员选举规则，县自治法规粲然大备，先后施行。嗣于二十二年十一月二十八日，复由西南政务委员会修正施行。故广东省县参议会之组织与中央所规定者不同；国民政府成立后县之设参议会者，以广东省设立为最早为最普遍，兹先述广东省县参议会之组织如次：

第一项　民二十(1931年)后广东省之县参议会

第一目　县参议员

一　县参议员

(一)县参议员被选举之资格　县参议员被选举之资格，即为公民之资格，凡中华民国人民，无论男女，年满二十岁，在本县区、郡、镇、里、邻继续居住一年以上，或有住所达二年以上，经宣誓后，即取得公民之资格。其消极之资格则为：(1)有反革命行为经判决确定者，(2)贪官污吏，土豪劣绅经判决确定者，(3)褫夺公权尚未复权者，(4)开除党籍者，(5)禁治产者，(6)为不正当之营业者，(7)吸用鸦片或其他代用品者，凡有其中之一则无选举、罢免、创制、复决之权及被选举权，故不得被选举为县参议员。

此外如(1)现役军人或警察，(2)依法令组织之各种地方武装团体现役人员，(3)现在学校之肄业生，(4)现为僧、道、尼及其他宗教师，(5)受国籍法第九条之限制尚未解除者，(6)盲哑或染有废疾者，(7)现受刑事处分不能执行职务者。凡有其中之一则停止其当选。

(二)选举程序　广东县参议员之选举，与选举区长副区长同时举行，由县内各区公民选出一人至三人，由商会、农会、工会、教育及自由职业团体，各选出一人。选出议员之名额，依各县人口多寡经济情况，由民政厅提呈省政府定其额数。候补之参议员，其名额与选出之参议员同。惟在县长民选以前，则依其名额选出加倍人数，由县政府列册呈报民政厅，分别指定为县参议员或候补县参议员。县参议员之选举皆由县政府办理。

参议员之由各区选出者，则由区民中选出之区代表大会选举，其由各团体选出者，则由该团体选出之初选人选举，皆采用复选制①。投票则用限制连记法。选举时由县政府派员监选。议员当选之数，则以有选举权者过半数之投票为准。当选之县参议员由民政厅发给证书，非确有疾病或精神衰弱不能常任职务者，不得拒绝当选，当选参议员，不能应选或中途去职时，则由县参议会报县政府由县政府呈民政厅，由民政厅以原选举区或原选举团体选出之候补参议员指定递补。

二　县参议员之任期及权利义务　县参议员之任期为三年②，就职之前须入县参议员训练班受训练，县参议员提出议案须有三人以上之连署，在会场发言对外不负责任。县参议员为义务职，不给薪俸，如于一会期内，无正当理由而缺席至三次以上者，则视为辞职，另行递补。县参议员不得兼任本县县政府及其所属各机关之公务员。对于县政府亦不得保荐人员或其他请托等事。在任期内如有违法失职等事，县内之选举区或选举团体可依法提出罢免③。

① 参阅广东县参议员及区乡镇里邻自治人员选举规则（二十二年，一月，八日修正公布）。

② 原定为二年，二十四年修正县地方自治条例改为三年。

③ 参阅县地方自治条例施行细则第八章（二十二年，十一月，二八日西南政委会修正公布）。

第二目　县参议会之组织及会议

一　县参议会之组织　广东省县参议会设议长一人，副议长二人，县参议员无定额，由商会、农会、工会、教育会及自由职业团体等各选出一人。县内各区选出一人至三人，依各县人口多寡经济情况而定。县参议会开会时，更分为各组委员会，以审查议案，更有书记长一人，书记员一人至三人，并可酌用雇员由民政厅定其名额。

议长及副议长由县参议员以记名单记法互选，以票数最多者一人为议长，次多者二人为副议长。议长副议长须常驻会内，掌理日常事务，并指挥监督会内各职员及维持会场秩序。参议员之书记长由议长副议长提请县参议会议决任用，书记员雇员则由议长副议长委用。其他对于会议时之职权，与以前之县议事会县议会相同。下届县参议员就职时，则将经管册籍文件公物款项移交，并会函县政府转民政厅备案，议长副议长如有放弃职守等事，经县参议员三人以上之提出，县参议会议决后则函县政府转呈民政厅核准后改选。

县参议会于开会时，由参议员中分为法制、社会、教育、建设、财政、警卫、地政等组，分别审查各类之议案。

二　县参议会会议　县参议会每六个月开常会一次，每次开会以五日为限，更可召集临时会议，但须民政厅核准。县参议会开会由议长副议长召集，但在议长副议长未选定以前，由县长召集。开会时以议长为主席，议长缺席之办法及可否同数之表决，以及开会之出席人数及表决数等，皆同于以前县议事会及县议会。县参议会会议以公开为原则，但主席或参议员三人以上之提议，经会议通过时，可暂行禁止旁听，惟县长则无提议禁止旁听之权，开会时亦可请县长局长或派员列席报告或说明。县参议会会期以二年为一届，但县公民对之可提出罢免权，如全数参议员被罢免则参议会自然解散。

第三目　县参议会之职权

县参议会之职权，关于立法者，则为议决县单行法规事项，关于财政者，则为议决预算决算，整理县财政，募集县公债及其他增加县民负担事项；县有财产之经营及处分等事项。关于其他行政者，则为议决关于完成自治，县民生计及救济，促进县教育及其他文化等事项，以及县长交议事项及其他应兴应革事项。各议决事项以不抵触中央及省法令为范围。议决后，则送县政府，由县政府分别转呈主管机关核准施行。县内公民对于县参议会议决单行法规，可提出复决案①其程序与提出罢免案同。

第二项　扶植自治时期之县参议会

扶植自治时期即实行训政时期。此时期乃运用行政权以扶植自治权。此时期之县参议会性质，与二十一年(1932 年)八月十日国府公布之县参议会组织法所称之县参议会不同②。现今各省例如察哈尔省及云南等省所有之县参议会，皆为扶植自治时期之县参议会。

---

①　参阅县地方自治条例施行细则第八章。

②　二十一年八月国府公布县参议会组织法，其规定大致与扶植自治时期之县参议会相同，惟无聘任之参议员，而县公民对于县参议员可以依法行使罢免、创制、复决之权。县参议会组织法及县参议员组织法于二十四年二月一日第四届第三次立法院会议议决修正。参阅该月立法院公报。

第一目 县参议员

县参议员在扶植自治时期，分为两种，一为由县公民选举之参议员，一为由县长聘任之参议员，兹分述如下：

一 县参议员之选举

（一）县参议员被选举之资格 民选县参议员被选举之资格，除有县公民之资格[①]外，并须年满二十五岁及有下列资格之一：（1）曾在初级中学以上学校毕业者，（2）经自治训练及格，须有证书者，（3）曾任职业团体职员一年以上者，（4）曾办地方事务著有成绩者。其消极资格则为（1）褫夺公权者，（2）禁治产者，（3）吸用鸦片或其代用品者。凡有其中之一则失其选举权及被选举权。他如（1）现任小学校教职员，（2）现在学校之肄业生，（3）僧道尼及其他宗教师，皆停止其被选举权，与历次所规定者大体相同。

（二）选举区 县参议员之选举区，以自治区为选举区，应选出县参议员之名额，依人口为比例，在人口未满十五万之县为十五名，超过十五万者每人口三万则增设参议员一名，惟各选举区按人口比例不敷选出参议员一名，或于选出若干名外仍有零数，致参议员名额分配困难时，则比较各选举区零数之多寡，将其余额依次归零数较多之区选出。如两区以上零数相同时，则用抽签法以定应归某区选出。

（三）办理选举人 县参议员之选举，以民政厅厅长为选举监

① 县参议员由县公民选举，各自治法规对于县公民迄无规定，惟乡镇公民同时应即为县公民。乡镇公民之资格，依乡镇自治施行法第七条为"中华民国人民，无论男女在本乡镇区域内，居住一年或有住所达二年以上，年满二十岁经宣誓登记后，为乡镇公民。"故有乡镇公民之资格者即有选举县参议员之权。

督,选举事务则由县选举委员会办理,而以县长为委员长,各区区长为委员。县参议员之选举日期,及各选举区县参议员名额之分配,皆由县选举委员会拟定,请选举监督核准公告,选举日期于星期日或例假日。于各选举区同日举行。

（四）选举人名册　选举人名册由选举委员会于选举期前,按照选举区造具,于办理登记十日前,将各选举区选举人榜示于其各区之乡镇公所。如乡镇居民,对于榜示选举姓名认为有错误或遗漏时,于榜示后五日内,可向其各乡镇公所声明更正。

（五）登记　县选举委员会于选举期三十日以前,更设立选举人登记事务所以办理选举人登记事务。登记事务所设于各乡镇公所,而以乡镇长为登记事务员,于开始办理选举人登记五日前,由选举委员会将登记程序,广为揭示于各乡镇。登记期间则以十日为限;县公民赴选举人登记事务所登记时,经登记事务员审查合格后,给与选举证一张。县公民对于登记事务员之审查有不服时,可于五日内声请县选举委员会决定。

（六）选举程序　选举人投票,各以本乡镇为投票区,于选举时,由县选举委员会分设投票所于各乡镇公所,而以乡镇长为投票所事务员。

投票之程序与民国十年(1921年)广东省之所定者相同,投票方法用无记名连记式,以自写自投为原则,不能自写者可请本投票所临时指定之代书人,于投票监察员监视之下代写。投票时每一投票区,设投票监察员十人,由投票所事务员就投票人名簿所载选举人中,选定年龄最长及最幼者各五人充任。监察员须尽先投票,在场监察时非至投票完毕,封锁投票匭之外层后,不可离开投票所。同时县党部亦可派人出席监选[①]。

各投票区于投票完毕后，即日由投票所事务员，及投票监察员共同将投票匭送至各本区公所。由区长依投票匭送到之先后顺序开票，开票时，本区投票监察员须莅场监视，检票时，须将票数与投票人名簿签到人数对照，凡选举票之写不依式者，夹写他事者，字迹模糊不能认识者，不用制定之投票纸书写者，则作为无效。

（七）选举审定　县参议员之当选人，为在本选举区得票较多数者，遇有票数相同时则以抽签定之。候补当选人则以当选人之次多数者充之。其名额与当选人同。当选人及候补当选人确定后，则由县选举委员会将其姓名及所得票数，分别榜示于各区之乡镇公所，并通知各当选人。当选人接到通知后，须于五日内答复愿否应选，逾期不答复则视为不愿应选。当选人愿应选者，则由选举监督发给当选证书。

（八）选举诉讼　选举人如确认为办理选举人有舞弊，及其他违法情事时，或当选人资格不符，或票数不实，或落选人确认为所得票数，应当选而未当选时，皆可于当选人姓名榜示后五日内，向该管司法机关提起选举诉讼。凡选举人名册因舞弊而涉及全册选举人达三分之一以上，或选举办理违法，经法庭判决[②]确定后，则选举为无效，于判决后十日内，重行依法选举。惟一选举区之选举无效，不涉及其他之选举区。如被选举人资格不符，或当选人票数不

① 参阅县议员选举时党部派员监选办法（国府第六九七号训令）。

② 选举诉讼先于各种诉讼之审判，并以一审为止，关于选举之犯罪，则依刑处法断。参阅参议员选举法第七章（二十一年，八月，一〇日公布）。

实，经法庭判决确定，或当选人死亡，则当选为无效，另由候补当选人依次递补。

二　县参议员之聘任　聘任县参议员之资格为：（一）对于自治制度有研究者，（二）办理地方自治有经验者，（三）从事地方公益及生产事业，著有成绩，且对地方自治有深切之了解者。凡有其中之一皆有被聘任之资格。聘任时由县长发给聘书；并呈省政府备案。

三　县参议员之任期　权利义务　扶植自治时期，县参议员之任期为一年①。县参议员皆为无给职，但在会期内可按照地方情形酌给旅费。县参议员不论民选与聘任者，凡缺席次数至每会届期开会次数三分之一以上者，则不得支领旅费。于一会期内，无正当理由而缺席至五次以上者，则视为辞职，即由候补当选人递补。聘任之参议员则由县长另聘。他如不得兼任本县县政府及其所属机关之公务员，对于县政府不得保荐人员，或有其他请托情事；及与参议员本身有关系者，非经县参议会之许可不得与议等义务，皆与二十年后广东省县参议会之规定者大致相同。如违法失职时，则由民政厅处分②。其处分分为申诫、停职、撤职三种；而不由县公民罢免，一则由于任期太短，期满后可以不连选连聘，不必费罢免之手续。一则由于扶植自治时期，县公民尚不能行使罢免权。

---

①　十八年六月十五日重订县组织法规定县参议员任期三年，每年改选三分之一。二十一年八月十日国府公布县参议组织法，规定县参议员之任期为二年。二十三年八月十一日行政院公布扶植自治时期县市参议会暂行组织办法，则定为一年。

②　参阅县市参议员违法失职暂行处分办法（二十三年，八月，一日行政院公布）。

第二目　县参议会之组织及会议

一　县参议会之组织　扶植自治时期之县参议会，设议长一人，副议长一人，县参议员之名额不等，在人口未满十五万之县为十五名，超过十五万者，每人口三万，则增设参议员一名，但人口稀少，人选困难县分，可由省政府拟定名额，咨请内政部核定。惟聘任之参议员，其名额不得超过议员全额之半数①。因审查提案，县参议员更分为法制、社会、教育、建设、财政、警卫等组。县参议会更设书记长一人，书记一人至三人，并可酌用雇员。除聘任议员及副议长只一人两点外，其余与二十年后广东省县参议会无甚差异。

二　县参议会会议　县参议会开会由议长副议长召集，议长副议长未选定前，则由县长召集。县参议会之常会，每三个月开会一次，更可召集临时会，由县长或县参议员五分之一请求，则即召集。常会及临时会之会期皆以一月为限。定期开会时，县参议会须函县政府，由县政府转呈上级监督机关备案。

县参议会之开议及表决数，皆以过半数为准，可否同数时则取决于主席。开会时以议长为主席。遇有事故代替之方法，与以前县自治议决机关相同。开会时可请县长、局长，或科长列席报告或说明。县参议会之决议案，咨送县长分别执行。如县长延不执行，或执行不当时，县参议会可呈请该管上级机关核定②。

---

①　二十三年察哈尔省万全、宣化、蔚县、张北，县参议员名额共七名；聘任者四人，推举者三人。怀来、涿县共五名，聘任者三人，推举者二人；与中央所规定者不合。

②　原定为提供县民依法复决，在扶植自治时期，则改为由该管上级机关核定。参阅扶植自治时期县市参议会暂行组织办法第九条。

县参议会对于县长交议案件,须提前审议,如延不审议,县长可于本届县参议会闭会后,呈上级机关核准执行。惟于县参议会闭会前一星期内交议者,则不可呈上级机关核准。县参议会议决案,于每次会毕后,呈民政厅备案。

第三目　县参议会之职权

扶植自治时期,县参议会之职权,大体与二十年后广东省县参议会之职权相同。其立法权则为议决县军行规则,财政权则为议决县预算决算,议决关于整理县财政收入,募集县公债,及其他增加县民负担事项,及经营县公有财产及公有营业等事项。关于议决其他行政事项者,则为议决县长交议事项及其他应兴应革等事项。

第三项　县各级组织纲要下之县参议会

县各级组织纲要颁布后,依据该纲要第十五条之规定:县设县参议会。三十年(1941年)八月九日国民政府公布县参议会组织暂行条例及县参议员选举条例①并于成立县各级民意机关步骤②中规定自三十二年五月五日起施行③。凡乡镇民代表会开会四次以上经政府考核无异者,得成立县参议会。三十二年十一月十

① 国府渝三八六。

② (三二·五·八)国府渝五六九。

③ 在先,三十年九月行政院第五三四次会议讨论该院秘书处签拟上举各条例施行日期及拟定成立各级民意机关之步骤时,曾通过:(一)各省实施新县制二年以上之县份,如省政府认为可以成立乡镇民代表会及县参议会时,得呈准行政院成立;(二)其未实施新县制及成立县参议会之县份,即由行政会议代行其职权。

六日行政院第六三七次会议通过之限期成立县参议会完成地方自治案[①]中限于三十三年□一律依法成立县参议会，其不能依法成立之县，得先成立临时参议会[②]。但仍应督饬各该县举行保民大会及乡镇民代表大会。兹将县参议会之参议员，组织，与职权分述于次。

第一目　县参议员

一　县参议员之选举

（一）县参议员被选举之资格　凡县公民年满二十五岁经县参议员候选人试验或检核及格者[③]，得被选为县参议员。但凡现任本县区域内之公务员，现役军人，或警察暨现在学校之肄业生，停止其被选举权。

（二）区域选举与职业选举　县参议员之选举，分区域选举与职业选举二种。前者由每一乡镇民代表会选出县参议员一人；但乡镇数超过一百之县，得由数乡镇［共］选一人，未满七乡镇之县，

① 见（三二·二·一七）重庆中央日报。

② 各省成立临时参议会者为数不多，依内政部统计共三二一县（各省实施县各级组织纲要实施成绩总报告提要）。但中央尚无统一法令。依广东、贵州、甘肃等省之县临时参议会组织规程之规定，其名额大致视县等而定。选举方法大致分提名与选定两步骤。提名权属之县政府，选定权属之省政府。被选举资格定为年满二十五岁具有本县籍贯并在本省所属公私机关团体或职业团体服务二年以上者（广东无县籍贯之限制，但须在本县服务）。其职权大致与省临时参议会相似。湖北省之选举制度，较为特殊，即由县党部秘密会议照规定名额提出加倍候选人，由省政府召集党政联席会议特别小组核定。参看广东省各县临时参议会组织规程（广东省政府公报九八七），贵州省各县临时参议会组织规程（贵州省政府公报四卷三八），甘肃省各县临时参议会组织规程（甘肃省政府公报五五八），湖北省各县临时参议会参议员产生暂行办法（湖北省政府公报四八二）。

③ 关于应试验及检覆之资格，详见省县公职候选人考试法，参看本书第一编第七章第七节。

仍应选出七人。其名额分配办法，由省政府斟酌当地人口交通等情形定之，并报内政部备案。职业团体应出县参议员之名额，不得超过总额十分之三。以每一职业团体为一单位，各自由职业团体合为一单位。按会员多寡，比照分配其应出之名额，但每一单位至少应分配一名。名额不足分配时，由各单位分别选出初选人会同复选各单位初选人名额比照其会员人数定之。参加职业选举，以在选举依次成立之各职业团体会员而实际从事该项职业三年以上者为限。凡于区域选举职业选举均有选举权或被选举权者，应参加区域选举，于职业选举有二个以上选举权或被选举权者，应由本人于县政府开始编造选举人名簿之日以前，择定其愿参加之一个团体，逾期由县政府指定之。

（三）办理选举人　县参议员之选举，以民政厅厅长为选举监督。选举事务由县政府办理之。选举之举行，全县各乡镇及各职业团体应于星期日或例假日同时为之。其日期由县政府决定，于十五日以前公告之。选举人名册由县政府编造，开始编制之日期，并随于十目前公告之。

（四）选举方法　全县区域选举职业选举应出之县参议员名额，由县政府于选举□□日以前公告，并制选举票分发各乡镇及各团体具领。乡镇民代表会选举县参议员以乡镇公所为投票所。用集会之方式行之，以得出席代表总额过半数之投票者为当选。选举结果无人当选时，应举行再选，以得票较多者当选。关于投票开票之事务，由乡镇公所任之，并由出席之代表互推三人至五人为监察员，在场监视。职业选举由县政府就各该团体会所设投票所。

其选举分为复选制与直接选举制二种[1]。前者先选初选人，再由初选人会同复选，初选人以得票较多者为当选。由初选人复选者，以得有初选人过半数之投票者为当选。选举结果无人当选时，应举行再选，以得票较多者为当选。由选举人直接选举者，以得票较多者为当选。职业选举投票所，由县政府于各该团体代表中指定一人为投票所事务主任，其他职员为事务员，分任关于投票开票之事务。每一投票所设监察员三人至五人，在场监视，由初选人推选之。直接选举者，由县政府就该团体选举人中指派之。投票完毕，应即日开票，监察员应监视之。选举结果由各乡镇民代表会及各职业团体投票所连同选举票报送县政府查核。县政府查核选举结果时，选举监督或其代表应莅场监视。

（五）当选及应选　区域选举之当选人，以本乡镇内之公民为限。其由数乡镇合选参议员一人时，以参加选举各乡镇内之公民为限。职业选举之当选人，以各该团体之会员为限。会同复选时以参加复选各团体之会员为限。候补当选人以得票次多数者定之，其名额与当选人同。票数相同时，以抽签定之。当选人及候补当选人姓名，应由县政府分别揭示于各该乡镇公所及各团体事务所，并通知各该当选人。当选人愿否当选，应于接到县政府通知后七日内答复。逾期不答复者，视为愿应选。当选人愿应选者，由选

---

① 依规定除渔会及教育会采直接选举制由会员直接选举外，其余团体均持复选制。（一）农会：由每一乡农会选出三人为初选人，会同复选之；但一县仅有一乡农会时，由会员直接选举之。（二）工会：由每一工会选出三人为初选人会同复选之；但一县仅有一工会时，由会员直接选举之。（三）商会：由每一公会人员选出三人，并由非公会会员合选三人为初选人，会同复选之，一县有二个以上商会时，由各该商会之初选人会同复选之。（四）自由职业团体：由每一团体选出三人为初选人会同复选之；但一县仅有一自由职业团体时，由会员直接选举之。

举监督发给当选证书。

二　县参议员之任期　县参议员任期二年连选得连任。但得由原选举之乡镇民代表或职业团体会员过半数之出席,出席人数三分二之议决罢免之。凡县参议员于任期内因事故去职时,由该乡镇或该团体候补当选人依次递补,其任期以补足前任未满之期为限。如于一会期内均未出席而无正当理由者,视为辞职,由该乡镇或该团体候补当选人递补。

三　县参议员之权利与义务　县参议员为无给职,但在开会期内,得按照地方情形酌给膳宿及交通费。在会议时所为之言论及表决,对外不负责任:除现行犯外,在会期内非经县参议会之许可,不得逮捕或拘禁。开会时有共同维护会场秩序之责任。

第二目　县参议会之组织及会议

一　县参议会之组织

(一)参议员　县参议会由乡镇民代表会选举县参议员组织之。除选举条例另有规定外,每乡镇一人,其未满七乡镇之县,仍应选出七人;并得酌加依法成立之职业团体代表为参议员。但其名额不得超过总额十分之三。(参看第一目)

(二)议长副议长　县参议会置议长副议长各一人,由县参议员用无记名投票互选之,议长或副议长因事故去职时,应依此补选。开会时,议长主席;议长有事故时,副议长主席;议长副议长均有事故时,由参议员互推一人为临时主席。

(三)审查委员会　凡议案须付审核者,得由大会推举出席人员若干人组织审查委员会审查之。审查委员会开会时,不因出选人未过半数而延会;其决议即以出席人过半数之同意行之。审查结果须编为审查报告,提会讨论。原提案人如对审查报告认为理由不充分时，得再声述其旨趣[①]。

（四）其他人员　县参议会置秘书一人，由省政府遴委。事务员书记各一人至五人，由议长派充之。开会期内，得向县政府调用人员。

二　县参议会之会议

（一）会期　县参议会每三个月开会一次，每次会期三日至七日，必要时得延长之。由议长召集，第一次开会由县长召集之。

（二）开议　县参议会非有全体参议员过半数之出席，不得开议。如届开会时间不足法定人数时，主席得宣告延会或改为谈话会。开会时，得请县长、县政府秘书、科长或其他负责职员列席报告或说明。经主席或参职员三人以上提议，经会议通过时，得禁止旁听[②]。

（三）提案与讨论　开会时应依照议事日程之顺序，先为报告事项，次为讨论事项，再次为临时动议。在讨论事项中，其次序先为奉行中央法令及省法令须经会议之事项，次为县长提议事项，再次为县参议员提议事项，三次为县公民建议或请愿事项。但于必要时，得以主席之决定或出席人员一人之提议，四人之附权，经大会表决变更之。议案之提出，须以书面行之，并须有出席人员二人以上之连署。出席人员得为口头临时提议，但须有出席人员四人之附议，始能成立。议案未付讨论前，原提案人如愿将原提案取消

① 县参议会议事规则（三二·六·二四）内政部函送各省府，四川省政府公报原第四二二期。

② 此处系依县参议会组织暂行条例第十七条之规定。另依县参议会议事规则第六条之规定："……但有必要时得由主席宣告改开秘密会。"是则禁止旁听，未必需要"会议通过"。

或修正者，得申请撤回或修正之。出席人员发言时，须先报告席次，号数。若同时有二人以上之发言表示时，由主席指定其先后。对每一议案之发言，一人不得超过二次；每次不得十分钟。但经主席特别许可者不在此限。议案与主席有关者，主席应即回避。

（四）表决　议案之表决，以出席参议员过半数之同意行之。可否同数时取决于主席。参议员对于与本身有利害关系之议案，不得参与表决。议案之表决方式采无记名投票，但亦得采取举手或起立之方式。表示可否之人数及议案之通过或否决，均须即时详记，并由主席当场宣布。议案被否决后，在同一会期内，不得作二次之提出。

（五）解散　省政府对于县参议会之决议案认为有违反三民主义或国策情事者，得开明事实咨由内政部转呈行政院核准后，予以解散重选。

第三目　县参议会之职权

一　职权之种类　县参议会为全县人民代表机关。除其他法律赋与职权外，经县参议会组织暂行条例规定者如次。

（一）议决权　县参议会之议决权有六：(1)议决完成地方自治事项；(2)议决县预算审核县决算事项；(3)议决县单行规章事项；(4)议决县税县公债及其他增加县库负担事项；(5)议决县有财产之经营及处分事项；(6)议决县长交议事项。

（二）建议权　建议县政兴革事项。

（三）听取报告及询问权　县参议会有听取县政府施政报告及向县政府提出询问权。县政府之施政报告，得提出书面或以口头为之。县参议员如认有疑义，得经主席许可为简要之发问。县参议员对县政府有所询问时，应以书面详叙事由向主席提出，由主席送请县政府答复。此项询问案，除因公众利益应守秘密者外，县政府应为书面或口头之答复。

（四）按受请愿权　县参议会得接受人民请愿事件。

二　职权之行使与限制

（一）咨送县长执行者　县参议会决议案咨送县长分别执行。如县长延不执行，或执行不当得请其说明理由；如仍认为不满意时，得报请省政府核办。县长对于县参议会之决议案，如认为不当，得陈理由，送请复议。对于复议结果，如仍认为不当时，得呈请省政府核办。

（二）送报省政府备案者　县参议会议决之预算，审核之决算及有关人民权利义务之单行规章，应报省政府备案。其他议案，亦须议长函送县长转报省政府备查。

（三）根本无效者　县参议会议决事项，与中央法令抵触者无效。省政府对于县参议会之决议案认为有违反三民主义或国策情事者得呈准解散之。（参看第二目）

第四章　县司法机关

县司法机关，可分为普通法院，及兼理司法法院。普通法院为独立之司法机关，与县之行政机关分设。兼理司法法院，或附于县之行政机关，或由县行政长官兼理。

民三（1914年）以前县之司法机关，率沿清末之制。民三以后关于县之司法机关之组织法，始陆续有所修改。民国三年四月六日公布县知事兼理司法事务暂行条例；五年（1916年）二月二日复照宣统元年（1909年）所颁之暂行法院编制法加以修正；六年四月二十三日公布暂行各县地方分庭组织法；同年五月二日公布县司法公署组织章程；十二年（1923年）四月四日复将该章程加以修正。上列各项法规直至国民政府成立多年后仍相沿未改。至二十四年（1935年）七月一日施行法院组织法（二十一年十月二十八日国府公布）后，县之司法机关始有更改。然兼理司法之法院则多仍旧。

第一节　北京政府时代之县司法机关

第一项　普通法院

第一目　地方审判厅检察厅

地方审判厅及地方检察厅亦简称曰地方审检厅，设于紧盛大埠之地方或县。

一　地方审判厅　地方审判厅设厅长一人，下分为若干民事庭及刑事庭，庭之组织与数目，视事务之繁简而定，每庭设独任推事二人以上，更有书记长一人，书记官若干人①。

地方审判厅厅长之职权为总理全厅事务，及监督其行政。凡审判厅各员有废弛职务及侵越者，则由厅长对之加以儆告，使之勤慎；有行止不检者则加以儆告使之悛改。地方审判厅年终会议，则以厅长为会长，此外并兼充民事刑事各庭中之一庭庭长。

民事庭及刑事每庭设独任推事二人以上。各庭设庭长一人由推事充任以监督本庭之事务，并定其分配。推事掌审理诉讼案件。诉讼案件系第一审者，则以推事一人独任办理，系第二审者则以推事三人所组之合议庭审理②。

---

①　书记官不得少于全厅合议庭及独任推事之数。

②　虽系第一审而繁杂者，经当事人之请求，或依审判厅之职权，亦以推事三人合议办理。

书记官长之职务为从厅长之命令，分配各书记官之事务，并监督书记官。凡录供编案、会计、文牍及庶务皆由书记官长及书记官[任]之。此外更有翻译官，京师及商埠地方审判厅，可以特设以司翻译。

地方审判厅之职权为管辖(一)第一审属于初级管辖及不属大理院特别权限内之案件。(二)第二审不服初级管辖法庭之判决，而控诉之案件，以及不服初级管辖法庭之决定，或其命令，而抗告之案件。此外如登记及其他非讼案件亦归其管辖。

二　地方检察厅　地方检察厅设检察长一人，检察官二人以上，并设书记官长及书记官，检察长之职权，为监督本检察厅之事务，其监督权之施行与审判厅长同，检察官次年厅办之事务，由检察长于每年年终分配，对于该管区域内之检察官事务可亲自处理，并可移于别厅检察官处理。

检察官之职权为对于刑事则遵照刑事诉讼律，及其他法令之所定，实行搜查处分，提起公诉，实行公诉及检察判断之执行。对于民事及其他事件，则遵照民事诉讼律及其他法令所定，为诉讼当事人，或公益代表人，实行特定事项。遇有紧急事项，并可于管辖区域外行其职务。如与大理院审判特别权限之诉讼案件有关系时，并须服从总检察厅，检察长之命令，办理一切事务。书记官长与书记官，其职务与审判厅者同，掌会计文牍及其他一切庶务。

检察厅对于审判厅独立行其职务，不问情形如何，检察官不得干涉推事之审判，或掌理审判事务。

推事及检察官，须照法官考试任用章程经二次考试合格后，始准任用；书记官为委任职，亦须经过考试合格后录用。

推事检察官在职中，于职务外，对于下列事项皆不得为：(一)

干预政治，(二)为政党员、政社员，及中央议会或地方议会之议员，(三)为报馆主笔及律师，(四)兼任其他公职，(五)及经营商业及官吏不应为之业务。

地方审判厅长、检察厅检察长，及各推事、检察官，皆为荐任官，推事及检察官之廉俸，虽在惩戒调查，或刑事被控时，仍照常给与，退职后，并可受恩俸。

第二目　初级审判厅检察厅

一　初级审判厅　初级审判厅设置推事一人或二人以上，视事务之繁简而定。诉讼案件则以推一人独任办理，置推事一人，初级审判厅之行政事务则由地方审判厅厅长或厅丞①监督。置推事二人以上之初级审判厅，则以资格深者之推事一人为监督推事，以监督其行政事务。此外更有录事，其职务与书记官同。

初级审判厅之职权为管辖第一审民事刑事诉讼案件并登记及其他非讼事件之权。

二　初级检察厅　初级检察厅设检察官一人或二人以上。置检察官一人之初级检察厅，其事务由地方检察长监督。置检察官二人以上之初级检察厅，则以检察官资格深者一人为监督检察官，以监督本厅之事务。检察官之职权，与地方检察官同。此外另有录事，职掌与书记官同。

初级审检厅于民国三年以前，各处多告成立，至民国三年四月政治会议于修改约法之际，以司法人材缺乏，各省财力不足，不能负担司法经费为辞，议决将初级审检厅一概废除，归并地方审判厅，另设简易厅，或地方分庭，受理初级审检厅之民刑诉讼案件，其

① 民国五年二月以前，京师地方审判厅厅长曰厅丞。

未设厅之地方，其司法审判事务，则由县知事兼理。

第三目　地方分庭

地方分庭为初级审检厅裁撤后所设。设于地方审判厅附近各县，亦可设于县知事公署，称为某处地方审判厅某县分厅。其管辖之区域与所在县之区域同。

地方分庭设推事一人或二人。并配置检察官一人或二人。置推事二人者，以其中之资格深者一人为监督推事。置检察官二人者，则亦以资格深者一人为监督检察官，以监督分庭之行政事务。更设书记官二人以上，其职掌与其他法院之书记官同，并可用雇员，以司缮写文件，及其他事务。

地方分庭审理案件，受该管本地方审判厅之监督，采独任制者，只以推事一人办理，凡属于初级或地方审判厅第一审管辖之民刑案件，皆归其受理。

凡不服地方分庭之审判者，关于初级管辖案件，则在本地方审判厅上诉，关于地方管辖案件，则在高等审判厅上诉。

第四目　地方刑事简易庭

民国二年十二月，京师地方审判厅，曾拟设一刑事简易庭，专理刑事简易案件，及三年四月始行设立，作为试办，后以颇有成效，又因初级审检厅裁撤，于是简易庭之设立逐渐普遍。

地方刑事简易厅设于地方审判厅。置独任推事及配置之检察官。其所管之案件为：（一）犯罪事实现存之证据已属明确者，（二）对于犯罪之刑系处四等以下有期徒刑，拘役或罚金之刑者①，

① 但因累犯及俱发罪，应加重或并科其刑，其刑期已逾四等有期徒刑□长期者，不在此限。

（三）刑事属于第一审者。事件之应否属于简易刑事庭，则由地方检察厅检察长认定，凡不服简易庭之判决，可在地方审判厅合议庭声明上诉。

第二项　兼理司法法院

兼理司法之法院，其司法事项由县之行政长官兼理，而不另设普通法院，有由县之行政长官兼理检察事务者，有由县之行政长官兼理审判及检察事务者，兹述其组织如下：

第一目　审检所

民元各县，有设司法课员，及其他名号者，民国二年三月未设法院之各县，始改设审检所。附设于县公署内，除县知事外，设帮审员一人至三人，及书记员一人至三人。视事务之繁简而定。

帮审员之资格，为由考试及格者，或曾充或学习推事检察官一年以上者，由县知事呈请司法筹备处长委任，但须报告于司法总长。帮审员之职务为办理该管境内民刑诉讼之初审案件，办理邻县审检所之上诉案件。除审理诉讼外，不可兼任本县之行政事务。

关于检察事务则由县知事掌理，书记员之职务，与其他法院之书记官同。

凡不服帮审员之初审判决或决定者，其属于则初级管辖之案件，在附近之地方审检厅或分厅上诉。其距厅较远之地方可以邻县审所检为上诉机关。其属于地方管辖之案件，则在高等审检厅或分厅上诉。

民国三年四月六日县知事兼理司法事务暂行条例公布后，审检所遂废止。

第二目　县司法公署

各县审检所于民国三年四日废止后，凡未设法院之县则设县司法公署为原则。县司法公署设于县行政公署内，除县知事外，设审判官①一人或二人，设有二人者，以一人为监督审判官，更设书记监一人，书记官二人或四人。

审判官由司法总长就具有司法官资格者，呈请大总统任命，审判官之职务为办理关于审判事务，对之负完全责任，不受县知事之干涉。关于检举、辑捕、勘验、递解、刑事执行及其他检察事务，概归县知事办理，由县知事完全负责。关于公署司法行政事务，除有特别规定者外，则由县知事与审判官共同负责，惟设监督审判官者，则由监督审判官与县知事共同负责。审判官受高等审判厅长之监督，县知事关于司法事务，受高等检察厅检察长之监督。

书记监及书记官之职务与法院之书记官同。惟书记监之任用，由高等审判厅长会同高等检察厅检察长派充，并报司法部备案。

司法公署之职权，为关于地方所有初审民刑案件，不问事务轻微重大，概归其管辖。

县司法公署于民国十一年后，各县始渐有设立者，国民政府成立后相沿未改。

第三目　县知事兼理司法

审检所于民国三年间废止后，未设法院或司法公署之县，则由县知事兼理司法，凡第一审民事刑事诉讼皆由其审理，并可设承审员一人至三人以为助理。更置书记员一人至三人，录事二人至

① 国民政府成立，改称司法委员。

五人。

承审员之资格为:(一)在高等审判厅所管区域内之候补或学习司法官者,(二)经高等文官或县知事考试及格,在各省区所管区域内候补,而在国内外法律法政学校一年半以上毕业,得有文凭者,(三)曾充推事或检察官半年以上者,(四)经承审员考试及格,或在举行承审员考试省份,具承审员考试免试资格者,(五)曾充各县帮审员,或承审员,经呈报司法部核准有案者。承审员之任用,为由县知事于具有上述资格之一者,呈请高等审判厅长,审定任用。

县之司法区域与其行政区域同,凡不服县公署之裁判者,其原审事件应属初级管辖者,则以地方审判厅或分厅为上诉机关。原审事件厅属地方管辖者,则以高等审判厅或分厅为上诉机关,惟新疆省于高等审检厅未成立以前,则暂以省司法筹备处为上诉机关。

县行政长官兼理司法,其制至国民政府成立后,相沿未废,二十四年九月间,司法院召集全国司法会议,始议决在未设立法院以前,本以下之原则整理:(一)承审员改为审判官,并提高待遇,(二)严定审判官资格,并慎重人选,(三)审判权应使完全独立,现在在进行中。

第二节　国民政府成立后之县司法机关

国民政府成立后,于二十四年(1935 年)七月前,县之各司法机关,皆沿北京政府之奋。于十六年(1927 年)八月十六日,国府令改审判厅之名称为法院，然仅系改其名称而已，实际组织上并无更张。至于组织之改革，虽于十六年一月，曾一度在武昌实行改革县司法制度[①]，十七年五月十四日公布战地各县法院组织法[②]然皆为一时之设，并非定制。暨民国二十一年(1932 年)十月二十八日，国民政府始公布法院组织法，并定于二十四年七月一日施行，同年七月二十二日复加修正，二十四年全国司法会议后，于二十五年四月九日国民政府公布县司法处组织暂行条约并订于是年七月一日施行，令各县分期筹备，于是县之司法机关，始渐有改变，然与北京政府时代县之司法制度，六体相同，其余如司法公署，及县长兼理司法，于司法处未成立前，仍继续存在。兹分述二十四年七月后县之司法机关如下：

第一项　普通法院

第一目　地方法院

地方法院设于繁盛之县，惟区域狭小之县，则合数县设一地方法院，区域辽阔者，则设分院，地方法院即由地方审检厅所改，其重要之变更，则为不单设检察官署，而仅以检察官配置于法院。关于审判，则以采独任制为原则，以推事一人行其审判权，惟案件重大

① 十六年一月二日国民政府改革司法办法在武昌曾实行，其办法为：改用二级二审制。(1)最高法院，分院设于国府所在地，(2)控诉院设于省，(3)县市法院设于县或市，二三县可合并一院，(4)人民法院设于镇及乡村。参阅东方杂志国内大事记一六年二月份。

② 战地各县法院组织，与司法公署大致相同，惟在省政府未成立前，受战地政务委员会之监督。参阅当时国府公报。

者，可以三人合议，与旧地方审判厅以采折衷制为原则者同。

地方法院设院长一人，下设推事若干人，惟在六人以上者，可分置民事庭及刑事庭，各庭设庭长一人。另配置检察官若干人，以一人为首席检察官。此外更设书记官长，书记官及通译。

推事及检察官之资格及任用，兼任地方法院院长之推事及地方法院首席检察官，其资格须具有下列之一：（一）曾任推事或检察官三年以上者，（二）曾任推事或检察官，并任荐任司法行政官，合计在四年以上者，（三）曾任推事或检察官，而曾在公立或经立案之大学独立学院专门学校，教授主要法律科目二年以上，经审查合格者。

推事及检察官之资格则须具下列之一：（一）经司法官考试及格并实习期满者，（二）曾在公立或经立案之大学，独立学院专门学校，教授主要法律科目二年以上，经审查合格者，（三）曾任推事或检察官一年以上，经审查合格者，（四）于公立或经立案之大学，独立学院，专门学校，修习法律学科三年以上得有毕业证书，并曾任荐任司法行政官，办民刑事件二年以上者，（五）执行律师职务三年以上，经审查合格者，（六）曾在教育部认可之国内外大学、独立学院、专门学校毕业，而有法学上专门著作，经审查合格，并实习期满者。推事检察官皆为荐任职。由司法行政部呈司法院转呈国府任命。

地方法院院长由推事兼任，综理全院行政事务，并兼任一庭庭长，某余各民事刑事庭长，由推事遴任，以监督分配本庭之事务。

推事之职务为掌地方法院之审判，诉讼案件，以一人独任行使其审判权，惟案件重大者，得以三人合议行使。

检察官不止一人者，则置首席检察官，以监督本院及分院之检察官。

检察官对于法院独立行使其职权，其职权为实施侦察，提起公诉，实行公诉协助自诉，担当自诉，及指挥刑事裁判之执行，及其职权之行使，与北京政府时代之地方检察官无甚差别。

书记官长及书记官除掌理记录、编案、文牍外，并担任统计。通译由法院临时指定，必要时亦可另设置通译，由法院委任，凡诉讼当事人及证人、鉴定人等，如有不通中国语言者，或不通推事所用语言者，则由通译传译。

地方法院之职权为审判民事刑事第一审诉讼案件，及其他非讼事件，惟关于内乱、外患及妨害国交之刑事第一审诉讼案件，乃属于高等法院或分院之范围，不由地方法院管理。

第二目　地方法院分院

地方法院分院，设于区域辽阔之县，因由地方审检分厅所改。地方法院分院设院长一人，由推事兼任，综理分院行政事务，惟仅设推事一人者，则不置院长，而由推事兼理。地方法院院长亦可派地方法院推事，兼分院推事之职务。分院更配置检察官若干人。一人以上者置首席检察官一人，检察官只一人者则不设首席。此外更有书记官长及书记官，惟不置院长之分院，则不设书记官长。

地方分院管辖事件，与地方法院同，凡不服地方法院及分院第一审民事刑事诉讼案件之判决，或其裁定者，可上诉或抗告于高等法院或分院。

第二项　兼理司法法院——县司法处

二十五年(1936 年)七月后,未设法院之县,开始设立县司法处[①]以处理司法事务。其制与司法公署相似。除县长外,设置审判官一人至二人以上。有二人以上时,则以一人为主任审判官,更设书记官,二人以上时,则以一人为主任书记官。

审判官之资格为:(一)依法有司法官资格者,(二)经审判官考试及格并训练期满者,(三)曾经承审员考试及格,或各省司法委员,承审员考试及格,领有复核及格证书者,(四)修习法律学科三年以上领有毕业证书,经高等考试及格者,(五)修习法律学科三年以上,领有毕业证书,并办理法院纪录事务,或司法行政事务三年以上,曾经教育部有案成绩优良者,(六)修习法律学科三年以上,领有毕业证书,曾任承审员或帮审员、审判官、审理员、司法委员,二年以上,或连同办理法院纪录事务,司法行政事务,合计在三年以上,成绩优良者。审判官具有上述资格之一者,由高等法院院长,另请司法行政部核派,以荐任待遇。

审判官之职务为独立行使审判,受高等法院院长,或高等分院院长之监督。

县长则兼理司法处之检察职务,及行政事务,关于检察职务,受高等法院或其分院首席检察官之监督,关于司法行政事务,则受高等法院院长之监督。

---

① 至二十五年七月一日止,山东、湖北、甘肃三省已全数改设县司法处,而无一兼理司法之县。参阅中华法学杂志卷一,号二,页一七,二十五年十月。

书记官掌理纪录。编案，文牍，统计及其他事务。

县司法处设于县政府，其职权为受理民事刑事第一审诉讼案件，及非讼事件。

其他，如县长兼理司法，及司法公署，在司法处未设立前之县，则仍继续存在。

此项依据县司县处组织暂行条例而成立之县司法处制度，至今仍存在[①]。

① （六·四·五）及（三一·二·一四）两次延长有效期，每次三年。

第五章　县之下级组织

县之下级组织，自清末以来，有分为一级者，有分为数级者，惟其组织除民七（1918 年）后山西省之区，及二十三年（1934 年）后"剿匪"省份设署之区，为下级地方行政机关外，皆为地方自治关体，兹分述如下：

第一节　民三（1914 年）以前县之下级组织——城镇乡

民国三年（1914 年）以前，各省县之下级组织可分为两种：一则为沿清末之制者将县之下级地方分为城镇乡。一则为各省自为制者[①]将县之下级地方分为市乡，然实际上两者亦大同小异。仅将城镇改名为市而已。

清光绪三十四年（1908 年）十二月二十七日颁布城镇乡地方自治章程以为初级自治，嗣后各省渐事推行。民国成立各省多相沿未改，直至民国三年始行停办。

城镇乡皆为自治之初级，在县之下，为一级制，惟城镇以下设区者则为二级制。城为府厅州县治之城厢地方。镇为人口满五万

① 时北方诸省多沿清制，南方诸省多自为制。

以上之市镇村庄屯集等各地方。乡之地方与镇同，惟人口不满五万。其区域皆以各地方固有之境界为准。

凡于城镇乡内，现在住所或寓所者，均为城镇乡居民。居民备有一定之资格则为选民，选民有选举自治职员之权①。

城镇乡自治之事权为办理本地方之教育、卫生、道路、工程、农工、商务、慈善、公共营业，因办理以上诸事项之筹集款项，以及因本地方习惯向归绅董办理，素无弊端等事项。

城镇乡自治组织，以县知事为监督，县知事对之有纠正检查等权，并有呈请省行政长官，解散城镇乡议事曾董事会及撤销自治职员之权。镇之自治组织，已详第四编市制，故从略，兹仅述乡之组织如下：

乡之自治组织其自治议决机关为议事会，其组织及职权与城镇议事会同②，惟议员之名额按照人口之数为比例。乡之人口不满二千五百者议员六名，人口至四万以上者，议员十八名。

其执行之机关则为乡董乡佐。各乡设乡董一名，乡佐一名，由乡议事会从本乡选民选举，呈请县知事核准任用，乡董乡佐任期二

① 选民须具有下列之资格：(1)有本国国籍者，(2)男子年满二十五岁者，(3)居本城镇乡接续至三年以上者，(4)年纳正税或本地方公益捐二元以上者。其消极资格则为：(1)品行悖谬营私武断确有实据者，(2)曾处监禁以上之刑者，(3)营业不正者，(4)失财产之信用被人控实尚未清结者，(5)吸食鸦片者，(6)有心疾者，(7)不识文义者。参阅城镇乡地方自治章程选民。

② 城镇议事会之组织为：议长一人，副议长一人，议员以二十名为定额，五万人口以上，每五千增议员一名，最多以六十名为限，此外更有文牍、庶务等职。议事会之职权，为议决本地方自治范围内应行兴革整理事项，自治规约，自治经费，岁出入预算。正额外预备费之支出及决算，自治经费之筹集及处理，选举上之争议，及自治职员办事过失之惩戒，及关涉全体赴官诉讼及其和解等事项。参阅城镇乡地方自治章程。

年，为有给职。乡董乡佐职权与城镇董事会同[①]。乡董对于应办各事可定执行方法，乡佐则为乡董之辅佐，此外可设文牍庶务等职。

第二节　民十（1921年）前后晋滇等省县之下级组织

此时期，县之下级地方自治团体，除山西云南二省外，江苏省于民国十二年（1923年）九月曾试行村制，大致摹仿山西省之村制，他如民十一年一月一日公布之湖南省宪法则规定：除一等市外，二等市三等市及乡之自治，皆受县政府之监督。民国十年广东省曾订广东区自治条例草案，江西省曾订暂行市乡自治条例，或施行未著，或根本未施行，兹从略。

第一项　山西省之区村

山西省于民国六年间，以励行六政三事为政治建设之目标。六政者，即水利、蚕桑、种树、禁烟、天足、剪发；三事者，即种棉、造林、畜牧，而其主旨则在发育民力。于民国十一年三月间，始正式实施村自治。山西施行自治虽以村为单位，惟因一县区域辽阔，县署实施监督势难周密，故于县村之间设区以为辅助之行政机关。兹述其制如下：

① 城乡董事会之职权，为筹备议事会议员之选举，及其议事之准备，执行事会议决各事项，执行地方官委任办理各事项，及对于执行方法之议决事项。董事会对于议事会决事件视为逾越权限，或违背律例章程，或妨碍公益者，可声明缘由，交议事会复议，如议事会坚持不改，可移交县议事会公断。

一　区　山西省之区制于民国七年间已皆制定，实为后来各省县以下设区之始。

各县分为三区至六区不等，区置区公所以为辅助县行政之机关，区公所设区长一人，更酌设雇员一人[至]□人，区警四人至十二人。区长由省长委任，直隶于县知事，为有给职，年俸百八十元。区长之职务为执行长官委任事件，督饬村长副办理行政事项；调查户口，及办理各项登记事项。调查户口册副本及登记簿副本，皆归其保管。

二　村　山西省以村①为自治单位，村之区域以本村原有之境界为准，凡满百户之村庄，或联合数村在百户以上者，为一编村，其不满百户之村庄，因有特殊情形，不便联合他村者，亦得自成一县村。村内居民以二十五家为闾，闾设闾长，五家为邻，邻设邻长，惟闾邻户数可以增减。

村自治之事权约可分为下列各项：(一)编查户口及人事登记，(二)调解讼事，(三)执行村禁约，(四)整理村范，(五)办理保卫团，(六)及办理其他事项：如积谷、天足、产育、卫生，及实施"村村无讼，家家有余"等办法，以及奖励家庭工业，提能水利村林业等事项。

村之自治组织为村自治之议决机关、执行机关、司法机关，及监察机关。

(一)村自治之议决机关　村自治议决机关，为村民会议，村民会议以年在二十岁以上之村民组织，但每户亦可出一人。惟具有种种消极资格者，则不得参与会议。村民会议之职权为：(1)选举

① 村之户口较多者曰街。

村长副村长及村监察委员、自治会公断员，（2）议决省县法令规定应议事项，（3）行政官厅交议事项，（4）监察委员提交事项，（5）议订及修改村禁约及一切村规事项，（6）村长村副请议事项，（7）议决关于本村兴利除弊事项，（8）审议村民二十人以上提议事项。

（二）村自治之执行机关　村自治之执行机关为村公所，由村长副及闾长所组织。每村设村长一人，惟户数较多者，可增设村副，至多以四人为限，由村民会议加倍选出，由区报县择委。闾长则由村长接事后十日内推定，村公所之职务为：（1）办理行政官厅委办事项，（2）执行村民会议议决事项，（3）执行其他应办之村务，（4）报告职务内办理情形，及特别发生事件。村公所处理事项采合议制，从多数之议决。

（三）村自治之司法机关　村自治之司法机关，为息讼会，会设会长一人，公断员五人或七人。公断员由村民会议选举，会长由公断员互推，凡命案以外之讼事，均得由息讼会调解公断。

（四）村自治之监察机关　村自治之监察机关，为村监察委员会。设监察委员五人或七人，由村民会议于村民中选举。其职务为：（1）清查村财政，（2）举发执行村务人员之弊端。

第二项　云南省之市村

云南省于民国十三年筹设全省市村自治委员会，是年七月省政府公布云南暂行市自治条例及村自治条例等法规通令施行。直至十七年始废止。云南省县之下级自治组织为市为村，乃一级制。

一　市　自治之市由县城改办，其余原为交易中心之地方，户口在二百户以上，资力能依规定办理市自治者，亦可组织为市自治团体。

凡有中华民国国籍之人民，现住居于本市者，为市居民，市居民年满二十一岁，并继续住居本市二年以上，有正当职业者，为市选民。市选民年满二十五岁，具有县选民资格[①]之一者，有被选举权。

市自治之事权为于法令范围内办理教育、实业、警察、团保、水利、交通、卫生、公共营造、公共营业、[风]俗改良、公共储蓄、救济、登记、统计、各官署依法令委托办理事务，及其他属于市自治范围内应办事项。

市自治之组织为市议会及市长，前者为议决机关，后者为执行机关。

（一）市议会　市议会设议长一人，副议长一人，由议员互选，议员额数依市户口之数为定，二百户以上五百户以下者，六名，依次递增，最多不得过二十名，议员任期二年，连选得连任，但不得过三次。

市议会之职权为：(1)议决市自治事务，(2)制定市公约市规则，(3)议决市自始经费之筹集、处理，保管方法及其预算决算，(4)选举市长、市佐，并监察其执行事务，(5)答复监督机关之咨询，(6)提出建议于监督机关，(7)受理市民之请愿，(8)及其他属于市议会职权事件。

（二）市长　市设市公所，设市长一人，由市议会就市民中之有

① 县选民之资格为：(1)曾任或现任公职者，(2)初级小学以上毕业或有相当之程度者，(3)曾办或现办地方公益事宜著有成绩者，(4)年纳国税或地方公益捐二元以上者。参阅内政年鉴民政篇章四，页(B)六二九。

被选举权者选出，由监督[1]机关加给委状。市长代表市自治团体，对外负责；其职权为：(1)执行市议会议决各事件，及市公约市规则，(2)筹备市议会议员选举，(3)管理市自治经费及公共营造物，(4)任免市之各项事务员及管理市警，(5)陈述办理本市之自治情形于监督机关，(6)提出议案于市议会，(7)答复监督机关之咨询，(8)处理市内临时发生事件，(9)及其他属于市长职权内之事件。

此外更有市佐若干人，市因地方之习惯或便利可分为若干区，每区设市佐一人，市佐之产生方法，与市长同，市长市佐之任期，与市议员同，皆为二年。

二　村　村之自治区域以本村固有之境界为准，但必要时亦可变更，村居民及选民之规定以及村自治之事权皆与市同。

村之自治组织为村议会，及村长，与市之自治组织相似。

（一）村议会　村议会之组织及职权与市议会同，惟议员之额数，则依村之户口总数，在一百户以下者五名，百户以上每增五十户得增议员一名，至多不得过十六名。

（二）村长　村设村公所，所置村长一人，以村议会议长充任，由监督机关加给委状，其职权与市长同。村长以下设村佐，由村议会就村民有被选举权者选出，由监督机关加给委状，村佐之名额由一人至八人不等。

此外市村更可联合为一自治团体，村与村因办理共同利害事务，亦可设立事务组合。

市村自治团体皆以县行政公署为监督机关，而以县以上之上级机关为一级监督机关。

---

① 市自治监督机关为县行政公署。

第三节　十七年(1928年)至二十三年(1934年)县之下级组织

国民政府成立后,第一次县组织法未公布前,江苏省于十六年七月间,省政府通过各县村制大纲,大致与山西省之村制相同。浙江省于十七年(1928)五月颁行村里制,以市县内市集区域为里,村落区域为村。村里内住民以十户为邻,五邻为闾。村里自治之议决机关及执行机关为村里委员会,以村里长副及闾长为委员,而以村里长副兼任常务委员,邻长由居民选举,村里长副及闾长则由邻长选举。其任期皆为一年,连选可连任一次。村里长市可单独执行其职务。至民国十八年始逐渐依县组织法改革。

国民政府于民国十七年九月十五日公布第一次县组织法,规定县之下级组织为区,区之下为村里。村里更分为闾,闾更分为邻,区至村里为二级制,然至邻实为四级。每县分若干区,区至少以二十村里组成。凡县内百户以上之乡村地方为村,百户以上之市镇地方为里。村里居民以二十五户为闾,五户为邻。施行未久,于十八年六月五日复公布重订县组织法改村为乡,改里为镇。每区以二十至五十乡镇组成。其间邻之数与十七年所规定者同,及十九年七月七日复将县组织法修正公布。每区则改为由十乡镇至五十乡镇组成。乡镇最多不得起过千户。而区自治施行法于十八年十月二日公布,乡镇自治施行法于是年九月十八日公布,皆定于是年十月十日为施行日期,及十九年七月七日皆加修正。直至一十三年改进地方自治原则实施后,其制始改。

总之自十七年至二十三年(1934 年),县之下级自治组织,实为四级,区为一级,乡镇为一级,闾为一级,邻为一级,各以其上级为直接监督机关,其他以上之组织,亦可对之为直接之指挥监督。惟严格言之,闾邻不过为乡镇因区划上之编制而已,非其他地方自治团体之比,故县以下之地方自治团体应为区与乡镇两级。

一　区　国民政府成立后,虽以县为自治单位,然在县未完成自治前,实以区为县以下地方自治之团体,而兼下级行政之辅助机关,如曰以县为自治单位,毋宁谓为以区为自治单位。区之区域由各县按户口及地方情形分割,由省政府派员协助办理,每县之区多者十数,少者三四不等,每区以十乡镇至五十乡镇组成。

凡经乡公所或镇公所登记为乡镇公民者,即为区公民,有出席区民大会及行使选举、罢免区长,及创制复决区公约及自治事项之权。

区公所之自治事权甚广,依区自治施行法之规定,凡二十余项,要不外于现行法令范围内,或区民大会决议交办之范围内,执行关于本区之公安、财政、建设、教育,及其他自治事项。除自行办理外,亦可由区长委托各乡镇办理。

区自治之组织为立法、行政、司法、监察等机关。

(一)区自治之立法机关　区自治之立法机关为区民大会,由区公民直接立法,区民大会由区长召集,每年开会一次,于区长满任一个月前举行,如有特别事件或区公民十分之一以上之要求时,则应召集临时会①。区民大会于各乡镇分场开会,同日举行,区民

① 临时会关于区长本身事件,则由区监察委员召集;关于区监察委员本身事件,区长如延不召集则由过半数乡镇公民联名召集。参阅区自治施行法二一条。

大会会期，最多为六日。区民大会之职权为行使选举、罢免、创制、复决等权，由本区公民出席投票行使，区民大会会场主席，由到会区公民推定，事项之决定，须经到会区公民过半数之同意。

（二）区自治之行政机关　区自治之行政机关为区公所，区公所设区长一人，下设区助理员若干人。其下更设区丁。区长在民选实行以前，由民政厅就训练考试合格人员委任。区长民选时期，为在区自治施行法施行一年后，由省政府就各县地方情形，酌定时期，咨请内政部核准。民选区长时，区长由区公民大会选出，由县政府呈报省政府备案。区长为有给职，其任期不论委任与民选，皆为一年。如违法失职时，委任区长可由县长呈请省政府罢免，选任区长则由区监察委员向区民纠举，由区公民大会罢免。区长之职务为管理自治事务，提出上年度决算与预算于区务会议，为区务会议之主席，任期内之经过情形须以书面报告于区民大会，区调解委员会不能调解之事项，则由区长根据调解委员会报告，呈报县政府，并函报该管司法机关。凡区民有违反现行法令者，或违反区自治公约或一切决议案者。则由区长分别轻重缓急，报告区务会议。区居民如触犯刑法或与刑法性质相同之特别法，确有证据者，遇必要时，区长可先将其拘禁。除报告区务会议及呈报县政府外，并应即函送该管司法机关。

区助理员无定额，由区公所遴请县长委任，其职务为辅助区长办理区务。

更有区务会议，其组织为区长，区助理员，及本区所属各乡长及镇长。区务会议以区长为主席。开会由区员召集，开会至少每月一次。区务会议之职权为审议区公所经费事项，区公产之处分事项，以及审议区公约及其他单行规则之制定及修正事项。凡关于区公所所办之事项，皆由区务会议决定。在区长民选前，并可选举罢免区调解委员，区长民选后，区公所因监察委员之请，可先停止区调解委员之职务，再交区民大会罢免。

区公所之事权，恒与县公安分局之事权或积极冲突互相侵越，或消极冲突互相推诿。及民国二十年六月十六日内政部始公布各县区公所与公安分局划定事权办法，其方法之重要者，为区公所与公安分局，须规定时间，常开联席会议，以报告或讨论双方应办事项，以收分工合作之效。

（三）区自治之司法机关　区自治之司法机关为区调解委员会。由调解委员若干人组成，区调解委员半数于区公民中选出，半数于各乡镇调解委员中选出。在区长民选前，由区务会议选举。在区长民选后，则由区民大会选举，惟区长区监察委员及所属乡长或镇长均不得被选。

区调解委员会之职务，为受区公所之监督处理调解事务，关于民事调解事项，须得当事人之同意，关于刑事调解事项，则有一定之限制，须得被告人同意始能调解。

（四）区自治之监察机关　区自治之监察机关，为区监察委员会。设于区公所，由区监察委员五人或七人组成，于区长民选后，始行设置，区监察委员会每月开会一次，如有特别事件，得开临时会，均由主席召集，监察委员[①]则由区民大会于选举区长时，同时选举。惟现任本区所属各乡镇自治职员则不得当选，监察委员违法失职时，由区民大会罢免。区监察委员会开常会时，由各委员依当

① 区监察委员之待遇不详，依乡镇自治施行法第二条之规定为无给职，但因情形必要可支办公费。

选次序轮充主席，临时会主席则以上次开会之主席充任。区监察委员之职务，为监察区财政，可随时调查区公所之账目，及款产事项。区公所财政之收支及事务执行，有不当时，区监察委员会可随时呈请县政府纠正。区长违法失职时，区监察委员会可自行召集区民大会向区民纠举。

区监察委员会开常会时，由各委员依当选次序轮充主席，临时会主席则以上次开会之主席充任。监察委员会开会须有过半数委员出席，其决议须由过半数出席委员同意。

二　乡镇　乡镇皆为区以下之地方自治团体。一者实为一级。县内百户以上之村庄地方为乡。其不满百户者，可联合各村庄编为一乡。县内百户以上之街市地方为镇，乡镇之户数最多不得超过千户。

乡镇公民须有一定之资格，其积极资格关于国籍者，则须为中华民国人民，关于居住者，则为在本乡镇区域内居住一年或有住所达二年以上。关于年龄者，则为年满二十岁。关于经过一定程序者，则为须经宣誓登记。宣誓须亲自签名于誓词，赴乡公所或镇公所举行宣誓典礼，由区公所派员监誓。宣誓后，乡公所或镇公所除登记其为乡镇公民外，并将誓词①及公民名册，汇请区公所转呈县政府备案。乡镇公民不问性别，非以前只限于男子者之比，乡镇公民有出席乡民大会或镇民大会及行使选举、罢免、创制、复决之权。惟有消极资格之一者，则不得享有公民之权。其消极资格为(一)

① 誓词为"〇〇〇正心诚意当众宣誓，从此去旧更新，自立为国民，尽忠竭力，维护中华民国，实行三民主义，采用五权宪法，务使政治修明，人民安乐，措国基于永固，维世界之和平，此誓！"参阅乡镇自治施行法第八条。

有反革命行为，（二）或贪官污吏土豪劣绅，经判决确定者，（三）褫夺公权尚未复权者，（四）禁治产者，（五）吸用鸦片或其他代用品者。凡乡公民年满二十五岁具有一定之资格者，则有被选举权，可为乡长、副乡长、镇长、副镇长，及乡镇监察委员之候选人。

乡镇自治之事权，与区自治之事权大致相同，最要者为于不抵触中央及省县法令规则之范围内，制定自治公约。

乡镇之自治组织大体与区相同。乡镇之自治立法机关，为乡民大会，镇民大会，自治之行政机关为乡镇公所，有乡镇长及副乡镇长及乡镇务会议。自治之司法机关为乡镇调解委员会，自治之监察机关为乡镇监察委员会。其组织与职务皆依区之制，惟其办理自治事项则以乡镇为区域。他如区长下无副区长，而乡镇长下则有副乡长副镇长各一人或二人，区长为有给职而乡镇长皆为无给职，此为其不同之处。

三　闾邻　闾邻实为两级，乡镇之下为闾，闾之下为邻。

乡镇居民，原则上以二十五户为闾，五户为邻，惟二十五户至十五户之间亦可编为闾，三户至七户间亦可编为邻。闾邻皆有居民会议。闾设闾长一人，邻设邻长一人。闾居民会议由闾长召集，各有十户以上之要求亦可召集，惟闾长邻长不能召集时，乡镇长亦可召集闾居民会议。闾长亦可召集邻居民会议，皆以召集人为主席，闾邻居民会议须有过半数居民出席，方能开会，其决议须有出席居民过半数之同意，闾邻会议期间以一日为限，闾邻会议之自治权为：对于闾长邻长有选举罢免之权，对于办理法令范围内一切自治事务，有议决之权，此外闾邻有需用经费之必要时，亦由居民会议决定筹集。

闾设闾长一人，邻设邻长一人，由居民会议选之，闾长邻长之任期为一年，但违法失职时，居民会议可对之罢免、改选。其职务为办理法令范围内一切自治事务，但须提交居民会议决定，以及办理县政府、区公所，及乡公所或镇公所交办之事务。此外对于经费之收支报告，须临时报告上级自治之监督机关，及居民会议。

第四节　二十三年(1934年)以来县之下级组织

民国二十一年(1932)十二月第二次内政会议议决，县以下之区、乡、镇、间、邻各组织，可由各省斟酌情形存废，但不得少于二级或多于四级，其各组织之名称(如乡、镇、间、邻，或保甲等)，亦得由各省自行决定，汇报内政部备案。民国二十三年三月内政部拟订改进地方自治原则五项，呈经行政院，转请中央政治会议第三九六次会议议决，于三月十七日由行政院通行遵办，复于五月间修正。自此原则实施后，县以下之组织颇为更改，即现行县以下之各级自治组织。

依改进地方自治原则之规定，将地方自治团体组织系统共分为两级，以县为一级，县以下之乡镇村为一级。乡与村之区别，则以聚居同一之村庄独自成立自治团体者为村，其不能独自成立自治团体之小村落并入邻近之村，或联合邻近之若干小村而为自治团体者为乡。乡镇村自治团体之地位则皆相等，惟因人口区域等状况可分为若干等次，依其等次，而定其组织范围之大小，但其权限，不因等次而有差异。至于乡镇以下之间邻等组织，则由地方政府斟酌情形变通办理，不为固定之统一制度。区之制度则概行废除。惟在情形特殊之处，如县政府对所属乡村有统治上之困难，而其地方已有相当之自治基础者，经省政府核准，报内政部备案，县与乡镇村之间,区仍继续存在,成为自治团体而立为特例。县与乡之间,县政府为便利行政管理,及促进地方建设,亦得因其必要酌量保留,或加以改组,以为辅佐县政府之办事机关,而不为地方自治之团体,此项办事机关之设立,及其组织办法,各县应呈请省政府核准,并咨报内政部备案。故改进地方自治原则施行后,县之下级组织可分为三种。第一种为一级制,即县以下为乡镇村各地位相同之地方自治团体。第二种为二级制,如县以下为区,区以下为乡镇村。而区为地方自治团体。第三种亦为二级制,县以下为区或由区改组之机关,再下为乡镇村。惟区或由区改组之机关,并非地方自治团体,仅为辅佐县政府之办事机关。惟自二十一年后各省多举办保甲,而推行自治者□见少。二十三年后内政部更有纳保甲于自治之中使二者融通为一之议。而实施保甲规程,现正在核议中。二十六年六月五日行政院更公布各县分区设署暂行规程,规定各县酌划三区至六区,区署设区长一人,区员一人至三人,巡官一人。大致与“剿匪”省份分区设署办法大纲相同。

第五节　县各级组织纲要下县之下级组织

依据县各级组织纲要之规定:“县以下为乡镇,乡镇内之编制为保甲。县之而积过大或有特殊情形者得分区设署”。“凡教育警察卫生合作征收等区域,应与前项区域合一”。“县为法人,乡镇为法人”。兹分述其下级组织于下。

一　区

(一)区之划分　各县政府因县之面积过大或有特殊情形者,

得依县政府分区设署规程[①]之规定，分区设署。区之划设以十五乡镇至三十乡镇为原则[②]。

（二）区署

（1）区署之名称　区署驻在地须择全区适中或交通便利地点，定名为“某县政府某几区区署”，或冠以所在地名及含有历史性与地理意义之名称。

（2）区署之地位　区设区署，为县政府之辅助机关，代表县政府，督导区内各乡镇办理各项行政及自治事务。未设区署之区，由县政府派员指导，是以区署仅为县政府辅助机关之性质。

（3）区署之组织　区署置区长一人，由县政府于甄选训练合格人员中遴请省政府委任之。指导员二人至五人，分掌民政、财政、建设、教育、军事等事项。由区长于甄送训练合格人员中遴请县政府委任之，并报省政府备案。此项指导员为有给职。其设置以地方需要及财政状况为标准，得一人兼任数职。军事指导员应由区国民兵队队附兼任。因事务之繁简，得酌用雇员二人至五人，区丁二人至四人。

（三）区建设委员会　区得设建设委员会，为区内乡村建设研究设计协助建议之机关。由区长及区署之民政、财政、建设、教育、

---

① （二九·四·三〇）行政院公布，《内政法规汇编》民政类第三目，页五二。

② 依（二九·六·二四）行政院阳字第一三七五号代电复浙江省政府内称：“一、未设区署之县，其划分亦应依照县各级组织纲要第二十四条之规定。二、在十五乡镇以上三十乡镇以下之县份，以不设区署为原则，但如因面积过大或有特殊情形时，可由县呈请省县府转咨内政部核准设置。三、各县原划之区，如其面积已大或有特殊情形，不便依县各级组织纲要第二十四条之规定原则改划时，可由县声叙理由，呈请省政府转咨内政部核准办理。”浙江省民政厅编：《县各级组织纲要》浙江省实施总报告附录，页一一一至一一二。

军事各指导员暨由区长聘请区内声望素著并热心地方公益之人士五人至七人组织之。由区长召集，并为主席，另置副主席一人，由会员推选之。主席副主席及会员均为名誉职。已设有区建设委员会之区署，办理区内之卫生、农田、水利、森林、道路桥梁以及农村经济之建设事业，均先交区建设委员会详加讨论，拟具文案由区署报请县政府核准施行①。

二　乡镇

（一）乡镇之编制与划分　乡镇内之编制为保甲，每乡镇以十保为原则，不得少于六保，多于十五保②。而其划分，则以人口、经济、文化、交通等状况为标准，由县政府拟订绘图说呈请省政府核准施行，汇报内政部备案。现有之乡镇区划如因历史关系及自然条件不适此项规定编制时，得由县政府酌量变通拟订绘具图说呈请省政府核准施行，报内政部备案。乡镇区域发生争议时，由县长召集有关之乡镇长协商解决之。至于“乡”与“镇”之区别，依行政院之解释为人口密集之处称镇，人口散活之处称乡③。

（二）乡镇民代表会④乡镇设乡镇民代表会，由本乡镇之保民大

① 未设区署之区，亦可酌设区建设委员会。见行政院秘书处（二〇·九·二四）致内政部阳壹字二〇一二六号函。《内政法规汇编》民政类第三目，页五二。

② 乡镇组织暂行例（三〇·八·九）国民政府公布，《内政法规汇编》民政类，页三八九。

③ （二九·三·二七）行政院令内政部，《内政法规汇编》民政类，页四九。

④ 关于乡镇民代表之选举手续，详可参看（三〇·八·九）乡镇民代表选举条例国府渝三八六。依（三二·五·八）行政院呈国府备案之成立县各级民意机关步骤第一项之规定：保民大会开会六次以上经政府考核无异者，得成立乡镇民代表会。依第四项之规定：乡镇民代表选举条例自（三二·五·五）施行。不在此以前，三十年九月行政院第五三四次会议曾通过凡实施新县制二年以上之县份，如省政府认为可以成立乡镇民代表会者，得呈准行政院成立。

会各选举二人组织之，任期二年，连选得连任。凡县公民年满二十五岁经乡镇民代表候选人试验或检覆及格者得被选为乡镇民代表会代表①。如有违法或失职，由保民大会罢免之。置主席一人，由乡镇民代表互选之。每三个月开会一次，由主席召集之。如遇特别事故，或乡镇民代表三分之一以上请求时，得举行临时会议。会期均不得逾三日。非有本乡镇全体乡镇民代表过半数之出席，不得开议。议案之表决，以出席代表过半数之同意行之。可否同数，取决于主席。

乡镇民代表会之职权有九：(1)议决乡镇概算审核乡镇决算事项；(2)议决乡镇公有财产及公营事业之经营与处分事项；(3)议决乡镇自治规约；(4)议决本乡镇与他乡镇间相互之公约；(5)议决乡镇长交议及本乡镇内公民建议事项；(6)选举或罢免乡镇长；(7)选举或罢免本乡镇之县参议员；(8)听取乡镇公所提出询问事项；(9)其他有关乡镇重要兴革事项。乡镇民代表会议决之概算，应经县政府核准，并编及县概算。其审核之决算，应经县政府复核并公布之。乡镇民代表会决议事项，与现行法令抵触者无效，其决议案送请乡镇长执行。如乡镇长不执行或执行不当，得请其说明理由。如仍认为不满意时，得报请县政府核办。乡镇长对于乡镇民代表会之决议案，如仍认为不当，得附理由送请复议。对于复议结果，如仍认为不当时，得呈请县政府核办。县政府对于乡镇民代表会之决议案，认为有违反三民主义或国策情事者，得开明事实，呈诸省政府核准后予以解散重选，并补报内政部备案②。

---

① 乡镇民代表选举条例第一条。关于应试验及检核之资格，参看省县公职候选人考试法，本书第一编第七章第七节已加简述，兹从略。

② 记事另有乡镇民代表会议事规则（三二・六・一四）内政部函送各省省政府，四川省政府公报原第四二二期。

（三）乡镇公所　乡镇设乡镇公所，置乡镇长一人，受县政府之监督指挥，办理本乡镇自治事项及执行县政府委办事项。置副乡镇长一人或二人襄助之。乡镇长兼任乡镇中心学校校长及乡镇国民兵队队长，在经济教育发达之区域，得不兼任乡镇中心学校校长，但不得兼任保长或甲长。乡镇长副乡镇长由乡镇民代表会就公民中具有（1）经自治训练及格者，（2）普通考试及格者，（3）曾任委任职以上者，（4）师范学校或初级中学以上学校毕业者，（5）曾办地方公益事务著有成绩者等资格之一者选举之，连选得连任[①]。乡镇长副乡镇长被罢免时，应即由乡镇民代表依法改选。乡镇长选举实施日期，由省政府定之。在未定选举实施日期之地方，其乡镇长副乡镇长得由县政府遴举合格人员委任之，报由省政府备案。如有违法或失职，则亦由县政府撤职另委。

乡镇公所设民政、警卫、经济、文化四股。每股各设主任一人。民政股、文化股、经济股各主任，得由乡镇长副乡镇长及中心学校教员分别兼任。如事实上不能兼任时，得由乡镇长遴聘。警卫股主任应由乡镇国民兵队队附兼任。各股所属之事务，由省政府按照完成地方自治条件各乡镇应办事务及县政府委办事务分别分配规定之，报内政部备案。各股视事务之繁简及地方实际之需要，酌置干事。除户籍应有一人专办外，得由中心学校教员分别兼任并置专任事务员一人或二人。经费不充裕地方，各股得酌量合并或仅设干事。

乡镇公所办理公共利益事项，需用人力工作时，经乡镇民代表

---

① 依（三二·五·一七）省县公职候选人考试法之规定：省县公职候选人之考试，分甲乙两种。乙种及格者得为乡镇民代表，乡镇长或保长候选人。考试方法分试验检核二种。其资格已详本书第一编第七章第七节，兹从略。

会之议决，得召集各保长甲长按保按甲征调各户居民共同办理之。需用物资时，则编制计划及概算，由乡镇民代表会议决，呈准县政府列入县概算中由乡镇公款开支：

（四）乡镇务会议　乡镇务会议由乡镇长副乡镇长乡镇中心学校校长乡镇国民兵队队长队附，民政、警卫、文化、经济各股主任及干事暨专任事务员组织之。本乡镇内与所议事项有关之保长得列席，由乡镇长召集，并为主席。乡镇长有事故时由副乡镇长代理之。乡镇务会议每月开会一次。必要时得召集临时会议。其会议之事项有七：(1)乡镇自行举办之事项，(2)关于乡镇中心工作之实施事项，(3)县政府委办事项之执行，(4)乡镇民代表会议决案之执行，(5)提交乡镇民代表会之议案，(6)出席人员之提案及(7)本乡镇内公民十人以上之提议。

此外，依县各级组织纲要之规定，乡镇有其独立财政，其收入有五项：(1)依法赋与之收入，(2)乡镇公有财产之收入，(3)乡镇公营事业之收入，(4)补助金及(5)经乡镇民代表会决议征收之临时收入，但须经县政府之核准，并设乡镇财产保管委员会。乡镇财政收支，由乡镇公所编制概算，呈由县政府审核编入县概算。

三　保

（一）保之编制　保以编制以十里为原则，不得少于六甲，多于十五甲①。

（二）保民大会　保民大会甲本保每户推出一人组织之，每月

---

①　在人口稠密地方，如一村或一街为自然单位，不可分离时，得就二保或三保，联合设立国民学校合作社及仓储等机关。推举保长一人为首席保长，以总其成。但国民兵队仍须分保编队训练。

开会一次，由保长召集之，遇有特别事故，由保长或本保二十户以上之请求。召集临时会议。保民大会非有本保各户出席人过半数之到会，不得开议。议案之表决，以出席人过数之同意行之；可否同数，取决于主席。罢免案之成立，应有出席人三分二以上之同意，开会时由保长主席。保长有事故时，副保长主席，保长副保长均有事故时，由大会推举一人主席。

保民大会之职权有八：(1)议决本保保甲规约；(2)议决本保与他保间相互之公约；(3)议决本保人工征募事项；(4)议决保长交议及本保内公民五人以上提议事项；(5)选举或罢免保长副保长；(6)选举或罢免乡镇民代表会代表；(7)听取保办公处工作报告及向保办公处提出询问事项及(8)其他有关本保重要兴革事项。保民大会议决事项与现行法令抵触者无效。保民大会决议案送请保长分别执行，如保长延不执行或执行不当，得请其说明理由，如仍认为不满意时。得报请乡镇公所转呈县政府核办。保长对于保民大会之决议案，如仍认为不当得附理由送请复议；对于复议结果，如仍认为不当时，得呈报乡镇公所转呈县政府核办。乡镇公所对于保民大会之决议案，认为有违反三民主义或国策情事者，得开明事实，呈请县政府核准后，予以解散，另行召集，并由县政府呈报有政府备案。

（三）保办公处　保设保办公处，冠以所属乡镇名称。置保长一人，受乡镇长之监督指挥，办理本保自治事项及执行县政府委办事项，并置副保长一人襄助之，保长兼任国民学校校长及保国民兵队队长，在经济教育发达之区域，得不兼任保国民学校校长，保长不得兼任甲长。保长副保长由保长大会于公民中具有(1)师范学校或初级中学毕业或有同等之学力，(2)曾任公教人员或在教育文化机关服务一年以上著有成绩者,(3)曾经训练及格者,(4)曾办地方公益事务者等资格之一者选举之。任期二年,连选得连任。如遇被罢免时应即由保民大会依法改选。在未办理选举以前,保长副保长由乡镇公所推定呈请县政府委任。委任之保长副保长违法或失职时,由县政府撤职另委。

保办公处设民政、警卫、经济、文化干事各一人。民政干事得由副保长兼任。警卫干事由保国民学校教育兼任。此项干事,如无相当人员时,得由一人兼任二职。在经济不充裕区域得仅设干事一人,均由保长延聘或由乡镇长商同保长延聘之,此外。保办公处办理本保公共利益事项需要人力工作时,应召集各甲长按甲召集各户居民共同办理之。

(四)保务会议　保务会议由保长、副保长、保国民学校校长、保国民兵队队长、队附,及保民政、警卫、经济、文化各干事组织之。本保内与所议事项有关之甲长,亦得列席。由保长召集开会并以保长主席。保长有事故时,由副保长代理。每月开会一次,于保民大会开会前五日召集之。必要时得召集临时会议。保务会议之事项有五:(1)议订保甲规约,(2)保民大会决议案之执行,(3)提交保民大会之议案,(4)出席人员之提案及(5)本保内公民五人以上之提议。

四　甲

(一)甲之编制　每甲以十户为原则,不得少于六户多于十五户。

(二)甲居民会议　甲长认为必要或有本甲居民十人以上之请求,举行甲居民会议,讨论议决有关本甲重要兴革事项。

(三)户长会议　甲设户长会议,由本甲各户之户长组织之。

户长有事故,不能出席时,应委一人代表出席。户长会议由甲辰召集,每月开会一次,必要时经甲长或三户以上之请求,得举行临时会议。开会时甲长主席。甲长有事故或所设事项与甲长本身有利害关系时,由出席人推举一人主席,非有本甲户长过半数之出席,不得开议。议案之表决,以出席人过半数之同意行之;可否同数时,取决于主席,其决议案由甲长执行之。户长会议之职权有五:(1)选举或罢免甲长;(2)政令之执行事项;(3)本甲内户口之稽查填报事项;(4)本甲内之清洁卫生事项及(5)本甲内兴应革事项。关于甲长之选举或罢免,由保办公处报乡镇公所备案。

第六节 各特殊省份县之下级组织

在县各级组织纲要以前,若干省份,为应当时当地之需要,有采特殊之组织者,兹分别略述于次。

第一项 "剿匪"省份县之下级组织

二十一年(1932 年)八月间豫、鄂、皖三省"剿匪"总司令部公布"剿匪"区内各县区公所组织条例,规定区公所设区长一人,区员一人或二人,而以区长辅助县长执行其职务,并指挥监督保甲人员执行其职务。故区公所实为辅助县之行政机关,而非办理自治行政之机关,及二十三年十二月南昌行营更制定"剿匪"省份各县分区设署办法大纲,通令豫、鄂、皖、赣、闽五省份别施行,其他各省如陕、甘、川、贵等省亦多采其制。分区设署后,其最要之变更、则将区公所改称为区署。区署设区长一人，区员二人至四人。区署更附设区有款产保管委员会，及区民调解、委员会。区署之职务，则为秉承县长办理区内之行政事项。

自二十六年(1937年)后，区之下级组织则为保甲，保甲之编组以户为单位。户设户长；十户为甲，甲设甲长；十甲为保，保设保长，故区以下为保，保以下为甲。保甲皆为自卫之组织，非乡镇闾邻自治组织之比。故“剿匪”省份及采“剿匪”省份之组织者，其下级地方均无自治之可言。

第二项　广东广西两省县之下级组织

第一目　广东省县之下级组织

广东省现行县之下级组织，系于民国二十年后照县地方自治条例所组织，县以下为区，区以下为乡镇，乡镇以下为里，里以下为邻。积五户为邻，五邻为里，四里至十里为乡或镇。二十至五十乡或镇为区，其各级自治组织，与国民政府公布现行县组织法所规定者，大致相同，惟将闾改为里，区民大会改为区民代表大会。区长下有副区长二人，里邻有副里邻长各一人，其他之组织及职权，亦大同小异。

第二目　广西省县之下级组织

广西省现行县之下级组织，系照广西各县组织大纲(二十二年四月八日公布)，及广西各县甲村街乡镇区编制大纲(二十一年九月六日公布)而订。其制以居民十户为甲，十甲为区，在市集则为街，十村以上之一地方为乡，十街以上之市集为镇，乡镇之上为区，每区以万户以上为原则。惟各级编制之数目，亦可增减变通。故县之下级组织，区为一级，乡镇为一级，村街为一级，甲为一级，共四级。

一　区　区有区公所，区公所设区长一人，县政府于审查合格人员中开列三人，呈请省政府委任，区长综理全区政务，更设助理员一人，由区长遴选合格人员三人，呈请县政府择委，并呈报省政府备案，以协助区长办理区公所一切事务，更设办事员二人至四人，并可设雇员。

区更设区行政会议，及区自治筹备委员会，区之事务，其属于省及县者为：（一）保卫治安清除盗匪，（二）训练民团，（三）户籍调查登记，（四）执行征收属于省库国库或县库之税捐，（五）及其他由省令或县令指定之事务。凡不属于省及县之事务，皆为区地方自治事务。

二　乡镇　乡（镇）设乡（镇）公所，设乡（镇）长一人，乡（镇）长、副乡（镇）长，由本乡（镇）村（街）长，在区长指定合格人员中，加倍选举，呈请县政府择委，呈请省政府备案。副乡（镇）长一人，协理全乡务事。此外更有书记一人，并可酌用雇员。乡镇公所于县政府区公所监督指挥之下办理全乡镇地方自治行政事务，乡镇更设乡镇务会议，以议决全乡镇自治事项及乡镇款项之收支保管。

三　村（街）　设村街公所，各设村街长各一人综理全村街之事务，设副村街长各一人至三人以为协理，由乡长指定本村街内合格之甲长，并有村街务会议，其办理本区域之区务，与上级等组织大致相同。

四　甲　甲设甲长一人，副甲长一人，在村街公所监督指挥之下办理全甲事务。

第六章　各省县组织概略

第一节　县各级组织纲要实施以前

县之组织，各省极不一致。民三（1914年）以后，各省皆行用划一县现行官厅组织令及县官制，故县之组织尚无甚差异。惟至民九以后，各省间曾一度提倡自治，故有少数省份有自治县之设置。北伐时期，国民政府势力及于某省时，某省于军事甫定后，则恒自定暂行县制，以为过渡之办法，故各省间极不一律。及十七年（1928年）国民政府公布县组织法后，各省有依之而改组者。十八年重订县组织法公布后，各省大体上皆依法而改组，惟改组之时期先后殊不一致。二十一年以后，局科颇多合并；二十三年以后，因受"剿匪"省份裁局改科之影响，复多更张。兹就所知，分述各省县组织嬗变之梗概于后。至于中山县，实验县等，因各专著颇多，姑从略。

一　**江苏省**　民国元年（1912年），江苏省曾制定暂行县制，县之行政长官由地方公选，曰民政长①，直隶于都督。民政长之下

① 参阅江苏省政治年鉴十一份页一。

设佐治职，分课治事。元年十一月始依中央之通令，画一地方官吏名称，改民政长为县知事。嗣因财政部厉行减政主，始定为一等知事，设科员四人，二等三人，三等二人，技士各一人。

在自治方面，江苏省于二年六月修正公布暂行县制并选举章程①。将县之组织分为议决机关，及执行机关。议决机关为县议事会，执行机关为县知事及其所属，而以县参事会为自治行政之辅助机关。议事会议员名额由二十五名至六十五名。议事会设议长一人，副议长一人，由议员用记名单记法互选。议事会更有文牍、庶务等职，由议长派充。

执行机关，县知事之下，除佐治职外，更增置常任委员若干人，辅佐县知事执行县中之行政，常任委员外，更可设临时委员若干人。故此制与清末府厅州县自治章程实无甚出入。

民国十六年七月二十六日，江苏省政府第二十八次政务会议通过县政府组织条例②，依此条例之规定，县政府设县长一人，受省政府及各主管厅之指挥监督处理全县之行政，下设民治、财政、总务三科，各科设科长一人，科员一人至三人，秉承县长，办理各该科之主管事务。县政府并得设事务员及雇员，以办理征收及缮印文件等事。是年八月二十五日，遵省政府第三十五次政务会议议决案，该省更公布划一县政府名称令，通令各县一律称为县政府，因当时各县名称不一，有称县长公署者，有称县知事公署者，有称县公署者，有称县行政公署者，殊不一致，故通令划一。而公安、财政、建设、教育、土地各局组织规程，亦先后公布。十七年以后县组

① 参阅江苏省单行总令初编。

② 参阅同时期江苏省政府公报。其他各省仿此。

织法公布，江苏省各县，遂逐渐改革，完成县组织。

民国二十二年（1933 年）一月，为樽节经费起见，省政府第五六〇次会议通过江苏省县政府组织通则，以裁局设科。依此通则之规定，县政府置县长一人，下分第一、第二、第三、第四四科，分掌总务、财务、公安、教育、建设等事项。原设公安、财政、建设、教育四局，概行裁销，其事务皆归该管各科办理，惟公安局，各县于有设局之必要者，始可设立，教育局则于各教育经费，每年在十二万元之上者始可设立。

二　浙江省　浙江省于民国元[①]二年各县议会及参议会皆相继成立。至民国三年因各级自治停办，县议会及县参议会遂解散，但自治事项仍由各县自治办公处办理。

十年（1921 年）九月九日浙江省曾宣布该省宪法。其第十四章，则为关于县之规定。县为省之地方行政区域并为自治团体。县置县知事一人为行政及自治之长官。县更设县议会及县参事会。县议会为议决机关，县职员之名额由二十人至四十人。县参事会为辅佐县知事执行自治事项之机关。其组织略同民八之县自治法。但此法迄未施行。

是年九月十一日大总统徐世昌更颁布县自治法施行日期及施行区域令，以浙江省所属各县为施行区域，而以十年十月一日为施行日期，惟亦为具文而已。

至十一年各县县议会，县参事会又先后一律成立，十六三月浙省政务委员会电令各县解散，由县党部接收。于民国十六年五月二十四日公布浙江省县政府组织暂行条例其内容为：县政府设县

---

① 元年间浙江省县行政长官曰民事长。参阅浙省各县新志职官志。

长一人下设总务、民治、财政、教育、建设各科，分掌县政。并规定县党部对县行政可以提出意见书。而各科之规程亦皆先后颁布。

十七年国府公布县组织法后，浙省并未遵照改组，遂于是年十一月，省府令各县于内政部颁发之县组织法在未实行前，所有各科名称职掌，应暂行仍旧。

十八年五月因实行二零五次省政府委员会之议决案，始择生产力较大，各种事业较易发展之杭县、海宁等十四县，依照县组织法先行完全改组。凡完全改组之县政府内设秘书一人，视市务之繁简分科办事，同时成立公安、财务、建设、教育四局，其余列入一、二、三等之六十一县，设秘书一人，仍分科办事，并同时成立公安、教育两局，再视各县情形得成立财务局。

十九年后，划一各县组织名称，除改组之县设局照旧外，一二等县设第一、第二、财政、建设四科、三等县设总务、财政、建设三科。

二十年以后，因紧缩经费，又因各县经济景况不同，致有将财政、建设二局复改为科者，亦有将财政改科为局者，而各县政府秘书复有独立设置与兼任一科科长之区别，其组织极不一致。

后因受"剿匪"省份各县政府裁局改科办法大纲之影响，遂于二十四年五月二十三日颁布浙江省各县政府改局为科暂行组织办法。此办法将设各局皆改为科①，各县政府秘书得兼任科长，其事务最繁之一等县得设助理秘书一人。各县政府视事务之繁简酌改五科或四科。科之名称皆以数字别之，投为第一、第二等科，并得分股办事。各科设科长一人，下设科员、事务员、书记员等职，此外

① 最近(二十六年六月间)浙省又有恢复县教育局之议。

尚可设技士、督学、警佐等员。

三　安徽省　安徽省于十六年末省政府第十二次委员会议决安徽省县政府组织条例，规定县政府设县长一人，受省政府及[各]主管厅之指挥监督，处理全县行政事务。下设第一、第二、第三三科，分掌总务、公安、财政，及教育、建设等事项。各科设科长一人，科员一人至三人，及事务员雇员若干人。其兼理司法之县，并得承审员，未设新监之县，更得设管狱员。

此外安徽省县公安局组织条例，县地方财政管理处暂行简章，县建设局组织条例，及各县教育局组织条例，亦皆先后公布。

国府公布组织法后安徽省依县组织法施行法之规定，应于十九年八月完成县组织。后为便利行政之指挥及厉行清乡起见，于二十一年八月公布安徽省各区首席县长暂行规程。其内容为将全省划分为十区，于每区内冲要之县，设首席县长，以指挥监督其区内之各县县长，实为行政督察专员之滥觞。是时安徽因实行减政，于省政府第七次委员会临时会议议决，将各县公安分局一律撤销，各县县政府对所直属各局分别裁并改科，建设局完全裁撤，按各县之需要情形，改为建设专员办理建设事务。教育局与财政局亦有改为管理处者，以缩小其组织。同时并议决将各县区公所一律裁撤，区长取消，另设地方自治协会以代之。

二十二年三月十七日省政府第三三一次常会通过安徽省各县县政府组织暂行办法。其内容为将各县公安局一律改为公安科，或并入第一科。财政局一律改为县地方财务委员会。建设局一律改为建设科，其原设建设专员之县，得改设建设科或仍旧。惟各县教育局则仍旧不改。

二十二年四月十一日，省政府第一八四次谈话会通过安徽省县政府办事规则,规定县政府设秘书一人,总务科、财政科、公安科、建设科各设科长一人,下设科员,事务员,录事。公安科更可增设勤务督察员,建设科更可增设技术员。

二十三年八月十四日省政府第四零二次委员常会议决裁撤县教育局改设县政府教育科试行办法,以"增进地方教育行政之效率,并由教育厅指定□县"试行,其办法将县教育局裁撤后,改设县教育科,附设于县政府内。县教育科改设科长一人,下设督学、科员及办事员。关于县教育行政,则以县长名义行之。此外,更设教育经费管理委员会及县教育经费稽核委员会。

二十四年一月二十二日省政府第四三零次委员常会议决安徽省县政府组织规程,此规程系依据"剿匪"省份各县政府裁局改科办法大纲而制定。其内容为:县政府置秘书一人,更设第一、第二、第三三科,分掌民政、财政、教育及建设。每科置科长一人,科员二人至四人。下设事务员及录事。第三科设督学及校士各一人。此外更设立经征处,及金库。并规定此规程施行后,将各县所有之公安、财政、教育、建设各局,一律裁撤。

同年二月二十日省政府第四三八次委员常会议决安徽省县政府办事规则。规定第一科设统计员一人,并有档案室之设置。

二十五年四月安徽省政府复依照南昌行营所颁"剿匪"省份各县政府裁局改科办法大纲,公布修正安徽省各县政府组织暂行规程,较二十四年所议决者为详尽,增设助理秘书,财务委员会及县行政会议等,皆与各省依裁局改科办法大纲之修正者,大致相同。

四　江西省　江西省于民国十年曾公布江西暂行县自治条例,其组织分为县民大会,县议会及县公署。县民大会由县属各市乡大会选出之代表组织而成。县民大会代表之名额,以每市乡人口满一千名者选出代表一人，但每市乡之代表，至多不得过五名，其不及千人之市乡，其代表则与其他市乡联合选出。县民大会开会时，于代表中选一人为主席，书记、会计、庶务等职，则由主席于代表中指定数人分任。

县议会由各市乡之选民直接选出之议员，组织而成。县议员之名额，大县三十人，中县二十五人，小县二十人。县议会设议长一人，副议长一人。由县议员中互选选出。

县公署设县长一人，由县民大会选出。推县长有学业之限制，须中等学校以上之学业程度，或具有相当之资格。县长选出后，由省长任命，省长认为不合法时，可以不任命，而由县民大会另选。惟此条例有未闻实行。

国民革命军克复江西后，江西省政府第五十一次省务会议，决议通过江西县政府组织暂行条例，遂于十六年十月二十九日公布施行。

依此暂行条例之规定，县政府设县长一人，为县政之最高长官，下设秘书一人，办理印信等事项。县政府第一科第二科，科置科长一人，下设科员、事务员、录事各若干人，依县之等次而差其额。更设公安、财政、教育、建设四局，以分掌县政，其他政务有设局之必要时，可临时呈请设置，嗣后，局组织暂行条例，亦相继颁布。

后因被“匪灾”各县经费窘绌，遂于民国二十年五月二十一日第三六九次省务会议议决江西各县政府原设各局改科办法，依此办法之规定，将被“匪灾”各县政府原设之公安、财政、建设、教育各局一律裁撤（惟吉安县之公安局不裁），只于县政府中另增设一科而已。科置科长一人。科员雇员一等县各增设三人，二三等县则视一等县□减一人。其原有各局之职务,由县长分配于各科办理。其未被“匪灾”之县份而设裁局设科者,必须由县政会议议决,呈请省政府核准,实为裁局设科之先声。

至二十三年底,南昌行营“剿匪”省份各县政府裁局改科办法大纲公布后,江西省遂遵其规定,于二十四年三月十九日第五七八次省务会议通过江西省各县政府组织规程。

此规程之内容为:县政府设县长一人,秉承省政府及该管行政督察专员公署,综理县政,监督所属机关及职员。秘书一人,掌机要文件等事项。县政府分设三科,各科置科长一人,第一科掌公安卫生等事项,更设警佐一人,受第一科科长指导监督办理全县公安事务;第二科掌会计财政等事项;第三科掌建设教育等事项,更设督学技士各一人,受第三科科长之指导,以视察教育指导建设。科员一等县共设五人,事务员三人,二三等县则皆较一等县减一人。更可设雇员,由六人至四人,视县等之高下为差。

此外更有县政会议,以县长、秘书、科长及警佐、督学、技士等组织而成,以审议之预算、决算、县公共事业之管理及县公产之处分等事项。

二十四年六月二十五日,省政府因受军事委员会委员长行营指令修正后,遂于七月颁布修正江西省各县政府组织暂行规程。此修正规程较本年三月间之通过者,颇多增改,以前共十八条,此则增为二十一条。最要者则将各县县政府事务员增设一人,县教育或更设事业特别发达而经费向来充裕之县,更可增设督学或技士一人,警卫事务较繁重之县,各区署分设巡官警长外,县政府中,亦得设巡官一人。此外对于经征处县金库及财务委员会,亦皆有规定。

五　湖北省　湖北省政府于民国十七年七月，由民政厅拟定暂行新县制，经武汉政治分会议后决后公布。此制之内容为：县设县长一人，掌理全县之行政事务，下设公安、财政，教育、建设各局，分掌县中之政务。县之下为区，区之下为乡为镇，乡镇下为村为街，村街下为闾，与县组织法大致相同。据当时民政厅召集武、阳、夏三县行政长官会议议决，拟由武、阳、夏三县先设筹备实行，以为各县之模范。及县组织法公布后，依该法施行法之规定，湖北省厅于十九年八月完成县组织。

二十三年，因裁局设科，遂于一月二十四日公布湖北省县政府组织暂行规程，以为"剿匪"期内，该省各县之组织。

依此规程，县设县长一人，综理县政，下设秘书一人，县政府设第一、第二、第三三科，分掌县中之政务。各科设科长一人，下设科员及雇员，惟三等县之科长，则由秘书择兼其一。更设警佐一人，以办理水陆公安之事务。公安、财政、建设、教育各局，除有特别情形者外，则该不设置。此外更有县政县议，由县长、秘书、科长，设有专局之局长及警佐等组织而成。

民国二十五年一月十六日，依南昌行营所颁"剿匪"省份各县政府裁局设科办法大纲之规定，更公布修正湖北省县政府组织暂行规程。此规程与同时"剿匪"各省所颁布者大致相同，而较二十三年该省所颁稍异。增员务员、督学、技士及巡官等额，并增经征处、县金库及财务委员会。此外县政会议，则由县长秘书及科长、警佐、督学、技士、财务委员会委员长及各区署区长组织而成。

六　湖南省　湖南省各县于辛亥革命之际，有由县自治公所组织临时会议者，及民国元年（1912 年），始定名为行政厅，二年改名县知事公署，十三年（1924 年）改名县长公署，十八年始改名为县政府。

民国九年十一月二日湖南省宣言自治，于十一年一月一日公布施行湖南省宪法，直至民国十五年国民革命军入湘之日止。此四年中均为自治时代。

依湖南省宪法第十章县制大纲之规定，县为省之地方行政区域，并为自治团体，县设县长及县议会，县长由县议会选举六人，交由全县公民决选二人，呈请省长择一任命。县议会议员之人数，以县之大小为差，但不得少于十六人，多于五十人。

国民政府公布县组织法后，湖南省遂于十八年遵照县组织法一律改组，六月省政府委员会议决，湖南各县县政府公安、财政、教育、建设等局规程①，各县财政、教育、公安各局以次成立，惟因地方政费支绌，建设局尚未组设，各县仅设建设及林务等专员而已，而公安局各县，亦有沿称警察所者。

二十二年四月依省政府咨送内政部各县县政府组织表，各县政府有设第一第二两科及公安财政教育三局者，有除三局外，而设总务及第二科者，更有仅设第一或总务二科者，而各县无公安局有警察所之设置者，亦颇不乏。但实际上该省因十九年实行裁厘后，经费窘绌，各县公安局有照旧保留者（如衡阳、湘潭等十五县），有改局为科者（如湘乡、宁乡等二十三县），有将公安局及警察所一律停办者（如安化、新化等二十七县）。

① 湖南省各局规程，皆于十八年六月二十五日议决，十九年十一月修正，除建设局规程外，二十一年一月二十三日更加修正，惟内政部以该省财政、教育两局规程，多有不合之处，未准核定。

二十四年湖南省各县政府有裁局改科者[①]，据是年六月间，省政府咨报内政部各县政府裁局改科实况，计未设教育局者，有古文等三县，停办公安局并科办理者，有安化等二十九县。其余各县之秘书室，第一第二科及公安财政教育等局，皆仍旧，并无改革。

七　四川省　四川省于民国十一年有省宪之运动，当时各县，除县知事外，已有县议事会及县参事会之组织。

十二年一月省宪法起草委员会更制定四川省宪法草案。规定县为省之地方行政区域，并为自治团体。县置县长一人，由省长任命，执行省之地方行政，及县之自治行政，并监督县以下之自治机关。此外更置县议会及县参事会。县议会为县之立法机关，县参事会则为辅助县长执行县自治事项之机关。

国民政府重订县组织法颁布后，十九年十二月该省始遵照县组织法之规定，公布四川省各县财政、公安、教育、建设各局之组织规程，并于是年十二月二十三日训令各县施行。

二十四年五月始依南昌行营颁布"剿匪"省份各县政府裁局改科办法大纲，制定四川省各县政府组织暂行规程，大致与当时"剿匪"各省份依行营颁布大纲而制定之规程相似，惟对于财务行政之组织，除有县征收局外，并规定两种办法。其一则为县政府暂不特设经征处，亦不另设金库，只设县财务委员会，分设置审核、出纳两组，凡预算决算之稽核，由审核组办理，税捐之收支保管，由出纳组办理。其一则为县设财务委员会为审核之机关，税捐之经征，由县政府之主管科（第二科）或特设之经征处办理，税款之收支，由另设

① 二十六年三月三日湖南省始公布各县裁局改科组织规程，参阅同时期湖南省政府公报。

独立之县金库办理。

此组织暂行规程，由该省省政府委员会第二十次会议议决，于二十四年七月一日一律实行。

八 西康省 西康于民国十四年前称曰川边，十四年始改名西康，国民政府成立后，十七年八月中央政治会议始有改西康为省之议决案，二十三年十二月始成立西康建省委员会。

西康于民国六年时，置三十三县，设县知事一人及科员若干人。国民政府成立后，依县组织法施行法之规定，该省应于十九年十二月终完成县组织，但因地瘠民贫，各县县政府组织，多未完成[①]。

关于科局设置之情形，据二十四年五月，该省建省委员会咨报内政部者，各县极不一致，有设教育局，地方收支所，及保卫团办事处者（例如康定），有设教育科及公安科者（例如丹巴），有设财政科，教育科及保卫团办事处者（例如泸定），有设公安科及保卫团事处者（例如道孚），有只设保卫团办事处者（例如雅江），更有全不设局科及保卫团办事处者（例如铲霍、瞻化等县）。

九 河北省 河北省于北京政府时代名直隶省 更有京兆特别区则沿清顺天府尹所辖之境。各县虽依划一地方行政官厅组织令及县官制而组织，惟民初各县恒将吏兵工三房改为内务科，户房改为财政科，礼房改为教育科，工房改为实业科，而各县公署科之数目亦不一致，由一科至四科不等。

民国十七年国民政府北伐完成后，始将旧直隶改为河北省，将

---

① 西康县长多兼理司法，并兼征收局与转运分局之事，或称西康县政府，与其谓为治民机关，无宁谓为军府之征收转运机关。参阅西防纪实，页一〇三。

旧京兆区各县并入①，于是河北省各县遂依县组织法次第改组而设各局。二十一年因节省经费，遂于省委会第三八次会议通过分别裁并县属各机关节减经费案。该案之内容为："将所有县属各局所，以及一切骈枝机关，拟即分别予以裁减归并，或改局为科，附设县政府内。"此案通过公布后，各县绅民纷纷以迅速实施为请。

二十二年一月二十三日，省府委员会更制定裁并县属各局办法实施原则，转饬各县实行。依此原则，将各县之公安、财政、建设、教育四局名义得暂行保留，但须依内政会议，内政部所是之县政改革案将四局设在各县政府之内，实行合署办公，将以前分立之各局一律裁撤。各局对外以不行文为原则，其对上对下正式公文统以县政府名义行之。各局对县政府用签呈，县政府对各局用批示，局与局间用移付，一切手续，皆力求简易为主，凡关于法令规定须盖用局钤印记者，仍可照旧钤用。各局既已合署办公，将各局原有经费从实核减，其标准为照原预算减去三分之一。

二十三年十月河北省举行第一次行政会议，各机关对裁局改科之提案凡三十二起，最后议定县属各局一律改科之决议案，并于省府委员会第五八四次会议议决以二十四年一月一日为实行日期。二十三年十二月二十五日，省政府委员会第五八九次会议通过河北省各县裁局设科实施办法，其内容为：将各县所属财政、教育、建设、公安各局，一律改设为科，各局改科后，一等县设六科或五科，二等县设五科或四科，三等县设四科或三科，分掌总务、民政、省县财政、教育、建设、公安等事项。各科如因地方情形有增减之必要时，得由县长呈请省政府增减，各局改科后，皆一律移入县

① 现冀东二十二县尚为伪组织所盘踞。

政府办公。

二十四年三月八日，省政府更公布河北各县政府裁局设科及暂行办事通则，较前颁之裁局设科实施办法尤为详尽，于科之下更可分为若干股，各设主任科员一人，其他对于秘书科长、科员、办事员、自治指导员、督学、教育专员、教育委员、度量衡检查员、技术员、督察长、训练员、督察员、队长等皆有规定，此外更设县政会议，其出席人员为秘书、科长及由局改股之主任科员。

十　山东省　山东省于民国十七年始依国民政府所颁县组织县法改革组织，并公布各局暂行规程。十八年六月，国民政府重订县组织法，山东省复依新组织之规定，改财务局为财政局。

二十一年为减政务见，遂改局为科，于十二月二十五日，经山东省政府第一九八次政务会议议决，公布山东省各县县政府组织暂行办法并于同日施行。此办法系遵照县组织法第十六条之规定而缩小其范围。其内容为：县政府设县长一人，秘书一人，第一科科长一人，第二科科长一人，但三等县第一科科长，由秘书兼任。下有科员及雇用之录事、勤务，依县之等次而差其额。除公安局外，将原设之财政局改为第三科，建设局改为第四科，教育局改为第五科。第三科更有事务员，第四科有技术员，第五科有县督学及教育委员。

同时更公布各县财政局改科办法，及各县建设局改科办法及各县教育局改科办法。二十五年四月，省政府第四八一次政务会议议决山东省各县县政府办事细则。依此细则之规定，县长之下设秘书一人，事务员二人。县政府分第一、第二、第三、第四四科，各设科长一人，科员一人至三人。事务较简之县，第一科科长由秘书兼任。各县因事务之繁简，更可酌用雇员。

此外更设征收处，县金库，保安队，电话事务所及县政会议。是年九月山东省政府更制定山东省各县县政府办事细则，大致与四月间所议决者相同，惟增地方财政监察委员会，地方款产保管委员会，及政务警察长。

一一　山西省　山西省于民国六年即以施行六政为号召，六政者水利、蚕桑、种树、禁烟、天足、剪发。是年十月一日特设六政考核处于省垣。民国七年更提倡“用民政治”而成立政治研究会。

新政推行以后，以各县知事，事烦责重，故不能不辅以相当佐治人员，乃议定公布县公署组织条例[①]，并于七年十月一日，修正施行，其内容为：于县知事下设承政、主计、承审、宣讲、收发各一员，分掌其所应管之事务，更设县视学及实业技士各一人，除实业技士外，其余皆回避本县，各县更设检验吏一人。至于书记员、录事，及雇用夫役，亦皆有规定，其名额随县之等级而差。

盖因当时县署用人向沿前清旧习，延聘刑幕账房，仅以敷衍为事。承审、视学、技士、宣讲各员，皆视为位置私人之地，故于此项县公署组织条例，厘定名称严其限制，以杜流弊。此外若县警察局组织条例，各县地方公款局通行规则，各县清查财政公所简章及各县劝学所暂行简章，皆于民国七八年间，先后公布施行，实开公安、财政、教育、建设各局之先河。

国民政府公布县组织法后，依县组织法施行之规定，山西省应于十九年六月底完成县组织，嗣因经费窘绌，未能如期办竣。

民国二十年山西省政府委员会第八次会议议决改组县政府具

① 参阅山西省民事行政单行规程。

体办法，大体与县组织法之规定者相同，惟各局之组织，则较为单简①。

民国二十四年十二月七日省政府公布山西省各县裁局改科实施办法，其内容为：先将各县教育、建设两局裁撤，以其主管事务统归县政府办理。凡专设教育、建设两局之县，于裁局后，在县政府添设第三第四两科，分掌教育及建设事务。其专设教育或建设一局之县，该局裁撤后，另添第三科一科，以管理裁撤之局之事务。其未专设以上两局者（两局并为一者），则裁局后改委主任科员，以掌其事，两局改科后，皆应一律移入县政府办公。故合署办公，裁局设科，山西只行其一半而已。

一二　河南省　河南县政府之组织，北京政府时代分一、二、三三等，各分两科，一等县设科长二人，科员四人，书记九人，勤务九人。二等县设科员二人，科员三人，书记七人，勤务六人，三等县设科长二人，科员二人，书记五人，勤务五人②。

十六年底，该省曾开政治会议，公布筹备各县地方自治大纲③，迨国民政府颁布县组织法后，始逐渐完成县组织。

二十年六月重行制订各县建设、教育等局组织规程。二十一年七月民政厅召集第一次行政会议，通过扩充县政府组织另定办事细则案。是年十二月各县乃裁局设科，公安局除郑县外，一律裁撤改为警察所，设警佐一员。建设局改科者，即以该局改为县政府

---

① 山西省各县教育局设局长一人，督学二人至四人，雇员一人。建设局除局长外，设技士一人至二人，雇员一人，财政局除局长外，设会计员一人，事务员一人，雇员酌用，各局不分课。

② 参阅第一次河南行政会议记录，页五三。

③ 此大纲为冯玉祥、薛笃弼所主持。

第三科。

二十二年十二月省政府重订河南省各县政府裁局改科方案，将各县公安局之裁撤者，复归并县政府第一科办理，设科长一人，并另设警佐一人。将各县财政局裁撤，归并县政府第二科办理，设科长一人，并另设征收主任一人，各县建设局之裁撤者，归并第三科办理，设科长一人，并设技术员一人至二人，而各县教育局则皆保留。二十三年四月六日后公布县教育局组织规程。又以固口镇、焦作镇等处地方重要，于是年十一月三十日公布河南省各地方公安局组织通则。遂将各特殊地方之警察厅仍改为公安局。

二十四年一月间复遵南昌行营所颁"剿匪"省份各县政府裁局改科办法大纲，制定河南县政府组织规程，将县政府设为三科。裁撤教育局警察所；教育归县政府第三科主办，警务于县政府第一科设警佐一人主办，另设经征处及县金库，办理省县地方款项收支保管等事。其他原有骈枝机关一律裁撤。此外并增设秘书及督学等职员。与其他"剿匪"省份之县组织无甚出入。

一三　陕西省　陕西省于民国二十年，始依国府县组织法改组，县之组织重新改订，并确定县政府经费，分期裁撤各县县佐，同时积极筹备自治。

二十年四月，省政府更公布各县公安、财政、建设、教育等四局之组织规程。各局皆分三等而异其员额。

二十二年，各县复裁局并科，近已施行"剿匪"省份之制度。

一四　甘肃省　甘肃省于民国二十一年，始依国府公布县组织法而改革县之组织，公布各局之组织规程。二十三年，因积极筹备自治，各县曾有扶植自治时期之县参议会，旋即裁撤，二十五年，公布县政府组织规程外，并公布各县政府会计规程，及各县县金库暂行规程，与他省依南昌行营所颁“剿匪”省份裁局设科办法大纲而规定者大致相同。

一五　青海省　青海向为蒙藏二族分居，由王公千户等管辖，并无县治之设，后仅有玉树都兰二理事。

十七年九月五日，国民政府中央政治会议议决。将甘肃旧西宁道属之七县，划归青海省。并于同月二十四日，正式组织省政府，实行改省。

十八、十九年间，增设民和共和等五县，并将玉树都兰正式改为二县，故青海省除蒙古二十九旗，玉树二十五旗，近海八旗，果洛克五旗等外，共辖十四县。其他如大河坝等六处，亦有增县之计划。

青海省原有各县组织，仍为旧时房班制之变体，民国十五年后，虽经甘肃省府大加改革，而仍不彻底①，国民政府县组织法公布后，该省始于十九年九月，遵照修正县组织法，分令各县一律改组。二十年一月，民政厅会同财政厅，规定各县政府职员名额，及各职员维持费数目，呈准省政府分令各县遵办。青海各县政府虽依法令组织，但因等次及经费关系，其组织仍各不同，依二十一年该省各县政府组织一览表，其科局极为参差。除第一第二两科外，有设教育、建设两局者，或公安、教育两局者，亦有设公安、建设、教育三局者，亦有更设县政局而为四局者。更有只设总务一科而设公安、建设、教育三局者，亦有只设公安一局者。亦有只设总务一科而完

① 参阅最近之青海（二十三年青海民政厅编）。

全不设局者。其他各县之建设局,亦多名存实亡①。

一六　福建省　民国十五年以前,北京政府时代,福建县制,除县长外,设一科或二科,下设科员、书记、勤务等数人,组织甚为简单。

十五年冬,始隶于国民政府统治之下,十六年二月二十四日,该省临时政治会议第十五次会议,始议决公布福建省临时县务委员会组织条例,规定县设县务委员会,处理全县之行政事务。县务委员设主任委员一人,为县务委员会开会时之主席,委员四人或二人。县务委员会设民政、财政、教育、建设四股,各股设股长一人、股员一人或二人,股长由县务委员会之委员兼任。惟政务较简之县,由每一委员兼两股。县务委员会,设秘书一人,更设书记,无定额。

同时省政务委员会,更公布县务委员会分股办事细则,对于各股之职掌,皆有规定。嗣因当时地方不靖,皆未实行。

十七年省政府第七十三次委员会议决福建省县政府组织条例,并定于同年八月一日施行。此条例之内容为:县政府设县长一人处理全县行政事务,下分民治、财政、建设、教育四科,科置科长一人,科员一人至三人。教育科更可设督学一人或二人。建设科得设技术员一人,他如警卫队长,宣传员及雇员,亦皆有规定。此外更有县务会议,由县长、科长、警卫队长,督学及技术组织而成。此条例公布实行后,将各县中之原设有建设教育两局者一律裁撤,实为裁局设科之先声。

① 例如湟源县,县建设局除局长外,该局既无地址又无经费,参阅视察各县吏治报告书(同前)。

是年九月国民政府公布县组织法后，福建省各县乃照组织法之规定，逐渐改组，并定于十二月一日将各县内部，一律完成，十八年一月二十二日，省政府第三十三次省务会议，通过福建省各县公安、财务、建设、教育各局暂行组织规程，并定除教育局外，其他三局须按照事务之需要，分别成立，各县之中，不必俱设，嗣因财政困难，复将各科分别合并，一律改设二科。

十八年六月五日国民政府公布重订县组织法后，该省依县组织法施行法之规定，应于十九年八月终完成。嗣因省财政困难，各局除公安局外，皆未俱设，惟县政府内部增设总务科，科长由秘书兼任。

二十六年六月省政府第一百零三次会议议决，县之公安局局长，由县长兼任，各县一律均增设财政科，由其他科长兼任，建设除晋江龙溪二县设局外，其余各县一律设科，科长由他科兼任。惟教育除华安等十七县改局为科外，其余仍照旧设局。

二十二年，因设局之县经费多感支绌，又因健全县政府内部组织起见，复裁各局设科，遂于是年六月十四日省委会第二五次会议，通过福建省各县政府组织大纲，并定于七月一日施行。依此大纲之规定，县政府置县长一人，下置秘书，第一科，第二科及教育科。事务特繁之县，更可设公安或建设科。各科设科长、科员、事务员及雇员等职，惟教育科则另设督学①。此外更设置警察所，分所及派出所等。

二十四年省政府因遵照南昌行营颁布“剿匪”省份各县政府

① 当时福建省各县设公安科者，另设督察员，设建设科者，另设技术员，惟大纲中并无规定。

裁局改科办法大纲之规定，遂于八月三日省政府委员会临时会议议决福建省各县政府暂行组织规程，并定于十月一日实行。其内容与其他“剿匪”省份依裁局改科办法大纲所规定者，无甚出入。

二十五年间，省政府更依南昌行营之指令，将二十四年所颁布之组织规程，更加修正。制定修正福建省各县政府暂行组织规程，与他“剿匪”省份遵照南昌行营指令所修正者，无甚差别。

一七　广东省　广东省于民国九年九月，陈炯明兼任省长后，提倡自治甚力，遂于十年四月六日公布广东暂行县自治条例，规定县之议决机关为县议会，县议会设议长一人，副议长一人。县议员之名额，依广东暂行议会议员选举条例之规定为二十人至四十五人。县之自治行政机关为县公署，由县长、总务科及教育、实业、财政、公安、工务、卫生诸局合组而成。县长由县选民直接选举三人，由省长择一任命。此条例系仿照当时广州市政厅之组织而制定。至于县长民选，尤为自治史上之创举，是年四月十六日公布暂行县议会议员选举条例，同月十九日公布暂行县长选举条例。同月二十一日更委定全省九十四县自治选举监督，按照条例程序办理各县选举。是年十月前后，各县民选县长次第选出。十一月间全省民选县长均经选定委任，各县县议会亦限期一律成立。十一年陈炯明叛变，十二年借口县议会期满遂一律解散，县自治之进行遂告停顿。十五年一月二十六日广东省政府七十二次省务会议，讨论关于国府令饬草拟县政府及市政府组织法一案，经会议议决，由各厅各派一员组织起草委员会，是年七月一日民教二厅以奉省府令发县组织法草案，经奉指定中山、开丰、始兴三县为试行县。并以是年七月一日为试行期[1]。十六年八月三日复奉国府令取消县政府制，回复县长制。

十七年中央政治会议广州分会，公布县政府组织法[2]，规定县政府置县长一人，由民政厅长提出省政委员会任免。更设民政、财政、教育、建设四课，各课置课长一人，下有课员，事务员，雇员等属。事务较简之县，各课可以合并，事务较繁之县，各课可改置为局。惟民政科不得设局，但可另设公安局分其职掌，兼理司法之县另设承审员及典狱员各一人。十七年九月十五日县组织法公布后，该省乃逐渐依中央之规定完成县组织。

民国二十年广东组织国民政府，同时以筹备自治为号召，由所谓广东国民政府政务委员，及省市政府派员所合组地方自治起草委员会起草，于是年七月三日公布县地方自治条例。规定县设县长及县参议会，县长可由县民选举，惟须自治筹备程度达到建国大纲第八条之规定。县设参议会以为立法机关，县参议员由县民分区选举。更于是年七月二十日公布县地方自治条例施行细则，并定同月二十二日为施行日期。是年八月三十一日更公布县参议会组织条例。

二十二年十月十七日西南政务委员会更将县地方自治条例修正公布。二十年之县地方自治条例仅三十一条，修正者则增为四十六条，大致与以前相同，惟前者将下级自治组织分为区、乡镇、里三级，修正者则于里之下更设邻一级。前者各级公所之事权，皆为概括规定，此则除末项外余皆为列举。前者之区以委员制为主，后

---

① 参阅《广东教育行政制度史》（广东教育编）。

② 公布日期未详。

者则改为区长制，此皆为其异点。二十四年十月十九日西南政委会将县地方自治条例更加修正，共增为四十九条，此次修正之县地方自治条例之内容，除条文字句稍改外，较二十二年之修正者无甚出入。惟县参议员之任期，以前定为二年，此则定为三年，又将区乡镇公所定为行政机关兼自治机关，并将副区长，副乡镇长制取消而代以佐理员。近者各县裁局改科而将县政府改组①。

一八　广西省　广西省于民国十七年五月三十一日公布广西各县县政府组织暂行条例，其内容为：县设县长一人，下设秘书一人，辅助县长掌理机要，总核文稿，更设佐理员、助理员、雇员若干人，因县之等次，而差其额。更因行政上之设施，以事务之繁简，各设财政、公安、建设、教育等局。此外更有县务会议，由县长及各局局长组织而成。兼理司法之县，必要时则另设承审员及管狱员一人。

民国二十年划桂林等十县为第一训政区，同时为适合本省情形，及便利训政实施起见，乃变通县地方自治条例制定广西第一训政区县组织暂行章程，嗣后公布广西第一训政区县政府组织暂行章程。而广西第一训政区县行政会议规则及该区之公安、财务、教育、建设等局之组织暂行章程，亦皆先后颁布。

广西第一训政区县组织暂行章程，于该区县政府之组织，并无规定，只对于区村镇街之编制，略有规定而已。对于该区县政府之组织规定较详者，为广西第一训政区县政府组织暂行章程，依此章程之规定。县政府设县长一人，综理全县政务，更设秘书一人，科长二人，科员四人至六人，下更有事务员及雇员。县政府下设公

① 参阅行政研究卷二，期四，二十六年四月五日。

安、财务、建设、教育四局，建设局如无设立之必要时，可于县政府内改设，其他事务，必要时，更可增设卫生、土地、社会、粮食管理等局。此章程所订之组织，与十八年国府所公布县组织法，大致相同。

后因全省各县组织不一，乃于二十二年四月八日公布广西各县组织大纲，将省县以下各级编制始行划一。并订县之等级为五等。他如县行政会议及县自治筹备委员会等，亦皆有另定其组织之条文。

省委会第二十四次特会，第九十次常会，更议决广西各县县政府组织暂行章程，于二十二年六月十五日公布。此章程系依广西各县组织大纲第四条制定。其内容之最要部分为裁局设科。依此章程之规定，县设县长一人综理全县之政务，下设秘书一人，县政府设第一、第二、第三、第四诸科，第一科掌总务、公安、自治等事项，第二科掌财务等事项，第三科掌教育等事项，第四科掌建设等四项。惟二等县不设第四科，三等县不设第二第四两科，四五等县不设第一、第二、第三三科。

科设科长一人，下设科员，办事员及雇员若干人。

县之司法，则设承审员一人或二人，典狱员一人，以协助县长办理诉讼监狱等事项，并可设检验吏一人。此外对于税之征收，民团之办理，金库之保存，亦皆另设专任人员。

二十三年广西省有副县长之设，以训练民团为主要职务，但县组织章程并未规定。

一九　云南省　民国八年秋季，云南省议会提议恢复地方自治。九年八月间，省议会通过该省地方自治筹备处，制定县及城乡二级自治章程，并议决先由县自治办起，限十年八月以前，完成各县议参两会。至十年春季，县自治章程始行公布。县议会及县参事会均先后成立。嗣以县地方制度有及时改革之必要，于十三年后，经省务委员会议决召集制定县制委员会，制定云南全省暂行县制。其内容为：县设县议会及县行政公署。县议会为议决机关，县行政公署为执行机关。县议会议员之名额为二十人至六十人，县议会设议长及副议长各一人，由议员中互选，任期均为三年，连选得连任，但至多不得过三次，县行政公署设县长一人，由人民选举，但在自治未完成前，由省长任命。

此项暂行县制，于十三年八月公布，并在昆明等八县试行。其余各县，则将前颁县地方自治章程修改，暂行适用。

十七年，国民政府公布县组织法后，云南省遵令改组者，已有昆明等七十余县。县组织法修正公布后，云南省复次第依修正之县制而改组，次第颁布财政、公安、教育、建设等局暂行规程。二十年六月及二十一年二月，据该省民政厅呈报内政部该省各县政府分科设局情形，该省呈贡等十五县，除依县组织法所设西局外，尚有团防局[①]之设置。

据二十四年(1935 年)七月内政调查统计，该省各县以设三科四局者为最普遍，计四十三县。其次则为设三科四局者，计□十九县，他若设五局之县，不过一二县而已。二十四年一月，该省各县已普遍设置县参议会而积极办理自治。

二〇　贵州省　民国十八年八月，贵州省临时政务委员会公布贵州省各县县政府暂行组织法。其内容为：县政府设县长一人以为行政之最高长官，下设第一第二两科，各科设科长一人，下设

① 团防局或名团务局、团保局，及保卫局，掌理保卫团事务。

科员,事务员、录事等,依县之等次而异其额。甚至于县政府公役之名额亦有规定,此外设公安、财务、实业、教育四局以分掌县政。

更设县务会议,以县长科长及各局局长为委员,会议时以县长为主席,以议决一切行政事项。嗣于同年九月十月间,贵州各县公安局暂行组织条例,各县实业局暂行组织条例亦先后颁布。

十九年六月,省政府始根据修正县组织法分别进行县组织之完成,并制规贵州省各县公安、财政、教育、建设各局之组织规程。

二十四年,依南昌行营颁布"剿匪"省份各县政府裁局改科办法大纲,并参酌中央之法令及该省之特殊情形,省政府制定贵州省各县政府组织暂行规程,于九月三十日修正公布施行。其内容为:县长下设秘书一人,并得增设助理秘书一人。县政府设第一、第二、第三三科,分掌公安、财政、教育、建设事务。科设科长一人,科员二人。秘书室及各科均得设办事员、科员。更可设督学、技士、警佐等职以为各主管科之辅佐。他如县经征处、县金库,县财政审核委员会,及县政会议亦皆有规定。

原有各局一律改科后,即并入县政府内合署办公,惟有特设公安局之必要者不在此限。

二一 东三省 东三省为辽宁省吉林省,及黑龙江省;辽宁原名奉天,十八年易帜后,始改为辽宁。东三省于易帜以前,其县制悉依北京政府所颁之县官制而定,其自治制度亦有县议会及县参事会,与清末府厅州县自治章程大体相同。易帜后,依国府所颁十八年六月之重订县组织法逐渐改革,惟财政局犹沿称财务处,建设局犹沿称实业局。

九一八事变后,竟为伪组织所盘踞,在未收复前,中央政权暂不能及。

二二　热河省　热河于民国十七年十二月改省后，依县组织法施行法之规定，应于十九年十月底完成县组织，惟僻处边陲未能如期办竣，截至二十一年七月底止，该省已完成县组织者，计有赤峰等十五县，各县政府设第一、第二两科及公安、财政、教育、建设四局。旋继东三省沦陷，其现状亦与之同。

二三　察哈尔省　察哈尔于民国十七年始设省，是年十月始正式组织省政府，并将旧直隶之口北道属宣化等十县划入该省之区域①。设省后，其县之组织，依照国府所颁县组织法设第一、第二二科，或设一总务科，及公安、财政、建设、教育四局。

十九年十一月该省政府改组后，对于自治事项，颇为注意，先后公布察哈尔各县区公所章程，及区公所办事通则，分别施行。

二十一年六月该省民政厅召集第一次行政会议，通过分期完成自治及统一县政计划案。

二十二年十一月八日该省省政府公布察哈尔省各县财政教育建设三局归并县政府设科组织条例，并次第实行，其内容为：县政府内分设三科，将原设之总务科改为第一科，财政局改为第二科，教育及建设二局则并为第三科，但行政事务较简之县，则只设两科，不设第三科。各科设科长一人，科员一人至二人。主管教育或建设之科，并得设督学员一人，技术员一人，及教育委员若干人。

二十三年五月该省为完成自治起见，更公布察哈尔省各县参议会暂行组织办法，而各县参议员亦有依此办法选出者。

二四　绥远省　绥远省政府于十七年始设省，十月省政府正式成立，并将前划归察哈尔之丰镇等五县仍划还管辖。省政府设

① 察北六县已为“匪据”。

立后,乃依当时国民政府所颁县组织法之规定各县设二科外,并设四局。于十八年一月二十五日该省政府公布公安、财务、建设、教育四局组织暂行条例。是年六月县组织法重订后,县财务局经内政部之饬正,始改称为财政局。

二十三年九月省政府制定绥远省各县裁局并科办法,其内容为:除公安局外,各县财政、建设、教育三局裁撤,改设县政府第二科,原第一科所掌之经管省财政事项,并入第一科办理。第一科,一二等县设主任三人,由科长兼一主任,三等县则由秘书科长各兼一主任。第二科,各县均设主任三人,由科长兼一主任。

二五　宁夏省　十七年十月,内政部将"画甘肃省旧宁夏道属各县与阿拉善及额济纳两旗地方合设宁夏省,以宁夏为省治"提案、提交中央政治会议,决议照案通过,同月二十二日国民政府明令公布,将旧宁夏护军使辖地及旧宁夏道属各县,设置宁夏省,以宁夏为省治。是年十一月一日正式组织省政府。据二十四年内政部全国行政区域简表,该省仅有十县,依县组织法之规定,该省各县应于十九年十二月终完成县组织,惟其县政府之组织,比较简单,与各边省大致相同。

二六　新疆省　新疆省依县组织法施行法之规定,应于十九年九月中完成县组织。依据二十年七月该省填内政部县组织之情形观之,实与裁局并科之制相似。各县皆设总务、财务、教育、建设四科,局则仅设公安局而已。迪化等十二县,各科皆设科长。绥来等十四县,教育科长由建设科兼任。乾德等三十三县,财政科长兼建设科及教育科长。

第二节　县各级组织纲要实施以后

二十八年县各级组织纲要颁布后，行政院于同年十月十九日以吕字一二九三六号训令各省，颁行县各级组织纲要实施办法原则三项：（一）本纲要各省应同时普遍施行，但有特殊情形之县份，暂时不能施行者，得由各该省政府呈请行政院核定延期实施；（二）各省政府应体察该省境内各县之人力财力，分别先后规定其完成期限，但至迟应于三年内全省各县一律完成①。令各省政府依据纲要及实施办法原则，分别拟定实施计划，于文到一月内到院。各省先后拟定计划经核定者计有川、康、滇、黔、桂、粤、闽、浙、苏、皖、赣、湘、鄂、豫、鲁、陕、甘、宁、青、晋、绥等二十一省。截至三十二年年底止，除晋绥两省外，均已届完成之期。但其中如苏鲁晋绥等省，情形特殊；虽定计划，亦未必均付实施。兹就所知，分述各省实施计划要点及其实际情况于次。

一　各省实施新县制计划简述　兹将各省县各级组织纲要实施期限及程序列表于次②。

① 原限六年，后于同年十二月电令改为三年。

② 根据杨君励：《各省新县制实施计划汇编》，页五至八，及页一六四至一七九附录。

各省县各级组织纲要实施期限及程序简表

省别	实施期限	实施程序	备　　注
广西	本省对于纲要内容若干部分,业经施行,今后当继续实施,依限完成。	本省原有办法与纲要内容不合者,逐次改正纲要所定尚未办理者,逐次办理。	(一)本表内纲要二字,系县各级组织纲要之简称。 (二)省系依核定日期先后排列。
陕西	自二十九年一月起至三十一年年终完成。	(一)国民兵团普遍实施。 (二)本省九十二县除陕北少数县份须视实际情形酌定行外,其余分三期实施。	
河南	自二十九年九月起实施,三年内完成。	(一)国民兵团普遍实施。 (二)分三期实施:第一期为一二等县,自二十九年三月起;第二期为三四等县,自二十九年九月起;第三期为第五等县,自三十年三月起。	原定自二十九年三月起实施,后呈准行政院改自同年九月起实施。

续表

省别	实施期限	实施程序	备　注
福建	自二十九年九月起实施，三年内完成。	按照（一）地方自治机关，（二）地方自治人员，（三）地方自治事业，（四）地方自治经费四项，陆续实施，不分县别。	
浙江	自奉行政院核准实施计划后实施，三年内完成。	县以下各级编制，先从保甲依次调整，由各县政府分别拟定调整县以下各级编制方案。	浙江省县各级组织纲要实施计划系二十九年四月二十九日核定。
甘肃	自二十九年七月起实施，二年半完成。	将省县政府应办事项，分别列举，逐次实施。	
四川	自二十九年三月一日起实施，三年完成。	全省各县同时普遍实施。	

续表

省别	实施期限	实施程序	备 注
青海	自二十九年起实施,三年内完成。	财政暂照纲要办理。玉树等六县及通新等三设治局情形特殊,延期实施。	
广东	自二十九年起实施,三年内完成。	曲江等十九县一年内完成其他各县则于三年内完成。	
贵州	自三十年起三年内完成。	自实施计划核准后,于本年内全力筹备,自三十年起,将全省各县分为三期开始实施。期以三年,普遍完成纲要之规定。再以三年逐步充实其组织与事业内容。	贵州省实施程序与行政院所定实施原则不合,系特经院长核准者。
西康	自三十年起实施,三年内完成。	昭觉丹巴等六县及宁东等两设治局缓期实施。其他各县自三十年起一律实施,二十九年作为筹备期。	西康实施期限,经审查会请准特许。

续表

省别	实施期限	实施程序	备　　注
湖北	自实施计划奉行政院核准起实施，三年完成。	恩县等五县为第一期，自计划核准后开始实施；武昌等四十二县自三十年一月起实施；蒲玢等二十三县自三十年七月起开始，三十一年六月底前一律完成。战区各县如有障碍，得呈准缓期施行。省县财政，自三十年一月起划分，恩施等五县除原有经费外，增加之费用，由省库负担。	湖北省县各级组织纲要实施计划系于二十九年七月一日核准。
云南	自二十九年起实施，三年均完成。	乡镇保甲之编整，均于二十九年三月底以前完成，一律废区；县政府于二十九年二月以前改组完成。	
安徽	自计划核定后施行。计划内所列各事项一律限三年内分期完成。	进行程序，另以进度表规定。各县于规定限期内对于所列事项应行实施之先后及完成之时期则由省府体察各该县人力财力及特殊情形，另以命令定之。	安徽省县各级组织纲要实施计划系于二十九年七月二十日核定。

续表

省别	实施期限	实施程序	备　　注
江苏	自二十九年六月起实施。	依照各县实际情形，分为三期实施；有特殊情形县份，得呈准延期实施。	
湖南	除游击战区县份外，余均自二十九年七月一日起实施。	二十九年五月以内，完成准备工作。同年七月前完成关于县府及辅导机构之组织与人事。同年十二月前，完成乡镇部分之机构与保甲长之调训。	原计划规定：以后计划俟二十九年工作结束另定。经行政院令重拟，但事实上已实施。

上表所列，除湖南外，其余均为二十九年内核定计划之省份，其余陆续呈准之省份，因材料所限，未列。至于各省实施计划中对于县各级组织，均有所规定，兹亦列表于次①。

① 杨君励：《各省新县制实施计划汇编》，页八至四，及页一六四至一七九附录。

县各级组织纲要实施后各省县各级组织简表

省别	县政府	区署	乡镇	保甲	民意机关	备注
广西	分设民政财政教育建设军事地政社会七科，一二等县得增设农政科。	各县面积辽阔，地势险要，户口繁多或具有其他特殊情形者分区设署，现行区公所之组织，逐渐改良，俾与纲要相合。	各乡镇以十村（街）为原则，不得少于八村（街），多于十五村（街）其组织依纲要之规定。	各村（街）以十甲为原则，不得少于八甲多于十五甲。村（街）名称逐渐改为保。村（街）公所逐渐改为保办公处。组织依纲要之规定。	广西各级民意机关已分别设置，俟中央各种关系法规颁布后，置依照改正。	（一）省别依县各级组织纲要实施计划核定日期先后排列。（二）本表所称纲要，指县各级组织纲要。
陕西	按新制改组。	酌设区署。	将现在联保改为乡镇。	调整保甲编制，添设副保长。	第一期设户长会议保民大会，第二期等开乡镇民代表会，县参议会如何设置，另案办理。	陕西将现有联保改编为乡镇非计划所列，系另案经中央核准者。

续表

省别	县政府	区署	乡镇	保甲	民意机关	备注
河南	暂设民财教建军五科，已办土地清丈者，得设地政科。	应设区署之区，由各专员公署查察各县情形，拟定呈报省政府核定。	各县乡镇公所分甲乙丙三等，甲等辖十五保，乙等辖十一至十四保，丙等辖六至十保。甲等设乡镇长一人，副乡镇长二人，干事四人，其中二人专任。另设户籍事务员一人。乙丙两等各设乡镇长一人，副乡镇长一人，干事四人，其中一人专任。另设户籍事务员一人。	保甲依照县各级组织纲要之规定，重加调查编组。保办公处亦分甲乙丙三等，保办公处暂设专任干事一人。	乡镇保甲各级民意机关均照纲要之规定成立，各县县参议会由省政府派员视察乡镇及保甲组织认为健全后依法成立。	

续表

省别	县政府	区署	乡镇	保甲	民意机关	备注
福建	各县县政府以设民财教建军五科为原则。	各县现设区署，酌量裁撤，区不分等，将区员改为指导员。	乡镇区域以辖十保至十五保为原则，将联保主任办公处改为乡镇公所，依照纲要规定，逐渐充实其人员。	保甲编制无大变更，保长办公处改为保办公处。	各乡镇公所于二十九年度及三十年度分别召集保民大会选举乡镇民代表成立乡镇民代表会议参议会于乡镇民代表会组织完成后设立。	
浙江	县政府设科之多寡及其职业之分配，由省政府依县之等次及实际需要拟定，报内政部备案。	区之划分及区署之设立，由县政府拟定呈省府核定。现行乡镇联合办事处一律裁撤。	大致均照纲要之规定办理。	保民大会之设置，在中央保民大会章则未颁布前，仍照浙江省各县保民大会会议暂行通则之规定办理。乡镇民代表会同。县参议会自二十九年起于三年内普遍设置之。		

续表

省别	县政府	区署	乡镇	保甲	民意机关	备注
甘肃	各县政府按省颁县政府员额经费表改组。	各县政府按照省颁办法，声叙区署应行保留或撤销之理由，呈省府核定。	各县政府按照省颁办法改组乡镇公所。	就现状加以整理。	民意机关应酌量提前设立，在保民大会成立时，即可依次举行乡镇民代表会及县参议会。	
四川	各县政府以设民财建教军五科为原则。	各县现有区署之裁留，由各专员斟酌呈省府核定，组织分甲乙两等。	乡镇划分保留以场为中心之优点各联保划分如已适当，即就联保改称乡镇，不必多纷更。编制分甲乙两种。	依照纲要之规定办理。	由下而上，递级设置，均照纲要之规定。	
青海	一二等县设民财教三科，三四等县设民教两科。	区之划分及区署之设置依照纲要第二十条及二十五条之规定办理，组织逐渐充实。	大致依照纲要之规定办理。正副乡镇长一人为本乡镇籍。	大致依照纲要之规定办理。	各级民意机关，至迟于三年内依次完成。	

续表

省别	县政府	区署	乡镇	保甲	民意机关	备注
广东	一二三等县设民财教建军五科,四等设民财教军四科,五等县设民财教三科。	区之划分与设置,依照纲要之规定。组织分为甲乙丙三种。指导员分别设置,自四人至二人依次递减。	每乡镇以十五保为标准。组织分为甲乙丙三种。组织及人员依次递补。	保甲暂照现在规定办理,俟户口复查清查再行调整。	各级民意机关,俟中央所定办法,颁行到省,即着手进行依期完成。	
贵州	依纲要拟定本省县政府组织规程报内政部转呈行政院核定。	依照纲要参照院颁县,政府分区设置规程并斟酌本省地方情形拟定本省各县区署组织规则,报内政部核定。	依照纲要订定本省各乡镇公所组织规则报内政部备案。	另定本省各县保甲长办公处组织简则。	将县各级民意机关尽量提早完成。	

续表

省别	县政府	区署	乡镇	保甲	民意机关	备注
西康	三等县设民财教建军五科，三四等县设民财教建军四科，五六等县设民财及教建三科。	区之划分及区署之设置，依照纲要及县政府分区设署规程办理。区署设区长一人，指导员二人至四人。	尽量保留以场为中心之优点，各县联保之划分，如已适当，即就联保改称乡镇，不必多事纷更。乡镇公所之组织，依纲要之规定。乡镇长副乡镇长须有一人为本乡镇籍。	各县保甲于应乡镇公所成立及保长人选确定后依法整编，保办公处保长副保长以下设干事一人或二人。	保民大会于保办公处成立保甲编整完成后举行，乡镇民代表大会俟保民大会完成后举行。各县县参议会俟乡镇民代表会组织完成，依照纲要办理。	
湖北	一二等县设民财教建军五科及会计室，三四等县设民财"教建"军四科及会计室，工商业发达之县得专设社会科，土地测量完成三县得专设地政科。	区署之设置，依照法令，重加核定。分甲乙两种。设区长一，指导员五，事务员一，录事二，乙种设区长一，指导员四，事务员一，录事二。	乡镇之划分，原则上依纲要之规定，编制分甲乙两种。甲种设股主任四，干事一，（专办户籍）事务员一，会记一，乙种设股主任三人，余同。	保甲之编制，依纲要之规定。保办公处设保长副保长各一人，干事一人，保长副保长以本保人为原则。如人才缺乏，亦须以一人为本保籍。	保民大会于保甲整编完成后举行。乡镇民代表会俟保民大会完成后举行。县参议会俟乡镇民代表会成立后依法选举。	

续表

省别	县政府	区署	乡镇	保甲	民意机关	备注
云南	一等县设四科，二三等县设三科。	一律不设区署。	本省因废除区署，乡镇不得多于十五保之原则，与以扩大。	依纲要之规定。各保因事实上之需要，得联合二十华里以内之二保至三保组设联合办事处，各推保长一人为首序保长，办理联保事务。	保民大会俟全省保甲编组完成后，于三十年一月起举行，乡镇民代表会俟保民大会完成后举行。县参议会俟乡镇民代表会组织完成后办理。	
安徽	各县政府一律设置秘书室民财教建军五科并设置会计室，游击区县份可暂设三科。	各县分区设署，依照纲要及县政府分区设署规程办理。	乡镇之划分，依照纲要加以调整，乡镇公所之组织，大致依照纲要之规定。	依照纲要切实整编改正，其原有编组者与规定符合而又适合自然条件者，仍旧，以免纷更。原设保公所改为保办公处设立正副保长各一人，干事二人或四人。	县各级民意机关俟中央颁行县参议会组织条例及乡镇组织规程后，应即遵照办理。	

续表

省别	县政府	区署	乡镇	保甲	民意机关	备注
江苏	按照纲要规定，县政府内部组织实行改组。				举行保民大会第一期各县三十年三月起，第二期各县三十年九月起，第三期各县三十一年三月起，乡镇民代表会第一期各县三十年六月起，第二期各县三十年十二月起，第三期各县三十一年六月起。设县参议会，第一期各县三十年七月起，第二期各县三十一年一月起，第三期各县三十一年七月起。	
湖南	设民财教建军五科，教育局裁撤。已接办土地清丈登记业务之县设地政科，社会福利事业发展之县设社会科。	酌设区署。原有县政辅导员改称指导员。	乡镇长权力集中，增干事二人至三人。	暂维现状。		计划未经核定。

上表亦系以二十九年内计划呈奉核准之省份为限,其后陆续呈核者未及。

二　各省实施情形　各省实施情形之未能尽如计划,自为意中之事。兹分述于次。

(一)实施概况

各省实施情形

省别	全省所辖县市局数	实施之县局数(市及特区除外)	因特殊情形尚未实施之县局数
四川	一四四	一三七	四
云南	一三一	一一二	六
贵州	七九	七八	
湖南	七八	七六	
湖北	七二	六〇	一〇
广东	九九	六六	三一
广西	一〇〇	九九	
江西	八四	六九	四
福建	六八	六四	
河南	一一一	六七	四四
安徽	六二	三八	二四
西康	四八	一三	三五
陕西	九三	三四	九
甘肃	七二	六六	四
青海	二〇	一一	九
浙江	七七	七六	
总计	一三三七	一一〇六	二一〇①

① 一三三七之数包括市及特区,县局之实数为一三一六。

（二）县等划分情形

省别	各等县县数							合计
	一等县	二等县	三等县	四等县	五等县	六等县	新设县未定县等	
总计	二一三	三三〇	三六五	一七二	一一六	四三	三	一二四二（一二八八）
四川	二六	三七	三四	二八	九	三		一三七
云南	二五	二七	六〇					一一二
贵州	一九	四九	一〇					七八
湖南	二六	二七	二二				一	七六
湖北	七	二一	三〇	一二				七〇
广东	一八	二九	三九	八	三			九七
广西	一四	一〇	一八	三九	一八			九九
江西	一〇	三八	二五					八三
福建	一〇	二五	二七				二	六四
河南	一四	一六	二九	二四	二八			一一一
西康								（四六）
陕西	六	一七	一八	一三	一九	一九		九二
甘肃	五	六	二二	一六	一六	三		六八
青海	一	四	七	五				一七
浙江	一三	一四	一五	一六	一一	七		七六

（三）县政府组织概况

省别	各县政府组织情形（县数）																			县政府职员名额（人数）	
	设民财教建军地粮社八科者	设民财教建军地粮七科者	设民财教建军粮社七科者	设民财教建军粮六科者	设民财教建军社六科者	设民财(教建)军粮五科者	设民财教军粮五科者	设民财教建军五科者	设民财教军社五科者	设民财教军四科者	设民财教粮四科者	设民财教三科者	设民教二科者	设警察局者	设警佐室者	设会计室者	设统计室者	设户籍室者	设合作指导室者	最多	最少
总计	50	57	65	140	63	29	32	244	3	25	38	92	6	221	126	578	149	20	264		
四川	24	49		35		29										137					
云南										25		87		112						43	29
贵州								78								78				99	60
湖南	7		46	21			1									75	75		75	150	65
湖北	各县政府设民财教建军地粮社八科及秘书警佐会计合作四室																				
广东					63				3											71	86
广西								99								99				79	36

续表

省别	各县政府组织情形（县数）																			县政府职员名额（人数）	
	设民财教建军地粮社八科者	设民财教建军地粮七科者	设民财教建军粮社七科者	设民财教建军粮六科者	设民财教建军社六科者	设民财(教建)军粮五科者	设民财教军粮五科者	设民财教建军五科者	设民财教军社五科者	设民财教军四科者	设民财教粮四科者	设民财教三科者	设民教二科者	设警察局者	设警佐室者	设会计室者	设统计室者	设户籍室者	设合作指导室者	最多	最少
江西	19	8		42											69	69	69	20	69	77	55
福建	各县政府设八科五科三科三种组织并设警察局或警佐室及秘书合作指导会计统计等室																			140	64
河南								67						65	2					63	45
安徽			19	19										19		38			38	77	58
西康							注一		注二		注三										
陕西				28			31				38			25	55	82	5		82		
甘肃	各县政府依照县等及需要酌设民财教建军地社等科及秘书会计合作警佐等室																				
青海												3	6								
浙江	各县政府设民（政）［财］教建军社粮七科办理地政县份设地政科并设秘书户籍会计警佐合作五室																			131	58

注一　一等县

注二　三四等县

注三　五六等县

说明

1. 本表系摘用三十二年九月，内政部编各省实施县各级组织纲要成绩总报告提要中之记载。

2. 各县政设秘书室均经设置故不列载。

3. 云南省各设治局设二股，又呈准就昆明县试行设置七科（科名未详），各县局政府人员名额系二十九年所定。

4. 贵州政省各县政府原设有社会粮政科，嗣于三十二年加以改定，将该两科及统计征收处予以裁撤，并取消指导员室警佐室合作室名义，所有各科室业务均并入现存科室办理，各县政府人员名额系三十二年所定。

5. 湖南省各县政府人员名额系三十一年所定。

6. 湖北省各县政府设置各科室情形，尚未据报，三十一年修正该省县政府组织规程规定各科室之设置，由省政府以命令决定，其工商业不发达及土地尚未测量完竣之县，将社会地政两科职掌分别并入民财两科办理，各县政府人员名额系三十年所定。

7. 广东省各县政府已设地政科者有连县南雄始兴等七县，三十年增设社会科，又核定中山等三十一县为战地县份，其县政府组织，仅设秘书及政治军事两科，各县政府人员名额系二十九年所定。

8. 广西省各县政府人员名额系二十九年所定。

9. 江西省各县政府人员名额系二十九年所定。

10. 福建省各县政府设置科室情形，尚未据报，三十一年修正该省县政府组织规程，规定各县政府秘书会计统计三室及八科五科三科三种组织并设合作指导室及警察局或警佐室，各县政府人员名额系三十一年所定。人员未详。

11. 河南省各县政府除设表列各科外，又设政务警察队，经征处，警察局及财务委员会与军法承审□等，各县政府人员名额系三十二年所定。

县各级民意机关设置情形

省别	已设立临时参议会之县市局数	已举行乡镇民代表会之县市局数	已举行保民大会之县市局数	已举行县行政会议之县市局数	附注：
总计	321	203	507	358	1. 四川、江西、贵州、湖南、安徽、西康、陕西、甘肃等省县临时参议会组织规程，业经先后呈奉核定，现正积极筹设各县临时参议会，余如云南福建等省，亦正拟订规程呈请核定中。 2. 广西省各县临时参议会已于二十八年度先后成立。
四川	138				
云南	70		130		
贵州	筹设中			78	
湖南	筹设中			22	
湖北		2	2		
广东			37		
广西	99	99	99		
江西	14		44	69	
福建			已举行		
河南		19	67	67	
安徽	筹设中		38		
西康	筹设中	6	5	46	
陕西	筹设中		74		
甘肃	筹设中				
青海			11		
浙江		77	已举行	76	

上述各表均系依据三十二年九月内政部编：各省实施县各级组织纲要成绩总报告提要中之附表。据提要之说明：各省所报成绩，有仅至二十九年者，有已至三十二年者，均就其所报之最近者编列。由吾人观之，战区省份所报之数字，究为实施情形抑或拟定实施之情形，颇属问题。不过就上表亦可略见其梗概。

至于上表以外之省份，除辽、吉、热、黑、冀、察等省似因情形特殊，无力顾及新县制之实施外，山西拟于三十一年开始，但在事实上似难有何进展；山东省亦已开始实施。就县等言，划为一等县者十八，二等县十六，三四等各二十四，五等十三，六等十。县政府亦已开始改组，增设军事科者十五，设社会科者三，其余虽未增科，但已将原有之第一、二、三、四科改为民政、财政、教育、建设等科之县份六。绥远省于三十年一月起就完整之五原、临河、东胜三县及安北设治局开始实施。五原临河为二等县，设四科；东胜为三等县设三科；安北设治局设二科。并拟自三十一年度起将五原临河改设五科，东胜四科，安北三科[①]。宁夏于二十九年开始实施[②]。依各县人口财赋之多寡，土地面积之大小，厘定县等。划为一、二、三三等者各二，四等者三，五、六两等者各二。裁撤区署，采县乡（镇）保甲之系统。县政府之组织，一二两等县设“民政军事”、“建设水利”、“教育社会”、“财政地政”四科；三四等县设“民政军事社会”、“财政地政”、“建设教育水利”三

① 以上均据第三次全国内政会议各该省代表之报告，简略不同，请参看第三次全国内政会议报告书。

② 关于宁夏省部分，依据宁夏省政府编：《十年来宁夏省政述要》（三十二年出版）。

科；五六等县设“民政财政军事地政”及“建设教育社会水利”两科。

其他如江苏、新疆等省，以资料未全，从略。

第四编

市　　制

第一章　市组织法规沿革

中国自周以降，虽亦有市政，但历代都市均在国家行政隶辖之下，无市自治之可言。中国之有近代都市行政与市组织，盖为三十年间事。市行政问题范围广泛，非所欲述，作者所述者为中国近代市之组织。近代之市，一方面为国家设置之行政区域，一方面保有相当之自治权利，已非如上古城市国家，亦非全然为国家行政之附属机关，近代市制盖为地方自治之一种。在中国，市自治之发端，系在光绪三十四年（1908 年）之城镇乡地方自治章程，该章程略树市组织之规模，作者之叙述即以此为始，而宣统元年所颁布之京师地方自治章程，实为城镇乡地方自治章程之用，故亦附带提及。入民国后，中央一时不暇及此，江苏临时省议会首于辛亥十月通过江苏暂行市乡制，由江苏都督公布施行，暂行市乡制系以城镇乡地方自治章程为蓝本，在制度上言殊无新颖之处。民国三年（1914 年）二月袁世凯通令各省停办自治，同年十二月颁布地方自治试行条例，四年四月复公布地方自治试行条例施行细则，分调查整理，提倡与实行之三时期，地方自治运动大受顿挫。此后数年中未有足述之市制，至民国十年（1921 年）二月广州市暂行条例公布，始为中国市制放一异彩。

广州市制施行之后，各地有效尤者，北京政府亦于民十年七月公布市自治制，分市为特别市与普通市之二种，是时，各省先后有省宪运动，如湖南省宪及浙江、四川、广东省之宪草中，均有关于市之规定。故民十左右可称为市制勃兴之时期。自是以后，市制之沉寂者又数年，至民国十四年五月北京临时执政颁布淞沪市自治制，虽则该制离真正之自治尚远，要足为沉寂已久之市制史添一新页。

以上为国民政府成立以前之重要市制，在此时期，可说并无统一之市制，有之如民十市自治制，施行之者亦不过一二市，就大体言，市自治并无进展，只见官办市政而已。自民国十七年国府公布特别市组织法及市组织法以后，国内市制差告一统，然该两法缺乏自治精神，为批评者所诟病，故复有十九年五月之市组织法，画市为区坊闾邻，对于市之自治规定颇详。在实际上，市组织法中关于市自治之规定虽成为一纸空文，然要足表示将来市制之趋向。市组织法施行至今已有七年，迄未修改，而该法中窒碍未行之处固甚多，因是乃有修订之进行。二十四年(1935 年)一月，立法院将市自治法及有其施行法呈请国府公布。市自治法规定市设民选之市议会及市长民选，较市组织法更进一步，但市自治施行法则规定，市自治办有成绩，经该管上级机关核定者，才得成立市议会并选举市长。现在该两法尚未有公布之期，就令公布而市自治之完成亦不知尚待何日。且依改进地方自治原则，地方自治分为扶植自治时期，自治开始时期及自治完成时期，扶植自治时期结束未有期，而自治之完成更渺乎远矣。

次章将就上述各市制为较详之分析，而对于尚未公布之市自治法及其施行法，以其可代表中国市制将来之趋势，故亦略述。

在西南政务会存在期间，曾公布有市地方自治条例[二十二年(1933 年)十月十七日修正公布，同年十一月三十日再修正]，市地方自治条例施行细则(二十二年十一月二十八日修正公布),市参议会组织条例(二十二年十二月二十八日公布)等,但与中央法制略同,故不复述。

第二章　北京政府时代之市制

第一节　清末城镇乡地方自治章程

清末应时势之要求，倡行变法，注意及于地方自治。光绪三十四年（1908 年）七月二十八日，民政部奏拟地方自治章程，咨送宪政编查馆核议。三十四年十二月二十七日，城镇乡地方自治章程颁布，计九章共一百十二条。此时，清室已无举办地方自治之诚意，认“自治之事渊源于国权，国权所许而自治之基乃立，由是而自治规约不得抵牾国家之法律，由是而自治事宜不得抗违官府之监督，故自治者乃与官治并行不悖之事，绝非离官治而孤行不顾之词”①，因此城镇乡地方自治章程开宗明义即确立自治名义，认“地方自治以专办地方公益事宜辅佐官治为主，按照定章，由地方公选合格绅民，受地方官监督办理”②。与该章程同时公布者，尚有城镇乡地方自治选举章程，当时规定，地方自治于七年内完全实现，至

---

① 宪政编查馆奏核议城镇乡地方章程折（见《大清法规大全》宪政部，卷三页一）。另见《大清新法令》第一卷，商务印书馆 2011 年。

② 该章程第一章第一节第一条（见同上，页二）。

辛亥时，该章程已在多处实施。

第一项　城镇之地位

城镇乡地方自治章程第二条，明定城镇乡成立之条件，凡府厅州县治城厢地方为城，其余市镇村庄屯集等地方人口满五万以上者为镇，人口不满五万者为乡。城固为市，而镇亦与市同。

城镇自治之范围（即市之职务），以列举法规定如下：（一）学务，（二）卫生，（三）道路工程，（四）农工商务，（五）善举，（六）公共营业，（七）因办理自治事宜筹集款项等事，及（八）其他因本地方习惯向归绅董办理素无弊端之各事。

地方自治已应受地方官监督办理，监督之权亦有规定。监督之方法，计有查明并纠正自治机关有无违背章程之处，令其报告办事成绩，征其预算决算表册，地方官随时亲往检查，将办理情形按期申报督抚，由督抚汇咨民政部[①]，最后，地方官有申请督抚解散议事会，董事会，及撤销自治职员之权。解散或撤销后，应分别按章改选，议事会应与解散后两个月以内，董事会应于解散后十五日以内，重行成立。若议事会及董事会同时解散撤销者，应于两个月以内先行招集议事会，所有选举、开会事宜，由府厅州董事会代办，新董事会应于议事会成立后十五日以内重行成立。监督权之严厉可以见之。

① 城乡镇地方自治章程第一〇二条。

第二项　城镇之组织

第一目　董事会

城镇之组织有行政机关与立法机关,行政机关称为董事会。推事会设总董一名,董事一名至三名,名誉董事四名至十二名,董事以各该城镇议事会议员二十分之一为额,名誉董事以其十分之二为额。总董董事及名誉董事均须为本城镇选民。总董由本城镇议事会选举正陪各一名,呈由地方官申请督抚遴委;董事由议事会选举,呈请地方官核准任用;名誉董事由议事会选任,无须呈请上级机关加委或核准。

总董、董事任期两年,期满改选;名誉董事任期亦为两年,每年改选半数。总董及董事为有给职,名誉董事为无给职。

总董职权相当于市长,综理董事会一切事件,而为董事会之代表;凡董事会公文函件,均用总董名义;董事会会议时,以总董为议长。董事则辅佐总董分任董事会事件;名誉董事则参议董事会应行议决之事。

董事会之职权列举如下:

一、议事会议员选举及其议事之准备。

二、议事会议决各事之执行。

三、以律例章程或地方官示谕委任办理各事之执行。

四、执行方法之议决。

第二目　议事会

城镇之立法机关称为议事会，议员以二十名为定额，城镇人口满五万五千者，得于定额外增设议员一名，自此以上每加人口五千得增议员一名，但至多以六十名为限。

议员全由选民选举，凡居民具备下列资格者即为选民。

一、有本国国籍者。

二、男子年满二十五岁者。

三、居本城镇接续至三年以上者。

四、年纳正税或本地方公益捐二元以上者。

居民"素行公正众望允孚"者，虽不备上述第三第四款之资格，亦得以议事会之议决作为选民；若纳正税或公益捐较本地选民内纳捐最多之人所纳尤多者，虽不备第二第三款之资格，亦得作为选民。凡有下列情事之一者，不得为选民，(一)品行悖谬营私武断确有实据者，(二)曾处监禁以上之刑者，(三)营业不正者，(四)失财产上之信用被人控实尚未清决者，(五)吸食鸦片者，(六)有心疾者，及(七)不识文字者。

此外，凡为(一)现在本地方官吏者，(二)现充军人者，(三)现充本地方巡警者，(四)现为僧道及其他宗教师者，均不得有选举及被选举权。

议员以二年为任期，每年改选半数。议事会设议长及副议长各一名，主持会务。议员，议长及副议长，均为无给职，惟正副议长得支公费。

议事会之职权如下：

一、本城镇自治范围内应行兴革整理事宜。

二、本城镇自治规约。

三、本城镇自治经费岁出入预算及预算正额外预备费之支出。

四、本城镇自治经费岁出入决算报告。

五、本城镇自治经费筹集方法。

六、本城镇自治经费处理方法。

七、本城镇选举上之争议。

八、本城镇自治职员办事过失之惩戒。

九、关涉城镇全体赴官诉讼及其和解之事。

第三目　两者之关系

议事会与董事会之间，不免有权限上争执，该章程规定：

议事会于董事会所定执行方法，视为逾越权限，或违背律例章程，或妨碍公益者，得声明缘由止其执行。若董事会坚持不改，得移送府厅州议事会公断；若议事会不服公断时，得呈由地方官核断；若再不服时，由地方官申请督抚交该省咨议局公断[①]。（第四十一条）

在他方面，董事会对议事会亦有相似权力：董事会于议事会议决事件，视为逾越权限，或违背律例章程，或妨碍公益者，得交议事会复议。若议事会坚持不改，得移交府厅州议事会公断；董事会不

① 咨议局章程第二十一条，该局应办事件计十二类，就中第十一类为公断和解本省自治会之争议事件。

服公断时,得呈请核断及公断,其程序与上段所述者同。(第六十九条)

由上观之,议事会与董事会权力相互平行,但议事会有选举董事会职员及监察其执行事务之权,并得检阅其各项文牍及收支账目;而且总董、董事及名誉董事都须经由议事会选举,盖因议事会为民选机关。

第三项 京师地方自治章程

宣统元年,以"京师为首善之区,四方辐辏,户口殷繁,所有地方区域官署阶级,既与各省不同,则关于自治选举等事,自难一律办理,亟应分别变通,另订专章"①,以是有京师地方自治章程之拟订。该章程计八章一百三十四条,宪政编查馆于元年(1912 年)十二月二十四日奏上。此项章程大致系根据城镇乡地方自治章程,关于自治范围,选举资格及自治经费之规定,两种章程相同,惟组织与监督上有异。京师设区议事会,总议事会;区董事会,总董事会,各两级。内外城巡警各区设区议事会区董事会各一所,但各区有人口较少者,得与邻区合设一所。总议事会及总董事会,内外城应合设一所。此外,京营各区亦设区议事会区董事会各一所②。

监督机关,在内外城以巡警各区区长为总监督,以巡警总厅厅丞为总监督均受成于民政部;在外郊地方则由步军统领衙门派员

① 宪政编查馆奏核订京师地方自治章程暨选举章程折。

② 京师区域分为内外城及外郊,内外城地方以巡警总厅所辖区域为界,外郊地方以京营所辖地面为界(见该章程第二条)。

充任监督，申报该衙门转咨民政部存案。此外，自治事宜中隶属各衙门管理者由各该主管衙门监督之。监督之内容与城镇乡地方自治章程之规定相同。

第四项　江苏暂行市乡制

民初，中央政府未遑注意于地方自治，各省率沿清制，惟江苏省临时省议会于辛亥十月议决江苏暂行市乡制一百十一条及选举章程八十一条[①]。省议会复于民元四月修正，民二年六月再加修正，至民国三年二月三日，袁世凯通令各省停办自治时，江苏暂行市乡制因之亦停止施行。江苏暂行市乡制实以城镇乡地方自治章程为蓝本，故仅略述如下：

该制定县治城厢地方为市；其余市镇村庄屯集各地方，人口满五万以上者为市，不满五万者为乡，故不过将城镇乡地方自治章程中之镇改称为市而已。

市之组织分为议事会及董事会，所有组织名额及任期，几与城镇乡地方自治章程全同。议事会由公民选举，惟公民资格之规定较之城镇乡地方自治章程略宽，年龄限度由二十五年减为二十一岁，纳税额数则由年纳二元以上改为一元以上。

董事会与议事会之互相关系，与城镇乡地方自治章程之规定亦同。议事会对于董事会所定执行方法得停止其执行，若董事会坚持不改，得移交县议事会公断，不服公断时，得呈由本管县知事请省议会公断。董事会对于议事会之议决，得要求复议，其程序

① 原文见江苏省单行法令初编。

亦同。

江苏暂行市乡制明定,以县知事为市之监督。对于县知事之处分或裁决有不服时,得向省议会提出行政请愿;在省议会闭会时,则诉愿于民政长。县知事亦有申请行政公署解散市议事会董事会及撤销职员之权,解散及撤销后,应即按章改选,其办法与城镇地方自治章程亦同。

第二节　广州市暂行条例

中国市制自城镇乡地方自治章程立一基础后,在民九年(1920年)以前,中央既未颁统一之市制,各省亦无特殊市制之可言,民十年市制中始放一异彩,此即为广州市暂行条例。广州之有市政机关,始于民七年之市政公所。民国九年,陈炯明主粤时,高唱地方自治,改组市政公所,组织广州市政厅。市政厅组织条例系由孙科主稿,呈由省长核准公布,于民十年二月十五日施行,并由省长委孙氏为市长①。

第一项　市之地位

暂行条例规定,广州市为地方行政区域,直接隶属于省政府,不入县行政范围。市之脱隶于县,要自此始。

市之行政范围,亦采列举规定如下:(一)市财政及市公债,

① 广州市府应成立之经过,见黄炎培一岁之广州市。

（二）市街道沟濠桥梁建筑及其他关于土木工程事项，（三）市公共卫生及公共娱乐事项，（四）市公安及消防水患事项，（五）市教育风纪及慈善事项，（六）市交通电力电话自来水煤气及其他公用事业之经营及取缔，（七）市公产之管理及处分，（八）市户口调查事项，及（九）中央政府及省政府委托办理事项。

广州市暂行条例中，虽未明言监督机关之谁属，然市政厅已直隶于省政府，市长由省长指派；市参事会与行政委员会权限上之争执，由省长裁决；审计处长亦由省长委任。是则监督之权当亦属于省长。

第二项　市之组织

广州市设市长及市行政委员会为执行机关；市参事会为审议机关；并另设审计处。

第一目　行政机关

广州市政厅设市长，市长及各局局长合组市行政委员会，行政事务由委员会议决执行之。市长责在总理全市行政事务，为行政委员会主席。市长由民选，但“于本暂行条例未修改以前，由省长委任，任期五年”。

市政厅设有下列各局：（一）财政局，（二）工务局，（三）公安局，（四）卫生局，（五）公用局，及（六）教育局，分别掌理各种事务，每局设局长一人，由市长荐请省长委任。市政府之下属机关，以前称处或称科，局之称盖始于广州市暂行条例。

市长之下，设（一）总务科，主管文牍、编辑、庶务及其他不属各局之事务，（二）秘书二人，掌理机要事务及核阅文稿。

各局局长已系由市长荐委，则在市行政委员会中，市长当有支配力量，而市参事会当不能与之对抗。

第二目　立法机关

广州市暂行条例设参事会，称为"代表市民辅助市行政之代议机关"（第二十七条），市参事员之产生方法有三种：

一、由省长指派市民十人。此种参事员额每年递减二名，其缺额由市民选举补之，自市政施行后五年，省长停派参事员，全数改由民选。

二、由全市市民直接选举代表十人。

三、由商工两界各分选代表三人，教育、医生、律师、工程师各界各选出代表一人。商界代表由总商会选举，工界代表由工界团体联合选举，教育界代表由教育会选举，律师代表由律师公会选举，医生代表由医界团体选举，工程代表由工程师会选举。

市选举每年举行一次，市民年满二十一岁，并具下列资格者，有选举及被选举权：（一）居住广州市一年以上者，（二）有正当职查者，（三）能诵读本暂行条例条文者，（四）无神经病者，及（五）公权未经褫夺者。依此条例，可注意者，一为市选举实行职业代表制，一为废除财产与纳税上之限制①。

① 第一次民选市参事，于十年六月一日举行，当时贿赂舞弊，怪状百出，第一次选举被宣告为无效，九月一日重行选举。参事会成立之后，意见纷歧，民选份子不如官委者之优秀。（李宗黄著：《新广东观察记》，页七八——八〇）

市参事会任期一年，得为无限制连任，年俸五百元，但参事员不得兼行政人员。市参事会之职权如下：

一、议决市民请愿案，咨送市行政委员办理之。

二、议决市行政委员会送交案件。

三、审查市行政各局办理成绩。

市行政委员会对于市参事会议决有异议时，得交参事会复议，如参事会仍执前议，市行政委员会应即执行。虽则如此。但市参事会已名者市民代议机关，其权限未免过狭，盖该会仅能议决行政委员会送交之案件而未能议决预算决算；仅能审查各局办事成绩而不能监督弹劾。

当时广东省议会即以违反民治为由，咨请省长暂缓施行市政，然省长不以为然，咨复省议会有曰：

广州市暂行条例，既取用委员制，关于市政之议决权与执行权，一并属于市行政委员会，此为市制上当然之统系，贵议会认为违反民治本旨，并谓偏于官治，似于市制统系与市政性质有所未喻，只持市议会制之眼光，为委员制之批评，根本上发生误会①。

盖以采委员制为名，而驳市参事会权限过狭之批评。

① 民国十年三月十四日，广东省长咨复省议会文。

第三目　市审计处

广州市暂行条例最特别之处，厥为设立审计处以办理审计事项。处长由省长委任，任期一年，但得连任。处长与市长地位相平行，与市行政委员会发生争执时，由省长裁决。审计处之职务列举如下：（一）审查市财政收支之每月清册及检核各种收支单据，（二）审查市行政委员会所订立有财政上关系人各种契约合同，（三）献议关于市财政会计方式之改良，及（四）编造每年财政审计报告书呈报省长。

第三节　各省宪中之市制

一　湖南省宪　湖南省于民国九年（1920年）十一月二日宣言自治，草拟省宪，该省宪于十年十二月十一日经全省人民总投票可决，十一年一月一日公布施行。该省宪中由一百十余至一百二十五条为市乡自治制大纲，规定市乡皆为自治团体。市分三等，都会商埠人口满二十万以上为一等市，人口在五万以上二十万以下者为二等市，五万以下者为三等市，不及五千人者属于乡。一等市直接受省政府之监督，二等市受县政府之监督。市之自治权采列举方式。

一等市之组织，立法机关称市议会，由全市公民直接选举之；行政机关设市长，由全市公民直接选出；又设市委员会为行政辅助机关，以市长为委员长，委员之半数由市议会选出，其他之半数由市长从各职业团体中择任。

该省宪中最特别之一点，为规定“一等市之公民对于市之重要立法有直接提案及总投票之复决权”。此为以前各市制所未有者。

二　浙江省宪　浙江省督军卢永祥于民国十年六月四日通电，主张各省自定省宪，浙江省宪于十年九月九日宣布，是谓九九宪法。至民国十一年，省议会以为九九宪法未经全民投票总决，遂议决再由全民起草，即将九九宪法作为草案之一。所谓由全民起草者，即省民得自由草成提案之谓。旋接到省民提出之宪法草案一百部，审查结果将各草案归并为三种，即所谓红黄白三色草案。原定于民国十一年八月一日交由人民票决，及期未有举行，故九九宪法与三色宪法均未见诸施行。就此四种草案中，关于市制之规定，以九九宪法为最完备，而白色草案次之。九九宪法分市为市及特别市，市受县之监督。特市受省之督。市公民亦有选举，创制及复决之权，此显系效湖南省宪之规定。

三　广东省宪　广东省议会于民国十年十一月通过省宪法草案，其中关于市之规定异常简略。凡都会人口满十万以上者设特别市，直隶于省。特别市设市会议，由市民及各团体选举之议员组织之；设参事员五人执行政务，由市民直接选出。

四　四川省宪　四川省宪法起草委员会，于民国十二年一月十月开始制宪。该宪草案中关于市之规定，插入第十一章“地方制度”内。县以内工商荟萃之区，人口满一万以上者为市；市之人口满三十万以上者得为特别市，直接受省之监督。除此之外，即不见关于市之规定，故在各省宪中，对于市制之规定，要以川宪最为简略[①]。

① 各省宪原文见第一回中国年鉴（页八二至一三七）。

第四节　市自治制

民六(1917年)之初,浙江省长呈请北京政府准予依据元年省议会议决公布之县城乡各自治章程举办自治,当时国务院以省自为制,妨碍统一,不予照准。是年一月十九日,大总统令内政部厘订地方自治制度,中间因国会解散,此案停顿多时,至民十年五月,内政部乃将市自治制草案提交地方政会议审查①。同年七月三日,大总统徐世昌以教令公布该市自治制,文凡八章共七十八条。

第一项　市之地位

依市自治制,市自治团体以固有之城镇区域为区域,但人口不满一万人者,得依乡自治制办理。市分为二种:(一)特别市,由内务部认为必要时呈请以教令定之;(二)普通市,除认为特别市之市外,皆属之。

市自治制明定市为法人,截至民十九年市组织法,市制中明定市为法人者,仅有市自治制。市承监督官署之监督,于法令范围内办理各项自治事务。自治事务列举如下②:(一)教育,(二)交通水利及其他土木行政,(三)劝业及公共营业,(四)卫生及救济事业,及(五)其他依法令属于市自治事务。

① 民十年地方行政会议记录第二编,页九十九。
② 见于十一年九月九日颁布之市自治制施行细则。

市之直接监督机关，在普通市为县知事，京都市为内政部，在其他特别市则为地方最高行政长官。直接监督官署得令市长呈报事务；调阅文书簿据或检查收支，如查明市自治会有违法越权行为时，得呈请上级监督官署核准解散之，但于直接监督官任内，解散以一次为限，并须令市长于解散后三个月内举行新选举并召集之。不服直接监督官署之命令或处分者，得依法提起诉愿或陈述于省参事会，请求处理。

第二项　市之组织

市设自治会为立治机关，市参事会为执行辅助机关，市自治公所为执行机关，置市长一名为市之代表。

第一目　执行机关

市自治公所相当于今之市政府，置市长一名为市之代表。市长由市自治会就住民中具有市自治会会员被选资格者选举之。普通市市长被选后，呈请直接监督官署委任；京都市市长由内务部遴选经由国务总理，呈请大总统任命①；其他特别市市长被选后，呈由直接监督官署，咨请内务部任命。市长职权如下：（一）接行市自治会议决事项，（二）办理事自治会选举事项，（三）提出议案于市自治会，但特别市须先经市参事会之议决，（四）管理或监督市之财产营造物及公共设备，（五）管理市之收入与支出，及（六）依法令及市自治会之议决，征收市自治税及使用费规费。

① 依十一年七月四日颁布之修正案，京都市市长应由市住民就住民中，具有被选举资格者选举三人，呈由内务总长，经由国务总理，呈请大总统择一任命。

特别市设佐理员，普通市设市董，均承市长之命，辅助市长。佐理员由市长就住民中遴委，但须得市自治会之同意；市董由市自治会就市住民中有被选资格者选举之。市长及自治公所其他各职员均为有给职，以三年为任期，连选得连任。市自治制颇注意于任用专材，明定佐理员及办事员须遴选有"专门学识者"充任。

特别市设有执行辅助机关，称为参事会；普通市不设参事会，属于参事会之职权，由市长执行之。市参事会之组成份子，计为（一）市长，（二）佐理员，（三）区董①及（四）名誉参事员。名誉参事员定为四名，但得增至八名，由市之自治会就市民中有被选举资格者选举之。参事会以市长为会长，由市长随时召集开会，其职权如下：（一）议决提出于市自治会之议案，（二）议决市自治会所委托之事项，（三）议定市规则，及（四）议决其他依法令属于市参事会之事项。

第二目　立法机关

市之立法机关称为自治会，会员名额，在人口未满五万之市定为十名；满五万以上者，每增人口一万，递加会员一名；但特别市自治会会员至多以三十名为限，普通至多以二十名为限。

自治会会员由住民选举之。凡市住民内，有本国国籍之男子，年满二十岁，并接续住居市内一年以上，合于下列各款资格之一者有选举权：

一、年纳直接税一元以上者。

二、有动产或不动产三百元以上者。

① 特别市以范围较大故得分区，每区设区董一人，由市自治会选举之。

三、曾任或现任公职或教员者。

四、曾在国民学校以上学校毕业或与有相当之资格者。

至于被选举资格则较为严格。凡市内住民有本国国籍之男子，年满二十五岁，并接续住居市内二年以上，合于下列各款资格之一者，有被选为市自治会会员及自治公所职员之权。

一、年纳直接税二元以上者。

二、有动产或不动产五百元以上者。

三、曾任或现任公职或教员一年以上者。

四、曾在高等小学以上学校毕业或与有相当之资格者。

凡市住民中（一）褫夺公权尚未复权者，（二）受禁治产准治产或破产之宣告确定尚未撤销者，（三）不识文字者，（四）僧道及其他宗教师，及（五）现役军人，均停止选举权及被选举权；凡（一）现住本地方之官吏，及（二）现任警察官司法官征税官均停止被选举权。

自治会员以二年为任期，每年改选半数，会员为名誉职。自治会之职权如下：（一）议决市公约，（二）议决市内应兴应革及整理事宜，（三）议决以市经费筹办之自治事务，（四）议决市经费之预算及决算，（五）议决市自治税规费使用费之征收，（六）议决市之募集公债及其他有负担之契约，（七）议决市之不动产之买卖及其他处分，（八）议决市之财产营造物公共设备之经营及处分，（九）议决市自治公所职员保证金事项，（十）答复市自治公所及监督官署之咨询，及（十一）议决其他依法令属于临自治会权限之事项。

第三目　两者之关系

市自治会对于自治公所所定规则及执行事务，视为逾越权限，违背法令或妨害公益时，得提案议决开具理由，呈请直接监督官署核准，停止其执行；如不服此行政处分时，得依法提起诉愿或陈述于省参事会，请求处理。

同样，市长对于市自治会议决事件，亦得于五日内申述理由提交复议；如市自治会仍执前议时，市长得呈请直接监督官署核准撤销之，如不服此行政处分时，得依法提起诉愿或陈述于省参事会，请求处理。

第三项　市自治制之实施

十年七月三日，颁布之市自治制，曾施行于青岛及京都市。民十一年十一月十八日教令公布青岛市施行市自治制令，规定青岛为特别市，市自治会会员名额定为十五名。市之直接监督官署为胶澳商埠局，不服该局之命令或处分时，得向内务部提起诉愿。缘以中国政府是时自辟胶澳为商埠，胶澳区域内之自治事项，分市及乡办理。商埠设商埠局，由大总统派商埠督办及会办各一员，管理全局事务。直接监督官署应将青岛市办理情形，咨内务部备案，并呈报大总统。

第五节　淞沪市自治制

苏浙之役，淞沪两遭兵燹，损失浩大，各公团乃一再呼吁，请设立特别市。北京临时政府鉴于情势，乃于十四年（1925 年）一月十五日下令，（一）裁撤沪淞护军使一缺，（二）停止上海兵工厂，招商改为商临工业厂，及（三）上海永远不得驻扎军队及设置何种军事机关[①]。当时江苏省长韩国钧遂于一月三十日电令上海市董筹备自治，改组为淞沪特别市。上海市董当即成立筹备会及特别临时市议会，草拟淞沪特别市公约，但未得北京政府之批准；临时执事乃于同年五月三十日公布淞沪市自治制[②]。

第一项　市之地位

淞沪市区域，由淞沪市区督办及江苏省长协同调查划定，呈请临时执政以命令定之。

淞沪市自治事务，有列举之规定，由淞沪市区督办加以监督。监督之权力颇大。约略如下：

对于市长，督办认为其行为越权，或违背国家法令或市公约，或于市之利益或财产确有损失时，得提出事实及理由，交付市议会议决，然后呈请临时执事，命市长解职，并命市议会改选市长。若市议会否决督办之提议，如督办认否决为正当者，市长仍继续任职；如督办认否决为不正当者，得呈请临时执政核定。

对于市董事会，督办认其行为越权，或违背国家法令或市公约，或于市之利益，或财产确有损失时，得命市长照下述办法执行：（一）如为名誉董事，应提交市议会议决处分，（二）如为各局长，应

① 见民十四年一月十六日政府公报。

② 见王大错：《特别市组织汇要》，页九五。

提交市自治职员惩戒委员会议决处分。

对于市议会，不论议决案之已公布或未公布，督办均得命市长提交市议会复议，已公布者并得停止执行之。但市议会于复议时如仍执前议，督办有两种办法可择。或命市长执行，或撤销市议会之议决，此为对于市议会行为之监督，市议会之不行为亦受干预，如市议会对于应行议决之事不为议决时，督办得命市长提交市议会议决之，如市议会否决时，督办得径命市长执行；督办得命市长向市议会提出追加预算，如市议会否决时，督办得径命市长将该项预算加入；督办对于市议会议决之预算案保有核准权，决算亦须呈报督办。

市议会对于督办之处分有不服时，得向内务总长提起诉愿，由内务总长呈报临时执政。临时执政认为应行解散市议会时，得命内务总长解散之；解散后应即依章举行改选，并于三个月内由市长召集市议会开会。由上所述，可知督办监督之严。

第二项　市之组织

淞沪市设市议会为立法机关；置市长执行行政专务；又设市董事会赞襄市长。

第一目　执行机关

淞沪市置市长一人，由市议会就市住民有被选为市议员资格者选出三人，经由督办，呈请临时政府择一任命。市长之职责在执行市自治行政事务，制定市规则，对外为市之代表，提出各种议案及预算案、决算案于市议会，最后，市长公布市议会之议决案并呈报督办。市长为有给职，任期三年。

赞襄市长之执行性质之机关，称为市董事会。董事分名誉董事及兼任董事两种。各局长（计有工务、实业、卫生、民生、教育、财务六局）均为兼任董事；名誉董事定为六人，由市议会就市住民有被选为市议员资格者选举之。董事会会长由市长充任。应经董事会议决之事项如下：（一）提出于市议会之各种议案及市之预算案、决算案，（二）请求市议会复议事项，（三）市规则，（四）经市议会委托之事项，及（五）其他依法令属于市董事会事项。市董事会得向督办建议市内关于国家行政之应兴应革事宜，并答复督办之咨询。

第二目　立法机关

市议会议员由市民直接选举，每满一万选民选出议员一名。市议会设议长副议会各一人议员议长及副议长任期三年，并得连任。议员为名誉职，但在开会期间，得津贴车马食膳费用。

市议会之职权如下：（一）议决市公约，（二）议决以市经费筹办之自治事务，（三）议决市税及规费之征收，（四）议决市之募债及其他有担负之契约，（五）议决市之不动产之买卖及其他处分，（六）议决市之财产及公共设备之经营及处分，（七）议决市之公共事业之经营，（八）议决市之预算及决算，（九）议决其他依法令及本制属于市议会权限之事项，（十）对于督办或市长建议市内应兴应革事宜，及（十一）答复督办或市长之咨询。

第三目　两者之关系

市议会与市长及市董事会之间，相互关系有如下述：

第一，市议会认市长或市董事会违背国家法令或市公约，致市之利益或财产受重大之损失时，得以议员总额三分之二以上之列席，及列席议员四分之三以上之同意，提出弹劾案。弹劾案议决后，由议长呈请督办分别核准。或由督办转呈言临时政府命其解职。

第二,市议会对于市董事会所定规则及执行政务,得提案议决,呈请督办核准停止其执行;如不服此项行政处分时,得向内务总长提起诉愿。

第三,市长对市议会之议决案,得于该议决案送达后十日内,经市董会之议决,请求市议会复议;如市议会仍执前议时,应由市长呈请督办核定公布或撤销。

第四,市长认董事之行为有上述第一点所举之情形时,如(一)系名誉董事,应提交市议会议决处分,(二)如系兼任董事(即各局长),应提交市自治职员惩戒委员会议决处分。

过去各种市制中,关于立法及行政机关之关系,率皆有关于制衡之规定,惟市长与执行辅助机关关系之制衡规定,则以淞沪市自治制为初见。

第三章　国民政府成立后之市制

第一节　十七年(1928年)与十九年(1930年)市组织法

国民政府成立之初,各市自有其组织法,如南京特别市暂行条例(十六年六月六日),上海特别市暂行条例(十六年五月七日)等。至十七年(1928年)五月,中央政治会议第一三九次会议决议,由国民政府法制局起草市组织法,在审议之过程中,特别市并曾参加意见。结果,特别市组织法及市组织法于十七年七月三日由国民政府公布。前者计七章三十五条,后者计七章四十二条,两法大致相同。

两市组织法公布施行后,引起各种批评:市政论者认该制缺乏自治精神,且认市参议会权力过小,指为官办市政;至行政人员之批评,则侧重于行政系税,在民十七年末内政部第一期民政会议中,有提议将普通之市之地位明定为与县相等者①。

十七年两组织法已亟待改订,中央政治会议于十九年二月十

① 见内政部第一期民政会议纪要:缪斌提请修正市组织法条文案及吴醒亚提对江苏民政厅提议修正市组织法条文案之意见。

二日由通过市组织法原则六项，交立法院为起草市组织法之依据，此六项原则如下[①]：(一)各市均以所在地地名称为某某市；(二)具有下列条件之一者设市，得直隶于行政院：甲、首都所在地，乙、人口在百万以上者，丙、在政治上经济上有特殊情形者，但且有上列甲乙两项条件之一者，以非省政府所在地为限；(三)具有下列条件之一者，设市隶属于省政府：甲. 人口在三十万以上者，乙. 市所收营业税、牌照费、土地税，每年合计占该市总收入二分之一者；(四)市经上级政府之核准，得设社会、财政、工务、公安、卫生、教育等局；(五)隶属于行政院之市，市长简任，局长简任或荐任，隶属于省政府之市，市长简任或荐任；及(六)市得设市参议会。

立法院当交由市自治法起草委员会及法制委员会会同起草，新市组织法于民十九年五月二十日公布，凡十五章一百四十五条，其特点在设定区坊闾邻以期实施自治，举凡旧组织法中被批评之处，在新法中均有改善。十九年市组织法沿用，至三十二年五月新市组织法颁布之日止。

第一项 市之地位

一 市之成立要件 市之成立要件依市之种类而别，十七年组织法分市为特别市及市之二种，十九年市组织法虽废除特别市之名而未废其实，改分市为隶属于行政院及隶属于省之二种。依十七年特别市组织法，下述都市得依国民政府之特许，建为特别市：

① 见十九年三月第十五期立法院公报公牍栏，页一七。

一、中华民国首都；

二、人口百万以上之都市；

三、其他有特殊情形之都市。

特别市直辖于国民政府，不入省，县行政范围。同年市组织法规定，凡人口满二十万以上之都市，得依所属省政府之呈请暨国民政府之特许建为市，市直隶于省政府，不入县行政范围。

依十九年市组织法，院辖市成立之条件与特别市几同，凡人民聚居地方具有下列情形之一者设市，得直隶于行政院：（一）首都，（二）人口在百万以上者，及（三）在政治上经济上有特殊情形者。但人口在百万以上，或在政治上经济上有特殊情形而为省政府所在地者，该市应隶属于省政府；省辖市成立之要件较以前之普通市略有变更，凡（一）人口在三十万以上者，或（二）人口在二十万以上，其所收营业税牌照费土地税，每年合计占该地总收入二分之一以上者，均得设省辖市。设市标准之高，曾引起若干省市当局之非难，所以有市政筹备处及市政委员会等形式，以济其穷。

依照市组织法，原有之南京、上海、天津、青岛、汉口五特别市均除去“特别”二字，直隶于行政院；北平特别市当时系河北省政府所在地，广州特别市系广东省政府所在地，分别改称并改隶于河北及广东省政府①。今则汉口改为省辖市，北平为院辖市。

二　市之职务　十七年与十九年各组织法，对于市之职务，均采列举之规定。十七年特别市组织法，列举市之职务凡十三项：

① 见民十九年七月，内政部咨各省政府各市改组办法。

(一)市财政事项,(二)市公产之管理及处分事项,(三)市土地事项,(四)市农工商业之调查统计奖励取缔事项,(五)市劳动行政事项,(六)市公益慈善事项,(七)市街道沟渠堤岸桥梁建筑及其他土木工程事项,(八)市内公私建筑之取缔事项,(九)市河道港务及船政管理事项,(十)市交通电气电话自来水煤气及其他公用事业之经营取缔事项,(十一)市公安消防及户口统计事项,(十二)市公共卫生及医院菜市屠宰场公共娱乐场所之设置取缔等事项,及(十三)市教育文化风纪事项。同年市组织法中之市职务亦同。十九年市组织法所列举之市职务达二十四项,计为(一)户口调查及人事登记事项,(二)育幼养老济贫救灾等设备事项,(三)粮食储备及调节事项,(四)农工商业之改良及保护事项,(五)劳工行政事项,(六)造林垦牧渔猎之保护及取缔事项,(七)民营公用事业监督事项,(八)合作社及互助事业之组织及指导事项,(九)风俗改良事项,(十)教育及其他文化事项,(十一)公安事项,(十二)消防事项,(十三)公共卫生事项,(十四)医院菜市屠宰场及公共娱乐场所之设置及取缔等事项,(十五)财政收支及预算决算编造事项,(十六)公产之管理及处分事项,(十七)公营业之经营管理事项,(十八)土地行政事项,(十九)公用房屋公园公共体育场公共墓地等建筑修理事项,(二十)市民建筑之指导取缔事项,(二十一)道路桥梁沟渠堤岸及其他公共土木工程事项,(二十二)河道港务及船政管理事项,(二十三)上级机关委办事项,及(二十四)其他依法令所定由市办理事项。因社会现象日臻繁复,市之职务随而日趋复杂,列举方式有时而穷,故市组织法于列举之中,兼含有概括之意,如"上级机关委办事项"及"依法令所定由市办理事项"等等,均为概括之规定。

三　市之监督　向来各市制对于市之监督多有明定，并采行政监督制。十七年之市组织法均列有监督一章，依特别市组织法，国民政府各院部会于其主管事务，对于特别市之命令或处分认为违背法令或逾越权限者，得呈请国民政府停止，撤销或变更之；特别市政府怠于履行其法定职务时，各院部会得呈请国府纠正之；国府主管各院部会认为特别市各局局长有溺职情形时，得呈请国府罢免之。同年市组织法之监督规定略同，惟其监督机关则为省政府。

十九年市组织法未明列监督一章，但依其隶属关系，院辖市当由行政院监督，省辖市则由省政府监督，而中央各部会对前者之市有监督权，省民政厅对后者之市亦然。各部会就其主管事务，对于各地方最高级行政长官之命令或处分，认为有违背法令或逾越权限者，得请由行政院院长提经行政院会议议决后停止或撤销之[①]。各省民政厅掌理市行政官吏之提请任免及关于市所属地方自治及其经费[②]。行政督察专员对于省辖市亦有监督之权[③]。

此外，司法院之行政法院及公务员惩戒委员会，监察院之弹劾与审计，及考试院之铨叙，均构成对地方之监督。

以上略就市之监督机关言之，至于监督方式，可得举者如下：（一）委任及撤免市府官吏，（二）审核预算决算，（三）派员视察或调查，（四）着令呈交报告，（五）批准或批驳市政府之呈请，（六）颁示工作纲领，（七）指导纠正市政府之行为，及（八）撤销市政府之

① 内政外交、海军、财政、实业、教育、交通、铁道各部组织法第三条。

② 省政府组织第十条。

③ 行政督察专员公署组织暂行条例（二十五年十月十五日修正）第三条。

处分等。

其于市立法机关——市参议会之监督，行政院于二十三年八月十一日公布，有直属市参议会议会暂行监督办法，明定其直接监督机关为内政部。再依同时颁布之县市参议员议员违法失职暂行处分办法，在扶植自治及开始自治时期，上级监督机关（在院辖市为内政部，在省辖市为民政厅）对于民选市参议员违法失职之处分，计有申诫，停职及撤职三种。不服民政厅撤职处分之参议员，得呈诉于省政府；不服内政部撤职处分之参议员，得呈诉于行政院，省政府行政院之决定为最后之决定。

第二项　市之组织

国府所颁各市组织法，均设市政府为执行机关，设市参议会为立法机关，兹分述之。

第一目　执行机关

市之执行机关为市政府，综理全市行政事务，市政府有市长及各局科，且有市政会议为执行辅助机关。

一　市长　市政府之最高长官为市长，依特别市组织法，市长为简任职，由国民政府任命；依同年市组织法，市长为荐任职，由省政府呈请国民政府任命，十九年市组织法规定，院辖市市长简任，省辖市市长简任或荐任。市长人选无特殊资格上之限制，任期亦无规定①。

① 二十四年六月，行政院通过京选县市长条例及实施办法，规定由行政院就全国各省现有之市，指定一二市为京选缺，京选缺市长候补人之资格有相当之限制，该条例之制定，意在辅助地方之发展，惟未见施行。

市长之职权，要而言之，不外综理全市一切行政及指挥监督所属职员，但分言之，市长职权有如下述：

就其行政性质之职权言之，市长对外为市政府之代表；市于不抵触法令范围内，得发布市令制定市单行规则，而以市长名义公布之；市长有任免权，市政府职官中，有可由市长径行委任者，有须由市长呈请上级机关任命者，十七年特别市及市组织法规定，局长秘书长及参事由市长呈请上级机关任命。十九年市组织法对此虽无明文规定，而实际上如旧。就事实言，市长所推荐之人，上级机关大抵照委，但得发交主管各机关审议①，行政院并有行政院直属各市局长人选审查办法②，对于社会、公安、工务、财政、公用、港务、教育各局局长人选，分别发交有关部会审查，市长有裁决权，即在市政会议中，可否同数时，市长以主席之资格可以裁决③；此外，市长指挥及监督各局应办事务及审核各种建议事项等。

就其对于立法机关之职权言之，市长有提案权，得提议案与市参议会④，且在扶植自治时期，市参议会应提前讨论市长提案；有对抗之权，市长认市参议会之决议案不当时，可以提出复议，如参议员三分二以上仍执前议而市长仍认为不当时，则提交市公民复决⑤，但在扶植自治时期，提交市公民复决之规定改为呈请上级机关核定，此外，市长得请求召集市参议会临时会议。

---

① 特别市组织法第十一条第二项。

② 二十二年十一月十八日，行政院训令通行（见内政法规汇编第二辑，页一八六）。

③ 上海南京等市市政会议规则，均有此种规定。

④ 市参议会组织法第三条。

⑤ 市参议会组织法第二十条。

二 局与科 市政府之下设局或科，分掌各项事务。依特别市组织法，特别市政府设财政、土地、社会、工务、公安、卫生及教育七局，但因特殊情势得设港务局，专理市河道港务及船政管理事项；及设公用局；专理市交通电气电话自来水煤气及其他公用事业之经营取缔事项。十七年市组织法中之市，以范围较小，政务较轻，故市政府仅设财政、土地、社会、工务、公安五局；于必要时，得增设卫生、教育、港务等局；在未设卫生事项由公安局兼掌；在未设教育局之市，所有教育事项由社会局兼掌；在未设港务局之市，所有港务事项由工务局兼掌。

十九年市组织法设局如下：

一、社会局 掌理市职务中之第一款至第十款事项；

二、公安局[①] 掌理市职务中之第十一款至第十四款事项；

三、财政局 掌理市职务中之第十五款至第十八款事项；

四、工务局 掌理市职务中之第十九款至第二十二款事项。

市政府于必要时，经上级机关之核准，得分别增设下列各局：

一、教育局 掌理市职务中之第十款事项；

二、卫生局 掌理市职务中之第十三及十四款事项；

① 公安局现改称为警察局，依市警察局组织暂行规程（二十五年十二月二十六日内政部公布），市警察局直隶于市政府，受市政府之指挥监督，处理全市警察事务。又省会公安局亦改称省会警察局，直隶于省警务处，不设警务处之区，其省会警察局直隶于民政厅。

三、土地局[①]　掌理市职务中之第十八款事项；

四、公用局　掌理市职务中之第七款及第十七款事项。

依特别市组织法，首都市内公安事项，由国民政府另以法令定其管辖。依首都警察厅组织法（民十八年十二月二十二日公布）[②]，首都警察厅直隶于内政部，受该部之指挥监督，掌理首都公安事务，对于首都特别市市政有协助进行之责。十九年市组织法规定，首都及省府所在地之市，均不设警察局，公安事项分别由首都警察厅或省会警察厅掌管[③]。

据现时各市实际组织言，院辖市设局最多者有上海市之七局，省辖市设局最多者有成都市之六局。市组织法规定，市政府于必要时经上级机关之核准，得增设若干局，上级机关有时为严格之审查，如上海特别市政府于十七年十一月呈请设立港务局，由国民政府发交行政院，政院交五部会同审查，审查结果，认为该局职权与中央职权有所抵触，不应成立，经过若干曲折，始由国民政府批准[④]。

现行市组织法规定，隶属于省政府之市，应设各局如有缩小范

---

① 土地局现改名为地政局。见二十五年二月二十二日国府公布各省市地政施行程序大纲。

② 首都警察厅组织法现改为首都警察厅组织暂行条例，关于协助南京市市政之规定仍旧。见二十六年三月内政公报，页九二。

③ 关于市政府与省会警察局之关系，即市政府对于省会公安事项，是否绝对不加过问？有无监督指挥之权？及行文应用何种程式？四川省政府会请内政部解释，内政部于二十五年五月二十三日咨各省市政府，略谓省会公安局直隶于民政厅，但在合署办公省份，当然隶属于省政府，市政府亦为属隶机关，对于省会公安局自无监督指挥之权，惟后者对于市政府仍应尽协助之义务；至局市公文应以公函行之。

④ 行政院公报第一一七期，页二六。

围之必要时，得改为科，但公安局除外。二十二年立法院订修正市组织法草案，省辖市除公安局外，以改科为原则，该草案未公布施行，但省辖市之以科代局者比比皆是。以前系以各局之名称名科（如社会科及教育科等），二十三年七月二十八日，行政院公布拟订市政府组织规则大纲，规定应设各局如均改科者即以数字名科，实际情形则不一律，汉口市政府以数字名科，杭州、汕头等市政府则仍沿用以局名名科。

各市政府之设局者，局之下大抵设科，科以数字名之，科之下再设股或课①。依十七年组织法，特别市局长为荐任或简任职，由特别市市长呈请国民政府任命；普通之市，市长准受荐任待遇，由省政府呈请国民政府任命；现行市组织法规定，院辖市之局长为简任或荐任，省辖市之局长或科长为荐任或委任。局长职权为综理全局事务，监督所属职员。

市政府除局之外，尚有秘书处，职在掌理文牍庶务及其他不属于各局科掌理之事项，秘书处设秘书长一人；有参事，职在掌理市单行规则或命令之纂拟审查事项。十七年组织法，关于秘书长及参事之任命及待遇之规定，与局长同；依现行市组织法，市长简任之市设秘书长一人，简任或荐任；市长荐任之市设秘书一人，荐任或委任。参事额现定为二人，简任或荐任。

依拟订市政府组织规则大纲，秘书处无须分科，但实际上各市政府秘书处多分科，而市长荐任之市亦多设秘书长。

局科长，秘书长及参事均无任期，事实上大抵与市长同进退。

三　市政会议　市政府设市政会议为行政辅助机关，十七年

---

① 局之下亦有不分科而径分股者，如厦门市政府。

组织法规定，市政会议由市长、秘书长、参事及各局局长组织之，凡设有参议会之市，由参议会选举代表四人加入市政会议，任期二年，每年改选半数，代表不以议会议员为限；现行市组织法改为市政会议由市长、参事、局长或科长组织之，市参议会成立后，得由市参议员互选代表三人至五人出席市政会议，市政府秘书长或秘书改为应行列席。事实上，各市多未成立市参议会，故市政会议亦未有市参议员参加。

市政会议会期，依市组织法规定，每月至少举行一次，并得召集临时会议，实则各市每周举行一次。会议时由市长为主席。市政会议虽采合议之形式，议案以多数取决，但市长究可以有高度之支配权，盖因可否同数之时，主席有裁决之权；议案须先送交市长核定，始能列入日程，主席认为应交审查或缓议之案，即指定会员审查或缓议之；最后，须知局长与参事均为由市长推荐之人而与市长同进退。

依十九年市组织法，应经市政会议议决之事项如下：

一、关于秘书处及各局或各科办事细则事项；

二、关于市单行规则事项；

三、关于市预算决算事项；

四、关于整理市财政收入及募集市公债事项；

五、关于经营市公产及公营业事项；

六、关于市政府各处局或科职权争议事项；

七、市长交议事项；

八、其他重要事项。

现今市参议会未有成立，市政会议含有半立法性质。

四　附属机关　市政府之附属机关，多取委员会之组织，有为常设者，有为因特殊问题而临时设立者，各市情形不同，委员会名类亦至不一，但设立附属机关，应先呈请上级机关核准①。

第二目　立法机关

十七年与十九年市组织法，均规定设立市参议会，为市之立法机关。十七年与十九年市组织法，关于市参议会之规定固不尽同，而自二十三年二月中央政治会议通过改进地方自治原则后，参议会之地位又为之大变。十七年特别市组织法规定，参议会得于特别市成立一年后，由国民政府斟酌市政设施情形核准设立；同年市组织法规定，参议会得于市成立一年后，由省政府斟酌市政设施情形，呈请国民政府核准设立②。由此可知，参议会之设立固非急务。参议会由市民代表组成之，但在十七年两组织法存在期间，市参议员选举法未有公布，市参议会亦未成立。

惟在两市组织法公布后，关于设置参议会一点，当时曾引起上海特别市党务指导委员会之非难，认为此制于党政纲初无根据，呈请中央执行委员会转函国民政府迅予取消，俾免侵越党权。中央执行委员会函由中央政治会议提经第百四十九次会议决议，交付审查，结果认为特别市及县市参议会制度应予推行，其理由如次：

（一）依照建国大纲，在训政时期，人民应受“四权之训练”。盖

① 拟订市政府组织规则办法大纲第七条。

② 当时所以规定，参议会须于设市一年后，斟酌市政设施情形核准设立者，其理由详于法制局拟订特别市组织法草案之说明中，有谓此项机关之设立，不能毫无准备，故本案规定，参议会须于特别市成立至少一年以后，始得由国民政府斟酌市政府设施情形，核准设立。

四权之制，非一般民击已有相当之政治训练，决难运用得当。特别市、市及县之设置参议会，即所以谋人民了解四权之运用，练习四权之行使。依特别市及市组织法之规定，参议会虽有参预地方立法之权，然亦限于"审议"各种地方单行法规及预算决算，而不具决议之权。即其罢官权，亦限于呈请上级政府核行而止，而不能自行罢免，凡此种种俱含训练意义，与建国大纲之所定盖属一致。

（二）上海特别市党务指导委员会之非难参议会制，系认参议会为侵夺地方党部职权之机关，但依中央执行委员会第五次全体大会决议，"各级党部对于同级政府之举措有认为不合时，得报告上级党部，由上级党部请政府依法查办"，是则各级地方党部不能直接参预地方政府之行政或立法，至为明显，侵权之说自不能成立。

中央政治会议依审查意见，决议特别市及县市参议会制度应准予推行。上海特别市党务指导委员会再呈中央请转函政治会议将此案提出复议。政治会议函送立法院，由院交付法制委员会审查。结果，与上述审查意见相同，其理由除上述者外，尚有四项：

（一）特别市及县市各组织法，经中央政治会议议决，国民政府公布，即成为现行有效之法律，在未经依照合法程序废止或修正以前，当然依法推行。

（二）据特别市组织法第二十二条第二项，及市组织法第二十五条第二项，县组织法第二十八条之规定，均在特别市县市政府成立一年以后，由国民政府核准，或省政府斟酌情形，呈请核准始行设立，颇有伸缩余地。各特别市及市县党部果认为有特别情形应予缓设，尽可呈请中央党部转交国民政府核办。

（三）对于参议会议员之选举，选举人选宣誓服从三民主义，始有选举权。被选举人之资格，亦宜严定其消极之限制，俾土豪劣绅及反动份子无从施其运动，以冀获选，则上海特别市党务指导委员会所疑虑者，自可免除。

（四）特别市及县市参议会设立之程序，既须呈请国民政府核准，必能详审周密，不致侵害党权。查与建国大纲及对内政策所规定施行自治之意义既不相背，又可作为完成自治之过渡办法，实无庸鳃鳃过虑。

此项审查意见，经立法院于十八年一月十二日院议通过，并函由中央政治会议提经第百七十四次会议决议，县市参议会制准予推行，交立法院于修订县市组织法时决议。同年一月十九日立法院第七次会议中，有委员提议制定特别市、县、市参议会组织法及参议员选举法，至同年二月十六日，立法院第十三次会议议决，付自治自起草委员会会同原议案人起草。

十九年一月，南京特别市第十区党部第七区分部请中央转国府核准设立南京特别市参议会，以宣民意。经中央执行委员会函送中央政治会议转交内政部审议，内政部认为可行。至关于选举法，中政会于第二百十五次会议议决，由法定团体选举十六人，圈定八人，转立法院，于起草特遵照办理。二十一年四月，内政部拟具市参议会组织法及市参议会议员选举法，提经行政院会议通过，分别转送立法院及中央政治会议查核查议。惟关于市参议会议员之产生及任期问题，内政部草案与市组织法有所抵触，中政会乃于第三百十次会议决议：（一）市参议会议员应由全市公民选举，政府不必指派；（二）市参议会议员任期应规定为一年。

立法院自治法起草委员会即根据内政部草案，参照中央政治会议所定原则，订成市参议会组织法及市参议员选举法，经第百九十四次院会议决，呈由国民政府于二十一年八月十日公布，并明令定于二十二年三月十二日施行，而此时市组织法已经重订①。

十九年市组织法规定：设市参议会，由公民选举之，参议会于区长民选时设立。故市参议会之成立。应于区以下各级自治组织完成以后，非能一蹴而至。国民党第四届二中全会于二十一年三月在洛阳开会，鉴于当时民气，会议决从速筹设各级民意机关。其后，内政部公布市参议会筹设程序，规定全国各市自二十一年五月起，限期三个月内，将全市人口调查完竣，并完成区以下各级（坊闾邻）自治组织。市参议会于各该市人口调查完竣及各级自治组织完成后两个月内即行成立。依此，则市参议会固应于二十一年内成立，而事实上，市参议会组织法及市参议员选举法至二十二年三月始告施行，市参议会议事细则迟至二十二年七月六日始由内政部公布，而各市之依法设有市参议会者只有北平。

不宁惟是，中央政治会议于二十三年二月二十一日通过改进地方自治原则（行政院于同年三月十七日通行遵办），将地方自治之进行分为扶植自治时期，自治开始时期，及自治完成时期以视内政部公布之市参议会筹设程序，不禁令人有缓急悬殊之感。依改进地方自治原则，（一）扶植自治时期：市长依法由政府任命；设市参议会，得由市长聘任一部分专家为议员；乡镇村长等由各乡镇村人民选举三人，由县市长择一委任。（二）自治开始时期：市长依法由政府任命；市议会由人民选举；乡镇村长等由人民选举。（三）自治完成时期：市长市议员及乡镇村长等概行民选；人民开始实行罢

① 关于市参议会组织法起草经过，见谢振民编：《中华民国立法史》（正中书局），页八五四——八六〇。

免创制复决各权。

依修正改进地方自治原则之解释①(二十三年五月内政部咨各省府),所称扶植自治时期即实行训政之时期,政府须运用其行政权由上而下:完成训政时期初步之工作,如办理户口调查,公民登记,训练民众,成立乡镇村及市参议会自治组织等。

凡市之下级组织已经完成,而训政之初步工作并经办到者,即入于自治开始时期,即宜督民治时期。"在此时期,人民之智识能力尚属幼稚,政府仍须实施行政监督权,以期完成训政,故在此期内,人民虽有选举市参议员及选举乡村长之权,而议员及乡村长等免职及违法失职处分之权,仍归政府依法办理。"此时期成立市议会(不称市参议会)。

改进地方自治原则所称自治完成期,即宪政开始之时期,训政时期应有之工作业告完成,故政府实行归政于民。

原颁市参议会组织法之一部分,至此已成为具文。二十三年八月一日,行政院更公布扶植自治时期县市参议会暂行组织办法,该办法系根据改进地方自治原则及修正改进地方自治原则要点之解释而定者,规定扶植自治时期市参议员名额及职权;同时行政院又公布直属市参议会议会暂行监督办法,明定内政部为直属参议会之直接监督机关。

以上所述,为关于市参议会之立法之变迁,可知自二十三年改进地方自治原则实施后,市参议会之地位与前截然不同。但事实

① 中政会通过改进地方自治原则后,内政部继拟改进地方自治原则要点之解释,后又奉行政院令加以修正,而成修正改进地方自治原则要点之解释,凡二十二条。

上，二十三年以后，市之设市参议会者无几，即有之，亦与中央规制未尽同，如汕头市参议会，则系根据西南政务会公布之市地方自治条例。至在二十三年以前依市参议会组织法而设市参议会者，只有北平市，旋亦奉令停办。若汉口市及上海市之临时市参议会，议员全由聘任，系为过渡之咨询机关，已不符于市参议会组织法，亦非依扶植自治时期县市参议会暂行组织办法，又当别论。

以下将就市参议会之产生，组织和职权加以叙述。

一　市参议员　依十七年两市组织法及十九年市组织法，参议员由选举产生之。十七年两法未规定市公民之资格，十九年市组织法则有规定：

中华民国人民无论男女，在市区域内继续居住一年以上，或有住所达二年以上，年满二十岁，经宣誓登记后，为各该市之公民。市公民有出席区[①]民大会，坊民大会及行使选举、罢免、创制、复决之权。凡有下列情事之一者，不得有公民权：（一）有反革命行为经判决确定者，（二）贪官污吏土豪劣绅经判决确定者，（三）褫夺公权尚未复权者，（四）禁治产者，及（五）吸用鸦片或其代用品者，此种公民之资格规定，显已表示进步：第一，男女均有公民权；第二，年龄限制减至二十岁；第三，不设财产上或纳税上之限制；但宣誓亦可认为系教育资格之限制，因宣誓须亲自签名于誓词，并朗诵誓词，非受过相当教育之人固莫能为也。

至于被选举资格，依市参议员选举法，凡有选举权之公民，年满二十五岁，具有下列资格之一者，得被选为市参议员：

① 市组织法第六条，居民大会之“居”字，系为“区”字之误，见《内政法规汇编》第二辑，页三二八。

一、曾在初级中学以上学校毕业者；
二、经自治训练及格领有证书者；
三、会任职业团体职员一年以上者；
四、曾办地方公益事务著有成绩者。

凡为(一)褫夺公权者,(二)禁治产者,或(三)吸用鸦片或其代用品者,均不得有选举权及被选举权;凡(一)现任本市区内之公务员,(二)现役军人或警察,停止其选举权及被选举权;凡(一)现任小学校教员,(二)现在学校之肄业生,及(三)僧道及其他宗教师,停止其被选举权。

市参议员之选举事务,由市选举委员会办理,以原有自治区为选举区,依人口比例而计定每区应选之市参议员名额。选举委员会以市长为委员长,以各区区长为委员。在隶属于行政院之市,以内政部长为选举监督:在隶属于省政府之市,以民政厅长为选举监督。选举应于星期日或例假日行之,以便市公民参加选举。

但在扶植自治时期,市参议员除民选者外,尚得由市长聘任一部分专家为议员,民选部分参议员之选举,依市参议员选举法办理;聘任议员之资格,以具有下列之一者为合格:(一)对自治制度有研究者,(二)办理地方自治有经验者,及(三)从事地方公益及生产事业著有成绩,且对地方自治有深切之了解者。聘任议员名额,不得超过规定议员全额之半数。

依十七年两市组织法,市参议员任期为二年,每年改选半数;十九年市组织法改市参议员任期为三年,每年改选三分之一;但依市参议会组织法，任期又改为一年[①]。

市参议员为无给职，不能兼任行政机关职员，对于市政府不得保荐人员或有何请托情事。

二　市参议会之组织及会议　依市参议会组织法，市参议员在人口二十万之市为十五名，超过二十万者，每人口五万增加一名，未定有最高之限额。扶植自治时期县市参议会暂行组织法规定，参议会因审查提案之便利，得分为法制、社会、教育、建设、财政、警卫、地政等组。

市参议会互选议长副议长各一人，掌理日常事务并指挥监督会内各职员。参议会设书记长一人，书记一人至三人，并得酌用雇员。

市参议会开会由议长副议长召集，但在议长副议长未选定前，由市长召集。依十九年市组织法，市参议会每年开常会两次，但经市参议员五分之一请求，或议长认为必要时，应召集临时会，依扶植自治时期县市参议会暂行组织法，市参议会常会会期不得逾三星期，临时会会期不得逾二星期。定期开会时，并应函由市政府转报上级监督机关备案。

市参议会议事日程中讨论事项之次序，以奉行中央法令而须经会议之事项为第一位，市长交议事项为第二位[②]，市参议员提议为第三位，市公民行使创制权提交审议事项为第四位，临时动议为

---

① 立法院于二十二年十月二十七日决议：市参议会组织法与市组织法规定不同之点，暂依市参议会组织法之规定。

② 依扶植自治时期县市参议会暂行组织办法，市参议会对市长交议案件应提前审议，如延不审议，市长得于本届会议闭会后呈上级机关核准行之。

第五位，但必要时亦得依法变更议事日程之顺序①。议案须用书面提出（如为口头临时提案，则须有除提议人外出席议员四人之连署），列入议事日程：大会讨论时如认须交付审查者，则交委员会审查之，审查委员会只能参加意见而不能取消原议案；议案在未讨论终结之前，原提案人得声请撤回，原提案人及出席列席人亦得提出修正；议案之表决有两种方法，一为无记名投票，一为以起立表示赞同，但后者只行于不重要之议案；决议案由议长函送市长咨内政部备案。

市参议会开会时，得请市长局长或科长列席会议为报告及说明。

三　市参议会之职权　依十七年两市组织法，市参议会之职权，计有审议、建议、要求复决及要求罢免市长等项，而无议决之权。应经市政会议议决之事项，于其议决前，应交市参议会审议；关于市政兴革事项，得提出建议案于市长；参议会得依全体议员半数以上之同意，将该会通过之议案请求市长交付市民复决，此项请求如被市长拒绝，参议会得请求国民政府（于普通之市，则为省政府）裁决之；参议会认为市长违法失职时，得依全体议员三分二以上之同意，向国民政府（于普通之市，则为向省政府、国民政府）请求罢免。

十九年市组织法规定，关于市政兴革事项，市政府得交议于市参议会，市参议会亦得建议于市政府。至其详细职权，则由市参议会组织法予以规定。计该会有议决下列事项之权：

① 市参议会议事规则（二十二年七月六日内政部公布）第十及十一条。

一、关于筹备区长民选及完成市自治事项；

二、关于市单行规则事项；

三、关于市预算决算事项；

四、关于整理市财政收入，募集市公债及其他增加市民负担事项；

五、关于经营市公有财产及公有营业事项；

六、关于市民生计及救济事项；

七、关于促进市教育及其他文化事项；

八、市公民行使创制权提交审议事项；

九、市长交议事项；

十、其他应兴应革事项。

由上可知，市参议会固享有立法权及财政权，但其监督权则微乎其微，十七年两市组织法所赋予之请求罢免市长权，已不复存在。

四　市参议会与市长之关系　依市参议会组织法，(一)市参议会决议案咨送市长分别施行，如市长延不执行或执行不当时，市参议会得呈请该管上级机关核定之。即直隶于行政院之市，由行政院核定；隶属于省政府之市，由省政府核定。(二)市长认为市参议会之决议案不当时，应即送交复议，如参议员三分二以上仍执前议而市长仍认为不当时，应即提付市公民依法复决。但在扶植自治时期，提付市公民依法复决，改为“呈请该管上级机关核定”。同样，市公民对于市参议员之罢免权，对于市参议会之创制权，在扶植自治时期亦不实施。

第三目　市之下级组织

十七年两市组织法，对于市之下级组织，未有规定，十九年市组织法明定市划分为区坊间邻，实施自治，兹述如下：

一　区　市之第二级组织为区，区设区民大会，区公所，区民代表会及区监察委员。区民大会，由本区之市公民出席，行使选举、罢免、创制、复决四权。区长，各该区市议议员及区民代表大会之代表，均由区民大会选举之。区长违法失职时，由区民大会罢免之。区民大会每年举行一次，由区长召集，如有特别事件，得召集临时大会。但如区民拟召临时大会以罢免区长时，区长或不免延不召集，因此复规定临时大会，关于区长应回避之事件，应由区民代表会之主席召集之，区公所置区长一人，区公所办理事项如下：

一、区民大会决定应办事项；

二、区长代表会议决交办事项；

三、区预算决算编置事项；

四、区财政收支及公款公产公营业管理事项；

五、市政府委托办理事项；

六、其他法令所定应办事项。

区为办理以上事项，应有收入，计为：(一)区公款及公产之孳息，(二)区公营业之纯利，(三)依法赋与之自治款项，(四)市补助金，(五)其他经区民代表会议决之收入。

区长由区民大会选举，违法失职时亦由国民大会罢免。区长任期一年，得再被选。但依市组织法第四十九条，在区长民选前，隶属于行政院之市区长，由市长荐由内政部委任；隶属于省政府之市区长，由省政府委任。委任区长违法失职时，其罢免有两方法：

一、由市政府请原委任机关罢免之；

二、市政府不呈请罢免时，得由各该区过半数坊长联名具呈市政府及原委任机关，陈述必须罢免之由。

委任区长应于一年内召集坊民大会，成立坊公所，区内坊公所完全成立六个月后，由内政部派员视察情形理，核准区长民选。

区长为无给职①，但得给办公费，区公所得用助理员，辅助办理公所事务，区长候选人及助理员资格，均有明定。

区于区长民选时，设区民代表会，由区民大会选举之代表组织之。每坊选举代表二人，每年改选二分之一。代表违法失职时，由各坊罢免之②。区民代表会设主席一人，由各代表互选，区民代表会之职权如下：

一、审核区预算决算；

二、审议市政府或区公所交议事项；

三、审议所属坊公所提议事项；

四、审议代表提议事项；

五、其他应行审议事项。

---

① 依十九年九月二十日立法院通过之解释，民选区长为无给职，委任区长之俸给，应由委任机关决定，见《内政法规汇刊》第二辑，页三〇八。

② 罢免之机关究为坊长会议？抑为坊民大会？依内政部之解释，应为坊民大会，见《内政法规汇刊》第二辑，页三二七。

区民代表会会议由主席召集，每三个月开常会一次，如区长或主席认为必要，或有代表三分一以上之请求时，须召集临时会。

区设区监察委员二人，于区民代表会闭会时行使监察之职。区监察委员由区民代表会于每年第一次开会时选举，如监察委员违法时，由区民代表会罢免之。区监委遇有下述情事，应通知区民代表会主席召集区民大会，以讨论应付办法：

一、区公所财政之收入，有与预算不符或其他情弊；

二、区公所对于区民大会或区民大会之议决案，执行不力；

三、区长或区助理员有违法失职情事。

二　坊　坊设坊民大会，坊公所及坊监察委员会。坊民大会职权如下：(一)选举及罢免坊长及其他职员，(二)议决坊单行规程，(三)议决坊预算决算，(四)议决坊公所交议事项，及(五)议决所属各闾邻或公民提议事项。

坊民大会由坊长召集(但临时大会，关于坊长应回避之事件，由坊监察委员会召集；关于监察委员应回避之事件，坊长延不召集者，由该坊过半数之闾长联名召集)，每年开会二次，但得召临时会。坊民大会以坊长为主席，但关于坊长应回避之事件，由出席坊民推定主席。

坊公所置坊长一人，坊长候选人之资格亦有规定，坊长任期一年，得再被选，坊公所应办学务如下：

一、坊民大会议决应交办之事；

二、坊预算决算编制事项；

三、坊财政收支及公款公产公营业管理事项；

四、市政府或区公所委托办理事项；

五、其他依法令所定应办事项，如主持人民宣誓登记等。

此外，坊公所应附设调解委员会，以办理民事调解及依法得撤回告诉之刑事调解事项。调解委员由坊民大会就本坊公民中选举之，调解委员违法失职时，坊监察委员会得先请坊公所停止其职务，再提交坊民大会罢免之。坊公所负有教育上的任务，应设(一)小学及国民实习班，及(二)国民训练讲堂。坊公所应使达学龄之男女均受小学教育，十二岁以上之失学男女，在四年以内，均受国民补习班或国民训练讲堂一年半之教育。

坊监察委员会由坊民大会选举坊监察委员三人或五人组织之，监察委员违法失职时，由坊民大会罢免之。监委之职权为：(一)监察坊财政，如坊财政之收支及事务之执行有不正当时，监委得随时呈请区公所纠正之；(二)纠举坊长及其他职员违法失职情事，得自行召集坊民大会以处理之。监委为无给职，任期一年，得再被选。

三 闾邻 市划分为区坊闾邻，邻以五户，闾以五邻，坊以二十闾，区以十坊为限。闾增至超过三十五户，减至不满十五户，或邻增至超过七户，减至不满三户时，应由坊公所每年闾长或邻长任满一个月前改编之。

闾邻各级居民会议，闾邻居无论男女，在市区内居住六个月以上，或有住所达一年以上，年满二十岁者(有反革命行为经判决确定者，贪官污吏土豪劣绅经判决确定者，褫夺公权尚未复权者，禁治产者及吸用鸦片其代用品者除外），均有出席资格。闾有闾长一人，承坊长之命办理自治事务；邻有邻长一人，承闾长之命办理自治事务；闾长邻长分别由闾邻居民会议选举之，任期均为一年，得再被选。

闾邻居民会议，分别由闾长或邻长为主席，但关于闾长或邻长应回避之事件，其主席由出席居民推定。居民会议，分别由闾长邻长召集，如有十五户以上之要求，闾长应召集本闾居民会议下有三户以上之要求，邻长应召集本邻居民会议。闾长不能召集居民会议时，由坊长召集；邻长不能召集会议时，由闾长召集。即以召集人为主席。

闾邻事简，故未规定财政收入，如有需用经费之必要时，由闾邻居民会议决定筹集之。

闾长违法失职，由本闾居民三分一之纠举，经居民会议过半数之同意即应罢免；邻长违法失职，由本邻居民三分一之纠举，经居民会议过半数之同意，即应罢免。

依市组织法附则规定，市政府于该法施行后三个月内应即划分区坊闾邻；委任区长之机关接到前项呈报后，均应于一个月内委任各该市之区长，各市区长就职后，应于三个月内分坊办理人民宣誓户口调查及人事登记；内政部于各市区长民选一年后，应考核其户口土地警卫道路，及人民使用四权情形，合于建国大纲第八条之规定者，准其成为自治市。若据条文以观，市自治似有克期观成之概，而事实上固不然，各市或未画区坊闾邻，或已画而未行。且依二十三年五月内政部发表之修正改进地方自治原则要点之解释，自后区公所得酌量保留或改组，以为辅佐市政府之办事机关，但不为自治团体；至坊公所，则一律取消。市之下级组织，由区以下改编保甲,不编坊闾邻。

第二节　市组织法之修订进行

十九年市组织法在已往各种市制中,虽比较上可称为法良意美者,但施行之后,窒碍及未行之处颇多,以是有修改之议,立法院曾经通过修正市组织法草案①,该草案画市为区坊二级,凡为省政府在地均设市。

一　内政部之提议　内政部方面,鉴于市组织法中之设市条件难尽适用,有设置市政局以为补救之必要,于二十一年(1932年)九月拟订市政局组织条例。"凡人口未满二十万,不能照市组织法设市之地方,而为省政府所在地者,或工商业特殊发达地方,所收营业税牌照费土地税,每年合计占该地总收入五分之二以上者,原设有特殊管理机关而有改设之需要者,得暂设市政局",受省政府暨民政厅之监督指挥,设局长一人,准以荐任待遇。布政局得设置董事会,以辅助地方行政②。此案于是年十月间经行政院□六八次会议议决"修正通过,送中央政治会议",行政院并将原案咨送立法院,经法制委员会及自治法起草委员会会同审查,认为"原案所拟意见不无可采,经于修正市组织法第三条内尽量容纳,市政局之组织已无必要"③,设布政局之议遂寝。

① 见民二十二年二月第四十六期立法院公报。

② 内政部之建议,见内政年鉴一(二十四年)B,页一二五。

③ 民二十二年二月第四十六期立法院公报各委员会审查报告栏,页一九。

二　各省市之意见　立法院有修正市组织法之拟议后，内政部曾分电各省市政府征询对修正之意见，至二十二年一月底止，各省市政府陆续咨复内部，兹举各省市政府之重要意见综述如下：

（一）为关于公安局之隶属问题　南京市、杭州市、成都市、山西省府所提出之意见大致相同，均认为公安局不隶于市政府，在施政上诸多不便，杭州市之答复尤慨乎言之，谓"中国自市组织法修改以后，省政府所在地之市均不设公安局，杭州市政府经数年之体察，颇感觉重大之困难，虽有事可托省会公安局，但行政最重系统，以下级政府之事，委托于上级政府任命之机关，其不能如指臂之相联者，自属意中之事"，所言诚不无理由。

（二）为关于市区之划分问题　原市组织法将市画分为区坊间邻，均各冠以第一第二等次序，南京市政府建议，改为市画分为区，冠以第一第二等次序，谓因区画层次愈多，所需经费愈大。

（三）为关于市府各局之职掌问题　青岛市提出之意见，为事实便利计，应于各局掌理事项规定中增设一项，准由市政府遇必要时将各局职掌酌予变更，但仍须呈请上级机关核准。

（四）为关于设市条件问题　查原市组织法规定，隶属于省府之市，须有人口在三十万以上或人口在二十万以上而其所收营业税牌照费土地税每年合计占该地总收入二分之一以上者，山西省府建议，省会地方虽不具有此两条件，亦得由省政府斟酌情形准其设市。反之，南京市政府则提议加强设市条件，如将设特别市之人口条件，改为"人口在一百五十万以上者"及废除"在政治上经济上有特殊情形"之条件①。

① 关于各省市之意见，见内政年鉴一B，页一二八——一三六。

二十一年十二月第二次全国内政会议，关于市组织之提案，亦不一而足，计有河北省民政厅“提议请修改市组织法案”，浙江民政厅提“建议修正市组织法增加乡之组织以期适合实际案”等①，就中河北省民政厅之提案，认原市组织法中设市之人口限额过高，主张增加下级市之种类，设（子）一等市直隶于行政院；（丑）二等市直隶于省政府，一二等市一如原法之规定；（寅）三等市直隶于省，凡各地方人口超过四万，经省政府查勘认为地方重要时，得设置之，其市长荐任，市府设科不设局；（卯）四等市直隶于县，各县城镇人口超过一千户者得设置之，其市长比照区长，办公处所称市公所，其规模如区公所。

三　市自治法草案　市组织法已亟待修改②，而立法院原有之修正市组织法草案又未公布，该院乃另拟市自治法，以为市组织之代替，经于二十四年一月将市自治及其施行法呈报国府，旋以中央政治委员会通过地方自治指导原则，国府发交立法院再行审议，该院乃依据该原则及二十五年五月五日宪法草案，再行修正市自治法草案。

宪草中，由第一百十一条至一百十五条，为关于市制之规定。依此，市固取得自治地位；市长由市民大会选举，任期三年，连选得连任，院长候选人以经中央考试或铨定合格者为限：市之立法机关称为市议会，由市民大会选举；市议会之组织职权，市议员之选举罢免，市政府之组织及市长之选举罢免，则由法律定之。

---

①　第二次全国内政会议报告书，页一一三至一一八。

②　市参议会组织法及市参议员选举法，立法院亦会于二十四年一月修正，但均未公布（见二十四年二月第六十七期立法院公报各委员会审查报告栏，页二〇——三五）。

修正后之市自治法草案①，系以宪革为骨干，该法至今尚未公布，兹略论其中要点：

一　市公民　中华民国人民无论男女，在市区内继续居住一年以上，或有住所达二年以上，年满二十岁，经宣誓登记后为市公民。市公民有出席市民大会，本区区民大会及行使选举罢免创制复决之权。市民大会每年一次，但得召集临时大会。

二　市组织　市议会由市民大会选举之议员组织之，每年改选三分之一，连选得连任，市议会有议决审计建议及质问之权；市长由市民大会选举，市长违法或失职时，亦由市民大会罢免。

市议会议决案件咨送市长执行，市长得交复议；如出席议员三分二以上仍执前议，市长应即执行；如延不执行，市议会得召集市民大会对于市长为罢免与否之决定；市民大会如否决该罢免案时，市议会应即全体改选。此种规定，用意在防止议会之故意与市长为难，与内阁可解散国会诉诸选民，如政府党选举失败时，内阁必须辞职之制度，用相反而意相同。

市画分为区，区有区民大会、区公所、区长副区长及区监察委员。区以下不分坊闾邻，改编保甲。

上述市自治法陈义固高，但市自治法施行法则有过渡之规定；市自治办有成绩，经该管上级机关核定者，得成立市议会并选举市长。在未能成立市议会之市，暂设市参议会，其组织及选举，仍依市参议会组织法及市参议员选举法②，换言之，此时仍在扶植自治

① 见二十五年九月第八十四期立法院公报各委员会审查报告栏，页六二——七三。

② 市自治法施行法草案第六条。

时期。故就令市自治法即行颁布，而市之自治仍未可期。

第三节　三十二年(1943年)市组织法

十七年与十九年市组织法及其后之进行修订，已如上述。县各级组织纲要颁布以后，修改市组织法之议颇盛。三十年十月第三次全国内政会议时关于市组织之提案，计有内政部提之“改订市组织法以利市自治之推行案”，重庆市市长提之“拟请中央从速制颁市自治组织法规及各项有关重要法规俾资依据而完成市自治案”成都市市长提“省辖各市组织应归划一以利政令推行案”等。经大会合并讨论，并决议采用内政部提案所定之原则，送请内政部迅速依照立法程序转请核定施行。依据内政部所定之原则，计分四项：(一)认为过去设市标准之人口数量限制太高，应与改定；(二)确定市为一级制，但区域较大之市，仍可酌为分区，但仅为市政府辅作机关之性质；(三)市政府之组织，应为分类之规定；(四)市区不编保甲。

三十二年(1943年)五月十九日国民政府颁布新的市组织法[①]兹分项说明于次。

第一项　市之地位

一　市之成立要件　市分院辖市与省辖市两种。其成立要件

① 国府渝五七一。

亦因之而异。凡人民聚居地方具有(一)首都,(二)人口在百万以上,(三)在政治经济文化上有特殊情形等条件之一者设市,受行政院之指挥监督,即为院辖市。凡人民聚居地方具有(一)省会,(二)人口在二十万以上,(三)在政治经济文化地位重要其人口在十万以上等条件之一者得设市,受省政府之指挥监督,即省辖市①。市之设置与废止,及市区之划定或变更,应经国民政府之核准。

二　市之职权　依市组织法之规定:市设市政府,其职权者二,即办理市自治事项与执行上级政府委办事项。于不抵触中央及上级政府法令范围内得发布市令。市之自治,除市组织法规定外,并准用关于县自治之规定②。

第二项　市之组织

第一目　执行机关

市之执行机关为市政府。设市长,局与科暨其他人员,并设市政会议以为辅助机关。

一　市长　市政府置市长一人,综理全市事务,并指挥监督所属机关及职员。院辖市市长简任;省辖市市长荐任或简任。

二　局与科　市政府设局或科,掌理关于民政、财政、教育、建设、警察、卫生事项。设局或设科,由行政院依其事务繁简定之。设局者置局长、科长、科员;设科者置科长、科员。院辖市局长简

① 市组织法规定前者为“设市”,后者为“得设市”,其间实有区别。

② 依市组织法第二十六条之规定:“市财政依财政收支系统及关系法令之规定。”依现行法令,院辖市财政与省同属国家财政,省辖市与县同属自治财政。

任，科长荐任，科员委任。省辖市局长荐任，科长委任或荐任，科员委任。

三　其他人员　院辖市市政府置秘书长一人，简任；省辖市市政府置秘书主任一人，荐任；主办文书庶务及其他不属于各局科事项。置主办会计人员及主办统计人员各一人，掌理岁计、会计、统计事项，因事务之需要，得置技术人员及视导人员，并得酌用雇员。院辖市市政府必要时得置参事一人或二人，掌理规章之撰拟事项。市政府人员之员额及其职务之分配，按各该市人口之多寡及事务之繁简，于各该市政府组织规程中规定之。此项组织规程，由行政院定之。

四　市政会议　市政府设市政会议，为行政辅助机关性质，由市长，秘书长或秘书主任，参事，局长或科长暨主办市计人员组织之。每月至少开会一次，并以市长主席。凡（一）提出于市参议会之要件，（二）市政府所属机构办事章则，（三）市政府所属机构间不能解决之事项，（四）市长交议事项及，（五）其他有关市政之重要事项，均应经市政会议议决。

第二目　立法机关

市之立法机关为市参议会，由市公民及依法成立之职业团体选举市参议员组织之。但由职业团体选举之参议员，不得超过总额十分之二。设议长副议长由市参议员互选人。至于市参议会之组织职权及选举方法，另以法律定之[①]。

① 此项法律尚未公布。但目前院辖市已有市临时参议会组织条例，详请参看下节。省辖市依（三〇·八·九）县市参议会组织暂行条例第二十七条及县参议员选举条例第三十九条之规定，关于组织及选举，准用上述之条例，已详本书第三编第三章第二节，兹不再赘。

第三目　市之下级组织

市之下级组织为区、保、甲。兹述之于次。

一　区

（一）区民代表会　区设区民代表会，区民代表由保民大会选举之。每保二人，任期三年，连选得连任。区民代表违法或失职由保民大会罢免之。置主席一人，由代表互选之。开会时得通知区长保长列席。每三个月开会一次，由主席召集之。必要时得举行临时会议。非有本区区民代表过半数之出席，不得开议；议案之表决，以出席代表过半数之同意行之；可否同意时，取决于主席。

区民代表会之职权有五：（1）审议区规约及区与区相互间之公约；（2）议决区长交议及本区内公民建议事项；（3）选举或罢免区长副区长；（4）听取区公所报告及向区公所提出询问事项；（5）其他有关本区重要兴革事项。区民代表议决议案送请区长分别执行，如区长延不执行或执行不当，得请其说明理由，如仍认为不满意时，得报请市政府核办，区长对于区民代表会之决议案，如认为不当，得附理由送请复议；对于复议结果，如仍认为不当时，得呈请市政府核办。

（二）区公所　区设区公所，置区长一人，副区长一人，由区民代表会选举，受市政府之监督指挥，办理本区自治事项及执行市政府委办事项。区长副区长任期二年，连选得连任。区公所并得置助理员及雇员。但在区民代表会未成立之地方，区长副区长由市政府委任。

二　保

（一）保民大会　保设保民大会，由本保每户推出一人组织之。每二个月开会一次，由保长召集之。必要时得召集临时会议。开会时以保长主席；保长有事故时，副保长主席。保长副保长俱有事故或与所议事项有利害关系时，由大会推举一人主席。其开议及表决之法定人数，与区民代表会同。

保民大会之职权有六：(1)审议保甲规约及保与保相互间之公约；(2)议决保长交议及本保公民建议事项；(3)选举或罢免保长副保长；(4)选举或罢免区民代表会代表；(5)听取保办公处工作报告及向保办公处提出其他有关询问事项；(6)关于本保重要兴革事项。保长与保民大会间之送请执行及复议之关系与区民代表会与区长间者同。

(二)保办公处　保设保办公处，置保长一人，副保长一人，由保民大会选举之。受区长之监督指挥，办理本保自治事项及执行市政府委办事项，在保民大会未成立之地方，保长副保长由区公所遴定加倍人数，呈市政府请委。

三　甲

(一)甲居民会议　甲长认为必要或有本甲居民十人以上之连署请求时，应举行甲居民会议，讨论议决有关本甲兴革事项。

(二)户长会议与甲长　甲设户长会议，由本甲各户长组织之，户长有事故不能出席时，应派代表一人出席。由甲长召集之，每月开会一次，必要时经甲长或五户以上之请求，得举行临时会议。开会时由甲长主席，甲长有事故或与所议事项有利害关系时，由出席人推举一人主席。非有本甲户长过半数之出席，不得开会；议案之表决，以出席人过半数之同意行之；可否同数，取决于主席。

户长会议之职权有二：一为选举或罢免甲长，一为本甲内应兴革事项。其议决案由甲长执行之。

第四节　市临时参议会

二十七年(1938 年)七月,国民政府颁布市临时参议会组织条例[①]。依组织条例之规定:在抗战期间,为集思广益,促进市政兴革起见,特设市临时参议会。但以行政院直辖各院为限。兹述其组织职权于次。

一　市临时参议会之组织

(一)参议员　市临时参议会参议员定额为二十五名[②]。凡中华民国之男子或女子年满二十五岁曾受中等学校教育(或同等教育)暨(甲)具有各该市之籍贯并曾在各该市之公私机关或团体服务二年以上著有信望者,(乙)曾在各该市重要文化或经济团体服务二年以上著有信望者两项资格之一者,得为参议员。但现任官吏除办理地方自治人员及学校人员外,不得当选。选任之方法由各该市政府及市党部联席会议就各该市住民中或各该市区内文化团体或经济团体人员,具有上述(甲)或(乙)项之资格者,提出加倍候选人。此项候选人名单由市政府呈送行政院转呈国防最高会议(即现在之国防最高委员会,下同)决定之。国防最高会议得于

① (二七·九·二六)国府渝八七。三十年二月,国防最高委员会第五十五次常务会议议决:"各省县参议会行将筹设……行政院即着手起草省(市)临时参议会组织条例修正案,于县组织条例颁行后从速呈会核定。"但尚未见公布。参看(三〇·四·一四)国府渝文字第三四二号训令,国府渝三五三。

② 重庆经国防最高委员会决议增加五人(三二·一·九)国民政府渝文字第一七号训令,国府渝五三五。

各该市所呈送参议员候选人名单以外选定若干参议员；但仍须具有上述之资格，且其名额不得超过各该市参议员总数十分之一。参议员为无给职，但开会时应给旅费。任期一年，行政院认为有必要时得延长之①。

（二）议长副议长　市临时参议会置议长副议长各一人，由行政院就各该市参议员中遴选提请国防最高会议决定之。

（三）驻会委员会　市临时参议会休会期间，设置市临时，参议会驻会委员会，由参议员互选五人组织之。其任务以听取市政府各种报告及决议案之实施经过为限。

（四）秘书处　市临时参议会置秘书处，承议长之命，办理参议会一切事务，置秘书长一人，由国民政府简派之；秘书一人至二人，由议长派充之。

二　市临时参议会之职权

（一）议决权　在抗战期间，市政府之重要施政方针，于实施前应提交市临时参议会决议，但在市临时参议会休会期内，有特殊紧急情形，须为紧急处置时，应呈行政院核准，并应于市临时参议会次期集会时，报告于市临时参议会。

（二）建议权　市临制参议会对于市政兴革，得提出建议案于市政府。

（三）听取报告及询问权　市临时参议会有听取市政府施政报告之权，参议员于开会时有依议事规则向市政府提出询问之权。

市政府对于市临时参议会依上述（一）（二）所通过之议案，如认为不能执行时，至迟应于市临时参议会次期集会时，提交得复

① 原系规定得延长一年，此系（三〇・四・一四）修正者。国府渝三五三。

议。复议时,如经法定出席参议员三分之二赞同原案或对原案予以修正时,市政府对于复议之决议,除呈经行政院核准免予执行者外,应予执行。

三　市临时参议会之会议　市临时参议会每六个月开会一次。每次会期为两星期,市政府认为有必要时得延长其会期或召开临时会。集会时有参议员总额过半数之出席始得开会,有出席者过半数之赞同始得决议。开会时,以议长为主席。议长因故缺席时,由副议长代理之。市政府市长,秘书长及局长得出席于市临时参议会,但不参加其表决①。

① 依省临时参议会议事规则第三十六条及省临时参议会秘书处组织规则第十三条之规定,该两规则均适用于市临时参议会。前于说明省临时参议会时,已依据该两规则叙述,兹从略。

第四章　各市组织概略

以上已举述各种市制之变迁，现略述各市组织实况，叙述时以现有组织为主，对于各市之过去组织，亦略予申述。依现行市组织法，市可分为直属于行政院及隶属于省政府之二种；此外，有未经中央法制规定之市政筹备处及市政委员会，为筹备设市时之组织；更有特种公安局兼辖市政者。

直隶于行政院之市，现有南京、上海、北平、天津、青岛、西安（市政府未成立）及重庆，威海卫行政区直属于行政院，故亦附述于此；隶属于省政府之市，有广州、汉口、杭州、汕头、济南、成都、贵阳、长沙、兰州、厦门、昆明、开封、桂林、衡阳、南昌、韶关及自贡；设市政筹备处者，有包头、武昌及连云；设市政委员会者，原有九江及郑州，现九江市政委员会已裁撤。本章将依次叙述。但院辖市除重庆、西安外，其余以及一部分之省辖市，均因战事关系，市政已陷停顿。益以目前交通关系，地方性之材料，不易搜集，是以所述者或则限于战前之情形，或则殊形简略，而有待于他日之增补。末附已裁废之各市表，以供参考。

第一节　直隶于行政院之市

一　南京市　南京现为民国首都，在历史上亦曾数为国都。清末，南京虽为新政设施之地，但关于警察自治筑路等政，各设官署办理，未有统一之市政机关。至民十四年韩国钧任江苏省长时，始有市政公所之筹备，十五年（1926 年）筹设市政督办公署，均未实现。至十六年，国民革命军到达江苏，以南京为首都，设南京市，是年四月成立市政厅，六月一日改名为市政府，并设财政、工务、公安、教育、卫生各局。十六年六月六日，国民颁布南京特别市暂行条例。依条例，南京市称为特别市，设市长一人，由中央任命之，任期三年；设财政、工务、公安、卫生、教育、土地及农工商局，每局有局长一人；市长聘任参事九人至十三人组参事会，为建及咨询机关；至十月底增设土地局。此时之市政府组织，计有教育、公安、财政、工务、卫生及土地等局，总务科，及暂设之下关商埠局与浦口商埠管理处。另有市参事会为咨询与建议机关。十六年八月，市长易人，土地局并入财政局设土地课，卫生局并人公安局设卫生科，总务科则扩大为秘书处。十七年一月成立社会调查处，四月恢复土地局，下关商埠局与浦口商埠管理处则已裁撤，至农工商局则自始未有成立。

十七年七月，国府颁布特别市组织法，市府于原有秘书处及财政、土地、工务、公安、教育各局外，将社会调查处改组为社会处，并新设卫生处。十八年十一月，公安局改组为首都警察厅，不隶市府。

十九年六月，市组织法颁布，废止特别市之名称，改名为南京市，直隶于行政院①。现行南京市政府之组织至为庞大，计市长一人简任，参事二人至四人简任，除秘书处外，设有社会局、财政局、工务局、地政局（原名土地局）及卫生事务所。秘书长及各局局长均为简任，各处局均分若干科，科长荐任，科之下分股。市政府直属之机关亦至繁多，举其要者有十一个区公所，铁路管理处，公园管理处，市民银行，清洁总队及各种委员会，各局之附属机关亦多。

秘书处设三科，第一科分文书、会计、庶务、外务四股；第二科分审核、统计、编译三股；第三科分医务、清洁二股。社会局设三科及督学室统计室，第一科分事务、文书二股；第二科分农工商、公益、人事三股；第三科分学校教育、社会教育及研究实验三股；该局之附属机关计有：体育委员会、健康教育委员会、救济院、旗民管理所、度量衡检定所、粮食管理所、合作事业指导委员会、市立图书馆、实验民众教育馆、下关办事处等等。财政局设三科，第一科分总务、编审、收支三股；第二科分税捐、市产、稽征三股；第三科分审查、注册、契照、地亩、测绘五股；局之附属机关有营业税征收处、大小黄洲管理处、八卦洲管理处、下关办事处等。工务局分二科及一技正室，第一科分总务、审勘、公用三股；第二科分计划、营造、材料三股。局之附属机关有自来水管理处及下关办事处等。

至于土地局之设，变化颇多，十六年（1927 年）市府成立之初，即有土地局，旋一度裁撤，不四月又恢复；二十一年四月，因紧缩故，又将该局裁撤，并入财政局第三科；二十一年七月，因举办土地登记，复另设土地登记处，后以财政局第三科与登记处职权不同，

① 南京设市经过，见一年来之首都市政（十七年十二月出版）。

故将两者合并，改为土地处；二十四年七月，以该处工作繁剧，势须增加人员，故又恢复土地局，下设第一、第二、第三，三科。二十五年二月二十二日，国府公布各省市地政施行程序大纲，规定“市已设立专管地政机关者，应即改为市地政局”，故京市土地局于五月改称地政局，地政局亦设三科，第一科分总务、登记、地亩三股；第二科分审核、调查、地税三股；第三科分测量股、绘图股及考工组①。

至南京市政府之自治工作，于二十年七月即开始举办，划分全市为二十一区，区设区公所，府内设立自治事务所，综揽全市自治事宜，每区设区长一人；二十二年三月，归并自治区为八区，使与首都警区同其范围，同时裁撤自治事务所，所有职务改由秘书处兼管；二十三年十月，省市划界结果，接管新市区，乃增加三个乡区区公所；二十五年三月，市政府为积极推进自治工作计，设立自治事务处，处设正副主任各一人②。

市政府设有市政会议，其规定大率依市组织法。

二　上海市　上海华界市政，在民十六年七月以前，并无统一之组织。最初之市政组织，在南京为清光绪二十一年之马路工程局，在闸北为光绪三十年之市政机关，在吴淞始于光绪二十四年之督办吴淞开埠工程总局，此三种机关，以后名目迭易，十四年五月临时执政公布淞沪市自治制，至十六年七月上海特别市市政府成立，国民政府于同年七月十四日颁布上海特别市暂行条例，上海市政机关始归一统。上海特别市市政府成立之始，先后设立秘书处及财政、工务、公安、卫生、公用、教育、土地、农工商及公益九局；同

① 南京市地政局组织规则，见南京市政公报，一六五期（二十五年五月）。
② 南京市自治工作概况（二十六年二月），页五。

年九月裁去公益局；十七年八月依特别市组织法从事改组，将农工商局改称为社会局并增设港务局；十九年七月市组织法颁布后改称上海市政府，取消“特别”两字，直隶于行政院，除港务局裁撤外，其余各局仍旧；二十一年八月成立保安处，该处设立之目的，称为完成地方警卫确保市区安宁。

依现在组织，市长之下，有参事二人（简任或荐任），专员二人，有秘书处、保社处，及社会、公安、财政、工务、卫生、地政、公用七局①，每局局长一人简任或荐任，处局之下各有分科，科长荐任，科之下分股不等，少则二股，多则八股，组织颇繁。秘书处设三科及机要室，第一科分总务、会计、庶务三股；第二科分文书、编纂、宣传三股；第三科分审计、稽核二股。社会局分四科，第一科分文牍、编纂、统计、收发、档案、会计、庶务、图书八股；第二科分农业、工业、商业、登记、统计、文书六股；第三科分惠工、审核、调解、登记、视察、统计、文书七股；第四科分公益、慈善、民食、登记、统计、文书六股；教育局并入社会局后，社会局组织略有更动。警察局之下设三科及勤务督察处，第一科分警事、人事、训育、统计、编纂、装械、庶务、会计八股；第二科分治安、消防、外事、户籍、交通、商事、救济、保健八股；第三科分审讯、事务、指纹、收解四股；勤务督察处分勤务、训校、调查三股；局之下复有警察大队、侦缉队、水巡队。财政局设三科，第一科分文牍、编审、稽查、庶务、监印五股；第二科分捐税、票照、产债、综核、田赋五股；第三科分会计、岁计、审查、储藏四股；财政局之下有捐税、稽征、征收、查验等十八处所。工务局之下设五科及材料管理处，第一科分文书、编纂、会计、庶务四股；第二

① 教育局于二十五年八月裁撤，并入社会局。

科分桥梁计画、桥梁工程、水利、塘工、公园、工事六股；第三科分新工、工事计画、各区道路三股及工程管理处；第四科分审查、取缔、建筑、登记四股及各区发照处；第五科分计划、审查、测绘三股；材料管理处分采购、审核两股及各材料厂。卫生局设三科，第一科分文牍、会计、庶务、生命统计、医药管理、清道、清洁、普通卫生、卫生教育八股；第二科分医务、防疫、劳工卫生、学校卫生、乡村卫生五股；第三科分牲畜检验、禽类检验、禽畜营业管理三股。地政局分四科，第一科分文书、会计、出纳、稽征、庶务五股；第二科分公地、地价、外事、征用四股；第三科分测文、绘图、考工三股；第四科分登记、单契、审核三股；局之下尚有问事处、代书处等。公用局分四科，第一科分文书、人事、编纂、审核、会计、庶务六股；第二科分文事、设计、厂务、管线、用户、煤气、广告七股；第三科分文事、设计、厂务、线路、用户、路灯、电话七股；第四科分文事、设计、车务、船务、济渡、考验、凭照、稽查八股及广告、路灯两管理处、车务处、船务处、轮渡总管理处、码头仓库管理处。保安处设正副保安处长各一人，下设办公室及两科，置办公室主任一人及科长二人。保安处直隶于市政府。

除上述各局处之外，市政府直隶之机关尚有各种委员会及区市政委员办事处。市政府就已接收之各市乡改称为区，区设市政委员一人或二人，由市长委任之，区市政委员之职掌为：(一)各区市政设施之建议与协助事项，(二)市政府及各局委办事项。此项市政区已设十处，缘以上海市区辽阔，故不能不有此特殊制度①。

① 上海市政府组织规则(二十年五月二日公布)及各局处办事细则，均见上海市市政法规汇编由一集至七集。

市政府设有市政会议，其规定大率与市组织法同。

上海市曾经成立临时市参议会，依该会组织条例（二十一年六月十四日得行政院核准），临时市参议会正式市参议会成立以前之过渡机关，市参议会员额定十五人至十九人，由市政府遴选，呈行政院核准聘任。市参议员为无结职，其任期至市参议会成立之日为止。临时市参议会设议长一人，由市参议员互推之。至于市参议会之职权，依条例虽有若干事项，市政府应交议于临时市参议会，但参议会究无法强迫市政府之执行其决议，而市政府亦无执行之法定义务①，故上海市临时市参议会究为咨询机关，与汉口市临时参议会性质大致相似。上海市临时参议会设秘书处，会议得分社会、公安、财政、工务、教育、卫生、土地、公用八组，各组推一人为主任。依上海市参议会议事细则，参议会得请市长局长或科长列席，以备咨询。

三　北平市　北京虽为清代帝都所在，但初无特别市政机关。清末设立巡警部及内外城巡警总厅，掌理一部分市政；城镇乡地方自治章程颁布后，继之有京师地方自治章程。民国之始，京师一仍旧制。至三年四月，内务总长朱启钤鉴于京师市政之必要，乃划定市区，设京都市政公所，置督办一人由内务总长兼任，督办之下设总务处，置提调一人综理全所事务；所内分设文书、登记、捐务等科，由其分科，可见当时组织之简陋。民五年九月，京都市政公所改组，裁撤总务处，但仍设提调一职；督办之下分设文书、调查、经

① 依民二十一年八月公布之市参议会组织法第十九条："市参议会决议案，咨送市长分别执行，如市长延不执行或执行不当时，市参议会得呈请该管上级机关核定之。"上海市临时参议会固无此权力。

理、测绘、工程、交际、出纳七科，市政组织规模稍具。六年一月，测绘科改设营造局。六年七月，市政公所组织规程修改，设第一、第二、第三三科，各置科长副科长一人，各科分股办事；又增设会办一职襄助督办；提调一职仍旧。民七年一月，根据京都市政公所暂行编制，将三科扩为三处，将营造局改为第四处，第一处分文书、会计、编译、庶务四科；第二处分行政、产业、勘核三科；第三处分考工、设计、测绘三科；第四处分工务、稽核、材料三科。"处"与今日之局相似。处设处长副处长各一人，科设主任一人，下有科员。督办（由内务总长兼任）之下有会办，更将提调一职改为坐办。此时市政渐渐注意引用技术人员及专家。

民十六年十一月，有修正京都市政公所暂行编制之颁布，裁撤四处，改设总务、行政、工程三处，仍设正副处长及置督办会办坐办，惟会办由京师警察厅总监兼任，以收合作之效；最重要之一点，则为评议会之设立，谓为征集市民意见，协议都市行政。评议会置评议长一人由督办兼充，评议员二十人由督办聘任。评议会议决事件由督办执行之，但督办认为执行有窒碍者提交复议，复议以一次为限，是评议会之权力，固胜于今之沪汉市临时参议会①。

十七年七月，北平特别市成立，市政府下设财政、土地、社会、工务、公安、卫生、教育、公用八局及秘书处，组织过于庞大。十八年六月，市长更易，大加紧缩，将土地局并入财政局设土地科；将卫生局并入公安局设卫生科；将公用局并入工务局设公用科。十九年六月，依新颁之市组织法改称为北平市，因当时河北省会设于北

① 民十七前京都市政组织之大要，见白敦庸：《市政举要》，页九一一四（大东书局出版）。

平，故该市隶属河北省政府；十九年十一月，河北省会迁至天津后，北平市改为直隶于行政院。

依现行组织，北平市政府置参事二人至四人，设秘书处及社会、警察、财政、工务、卫生五局。秘书处分三科，社会警察两局各分四科，财政局卫生局各分三科，工务局分五科，市及各局之附属机关不一而足。局长均为简任，科长荐任。

在各市中，依照市组织法而设市参议会者只有北平市。该市参议会于二十二年成立，二十三年八月闭会。正当进行第二届选举之时，中央政治会议以该市人民对于四权运用，尚未完善，议决暂缓设立一年，该参议会即未继续。

四　天津市　天津为华北大埠，交通便利，商务发达，自咸丰十年以还，各国先后在津设租界，计在天津有租界者，有英、法、德、日、俄、义、奥、比八国。入民国后，中国政府自设有市政公所，但附设于警察厅。欧战发生后，中国加入协约国方面，乃设天津特别区市政管理局[①]，管理收回德奥两国租界。巴黎和约签订后，改设天津特别区市政局，办理地方行政并管理警察事务。市政局设局长一人，主任一人，均由内政部派充，顾问一人，由局长聘任之。另组织评议会，以局长为评议长，设评议八人，由局长就区内中外住民之有不动产或纳税较多者暨历办公益事务卓著声望者选任文，但至少须有本国人四名。评议会为审议性质之机关，区内各种事宜除有特别重要情形者外，须先交评议会协议。此项章程，在天津及汉口一同适用[②]，十二年十月七日，北京政府在天津为特别市。至

① 见民国六年八月十四日政府公报。

② 章程见民国九年十二月十九日政府公报。

十六年十一月，特别区市政局改组，隶于津沽市政公署[1]。十七年六月，天津成立特别市；至十九年六月，依照市组织法改为天津市，直隶于行政院；十九年十一月，河北省政府由北平移设天津，天津市乃改隶于河北省政府；二十四年六月，河北省会移设保定，行政院又令津市恢复旧制，改为院辖。

自十七年改市以还，天津市之组织，大体上系依中央规制，惟分局分科则各市有特别情形，固不尽同，天津市现行局科组织如下[2]。

（一）秘书处　秘书处设秘书长一人，简任；秘书八人，荐任；科长四人荐任；科员五十至六十人，委任，秘书处设置四科如下：

> 第一科：设总务、编辑、统计、会计、庶务共五股；
>
> 第二科：设社会、公安、财政、教育共四股；
>
> 第三科：设交际、工务、公用共三股；
>
> 第四科：设保健防疫、环境卫生、医政，共三股，及一化验室。此科盖为代替卫生局之组织，系为二十四年三月增设者[3]。

各科每股设主任一人，以科员兼充。此外秘书处人员尚有技正二人，技士六人，技佐三人，掌理工程事项；视察主任一人及视察员四人，掌理市政视察调查事项；设宣传主任一人，掌理宣传事项。

---

① 见十六年十一月二十四日政府公报。

② 见二十五年十一月第九十四期天津市政公报修正天津市政府组织规则。

③ 见二十四年三月第七十四期天津市政府公报。

秘书处附设自治事务监理处及禁烟毒案件审判处，并得酌设办事员，生命统计员，卫生稽查员，技术生及书记①。

二十四年间，秘书处尚有副秘书长职，于同年七月裁撤，此职为各市所未有者。

（二）社会局　设局长一人，简任。秘书二人，荐任或委任。局之下分设第一、二、三三科，每科设科长一人，荐任。设科员十九人，委任，各科得分股办事，每股设主任一人，以科员兼充。此外有技士二人，工厂检查员四人，并得酌设调查员办事员及书记②。

（三）警察局　在河北省政府尚未迁离津市时，天津设河北省会公安局。二十四年六月省会移往保定。省会公安局移由市府管辖。在省会公安局时期，局之下设总务、行政、司法、外事共四科；每科科长一人；另设督察处，设督察长一人；又有主任秘书一人，秘书二至三人③。二十五年二月二十九日市府公布公安局组织规则，局设第一、第二、第三、第四共四科，各设科长一人，荐任，全局科员共四十九人，科得分股办事，股主任由科员兼充。科之外，设勤务督察处，有督察处长一人，荐任，督察组长二人，督察员二十七人。该局附设警察教练所及保安骑巡消防侦缉特务水巡各队及乐队④，又设秘书二人，荐任或委任。

（四）财政局　依二十五年二月二十九日公布之天津市财政局组织规则，财政局设四科，每科科长一人，局内科员共为四十六人。

---

① 见二十五年九月第九十二期天津市政府公报修正天津市政府秘书处组织规则。

② 同上天津市社会局组织规则。

③ 见二十三年五月第六十四期天津市政府公报。

④ 见二十五年三月第八十六期天津市政府公报。

秘书二人。财政局设印花检查班长一人,检查员若干人,稽查员若干人。因事务之需要,得设专门人员及附属机关。土地行政事宜归第三科办理。

(五)工务局 依二十五年二月二十九日公布之修正天津市工务局组织规则,局设三科,各科科长一人,科员共二十八人,秘书二人,技正四人,荐任或委任,技士十二人,委任。依全市区域划为六工务段,每段段长一人。工务局得酌设技佐办事员及书记。

其他:依二十五年一月三十日公布之天津市政府组织规则,不设教育局,由社会局兼管,但裁去秘书处之第四科,独立而成卫生局:卫生局置三科,科长三人,科员十八人,此外有技正二人,技士四人,卫生稽查员及卫生稽查警各若干人。至二十五年十一月二十六日公布之修正天津市政府组织规则,则增设教育局,裁去卫生局,恢复秘书处意第四科以办理卫生事宜。教育局有秘书二人,又设三科及督学室,科长三人,科员十五人,督学主任一人,督学四人(委任)。并得设编译室及各种委员会①。

依照天津之特别情形,设有特别第一区公署,特别第二区公署,特别第三区公署及特别第四区公署,分管已收回之德奥俄比四国租界,署各设主任一人,荐任。署设政务、捐务两科,科长两人(委任)及科员若干人,秘书一人(委任)②。

天津市参议会未有成立,二十二年一月间曾设市选举委员会,积极进行,惟以市库支绌及在租界内之华人调查登记须与各国领

① 二十五年十一月天津市政府公报天津市教育局组织规则。

② 二十五年四月天津市政府公报天津市特别区公署组织规则。

事接洽认可，故选举进行迟延①。后以内政部颁布修正改进地方自治原则要点之解绎，市府决议，已设之区各坊公所至二十三年六月底取消，闾邻组织仍旧。新设各区建设办事处为辅佐市政之机关，共分八区，各置主任一人，其职务为：（一）办织理公民登记及选举事宜，（二）建设地方应兴应革事项，（三）调查报告市政府及各机关交查事项，（四）其他依法令应办事项。故市参议会自始即未成立。

五　青岛市　清光绪二十三年，胶州湾租与德国，德国竭力经营，欧战时，日本强占青岛，直至有华盛顿会议后，十二年十二月才交还与我国。先是在民国十一年十一月，北京政府已公布青岛施行市自治制令，以青岛为特别市，受胶澳商埠局之直接监督。十八年四月，行政院以济案解决，特谕内政部审察情形，规划青岛市政制度。内政部以青岛内联铁道，外通航线，港内水深，隆冬不冻，津沪分居南北，呼应殊灵，实为中国海岸线上最优良之贸易港而兼有军事上之重要地位，且华洋杂处，贸易发达，察其现状，既已有特殊之情形，而期诸将来，则更有无穷之发展。前北京政府曾特派胶澳商埠督办，综理市港各政，现时督办制度既不适用，自有改组之必要。青岛居民虽不满百万，但基于种种事实，则确有特殊情形，故内政部提请以青岛为特别市。经行政院第二十次会议通过，是奉国民政府于是年四月二十二日明令公布，以青岛为特别市，以前胶澳商埠地界为其辖区。特别市政府于十八年七月一日成立，十九年九月，依现行市组织法之规定，改为青岛市，直隶于行政院。二十四年五月，劳山全部主要山脉亦划入青岛市管辖。

---

① 二十三年二月第六十一期天津市政府公报天津市府呈河北省政府文。

青岛特别市政府成立之初，设秘书处、财政局、土地局、社会局、工务局、公安局、卫生局、教育局、港务局及公用局。秘书处及土地、财政、社会、工务等局均设四科，公安、卫生、教育各局均设三科，港务局设四科二处，公用局设三科一处。并依特别市组织法设有市政会议①。至十九年三月。裁撤土地、教育、公用、卫生四局。卫生局之清洁事项由公安局接办，牲畜检查处改隶财政局；社会局所隶农林事务所直属市政府；教育局并入社会局；土地局并入财政局。至十九年七月，各处局暂行组织细则重新提出通过，秘书处及公安局各设三科，财政、社会、工务及港务局各设四科，另设有观象台及农林事务所②。同年九月又恢复教育局，二十年二月社会局亦改为三科。

依现行组织细则，除市长一人及参事（简任）二人之外，秘书处有秘书长一人（简任），秘书二人至四人，科长三人及编纂一人（均荐任），此外有科员技正技士办事员及雇员各若干人。各局局长简任，各局设科，科有科长。

社会局设三科，第一科分文书、事务两股；第二科分农工商股及劳动股；第三科分卫生股及公益股；社会局之附属机关有市立医院、救济院、国货陈列馆、民生国货工厂、度量衡检定所及感化所。

警察局有秘书处，分机要股、公报股、督察处；第一科分文书、铨叙、警务、庶务、会计、统计六股；第二科分保安、交通、户籍、卫生、消防五股；第三科分刑事、违警两股；督察处设督察处设督察长一人（荐任），该局之附属机关有分局、保安队、侦缉队、清洁队、消

① 民十八年八月青岛特别市市政公报第一期。

② 见民十九年七月青岛市别市市政公报第十期。

防组、警士教练所、特务队、交通队、音乐组。

工务局辖三科及一自来水厂，第一科分文书、会计、事务三股；第二科分设计、施工两股；第三科分审核、注册、公用三股。

财政局分三科，第一科分总务、金库、计核三股；第二科分租税、捐费两股；第三科分房地、登记、测绘三股，掌管土地行政事宜；财政局之附设机关为屠宰征税处。

教育局设三科及一督处，第一科分文书、编审、事务三股；第二科分学校教育行政股，学校教育设计股；第三科分计划设施股、指导监督股；教育局之附设机关为民众教育馆。

港务局设四科，第一科分文书、会计、统计三股；第二科分航事、标识、系船、检疫四股；第三科分营业、堆栈、计算三股；第四科分土木、船机两股；局附有运输管理处。

观象台置台长一人，科长三人（均荐任）及其他；农林事务所置所长一人，科长三人，技正二人（均荐任）及其他。统计青岛市政府暨各附属机关职员人数几达一千五百人①，各乡区建设办事处职员及各委员会委员亦包括在内。至市参议会，青岛迄未成立。

六　西京市　民十九年（1930年）十一月间，陕西省政府呈行政院，裁撤西安市以节靡费，二十一年五月三日，国府公布西京筹备委员会组织条例，二十二年一月七日，中央政治会议决议西京应设直隶于行政院之市；西京设市长，其下先设测量处，办理全市土地测量事项；次设土地处办理土地估价等事项；再次设工程处办理筑路水利等事；俟办理具有规模时，再将长安县并入；设西京筹备委员会为设计机关，西京市为执行机关。

---

① 二十一年度上期青岛市行政统计汇编（二十三年七月出版）。

七　重庆市　重庆市原属四川省江北、巴县两县分辖地区。在民国十六年(1927 年)以前,即设有市政商埠督办公署,处理日常政务。十六年三月改组为重庆市政府,隶属于四川省政府。内设秘书处及民生、警察、工务、财政、土地、教育等六局,分理全市行政。二十四年(1935 年)七月市政府所属各局改组。财政土地两局改并为财政处,工务、教育两局为工务处及教育局;警察局改为公安局;民生局改为社会局。二十五年四月奉四川省政府令复行改组,将原有社会、教育、财政、工务四局改科,公安局仍改为警察局。另设秘书处及技术室。同年五月行政院第二五九次院会正式通过重庆设市①。

国府迁渝后,于二十七年行政院第三八四次会议议决准援照院辖市组织,唯仍隶属于四川省政府;但为行政效率起见,必要时得径函行政院秘书处转呈核示。是年十二月公布重庆市政府组织规则②,依其规定,设市长一人,简任,设秘书处,社会、警察、财政、工务、卫生五局。秘书长一人,参事二人,局长五人,均简任待遇。另设科长秘书科员等人员。因事务上之需要,呈经核准,得聘任专门人员,组设各种委员会及附属机关。于二十八年一月改组成立。同年五月,行政院公布改重庆为院辖市,直属行政院。三十二年(1943 年)并先后增设教育、地政两局。

八　威海卫行政区　威海卫原属山东省文登、荣城两县辖境,前清光绪初年辟为海军根据地;光绪二十四年五月,中英缔结租借威海卫条约,遂为英国所强租,历时三十余载,至民国十九年始行

① 二十五年五月内政公报。

② 四川省民政法规汇编第一辑,页三八一四三。

交涉收回。该地收回之后，国民政府即于同年十一月明令定名威海卫行政区；二十年二月，复由该区行政官署会同山东省政府勘定该区境界，而威海卫行政区之地位及其辖区遂告确定。

威海卫管理公署之组织，规定于威海卫管理公署组织条例之中；而组织条例自十九年十月二日颁布以来，曾于二十四年四月二十五日及二十六年二月六日经过二次修正；依照最近修正条例规定，威海卫管理公署之组织略如左述。

管理公署置管理专员一人，为公署之长官，简任，总理公署事务，监督所属职员。于不抵触中央法令范围内，对于区政，得发布单行规程、公署内计设秘书处、警察局及第一、二、三三科；各科置科长一人，总理科务，科员若干人，助理科务；秘书处则设主任秘书一人，秘书一人或二人，科员若干人，办理该管事务；至于警察局则设局长一人，分局长四人，课长三人或四人，督察二人或三人，课员六人至八人，办理该局事务；上述各员除主任秘书科长及警察局长为荐任外，其余均为委任；此外公署为办理技术事务，仍设技正一人，荐任；技士五人至九人，委任；公署于必要时更得酌用雇员。

公署设有行政会议，由管理专员，主任秘书，各科科长及警察局长组织而成。行政会议每月至少应开会二次，由管理专员召集，并以专员为会议之主席。

第二节　隶属于省政府之市

一　广州市　在民国七年(1918 年)以前，广州无市政组织之可言。清末设巡警道，办理公安卫生消防等事宜；光绪末年，珠江沿岸建筑长堤,辟筑新式街道;辛亥革命以后,都督胡汉民主张拆卸城垣改设街道,设工务司专理其事,癸丑之役,拆城之举因而中止。至民国七年十一月设市政公所,此为市政组织之萌芽。市政公所置总办坐办,所内分为总务、工程、经界及登录四科,其职务专属于拆卸城垣及规画街道。依民十年广州市暂行条例而成立之广州市政厅,其组织已见上文,不再述。民十七年国民政府成立于广州,以广州为革命首都,市政不能不厉行推进,乃于是年七月将市政厅改为市政府,设市政委员会,取消市长名义,改设市政委员长,该委员会于是年八月十八日成立。

依广州市市政委员会暂行条例①,该会为市立法机关。委员十八人,由省政府就下之各团体中各任三人:(一)现代职业团体,(二)农会,(三)工会,(四)商会,(五)教育会,及(六)自由职业者。各委员分别组织五个委员分会(即小委员会),以监督市财政、工务、公安、卫生、教育五局②。

原来广州市暂行条例中之行政委员会,改名为市行政会议,由市政委员长及五局局长组织之。市政委员会议决案,由主席(市政委员长)咨请市行政会议执行。两者发生异议时,由省政府裁决之。

在市政委员会存在期间,市行政之足述者,有设立市金库;市各机关集中购料,设购料委员会(十六年六月);设市立银行(十六年七月);开办市政日报(同年十月)等。十五年七月设土地局,十六年八月恢复公用局。

① 该条例见李宗黄:模范之广州市。

② 当时公用局裁撤,至十六年八月恢复公用局。

十八年八月一日，广东省政府令市政厅改行市长制，同年九月增设社会局，合成八局，后依特别市组织法称广州特别市，十九年八月，依市组织法取消"特别"两字，以广州为广东省会，故市政府隶属于广东省政府。

在二十五年八月以前，广州市政府原设社会、公用、教育、财政、卫生、工务、土地七局及秘书处。依二十四年六月十三日市政会议通过之各局组织章程①，七局俱设有秘书处（均分为文书会计两股）并置若干课，各课有课长一人，课之下分股，股置主任一人，社会局设三课，各课分股如下：

第一课　社团、劳动、实业、注册、统计五股

第二课　救济、恤贫、民生、妇孺四股

第三课　出版、娱乐、编纂、宣传四股

公用局设二课，第一课分牌照、考验两股；第二课分水电、广告两股。教育局设四课及督学处，第一课分预决算、统计、编辑三股；第二课分校务、工程两股；第三课分补习教育、社会教育两股；第四课分军事训练、救护训练两股；督学处设督学及视察员各若干人。卫生局分三课，第一课分防疫、取缔二股；第二课分检查、保健、卫生警□三股；第三课分医务、卫生教育二股。财政局分二课及市金库，第一课分税捐、地税、民业、经理四股；第二课分稽核、统计、簿记三股；市金库之责任，在保管全市一切收支及财政局财库事务。地政局分三课、第一课分登记、审查、掌册、税契四股；第二课分地

① 广州市政府市政公报（二十四年六月二十日），页四二至七〇。

价、征税二股；第三课分测量、制图二股。工务局分四课，第一课分设计、测量二股；第二课分建筑、养路、园林三股；第三课只设取缔一股；第四课设渠务一股。

依二十四年七月四日市政会议修正通过之广州市政府秘书处组织章程①，秘书处设秘书一人并分三科，第一科分文书、编辑、人事、收发四股；第二科分审计、稽核二股；第三科分评验、会计、庶务三股。

各局本身之组织有如上述，而其附属机关亦至繁多，广州市政府组织之庞大，当为省辖市中首屈一指，实际上或已超乎需要，因是自西南政务会解体后，市长易人，即下令撤销公用局，所有职务并入工务局；又撤销教育局，并入社会局②，因是而各局组织亦略有改变。

广州曾取得特别市之资格，徒以其为省府所在地，故依市组织法不能不隶属省政府，广州市政府最近亦曾要求改为直属，但中央格于法令未加批准③。

二　汉口市　汉口为长江大埠，地居要冲。民六年八月，北京政府设有汉口特别区市政管理局，以接管旧德租界；民九年十二月改为汉口特别区市政局，设局长及评议会，一切与天津同。十五年，国民革命军下武汉，是年十月设汉口市政府，统辖第一（旧德国租界），第二（旧俄国租界）特区两管理局，并设有财政、工务、公安、教育、卫生，统制各局与秘书及统计两处。至十六年四月，改为武

---

① 广州市政府市政公报（二十四年七月十日），页三五。

② 广州市政府市政公报（二十五年八月二十日），页一一九。

③ 见二十六年三月十五日申报。

汉市政府,以武昌汉口汉阳为辖区。是年十二月,撤销武汉市政府一切组织,只留公安局,改设武汉市政计划委员会,下分事务、计划两部。十七年五月,又改为武汉市工程委员会,设总务、工程、拆迁三处,惟所有建设偏重工程,其他市政未得平均发展,旋又改为武汉市市政委员会。十八年一月一日,裁撤第一第二两特区管理局,将其事务分别归各局接隶。同年一月,又改为武汉市市政府,采市长制,隶属于省政府。四月,国民明令改武汉市为武汉特别市,直隶于国民政府,辖武昌汉阳汉口之地。旋市长刘文岛以市库不充,无力兼顾武昌市政,呈准将武昌划归省政府管辖,同年七月,改称汉口特别市,辖汉口汉阳两区,先后设立公安、社会、财政、工务、卫生、土地、教育、公用八局。十九年一月,土地、公用两局事务分别归并于财政、工务两局。嗣省方请将汉阳划入省行政范围,省市为此争持甚久,十九年四月,经省市联席会议议决,呈准将汉阳划归湖北省政府管辖。二十年五月,湖北省政府呈请改汉口市为隶属于省政府之市,经第二十五次国务会议议决照准;同年七月改名为汉口市政府,内部组织大事更张,裁局改科,公安局直属省政府①。

二十一年十月十一日,市府又行改组。公安局划回市府管辖;至财政、土地、教育、公用等局事务,亦仍由市政府经办,但为节费起见,不另设局。市府设秘书处,第一、二、三三科及技正室。此项组织规则,于二十二年八月由省府呈奉行政院修正公布,沿用至今。秘书处设秘书二人,荐任,下设三股,第一股管文书文稿,第二股管会计庶务,第三股管理卫生事务。

第一科置四股,管社会及教育事务;第二科置三股,管财政;第

① 汉口市政概况(民二十二年),页一一三。

三科置四股，管工务及港务。技正室置两股。以上一处科室人员，计秘书二人，（由市长指定一人为主任秘书），科长三人，技正二人至四人（以上均为荐任），科员五十人至六十人，技士八人至十四人，技佐十人至十八人，及绘图员六人（均委任）。至警察局则设局长一人，秘书二人（由局长指定一人为主任），科长三人，督察处事一人（均为荐任），科员三十人至四十人，督察员十人至十二人，技士二人（均委任），该局于科之下亦设股。

市政府设市政会议，由市长、秘书主任、参事、秘书、科长、技正暨警察局长、税捐稽查处处长、市立医院院长组织之。每月至少开会一次，应经市政会议议决之事项，与市组织法第二十五条之规定略同①。

汉口市设有市临时参议会。此项参议会于二十一年十二月三日成立，设参议若干人，由市政府聘请该市法团领袖及“资望素著”之绅商充任之，参议不以中国籍为限（计在三十名参议中，有英美法德日籍人五名）。此参议会每月举行常会一次，议长由市长兼任，会议由议长召集之。参议任期未有规定，但市临时参议会俟正式参议会依法成立时即行撤销。市临时参议会职权仅能为建议、讨论、审查、补助，故仅为咨询性质②。至汉口市参议会则未有成立，市临时参议会之组织，依内政部之审核，“并非依据现行法令所组织，在此过渡时期，借以征集市民公意，改进市政，自无不可。仍俟“剿匪”工作结束后，督饬成立正式参议会以利训议，而符法

① 汉口市政府市政会议暂行规则（二十一年十月二十一日市政会议修正）。

② 汉口市临时参议会组织规程（湖北省法令汇刊第一册）。

令"①,故其与市参议会不能同日而语。

三　杭州市　民初,杭州设有省会工程局,掌理马路建筑等工程事宜,至十六年五月,中央政治会议浙江分会议决筹备杭州市市政厅案。市政厅内设总务科及财政、工务、公安、教育、公用、卫生六局。六月二十日,市政厅改称为市政府,厅长改为市长。十六年九月,因节约关系,将财政、教育、公用、卫生四局裁撤,留工务、公安两局。同年十月,市长易人,市政府内除原有总务科外。增设财政、教育、工商三科,十七年四月,财政科扩充为局。

十七年七月市组织法公布后,杭州市政府于九月一日改组,将总务科与原有秘书改组为秘书处,原设三局仍旧,工商科改为社会科。十八年三月,增设土地、卫生两科;十九年四月,公安局改为浙江省会公安局,直隶于省政府。

十九年七月市组织法颁布后,杭州市继续奉准设市,内部组织暂无变更。二十年一月为紧缩计,又裁撤土地、卫生两科,以土地事宜归财政局管辖,卫生事务并人秘书处办理。二十年九月改局为科,计设秘书处、社会、财政、工务、教育、卫生等科,科之下分为股。二十三年一月恢复土地科②。

二十四年十月,杭州市政府组织规则又有修正③。依此,市长为简任职,设参事一人,简任或荐任。市政府设秘书处、社会、财政、工务、教育、卫生、土地共六科。秘书长一人,简任或荐任,秘书一人,至二人及各科科长均荐任。秘书处及各科分股办事,工务科

① 见二十四年六月内政公报,页七九。

② 见杭州市政季刊(二十五年二月)论述栏,页一——七。

③ 同上法规栏,页五十三。

为四股，土地、教育两科分三股，其余为两股。

杭州市于十六年六月成立市参事会，参议员为聘任。十七年市组织法公布以后，市参议会即行即束，至市参议会未有成立。

四　汕头市　汕头于同治年间辟为商埠，民十年三月设为市，参酌广州市暂行条例而颁有汕头市暂行条例。依该条例，市长由市民选举之，但于该暂行条例未修改以前由省长委任，任期五年；市行政事务得设财政、工务、公安、卫生、公用、教育六局及总务科，市长及局长组织市行政委员会以议决执行行政事务；设市参议会为代表市民辅助行政之机关，参事会会员一部属于省长指派，一部由全市市民直接选举，一部由职业界选出；条例中亦有设审计处之规定①。

十七年七月市组织法公布后，市政厅改组为市政府。十八年九月，广东省政府以汕头设市咨请内政部转呈中央备案，当由内政部核议，以汕头应否设市，应俟修正市组织法核定颁布后再行办理，由国府指令准照部议办理；十九年市组织法公布后，广东省政府又呈请行政院历叙汕头设市之必要，谓汕市人口依近年调查虽仅有十四万，核与市组织法之规定未尽相符，但就交通贸易及税收言，实有设市之必要，经行政院于是年十一月二十五日提出第一次国务会议议决暂准设市，隶属于省政府。

依现行组织规程，汕头市政府设一处两局及六科，局之下分课，科之下则分股。政书处分庶务股、文书股及编辑统计股；土地局分测绘、登记、总务、地税四课；警察局分保安队、督察处、消防课、警务课、侦缉课、司法课、警务课之下再分三股一所；教育科分

① 见汕头市市政例规章程汇编（十七年三月）。

学校教育及社会教育两股；财政科分出纳、审计、税捐三股；工务科分公用港务股、建筑股、取缔股；社会科分侨务及人事两股，侨务股复分救济归国贫侨办事处及出洋问话处。侨务股之设，系以汕市为华侨出入要口之故；卫生科分防疫、保健及净［原文如此］三股；此外复有自治科；汕市政府之直辖机关不一而足，计有：体育委员会，戏剧检查委员会，第一民众阅书报社，公立图书馆，市立医院，麻风院化验室，平民新村，农事试验场及济良所。

前西南政务会曾于二十二年十月公布市地方自治条例，规定市设参议会及划分区坊里，广东省政府并限令汕头市参议会于二十三年七月十日成立，结果依照召集，市参议员额为二十三人。市参议员之产生方法有二，一由市公民分区选举，每区二人或三人；二由各界团体选举，其人数不得超过区选举人数三分之二①；但市参议会之权力实受种种限制②，参议会之设，徒成为官样文章，点缀升平而已，离自治之实际甚远。

五　济南市　光绪三十年，济南开辟商埠，设商埠局办理商埠事宜。民六改为市政公所，民九又改为市政厅，设总办主持之，但一切设施因陋就简，殊不足以言市政。济案发生，济南一时沦于日军铁蹄之下。至民十八年五月济案解决，山东省政府由泰安迁回济南，鉴于济南人口近四十万，已合设市之条件，乃先派员接收市政厅，同年七月一日济南市市政府正式组织成立，参照该市情形，在市长之下，先设秘书处及社会、公安、财政、工务四局，社会局附

① 市地方自治条例第九条（二十二年十月西南政务会公布），该条例以后曾有修正。

② 修正市地方自治条例第八条（二十四年十月十九日西南政务会公布）。

设教育科，公安局附设卫生科，财政局附设土地科，工务局兼办公用事务①。二十年一月省令裁撤市政府，同三年月又行恢复，市政府隶属于省政府，设市长一人。市政府计有一处四局，秘书处设秘书长一人，下分三科；各局置局长一人；工务局分两科及一技术室；社会局分第一科、第二科、第三科及教育科；财政局亦分第一、第二、第三及土地科；警察局分一、二、三三科及卫生科。各局于必要时得设附属机关，并得分股办事，各股主任即以科员充任。

六　成都市　成都市区在民十以前分隶成都华阳两县，至民十年六月才成立成都市政筹备处，十一年改组为市政公所，设督办坐办及会办，十三年四月根据北京广州各市市制，拟定成都市市政公所暂行条例，设督办一人由省长任命，综理全市行政事务，为市行政委员会长；督办之下设提调一人，指挥各科办理一切事务；另有秘书长一人；以下分设总务、财政、工务、教育、公用、卫生六科，各有科长一人，每科分若干课，各置课长，下有课员。督办、提调、秘书长及各科长，合组市行政委员会议决行政事务。此外复有聘任之市参议会，为督办之咨询机关②。上述暂行条例沿用数年。十九年二月，内政部核该市与市组织法第三条第一款之规定相符，准予照旧设立。成都市政府之现行组织如下：

市政府设市长一人，由省政府呈请国民政府任命。置参事二人，掌理关于法令起草审议及市政设计事项。秘书处设秘书长一人，秘书三人，处分三科，科长三人由秘书兼任，下有科员若干人。此外市府设有财政、土地、社会、工务、警察、教育六局，每局有局长

① 济南设市经过，见济南市政府十八年度行政概况第一篇，第三页。

② 见成都市市政年鉴第一期（民十七年一月）。

一人，每科有科长一人，财政局分三科，土地局分二科，社会局分三科及一试验所，工务局分三科，警察局分三科一督察处，教育局分二科。

二十七年十一月成都市政府组织规则①。将市政府组织加以缩小。改设秘书处，社会、财务、工程、土地、教育、卫生、公用七科及会计室，分掌各项事项。秘书长一人，简任；秘书二人，每科科长一人会计主任，一人及参事、技正、督学等均荐任，另设助理秘书科员、技士、技佐、教育委员、办事员等人员。各处科得酌分若干股，股设主任科员一人。因事务之需要，得呈准者政府设立附属机关。自二十九年以来，所奉之法令，多属于新县制之规定，目下设一处八科三室②，较前略见扩充。

七　贵阳市　十九年六月间，贵州省政府咨请内政部转呈行政院准予设立贵阳市，借以促进市政。根据市组织法第三条，贵阳获准设市，隶属于贵州省政府，以原画省会警察区域为范围，市长为荐任职③。

八　长沙市　湖南省政府以长沙为省会，工商荟萃。乃于十七作划勘市区，设市政筹备处，置处长一人主持其事。二十一年，为缩短筹备时期计，乃改为市政处。至二十二年七月，省府以长沙人口已逾三十万，且市政筹备已有头绪，乃呈准行政院设长沙市。长沙市政府遂于同年十月一日成立，隶于湖南省政府，受省政府各厅之监督指挥，市区公安事项则由省会警察局掌理。市府组织甚

① （二七·一一·九）成都市政府现行法规汇编，页一一五。

② 第三次全国内政会议成都市长报告及提案，见第三次全国内政会议报告书，页一三八及二三五。

③ 见内政年鉴一B，一四九页。

为简单,不设局。市长一人荐任,由民政厅提经省政府议决任用,有秘书一人,参事一人,科长四人,技正一人,由市长呈请政府委任;此外有技士技佐督学科员及办事员若干人,均为由市长委任呈报省政府备案。

二十八年二月,市政府曾一度裁撤;嗣以战局稳定,三十年十一月复设立筹备处,经拟就市政府组织规程及编制经费表,提经三十年十二月二十三日省府委员会第二五九次常会议决通过施行,并呈报行政院及咨内政部备案。市政府于三十一年元旦日成立[①]。现行之市政府组织,依其组织规则[②]之规定:置市长一人,简任;参事一人或二人,荐任。并设秘书室及第一、第二、第三、第四、第五、第六、第七、第八、第九等科,分掌总务、民政、财政、教育、军事、地政、社会、粮政、建设、卫生等事项。但此项科室设置之多寡,另由省政府按实际需要核定,连同员额及经费编制表由咨内政部转呈政行院核准行之。是以上述科室,仅为"得设"之性质。设秘书一人或二人,科长五人至九人,技正二人至四人,均荐任;督学一人至三人,科员技士办事员等人员。另设会计主任及合作指导员。

此外,市政府并设市政会议,以市长、参事、秘书、各科科长、各室主任、省会警察局长等人员组织之,以议决关于市施政计划及市组织法所规定之事项。

九　兰州市　民十八年二月,甘肃省政府主席刘郁芬以兰州为甘肃省会,人烟稠密,市政亟待促进,乃电行政院请许设市,经国民政府准予照办。后以省会商业萧条,户口减小,力难设市,省府

① 湖南省第四次扩大行政会议民政厅工作报告,页三(三十一年十二月编)。

② (三二·三·二五)行政院令发,行政院公报,行政院公报六卷四期。

又请取消设市。内政部鉴于我国西北正宜渐次开发，兰州实为西北工商业之重镇，与西北国防之建设及农村经济之发展。关系綦切，认为应维持兰州市，但可缩小范围，减少政费，行政院据此转令甘肃省政府照办①。兰州市已于三十年间正式成立。现设秘书处，工务、财政、社会、警察四局，生事务所及参事、会计、合作指导三室②。

十　厦门市　厦门为闽南要港，设市之议，酝酿已久，民国十六年海军治厦时即有设市之议，但卒未成事实。二十一年一月，福建省民政厅提议设置厦门市，隶属于省政府，其区域计分三部：即厦门公安局辖区，与思明县所辖之禾山、鼓浪两区。案经省府通过，由内政部核议转呈特准设厦门市，先设厦门市政筹备处，惟以厦门公安局原辖区及鼓浪屿区为市之区域，禾山区仍属思明县。闽变之际，曾有厦门市政府之成立。及闽变敉平，福建省政府裁撤市政筹备处，改设厦门特种公安局，管辖区内一切行政，实为变相之市政府。二十四年二月，内政部以特种公安局组织规程多有未适；乃有改市之议，行政院根据内政部及福建省政府之呈复，乃于二十四年三月十九日通过厦门设市案，区域仍以原辖警区为限，撤销思明县政府，禾山区初议划归同安县管辖，后又改为直辖省政府之特别区。

厦门市政府，于二十四年四月一日成立，照福建省政府原定之组织大纲为设一局三科，即公安及第一科（财政），第二科（公用），

---

①　见内政年鉴一 B，一四九页。

②　第三次全国内政会议兰州市长报告，见第三次全国内政会议报告书，页一四〇。

第三科（社会及教育），后改为三局两科，即警察局、财政局、工务局及第一科（社会）与第二科（教育）①，兹将其组织略述如下：

厦门市为隶省市，市长简任，由省政府主席遴请国府任命之，其余荐任委任职员由市长依法遴请任命之，事务员及雇员则由市长任用之。

秘书处置秘书长一人，秘书一人或二人，均荐任。各局及各科分别设局长或科长，均荐任。局科长之下尚有主任，计警察局设主任四人，财政、工务两局各设三人，第一第二两科各设一人。各处局科有科员及其他职员若干人。

厦门市以事务较简，故局之下不分科，但局科之下得分股，股主任由科员兼任。市政府设参事二人（荐任），于必要时得呈准省政府加设附属机关。

二十七年二月，变更组织，除秘书处外，设警察、财政两局及建设、社会、教育三科②。

十一　昆明市　昆明为云南省会，民国八年，唐继虞省长以废督裁兵实行民治为号召时，曾成立云南市政公所，嗣因政变遂被裁撤。至民十一年，唐氏回滇将市政公所恢复，并更名为昆明市政公所，其辖区以云南省会为限；市政公所直接受省政府之监督；设督办一人，会办一人至二人，由省长任命之；设总务、工程、公用、警务、卫生、劝业、教育、社会八课，各课设课长一人，下有课员、技士、技正等；督办得遴委六人至十人为名誉参事并得聘任顾问。市政

① 关于厦门改市经过，参阅二十四年四月一日申报厦门市府成立一讯。

② 福建省单行法规汇编，页五四。

公所之规模，亦有相当之大，此为昆明市之前身[①]。十七年改组，改督会办为市长，分设经济、公安、建设、公益、教育六局及秘书督察二处[②]。十九年市组织法颁布以后，市政当局遵照市组织法正式呈准为普遍市，设社会、财政、工务、教育、土地、公安六局，设参事及秘书检察二处。二十一年一月将公安局划归民政厅，其他各局改科，两设参事秘书二处。嗣后云南省政府以昆明地方为省会所在地，交通便利，工商业逐渐发达，有设市之必要，乃划昆明县大小二十七村面积约二百五十余万方丈为市区，二十四年三月，咨请内政部查核，经内政部查明与市组织法规定尚合，呈准备案，昆明市系隶属于云南省政府[③]。二十六年改土地科为地政科，二十七年十二月增设兵役科，二十八年十一月正式改组，置总办公厅设社会、财政、工务、教育、土地五局，秘书处改室。另设督察室，目下尚有参事室一单位[④]。

十二　开封市　开封与郑州为河南省商务繁盛之区，十六年，开封设市政筹备处，十八年九月，，改组为市政府。十九年十二月，河南省政府以市县分设徒增人民负担，且开封人口尚不及二十万，乃决议裁撤开封市，市政工程事项划交建设厅接管，市政管理则由省会公安局办理，但事权不清，窒碍殊多；二十二年二月，由建设厅会同省会公安局合组开封市政工程委员会，办理开封城厢关于修

① 见昆明市志，页一七九至一八三（民十三年四月出版）及昆明市市政府报告书（十二年十月）。

② 云南行政纪实二十二册第二编，页一。

③ 见二十四年四月内政公报，页一八一。

④ 云南行政纪实二十二册第二编页二及，页三附表。

筑道路取缔公私建筑及一切市政管理事项，为不完全之市政机关①。二十四年冬，河南省政府开封县已裁并，省会地方关系重要，应另设市，以资治理，呈奉行政院于二十五年一月令准设市②。

十三　桂林市　梧州于十六年十二月一日成立市政府，该地虽为粤桂交通要道，但全市人口不十万，依十七年七月之市组织法，梧州本不合设市条件，惟广西省政府以梧州市成立已逾两年，于十八年八月呈请内政部准予变通办理。十九年市组织法公布后，广西省政府乃于二十一年六月裁撤梧州市政府，其辖区划归苍梧县管辖，梧州市公安局改名为梧州商埠公安局，隶于民政厅，并设梧州商埠工务局，隶于建设厅。

南宁市政筹备处于十七年八月一日成立，与梧州市同时撤销。柳州市政筹备处于十七年四月一日成立，同年十月该地大火，市政筹备处撤销，改设柳州，火灾善后建筑办事处，主持市政工作。

广西省政府于撤销梧州市政府及南宁市政筹备处之后，于二十一年十一月新设桂林市政处。该处直隶于省政府，办理桂林全市市政，其辖区以桂林县公安局所辖城厢警区为限。处置处长副处长及秘书各一人，并得依事务之繁简，设技士技术员事务员雇员各若干人③。广西省政府已于二十五年十月迁治于桂林。桂林市并已于二十九年正式成立。

十四　南昌市　南昌于十六年一月设市，十七年及十九年市组织法公布后，均由江西省政府呈准继续设市。二十一年一月，江

① 见河南建设概况(二十二年八月出版)市政栏。

② 二十五年一月内政公报，页六六。

③ 桂林市政处组织章程(二十一年十一月十二日公布)见广西省现法规汇编(二十五年六月)。

西省政府以南昌市政府成立以来，应需事业费一无所有，省库无法援助；月糜公币，徒具虚名，特提经省府会议，议决暂行停办，俟日后财政稍裕，再图恢复。二十三年三月，省府以“剿匪”军事日有进展，南昌市面逐渐繁荣，所有市区事业，若仍如前分隶各厅各处，实不足以收策进之效，但目前财政仍极困难，恢复市府尚非其时，乃决议先行成立南昌市政委员会。省府咨请内政部转呈行政院备案，内政部以市政委员会之设于法无据，未予核转；至二十四年七月，内政部卒允变通办理，呈奉行政院令准暂予备案，一俟南昌地方财政充裕，再行正式组市政府。依南昌市政委员会之组织，由省府遴派委员八人，并指定一人为主任委员。委员会下设三科，第一科分文书、事务、财务三股；第二科分公益、公用两股；第三科分设计、工程两股。委员会置秘书一人，科长三人，及科员技士技佐办事员各若干人。对外文件以主任委员之名义行之。二十七年正式成立市政府，但不久南昌即陷敌。

此外，民十五年以前，九江设有商埠督办公署主持市政。十六年三月，继南昌之后而设市政厅，置市长。十八年四月改为市政府。十九年九月，江西省政府以九江市人口未符新颁市组织法之规定，乃由省府委员会议决裁撤九江市政府，二十三年六月省政府设九江市政委员会，与南昌市政委员会制略同，于二十四年六月由内政部核议呈经行政院暂准备案，九江市政委员会制，内政部原亦认为于法无据，惟以江西为“剿匪”区域，情形较为特殊，故予核转，以期顾全事实。九江市委会规范较南昌市委会为简单，设委员三人，指定一人为主任委员，下设三科，不分股。委员会置秘书一人，科长三人及其地职员若干人。二十五年，江南省政府裁撤九江市政委员会，并扩充九江县政府组织，曾经内政部转呈备案①。

十五　韶关市　自广州陷敌后，韶关在广东省政治上之地位，日趋重要，初设韶关市政筹备处。三十二年十月，以市政筹备业经完竣，由广东省政府订定韶关市政府组织规程及编制表②定于三十二年十一月一日成立韶关市。依据该组织规程之规定，市政府之职权有四：（一）受省政府之监督，办理全市自治事项；（二）受省政府之指挥，执行中央及省委办事项；（三）于不抵触中央及省法令范围内，得发布市令，并得订定市单行规则呈省政府核准施行；（四）对于所属各机关及地方团体有指挥监督之责，其所属各机关之命令或处分有违法或不当时，得停止变更或撤销之。设市长一人，荐任或简任；设秘书会计两室，民政、财政、教育、建设、军事等科及警察局，分掌各项事务。设秘书一人，助理秘书一人或二人，科设科长，并置人事管理员、督学、技正、会计主任、科员、事务员等人员。

市政府设市政会议，每半月开会一次。议决提出于市参议会或市政会议之事件及其他有关市政之重大事项。在市参议会未成立前，得召开市行政会议。

十六　衡阳市　衡阳原为湖南重镇，近年又当粤汉、湘桂两铁路及衡郴、衡宝、潭衡、衡祁诸公路之要冲。是以湖南省临时参议会于二十九年十月二十日函达省政府请予设市，于三十年七月成立衡阳市政筹备处，并经拟具衡阳市政府组织规程经三十年十二月二十三日湖南省政府委员会第二五九次会议议决通过，呈报行

①　二十五年六月内政公报，页四十七。

②　（三二·一〇·一八）广东省政府公报九八四期。

政院及咨内政部备案，于三十一年元旦成立市政府，依其现行组织规则[①]之规定，衡阳市政府隶属于湖南省政府，承省政府之命，处理奉示行政事务。置市长一人，简任；参事一人或二人，荐任。置秘书室，第一、第二、第三、第四、第五、第六、第七、第八、第九等科，分掌总务、民政、财政、教育、军事、地政、社会、粮政、建设、卫生等事项。但此项科室设置之多寡，由省政府按实际需要拟定，连同员额及经费编制表咨由内政部转呈行政院核准行之。置秘书一人或二人，科长五人至九人，技正二人至四人均荐任，及督学，科员技士办事员等人员。另设会计主任、合作指导室及警察局。

市政府并设市政会议，以市长、参事、秘书、各科科长、各室主任、警察局长组织之。议决关于市施政计划及市组织法所规定之事项。

十七　自贡市　自贡于二十八年一月设市政筹备处[②]，隶属四川省政府，并受省政府各厅处之指挥监督。掌理关于自流井及贡井地方之市行政事务，并监督所属机关及自治团体，其区域暂以盐场管辖区为范围。设处长一人荐任；秘书一人，科长技士各三人，科员十四人；设秘书技术两室，第一、二、三各科及警察局。并得酌用雇员。市政会议依市组织法办理。现以筹备完成亦已正式成立市政府。

---

① （三二·三·二五）行政院令发衡阳市政府组织规则，行政院公报六卷四期。

② 自贡市市政筹备处组织规则（二八·一·一一）四川省民政法规汇编第一辑，页四三—四六。

第三节　筹备中之市

一　郑州市政委员会　郑州于民十七年设有市政府，十九年十二月与开封市同时撤销，各项市政暂归郑州公安局及郑县县政府办理，二十年三月设郑州市工务局，旋以经费支绌又告撤销，应办工程归县建设局办理。二十四年一月，郑州市政委员会成立，分总务、建设、财政、教育、民政及保安六组①。

二　包头市政筹备处　二十二年二月，绥远省政府以包头地居要冲，虽现时人口财政未达设市之程度，然待中俄复交，西北开发，实有设市之必要。当时包头除市公安局外，又有县公安局，职权颇多抵触，乃裁去县公安局，成立包头市政筹备处。原有包头市公安局，改称包头公安局，归民政厅管辖，受县长、市政筹备处处长之监督指挥。市政筹备处之组织大纲经行政院会议修正通过。该处直隶于绥远省政府，设处长一人，承省政府之命总理处内一切事务②。

三　武昌市政筹备处　民十八年六月，武汉特别市改为汉口特别市后，湖北省政府曾请设武昌市政府，但内政部以武昌未合设市条件，予以驳回。二十四年四月，湖北省政府筹设武昌市政处，以谋发展省会市政，经内政部呈请行政院批准，于二十四年七月成立市政筹备处。该处设处长一人综理处务，秘书一人至二人，技正

① 见二十四年一月十一日中央日报。

② 内政年鉴一B，一五〇页。

二人。处分设二科，第一科主管财政、卫生及社会事务，第二科主管工务、公用事务。科有科长一人，科员、技士、技佐各若干人。

市政筹备处设有市政评议会，以委员九人至十一人组织之，除筹备处处长，省会公安局长，武昌县长及汉阳县长为当然委员外，由省政府就对于市政有研究及热心地方公益者聘任之，委员为无给职。评议会之职权为审核法规，审查预算决算及建议市政兴革事宜。评议会以处长为主席，由处长召集之①，此种评议会之设，系依汉口市临时参议会之成例。

四　连云市政筹备处　连云位于江苏省北部，为陇海铁路之终点，水陆交通便利，自陇海路通车后，人口增加，地价上跃，墟沟老窑原为灌云县村落，亦见繁荣。民十一年设有海州商埠筹备处，但无实际工作。江苏省政府有鉴于设市之不容缓，乃于二十四年二月间，决定在连云设市，先成立连云市市政筹备处。内政部以连云现有人口约十万左右，税收亦属无多，尚未达设市之程度，惟连云为滨海重镇，港埠市政之规划设施实属刻不容缓，故对于江苏省政府之提议，认为系一种变通办法，在市组织法尚未修正公布以前，似可暂准备案，呈行政院后，政院交内政、军政、财政三部及江苏省政府再行审查。结果准予筹备设市，而市政筹备处则已于八月一日成立②。

五　特种公安局　如前所述，市之种类计有院辖市，省辖市，市政筹备处及市政委员会等形式，但吾辈尚不能不提及所谓特种

① 见武昌市政处组织规则（二十四年四月十九日省府会议通过）。

② 连云设市政筹备处经过，见二十四年八月十二日中央日报及二十四年十一月内政公报，一〇五页。

公安局之组织。依二十三年十月十四日河北省政府公布施行之修正河北省特种公安局组织章程，特种公安局设局长一人（荐任），承民政厅长之命综理全局事务，并得依法令之规定，处理该管区域内各项市政事务。依该章程，山海关、唐山、塘大、保定、石门各公安局，为特种公安局①。此特种公安局，固为市之具体而微者。

厦门在设市之前，亦曾设特种公安局。

① 内政公报第八卷第四期（二十四年一月二十五日），页一五一。

附录　已裁废之市

以上各节已略述现存各市之组织，兹将民十六年以来设而复废之市列之如下，以备参考①，其废而复设者如开封郑州则未列入：

省别	市　别	设置年月	裁撤年月	备　考
江苏	苏州市政筹备处	十六年(1927 年)	十九年四月	经中央核准
	苏州市政府	十七年十一月	十九年四月	经中央核准
	无锡市政府	十六年	十九年四月	未经中央核准
	无锡市政筹备处	十八年	十九年四月	未经中央核准
安徽	安庆市	十六年	十九年九月	经中央核准
	蚌埠市政筹备处	未详	十九年七月	未经呈报中央
	芜湖市政筹备处	未详	十九年九月	未经呈报中央
四川	万县市政府	十七年十一月	二十四年四月	未经中央核准
山东	烟台市政府	十九年一月	未详	十九年九月行政院议决于法不合未便设市
浙江	宁波市政府	十六年四月	二十年一月	经中央核准
福建	福州市	未成立		中央于二十二年五月核准设市但未成立二十三年六月福州设市案撤销

① 本表系根据内政年鉴一 B，一三七页所载，而加以补充者。

续表

省别	市　别	设置年月	裁撤年月	备　考
广东	江门市政厅	未详	未详	十九年十一月行政院指令碍难设市
	海口市政厅	未详	未详	十九年十一月行政院指令碍难设市
	梅菉市政局	未详	未详	十九年十一月行政院指令碍难设市
广西	梧州市政府	十六年十二月	二十一年六月	未经中央核准
	南宁市政筹备处	十七年八月	二十一年六月	未经中央核准
	柳州市政筹备处	十七年四月	十七年十月	未经中央核准
江西	九江市政委员会	二十三年六月	二十五年	未经中央核准

参考书目(一)

民国成立以来中央与地方各机关所印行之官书公报及期刊之类,为数甚伙。研究室同人于本书初版时颇有意将此种官书公报等编一完全之目录,以便学者之参考。何如当时京中各图书馆或成立未久,所存期刊等等,每不齐全,或所存较多,而分散于京平两地,缺乏完备目录,足资稽考;是以编订一较详较有系统之目录之计划,未获实现。今则政府播迁,档案残缺,编辑比较完全之目录一举,更不能不俟诸异日。下列参考书目(一)及参考书目(二),仅初编及重编本书时,所得涉览之书籍而已。

一、公报类

甲　中央政府之部

临时政府公报(民元二月十三日起,至民元四月三十日止)

政府公报(民元五月一日起,至十七年六月十二日止)

众议院公报(三年四月起,至八年八月止)

众议院公报(二年四月起,至八年十一月止)[①]

---

① “众议院公报”两见,疑有误。

政府公报分类汇编(从元年至三年,上海扫叶山房出版)

中华民国政府公报重要记事索引目录(昭和四年南满铁道株式会社出版)

国民政府公报(十四年七月一日至二十六年十一月十七日)

行政院公报(十七年十一月至二十年十二月止,二十五年八月三日起)

内政公报(十七年五月起)

外交部公报(十七年十一月起)

军政公报(十八年八月起)

海军公报(十八年七月起)

实业公报(二十年一月起)

大学院公报(十七年一至九期)

教育部公报(十八年一月起)

财政公报(十六年起)

交通公报(十六年十二月起)

铁道公报(十七年十二月起)

立法院公报(十八年一月起)

司法公报(十八年一月至二十一年止,自后改为司法院公报;二十三年十月后,又改称司法公报)

司法行政公报(二十一年一月至二十三年七月)

考试院月报(十九年)及考试院公报(二十年起)

监察院公报(二十年五月起)

审计院公报(十七年八月起)及审计部公报(二十年三月起)

中国国民党本部公报(十二年一月起,国民党本部编)

中央党务月刊(十七年八月一日起)

中央政治会议广州分会月刊(十六年二月起)

中央政治会议武汉分会月报(十七年八月起)

乙　各省政府之部

江苏省公报(民元至十六年,江苏省长公署编印)

江苏省政府公报(十六年九月起,江苏省政府秘书处编)

浙江民政月刊(十六年十二月起,浙江省民政厅编)

浙江省政府公报(浙江省政府秘书处编)

安徽民政公报(二十年六月起,安徽省民政厅编)

安徽政务月刊(二十三年十一月起,安徽省政府秘书处编)

江西省政府公报(十六年九月起,江西省政府秘书处编)

江西民政季刊(十九年一月起,江西省民政厅编)

湖北省政府公报(十七年六月起,湖北省政府秘书处编)

湖北民政公报(二十二年四月起,湖北省政府民政厅编)

湖南省政府公报(十八年八月起,湖南省政府秘书处编)

四川省政府公报(四川省政府秘书处编)

河北民政刊要(二十年起,河北省民政厅编)

河北省政府公报(河北省政府秘书处编)

山东省政府公报(十七年六月起,山东省政府秘书处编)

山西公报(二十一年起,山西省政府秘书处编)

山西省政公报(二十六年一月起,山西省政府秘书处编)

河南民政周刊(二十一年九月起,至二十二年一月止,河南省民政厅编)

河南民政月刊(二十二年一月起,河南省民政厅编)

河南省政府公报(河南省政府秘书处编)

甘肃省政府公报(二十一年一月起,甘肃省政府秘书处编)

青海省政府公报(青海省政府秘书处编)

福建省政府公报(福建省政府秘书处编)

广东省政府特刊(十六年三月出版,广东省政府秘书处编)

广东省政府公报(十八年七月起,广东省政府秘书处编)

广东民政公报(广东省民政厅编)

云南民政季刊(二十一年一月起,至二十三年一月止,云南省民政厅编)

云南民政月刊(二十三年一月起,云南省民政厅编)

云南省政府公报(云南省政府秘书处编)

贵州省政府公报(贵州省政府秘书处编)

吉林民政月刊(十八年五月起,吉林省民政厅编)

察哈尔省政府公报(察哈尔省政府秘书处编)

察哈尔民政汇刊(二十三年十二月出版,察哈尔省民政厅编)

绥远省政府公报(绥远省政府秘书处编)

政务周刊(二十二年一月起,豫鄂皖三省"剿匪"总司令部秘书处编)

政务旬刊(二十三年二月起,豫鄂皖三省"剿匪"总司令部秘书处编)

广东西北区绥靖月刊(二十一年二月起,广东西北区绥靖公署编)

绥靖特刊(二十四年四月起,驻闽绥靖区司令部秘书处编)

行政月刊(二十五年起,福建第一区行政督察专员公署编)

绥靖公报(二十四年四月起,驻赣第六绥靖区司令部秘书处编)

丙　各县县政府公报

丁　各市市政府公报

二、法规类

大清法规大全(四十册,所集法规由光绪辛丑至宣统己酉,政学社编)

大清法规大全续编(二十四册,政学社编)

大清光绪新法令(二十册,宣统元年,商务印书馆编译所)[①]

大清宣统新法令(六册,宣统二年,商务印书馆编译所)[②]

法令全书(共八册,民元出版,印铸局编印)

中华六法(民国二年,商务出版)

中华法令汇纂(所集法规由民元至民二,上海广益书局石印)

中华法规大全(共五十册,所集法规由民元至民三年三月,上海共和编译局石印)

法令辑览(共十册,所集法规由民元至民五年,印铸局编印)

法令辑览续编(共四册,所集法规由民六至民七,印铸局编印)

内务法令例规辑览(共四册,所集法规由民元一月至民七年四月,内务部编辑)

现行法令全书(十年及十一年编,中华书局出版)

选举类纂(十一年出版,内务部编)

---

① 本书已再版,见《大清新法令》第一至四卷,商务印书馆2011年。

② 见《大清新法令》第六至十一卷,商务印书馆2011年。

国民政府现行法规(十七年三月以前,共二册,法制局编)

国民政府法规汇编(十七年一月至二十年三月,国民政府文官处,印铸局编印)

增订国民政府现行法规(十八年四月出版,法制局编)

民国法规集刊(十八年出版,上海民智书局集印)

法令大全(十九年六月出版,上海法学编译社)

中华民国法规汇编(二十三,二十四,二十五年各一辑,共十六册,立法院编,中华书局出版)

法规沿革表(二十四年一月出版,国府文官处印铸局印)

中华民国法规大全(共五册,二十五年辑,商务出版)

中国国民党现行党务法规辑要(十九年七月出版)

内政法规汇编(第一辑二十年八月出版,第二辑二十三年一月出版,内政部编)

现行国民政府司法例规(二十五年六月出版)

考试院法规汇刊(二十三年二月出版,考试院秘书处编)

考试院则例(二十四年九月出版,修本于二十五年七月出版,考试院编)

考选法规辑要(二十五年十月出版,考选委员会编)

现行铨叙法规汇编(二十五年九月出版,铨叙部编)

监察院法规集览(二十三年一月出版,监察院秘书处编印)

监察院监察使署法规辑要(二十四年五月出版,监察院编)

惩戒法规解释汇编(二十四年四月出版,中央公务员惩戒委员会编)

审计应用法令汇编(二十五年三月出版,审计部编)

江苏省单行法令初编(十三年五月出版,江苏省长公署编印)

浙江省现行法令汇编(二十三年及二十四年份,共二册,浙江省政府秘书处编)

安徽省现行法规(十七年十月出版,安徽省政府秘书处编印)

安徽省单行法规汇编(二十二年五月出版,安徽省政府秘书处编)

安徽省单行法令规续编(二十四年十二月出版,安徽省政府秘书处编)

湖北省法令汇编(共三册,二十四年十一月出版)

湖南省现行法规汇编(二十年八月出版,湖南省政府秘书处编)

山西省单行法规汇编(民国八年出版,山西地方法令编审委员会编)

山西省民事行政单行规程(民国八年出版,山西省长公署校印)

广东省单行法令汇编(十九年七月出版,广东省政府秘书处编)

广西省现行法规汇编(二十一年一月出版,广西省政府秘书处编)

广西民政现行法规汇编(二十二年十二月出版,广西省民政厅编)

广西省现行法规汇编续编(二十二年一月出版,广西省政府秘书处编)

广西省现行法规汇编(共六册,二十五年六月出版,广西省政府编印)

贵州省单行法规汇编(第一辑二十四年十一月出版,第二辑二

十五年十二月出版,贵州省政府编印)

现行县政法规汇编(二十一年五月大东书局出版)

县政大观(共四册,二十一年二月出版,南京军用图书社发行)

现行地方自治法规汇编(二十一年九月出版,浙江省民政厅编)

地方自治法规辑要(中央地方自治计划委员会编,二十五年七月,正中书局出版)

三、年鉴类

中国年鉴(第一回,十三年二月,商务编印)

申报年鉴(二十三年,二十四年及二十五年度各一册)

内政年鉴(四册,二十四年六月出版,内政部年鉴编纂委员会编)

铨叙年鉴(十九年度,铨叙部编)

铨叙年鉴续编(二十至二十二年度,铨叙部编)

江苏省政治年鉴(十一年份,江苏省长公署编)

浙江省年刊(二册,十八年度,浙江省民政厅编)

一年来之安徽政治(二十二年份,安徽省政府秘书处编)

湖南政治年鉴(十九年及二十一年度,湖南省政府秘书处编)

湖南年鉴(二十二年及二十四年度,湖南省政府秘书处编)

河南省政府年刊(二十年、二十二年、二十三年及二十四年度,河南省政府秘书处编)

广东省政府年刊(十七年度,广东省政府编)

广西年鉴(第一回,二十三年五月出版,广西统计局编)

绥远省政府年刊(十八年、二十年及二十一年度,绥远省政府编)

四、报告及统计类

军务院考实(民国五年,两广都司令部参谋厅编)

民国行政统计汇报(民国七年,国务院编)

政治总报告(十八年三月,上下两册;二十年十一月,四册)

政治会议工作报告(二十三年十二月,一册;二十四年十一月,一册)

行政院工作报告(二十三年及二十四年度,行政院秘书处编)

立法院工作报告(二十四年十一月,立法院秘书处编)

立法院五周年来立法工作统计(二十三年十月出版)

立法院第六周年立法工作统计(二十四年十月出版)

立法院第七周年立法工作统计(二十五年十月出版)

立法院第八周年工作概况(二十五年十二月出版)

司法院工作报告(二十一年及二十二年,司法院编)

三年来之最高法院(二十三年出版,司法院编)

中央公务员惩戒委员会议决书汇编(二十三年十一月)

行政法院判决书(共四辑,二十五年六七月出版,行政法院编)

全国司法会议汇编(二十四年秋,司法院编印)

考试院报告书(二十一年,考试院编)

考试院总报告书(二十三年十月,考试院编)

全国考铨会议议案(二十三年九月,全国考铨会议秘书处校印)

全国考铨会议汇编(二十四年一月,考试院编印)

第一届高等考试典试委员会报告书(二十年十二月)

民国二十二年高等考试总报告(高等考试典试委员会编辑)

民国二十二年高等考试及格人员分发任用情形报告书(铨叙部登记司第二科编辑)

民国二十三年首都普通考试总报告书(首都普通考试典试委员会编辑)

福建省办理高等普通检定考试经过报告(二十年十月,福建省高等普通检定考试委员会编印)

绥远第一届普通考试汇编(二十二年六月,绥远省普通考试典试委员会制)

河南普通考试汇编(二十二年七月,河南省普通考试典试委员会编)

安徽省第二届高等普通检定考试汇编(二十二年十二月,安徽省第二届高等普通检定考试典试委员会编)

审计部十九年度事前监督审计工作报告

地方行政会议纪录(民十年,内务部编印)

内政部第一期民政会议纪要(十八年二月,内政部编印)

全国内政会议报告书(二十年一月,全国内政会议秘书处编)

第二次全国内政会议报告书(二十一年十二月,第二次全国内政会议秘书处编)

内政消息(第一期至第十期,二十三年十月创刊,内政部内政消息社编)

内政调查统计表(二十二年九月,内政部编)

内政统计季刊(二十五年十月,内政部统计处编)

促进地方自治计划书(十八年二月,内政部编)

革新县政计划书(十八年二月,内政部编)

南昌集会纪录(二十三年六月,南昌行营第二厅编辑室编)

行政院县政讨论纪录(二十五年三月,行政院编)

湖南省县政报告(十九年度,湖南省政府编印)

湖北县政概况(二十三年以前,湖北省民政厅印行)

广东省地方自治工作概况汇编(二十三年四月出版,广东省民政厅编)

广东全省地方纪要(三册,二十三年出版,广东省民政厅编)

广西省施政纪录(二十二年度,广西省政府编辑室编)

广西各县概况(二十一年及二十二年度,广西省民政厅编)

云南省地方自治概观(二十四年六月出版,中国地方自治学会编)

各省各县行政会议报告

各省各县行政报告

国民会议实录(共三册,附政治总报告及选举事务所报告)

国难会议纪录(行政院编)

国民大会选举总事务所三日刊旬刊及其他小册

五、期刊及报章类

江苏月报(二十二年一月起,江苏月刊社编)

浙江民政(浙江省民政厅编)

湖北地方政务研究周刊(二十二年七月起,至二十三年六月止,湖北地方政务研究会编)

湖北地方政务研究半月刊(二十三年六月起,湖北地方政务研究会编)

四川月刊(四川月刊社编)

四川县训(四川县政人员训练所编)

新陕西月刊(二十一年一月起,新陕西月刊社编)

新青海(二十二年一月起,新青海社编)

福建县政(二十五年九月起,福建省县政人员训练所编)

新广西旬刊(十七年一月起,广西省政府新广西旬报社编)

县村自治(二十年起,北平民社编)

军政旬刊(二十二年十月起)及军政月刊(二十五年一月起,军事委员长行营印)

行政效率(二十三年七月一日创刊)及行政研究(二十五年十月创刊,行政院行政效率研究会编)

东方杂志

国闻周报

法令周刊(上海法学编译社编)

申报

六、论著类

中华民国宪法史(两册,吴宗慈著,十三年出版)

中华民国开国史(谷钟秀著,十八年,泰东图书局出版)

最近三十年中国政治史(李剑农著,十九年十月,太平洋书局出版)

宪法章案初稿意见书摘要汇编(二十三年立法院初稿审查委员会编)

中华民国宪法草案释义(金鸣盛著,二十四年出版)

近代中国立法史(杨幼炯著,二十五年五月,商务出版)

比较宪法(增订本王世杰钱端升著,二十五年,商务出版)[①]

中华民国制宪史(吴经熊、黄公觉著,二十六年一月,商务出版)

中华民国立法史(谢振民编,二十六年一月,正中书局出版)

① 本书商务印书馆 2010 年再版。

参考书目(二)

一、公报类

中央党务公报(民二十八年七月一卷一期起至现今)
民国政府公报(民二十七年一月渝一号起至现今)
行政院公报(民二十七年十月渝一卷一期起至现今)
立法院公报(民二十八年三月第一〇〇期起至现今)
司法公报(民二十九年一月三五八号起至现今)
监察院公报(民三十二年五月渝版第一期至现今)
内政公报(民二十六年七月至十月第十卷第十一期起至现今)
外交部公报(民二十七年四月第十一卷一□□三号起至现今)
经济部公报(民二十七年二月一卷一期起至现今)
社会部公报(民三十年一月——三月一期起至现今)
教育部公报(民二十七年三月十卷一期起至现今)
交通公报(民二十九年一月三卷一期起至现今)
司法行政公报(民三十二年一月一卷一期起至现今)
各省市县政府公报

二、法规类

党务法规汇编(活页装订本,自二十八年一月起,随时增补,中央秘书处编)

党务法规辑要(三十年一月,中央秘书处编)

中国国民党法规辑要(三十年九月,中央训练团编)

三民主义青年团法令辑要(两册,三十二年三月中央团部编)

中华民国法规辑要(共五册,三十年十二月,又补编一册,三十一年八月,中央训练团编)

中华民国法规选辑(共三册,三十二年七月,中央训练团编)

现行法令汇编(五册,二十八年九月,山西省政府编)

战时法令汇编(第一辑二册,二十九年三月,广东省政府编)

中央战时法规汇编(共两册,二十八年十月江西省政府编)

行政三联制文告法规辑要(三十二年七月,党政工作考核委员会编)

党政考核法规辑要(两册,三十年六月,党政工作考核委员会编)

主计法令汇编(两册,二十七年九月出版,二十九年三月及三十年二月增订本,国府主计局编)

统计法规(廿八年三月,国府主计处统计局编)

内政法规汇编(五册,三十年十二月,内政部编)

民政法规汇编(八册,自廿八年八月至廿九年十一月分类出版,湖南省民政厅编)

新县制法规汇编(第一辑三十年三月,行政院县政计划委员会编)

新县制法令汇编(三十年三月,福建省民政厅编)

社会法规汇编(第一辑,三十一年九月社会部编)

粮食管理法规(三十年七月,粮食部编)

粮政管理法规(两册,三十一年七月安徽省政府编)

田赋会要(已出一六两册,三十二年十月,财政部编)

交通部人事法规汇编(七册,二十八年九月,交通部人事司编)

兵役法规汇编(四册,三十一年十月,中央训练团兵役干部训练班编。)

侨务法规汇编(二十九年四月侨务委员会编)

蒙藏委员会法规汇编(二十七年六月蒙藏委员会编)

立法专刊(第十五至廿辑,共五本,分辑二十五年八月至三十年十二月止,立法院通过之各种法律案。立法院秘书处编)

国民政府司法例规(四册,廿九年十月,司法院参事处编)

行政诉讼法规(二十七年六月,行政法院编)

惩戒法规汇编(廿八年五月,中央公务员惩戒委员会编)

考选法规简编(三十一年十月,党政军人事管理人员第二训练团编)

铨叙法规汇编(二十九年一月铨叙部编。又,三十一年十月,党政军人事管理人员第二训练班本)

考试院则例　铨叙类(两册,三十一年十月,党政军人事管理人员第二训练团编)

公务员任用补充办法汇编(三十二年十月,中央训练团编)

四川省现行法规汇编(六册,三十一年四川省政府编)

贵州省单行法规汇编(第三辑,二本,二十七年七月,贵州省政府编)

西康省单行法规汇编(第一辑,二十八年十月西康省政府编)

广西省现行法规汇编(六册,二十六年五月,又五册,二十七年十二月,广西省政府编)

云南省现行法规汇编(二册,二十三年九月,又该县,二十八年十二月云南省政府编)

重订福建省单行法规汇编(六册,二十八年,又该县四册,二十九年,福建省政府编)

江西省现行法规汇编(六册,二十八年十二月,江西省政府编)

江苏省单行法规汇编(三十一年二月江苏省政府编)

浙江省政府公报法规专号(第一辑,二十七年九月;第二辑,二十八年四月;第三辑,二十九年四月。浙江省政府编)

三、年鉴及资料书刊类

国民政府年鉴(三十二年七月,又,三十三年三月增订,行政院编纂)

中国国民党历次会议宣言及重要决议案汇编(三册,三十年九月,又,增编一册,三十二年十一月,中央训练委员会编)

抗战以来中央各种会议宣言及重要决议案汇编(二册,三十三年二月,中央训练委员会编)

各省新县制实施计划汇编(二十九年十二月,中国政治建设学会编)

县政资料汇编(二册,二十八年十二月中央政治学校研究部)

县各级组织及地方自治参考资料汇编(二十九年四月,西北出版社)

县各级组织纲要及地方自治参考资料(三十年五月,中央训练团)

县各级组织纲要(三十年十二月,县政计划委员会编,正中书局出版)

安徽省统计年鉴(二十九年度,安徽省政府)

四、报告图表及统计类

党政建制图表(二十九年三月考试院,中央训练团印)

党务统计辑要(三十年度及三十一年度,共两册,中央调查统计局)

中华民国统计简编(三十年二月,国府主计处统计局编,中央训练团印)

行政院工作报告(二十八年九月起,行政院)

第三次全国内政会议报告书(三十年十二月内政部)

第三次全国财政会议汇编(三十年六月,财政部)

各省实施县各级组织纲要成绩总报告提要(三十二年九月,内政部)

立法院工作报告(二十四年一月起,立法院)

司法院最近工作概况(二十七年十月起,司法院)

司法统计(二十五年度两册,二十六、七、八年度共一册,司法

行政部)

考试院工作报告书(二十七年十月起,考试院)

监察院施政概要(二十七年十月起,监察院)

第一二两届国民参政会历次大会纪录(二十七年九月起,国民参政会秘书处)

四川省训练团第九期受训学员十八县县政调查总报告(三十一年,四川省训练团)

云南行政纪实(二十四册,三十二年,云南省政府)

抗战五年来西康施政概况(三十一年,西康省政府)

湘政五年统计(二册,三十年二月,湖南省政府)

湘政六年统计(三十一年十二月,湖南省政府)

湖南省民政统计(三十一年度,三十二年一月,湖南省民政厅)

湖南省第二、三、四次扩大行政会议民政厅工作报告(共三册,二十九年,三十,三十一各年十二月,湖南省民政厅)

广东省政府三十三行政会议纪要(三十年十月,广东省政府)

福建省施政报告(三十二年六月,福建省政府)

陕西省统计资料汇刊(三十一年十二月,陕西省政府)

河南省实行新县制简报(三十年九月,河南省民政厅)

青海省政府工作报告(三十一年一至六月,青海省政府)

十年来宁夏省政述要(二册,三十二年,宁夏省政府)

县各级组织纲要浙江省实施总报告(二十九年至三十一年,浙江省民政厅)

浙江省统计简编(三十二年二月,浙江省政府)

战时安徽政治设施(三十年,安徽省政府)

各省市合作事业工作报告(三十一年度,社会部合作事业管理

局)

五、期刊及日报类

统计月刊(二十七年九月至十月第三十五号起,国府主计处统计局)

粮政月刊(三十二年四月创刊号起,粮食部)

地政通讯(三十二年七月创刊号起,地政署地政通讯社)

资源委员会月刊(二十八年四月一卷一期起,资源委员会)

训练通讯(三十八年六月第一卷一期起,中央训练委员会)

训练月刊(二十九年七月一卷期至三十一年十二月止,中央训练团)

东方杂志(三十二年三月三十九卷第一期起,商务印书馆)

新中华(三十二年一月复刊号起,中华书局)

政治建设(二十八年六月创刊号起,中国政治建设学会)

法令周报(三十三年一月创刊号起,大东书局)

汉口大公报(二十七年二月起)

重庆大公报(二十七年十月起)

重庆中央日报(二十七年七月起)

六、论著类

比较宪法(二册,王世杰、钱端升三十一年十月渝版增订本,商

务印书馆)①

中国政制概要(许崇灏,三十二年九月,商务印书馆)

中国地方制度及其改造(陈柏心,二十八年二月,商务印书馆)

中国地方行政制度(罗志渊,三十一年九月,独立出版社)

中国县政概论(两册,程方,二十八年六月,商务印书馆)

中国县政改造(陈柏心,三十二年五月,商务印书馆)

乡镇自治(胡次威,三十一年七月,四川省训练团)

立法要旨(陈顾远,三十一年十月,中央训练委员会)

财务行政(鲁佩璋,三十二年八月,中央训练委员会)

新县制之理论与实际(李宗黄,三十二年五月,中华书局)

行政效率研究(萧文哲,三十一年八月,商务印书馆)

广西省县行政关系(徐义生,三十二年九月,商务印书馆)

广西县政(邱昌渭,三十年十月,桂林文化供应社)

新贵州之建设(吴鼎昌等,三十二年十月,贵州省地方自治月刊社)

花溪闲笔(吴鼎昌,正编,二十九年十月,贵州日报社,续编,三十二年十月,贵州企业股份有限公司)

① 本书商务印书馆2010年再版。

钱端升先生学术年表*

1900 年(光绪二十六年)

2 月 25 日,出生于江苏松江府(今属上海)。

1917 年

考入北京清华学校。

1919 年

获官费赴美留学,入北达科他州立大学攻读政治学。

1920 年

夏,获北达科他州立大学文学学士学位。

是年,先后赴密执安大学、哈佛大学求学,学习历史、政治和经济三系合成科目,偶尔旁听哈佛法学院一些课目。

1922 年

获哈佛大学哲学硕士学位。

在哈佛大学继续攻读哲学博士学位。

1924 年

获哈佛大学哲学博士学位,博士学位论文题为 *Parliamentary Committees: A Study in Comparative Government*(《议会委员会:比较政府研究》)。

---

* 本年表由林来梵撰写。

归国，任教于清华大学，于历史系担任讲师，讲授“西洋百年史”。

1925 年

被聘为清华大学政治系教授，讲授“世界史”和“比较政治”。

1926 年

在《清华周刊》发表“政治学”一文。

1927 年

春，兼任北京大学教授，于政治系、法律系讲授宪法课程。

夏，兼任国民党中宣部驻沪办事处国际组编纂。

秋，任职于“中华民国大学院”，并被聘为南京中央大学政治系副教授。

1928 年

于南京出席第一次全国教育会议，提出“提高学术文艺案”。

1929 年

秋，着手翻译屈勒味林所著《英国史》。

1930 年

回清华大学任教，并于北京大学兼课，开始撰写《德国的政府》一书。

著书《法国的政治组织》由商务印书馆出版。

1932 年

任《清华学报》编委。当选为中国政治学会干事。

1933 年

译著《英国史》由商务印书馆出版。

1934 年

1—9 月，任天津《益世报》主笔。

秋，再次受聘于南京中央大学。

著书《法国的政府》、《德国的政府》由商务印书馆出版。

1936 年

《比较宪法》（增订三版，与王世杰合著）由商务印书馆出版。

1937 年

赴北京大学任教。

1938 年

应邀赴西南联合大学任教。

1939 年

主编的《今日评论》正式创刊发行。

两卷本《民国政制史》（合著）由商务印书馆出版。

据蒋介石指定，任国民参政会宪政期成会委员。

1940 年

参加“五五宪草”修改工作，与另外八名参政员共同向宪政期成会提出《五五宪草修正案》。

1942 年

《比较宪法》（增订四版，与王世杰合著）由商务印书馆出版。

著书《建国途径》由国民图书馆出版社出版。

是年，出席中国政治学会第三届年会，以第一组召集人身份主持讨论重建世界和平问题。

1944 年

《战后世界之改造》由商务印书馆出版。

1946 年

作为会外专家参加在重庆召开的政治协商会议。

西南联合大学解散后，回北京大学任教。

是年,分别为施养成所著《中国省行政制度》、萨师炯所著《清代内阁制度》撰序。

1947 年

10 月,被哈佛大学聘为国际研究所客座教授,讲授“中国的政府与政治”。其讲义经整理修订后,由哈佛大学出版社于 1950 年出版成书。

1948 年

被选为中央研究院第一届院士。

11 月归国,不久后被推举为北京大学法学院院长。

1949 年

以社会科学界代表身份参加全国政治协商会议。

根据北平市军事管制委员会之决定,任北京大学校务委员会常务委员、法学院院长。

1950 年

被聘为《世界知识》编辑委员。

1951 年

任中国人民外交学会副会长。

参加中国政治法律学会筹备工作。

1952 年

任《中国建设》英文双月刊编辑委员。

受命组建北京政法学院,并任首任院长。

1954 年

参加宪法草案初稿讨论会。

任第一届全国人民代表大会宪法起草委员会法律顾问。

1956 年

《资产阶级宪法的反动本质》(与楼邦彦合著)由湖北人民出版社出版。

1957 年

被划为“右派”分子,免去除全国政协委员之外的全部行政职务;

5 月 29 日,在北京政法学院教授座谈会上发言,后被收录进《政法界“右派”分子谬论汇集》中,题为《批评“三害”》;

8 月 6 日,在《人民日报》发表文章“我的罪行”,被迫彻底否定自己的过往经历。

1961 年

被摘去“右派”帽子。

1962 年

开始主持编译《当代西方政治思想选读》教材,但一百多万字译稿在“文化大革命”中被查没遗失。

1966 年

“文化大革命”开始后,被下放到京郊延庆县。

1972 年

受周恩来推荐,到外交部工作。

1980 年

中国政治学会成立(重建)大会上,当选为名誉会长。

1984 年

当选为中国国际法学会顾问。

接受南开大学法学研究所名誉研究员和中国大百科全书政治学编辑委员会顾问聘书。

1985 年

当选为中国法学会名誉会长。

1988 年

被中国政法大学聘为名誉教授。

1990 年

1 月 21 日病逝，享年九十岁。

翌年，此前编选的《钱端升学术论著自选集》于北京师范学院出版社出版。

萨师炯先生学术年表*

1913 年

8 月 12 日出生于福建福州。民族为蒙古族。曾用名有节梗、孟明、斯耿。

1925—1929 年

先后在上海、福州等地读书。曾就读于上海华东中学。

1932 年

浙江大学附中学习并顺利毕业。

1932—1933 年

在浙江大学学习，后来转学。期间与萨孟武合译《宪政的原理及其应用》，并由新生命书局出版。

1933—1936 年

在北京大学学习，并按期毕业。期间，1934 年在《外交月报》发表"希特勒政权与德国宪法"；在《中央时事周报》发表"德俄宪法的比较"。1935 年，编写完成《张生观光记列国改制》一书，并由正中书局出版。同年还在《东方杂志》发表"白银问题与中国经济前途"；"中国的入超问题"；"世界殖民地分割的回顾与前瞻"。

---

* 本年表由王勇编写。

1936—1938 年

担任中央大学法学院行政研究室研究助理。期间,1936 年在《日本评论》发表"日本在华投资之回顾与前瞻";在《中央时事周报》发表"政党政治之史的发展"。1937 年在《民意周刊》发表"国民参政会与战时政治机构"。1938 年发表"中国民主制度的特质"。在这期间,还有部分时间在芷江担任蒙藏学校地理教员,在汉口和重庆担任蒙文研究会研究员。

1939 年

写作完成并出版的著作有:《共产主义与法西斯主义》,商务印书馆出版;与钱端升、郭登皞、杨鸿年、吕恩莱、林琼光、冯震等合作完成《民国政制史》一书。同年,还在《国是公论》发表"民族主义与近世民主政治";在《民意周刊》发表"论战时监察制度"。

1940 年

在重庆任中央训练委员会编辑科长。

1941 年

在《学生之友》发表"清代的中央政制";《训练月刊》发表"现代地方自治制度之比较并论中国地方自治问题";《时代精神》发表"现行地方行政制度的比较";发表"论机关之业务管理"。

1942—1943 年

在重庆任中央政法学校副教授。

1943—1944

先后在南京和重庆任中央训练委员会编辑科长。期间,1943 年写作完成《三民主义概要》一书,并由独立出版社出版;在《三民主义半月刊》发表"试论设计工作"。1944 年在《东方杂志》1944 第发表"中国立法程序之平时与战时";发表"战时省制之演变及其今后之改进”。

1945 年

修订并完成《民国政制史》一书，并由商务印书馆再版。同年还在《法令周报》发表“评宪法草案中之政治制度”。

1946 年

完成的专著有：《清代内阁制度》，由商务印书馆出版；《地方自治法规》，由大东书局出版。同年还在《政衡》发表“宪法草案中之地方制度问题”；在《智慧》发表“中国应否采用职业代表制”。

1947—1949 年

赴英国伦敦大学政治经济学院和赫尔大学研究院留学，期间有一部分时间在英国地方政府作实地调研。1947 年在《智慧》发表“最好的民主制度”。

1949—1950 年

从英国留学回国后，在华北大学政治研究所、华北人民大学政治研究院学习工作。

1950 年

8 月，时任兰州西北师范学院院长徐劲教授，从全国各地延揽一批专家学者来西北师院任教。被引进西北师院，任历史系教授兼系主任，并担任学校教务长。同期，与引进西北师院的著名学者李秉德、金宝祥、王俊杰、郭晋稀、彭铎、赵荫棠、洪毅然、吕斯百、焦北辰等共事。

1951 年

2 月至 8 月，被西北师院指派担任西北师院附设中学校长。并对附中进行了整顿，加强了师生思想教育工作，调整了课程设置。

1956 年

编著西北师范学院教材《世界现代史》。

1973 年

在兰州逝世,享年 60 岁。

"走出帝制":历史先声与在场记录

——《民国政制史》导读

王　勇*

辛亥革命结束后,中国政制开启了"走出帝制"的历史序幕,尽管道路反复曲折,新旧法统的争执依然延续,"以西为师"还是"中体西用",并未达成共识,但是,至少在形式上,"走出帝制"已成了当时人们的普遍共识。《民国政制史》就是这段历史先声的在场记录,是对发生在这一重大历史关节点上的政制实践的记载,具有极为珍贵的历史文献价值。《民国政制史》是一部详细介绍和叙述1911年至1943年间民国政治制度设置和沿革的重要著作,主要内容由中央制度、省制、县制、市制四编及附录构成。本书由钱端升担任主编,萨师炯、郭登皞、杨鸿年、吕恩莱、林琼光、冯震等当时中央大学法学院行政研究室的同事协力完成。

《民国政制史》由商务印书馆初版于1939年春、1945年和1946年又先后增订再版,分上册和下册,1992年上海书店影印出版"民国丛书"时,选入了这本书。本书资料系统、翔实,内容丰富,历来被学者们公认为这个领域的一部力作,对我国政制史的研究,尤其是对中华民国史和中华民国政治制度的研究,产生过很大影响,直至今天,其资料价值仍受到学者们的重视。尤为重要的是,

* 王勇,法学博士,西北师范大学法学院教授。

本书的七位合作同人,就像当年的司马迁记录历史一样,是历史情境中的参与者和亲历者,写作的过程就是当场、在场和现场记录的过程。在场记录,才能做到真实记录,这一点特别重要。所有的事后记录,都会失真或被重新建构和诠释。本书的史料价值是独一无二的。

为了使读者对这本书的写作背景、内容主旨、学术价值和现实意义有一个大致的了解,以便更有效率地阅读本书,笔者特作以下简要的述评,以为导读。

一、同人合作,鸿篇巨制

这是一部在“七七事变”前夕完成的“巨著”,①总计有 68 万多字,分中央政制、省制、县制、市制等四编,上册附录历届国会及各次国会法规等 12 则,下册附录“已裁废之市”及参考书目。是什么力量促使钱端升等人在那个动荡不安的时代合作完成这样一部鸿篇巨制的?从钱端升为本书所作的序言中,可窥知一二。直接的动因,是中央大学法学院行政研究室“从事于中国行政之研究”的需要,是“苟欲将无数行政问题作一有系统之研究”的需要。“中央大学法学院于二十五年(1936 年)秋有行政研究室之设,招致各大学毕业生若干人,在政治系诸教授指导之下,从事于中国行政之研究。”然而,这是一个规模很大的学术工程和计划。“惟是此项工作,至大且繁,问题既多,又俱非简易。研究每一问题,必法律与实施并

① 何炳棣:《读史阅世六十年》,中华书局 2012 年,第 166—167 页。

重,而历史之演进,尤为必要之基础。苟欲将无数行政问题作一有系统之研究,举凡历史的演进,法律的规定,与乎实际的状况,一一尽述,良非某一学系或某一研究所所能胜任,更非五六人所能尽其事。”①

因此,基于上述的计划和考虑,“同人等乃有民国政制史之试作”。在钱端升的主持下,《民国政制史》的编写,作了如下分工:第一编中央政府,由萨师炯君(第一章至第五章)及郭登皞君(第六章及第七章)分任;第二编省制,由杨鸿年君担任;第三编县制,由吕恩莱君担任;第四编市制,由林琼光君担任;各编中关于选举材料之搜集,则由冯震君担任。

显而易见,钱端升并没有承担具体的写作任务,很可能只是拟定了编写的主旨和框架。这与今天社科著述合作成果的主编或第一作者,似乎都不同,今天的社科著述合作成果的主编或第一作者基本都要承担具体的写作任务甚至是主要的写作任务。钱端升在本书中的署名及其位置,只能通过钱端升个人的学术造诣、人格魅力和组织能力来解释。虽然没有承担具体的写作章节,但是,钱端升的法政思想和理想追求,却充分地体现在本书之中。这就说明钱端升是本书编写团队的组织者和灵魂人物。正是由于钱端升的人格魅力和组织能力,促成了这样一次成功的“同人合作”。“必多数研究机关,多数研究人员,积多年分工合作之共同研究,始可稍获眉目。故中大法学院于设立行政研究室之始,初不敢自期于短期内能有若何成绩。同人之所愿努力者,即在三四年内,能将民国各种行政问题,择其较重要,较易知,较与前代(即民国以前)无关

① 本书序。

连者,一一加以研究。如能有成,然后再研究较艰难而与前代较多关注之诸问题,则同人当力避重复。”①

事实证明,钱端升、萨师炯、郭登皞、杨鸿年、吕恩莱、林琼光、冯震七人在本书编写中的学术合作是极为成功的,大家的合作是自发自愿的,而且是有主心骨的,完成了一项极有价值的“同人志业”,完全是基于一种理想和使命,而没有任何功利性的目的。“同人”是当时学界对志同道合者的称谓,也只有“同人”才能真正将立言与立德、立功结合起来,从而将其作为一种使命和志业来完成。钱端升等同人们并非是将编著此书作为一种为稻粱谋的职业手段,而是为了宪制理想的志业。作为一项“同人志业”,《民国政制史》的合作编著完成无疑成就了近代中国学术史中的一段佳话。

我曾在詹姆斯·马奇、马丁·舒尔茨和周雪光三人合作完成的《规则的动态演变——成文组织规则的变化》这部经典著作中,也同样看到了“同人志业”的印迹,令人感动。在《规则的动态演变——成文组织规则的变化》一书的精彩而富有诗意的致谢中,作者写道:“在这些年里,或者更确切地说在过去两三年中,我们三位作者在阐明本书观点方面做了共同的努力,合作进行了问题整理以及数据编码工作,并且推进了分析和解释。我们已经利用了各自以及共同的成果,试图确认一些特殊的例证,有人对这些例证作出了特别贡献(譬如,周雪光关于历史时期和议程效应的工作,舒尔茨关于密度效应的工作,以及马奇关于组织学习的工作)。但整本书并不意味着某位作者的思想更具有优越性。因而,作者的名字按照字母顺序排列。我们中的每个人都有偏颇之处,而且我们

① 本书序。

并不能——即使我们想这样做——区分我们个人的贡献。"①

可见,三位作者将他们各自的前期研究成果在本书中统一地"熔铸"为一个整体了。事实上,正是这种良好的不刻意彰显个人成就的合作研究才最终保证了《规则的动态演变——成文组织规则的变化》一书的理论观点的原创性。实证研究尤其需要这种团队精神。这一点,在中国当下的法学研究中,甚至是在整个社会科学研究中是极为匮乏的。我们常见的是"游击队"式的,"单枪匹马"的学术研究。这在注重思辨的人文学科研究中还无可厚非,但是,在社会科学实证研究中,这种"小农式"的学术作业是致命的!说实话,在当代中国社会科学界的许多"学术团队",基于理想和信念的"同人合作",已极为罕见了,更多所谓学术合作团队基本上都是临时性的"利益合作团队"。

令人吃惊的是,在清末民国时期,同人合作的,诸如《民国政制史》这样的鸿篇巨制的学术精品,以及支撑这样的学术精品的具有传统中国知识分子气节的政法学人,并不鲜见。《元照英美法词典》(法律出版社2003—2005年出版)虽然编写完成于1993—2003的世纪之交,但是,发起并主持这一词典编写工程的倪征噢、王名扬、杨铁梁、潘汉典、徐开墅等老一代学者,显然传承了清末民国时期政法学人的精神余脉。《元照英美法词典》就是一座"同人志业"的丰碑,这几乎成了一项空前绝后的学术工程。

① [美]詹姆斯·马奇、马丁·舒尔茨、周雪光著:《规则的动态演变——成文组织规则的变化》,童根兴译,上海人民出版社2005年。

二、再版修订,萨君受命

1945年至1946年,《民国政制史》先后进行了增订再版,分上下两册出版发行。需要特别说明的是,这次增订再版,为了方便起见,并没有再召集参与编写的同人共同编修,而是将全部工作委托给萨师炯,由萨师炯一人负责修订完成。这很可能是当初的作者已分散各地,客观上无法再集中到一起进行编修了。在钱端升所写的增订版序中,已有明确记述:“《民国政制史》由萨师炯、郭登皞、杨鸿年、吕恩莱、林琼光及冯震六君分任编述之责。此次增订之工作,为便利计,概由萨君担任。自二十六年(1937年)初,迄三十二年(1943年)终,举凡可以搜辑之资料,均已一一增入。”

显而易见,《民国政制史》的增订再版,萨师炯功不可没,同时也体现了钱端升对萨师炯的高度信任。当然,这种信任关系与两位之间原本就有的师生关系也是密不可分的,“师门团队”从来都是中国传统的、信任度最高的学术团队。事实上,从一开始的写作分工来看,萨师炯承担的写作内容即第一编中央政府(第一章至第五章)是最多的,而且也是最为宏观和总体性的一部分内容。如果说是钱端升主持确定了《民国政制史》的编写主旨和基本框架的话,那么,萨师炯便是本书写作事实上的主要执行者。在《民国政制史》的同人合作编写中,萨师炯之所以有重要的作用和地位,这与萨师炯本人的学术背景和学术造诣是分不开的。在学术思想和宪政理想方面,作为弟子的萨师炯与其师钱端升确有诸多默契之处。

关于萨师炯的生平及学术成就,中国政法大学的陈夏红博士在其所著的《政法往事——你可能不知道的人与事》一书中,曾以"谁是萨师炯?'失踪的政治学家群体'之一"为题进行了较为详尽的记述。[①] 这里不便重复,而是作一些补充。1913 年 8 月 12 日,萨师炯出生于福建福州,曾用名有节梗、孟明、斯耿。1933—1936 年间,在北京大学学习,并按期毕业。1936—1938 年,萨师炯担任中央大学法学院行政研究室研究助理。1940 年在重庆任中央训练委员会编辑科长。1942—1943 年在重庆任中央政法学校副教授。1947—1949 年赴英国伦敦大学政治经济学院和赫尔大学研究院留学,期间有一部分时间在英国地方政府作实地调研。1949—1950 年从英国留学回国后,在华北大学政治研究所、华北人民大学政治研究院学习工作。

1950 年 8 月,时任兰州西北师范学院院长的徐劲教授,开始从全国各地延揽一批专家学者来西北师院任教。萨师炯被引进西北师范学院,任历史系教授兼系主任,并担任学校教务长。[②] 1951 年 2 月至 8 月,萨师炯被西北师院指派担任西北师院附设中学校长,并对附中进行了整顿,加强了师生思想教育工作,调整了课程设置。1956 年编著西北师范学院教材《世界现代史》。1973 年在兰州逝世,享年 60 岁,在西北师大连续工作 23 年。正是萨师炯的到

① 陈夏红:《谁是萨师炯?——"失踪的政治学家群体"之一》,原载陈夏红:《政法往事——你可能不知道的人与事》,北京大学出版社 2011 年。

② "解放后,西北师大继续着创办一流大学的抱负,五十年代初,从全国各地延揽 50 多位教授、专家,构成后来教师队伍支柱的李秉德、萨师炯、金宝祥、王俊杰、郭晋稀、彭铎、赵荫棠、洪毅然、吕斯百、焦北辰等,皆于此时汇集校园。"详见徐斌:《校园荡漾"大师风"——西北师范大学百年校庆随笔》,《观察与思考》2002 和第 11 期。

来,才使当时的西北师大开启了"问道宪制,播撒星火"的序幕(1949—1966 年期间),成为西北师大法学研究和教育的真正创始人。截至目前,权威数据库上仍然能够检索到了萨师炯在西北师大工作期间以及此前发表的有关民国政制、地方政制、政制比较和政制史等方面的论文和著述。

三、政体组织,举法详述

严格说来,《民国政制史》主要是一部关于民国宪制的"组织史",而非"行为史"。这从目录中的中央政制、省制、县制、市制等四编内容的框架体例上就可以看出。钱端升在序言中对本书的编写目标有坦诚的交待:"就内容而言,本书偏重各级政府之法定组织及其法定权力,但其实际情形,则尚需留作进一步之研究,本书几无论及。关于各种法者,以出版之书籍较多,故亦极力从略;其非有作较有系统之叙述不可者,则于第一编之附录中及之。其他如中央及地方之分权问题,各种国家职务,如行政、立法、司法等职务之行使,亦语焉不详。总言之,本书之所注重者为组织,至于各种专门问题,概需待较专门之研究。"显然,《民国政制史》承继了我国古代治史的传统,《二十四史》中大多有职官制等内容的叙述,对政治制度及沿革的研究我国传统史学历来都很重视。

之所以是"组织史",而非"行为史",很重要的一个原因是,本书写作所利用的素材是"以官书公报为主,旁及报章杂志",具体的引用参考资料由六类文献组成,即公报类、法规类、年鉴类、报告及统计类、期刊及报章类、论著类。这是一种典型的文献研究法。资

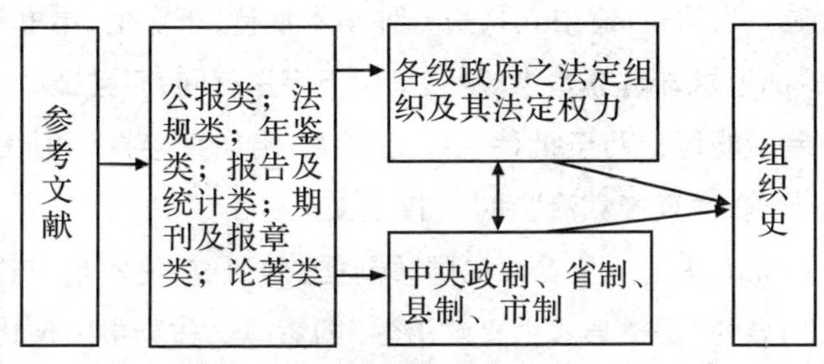

图1　参考资料与研究设计

料取得问题只能进行文献研究法,不能进行田野调查。因此,对民国宪制问题进行组织行为学意义上的研究是很难进行的,因为当时是一个政治动荡和战事频繁的年代。即便是这些纯文本资料,当时要想完整而系统地获取,也极为不易。"何如当时京中各图书馆或成立未久,所存期刊等等,每不齐全,或所存较多,而分散于京平两地,缺乏完备目录,足资稽考;是以编订一较详较有系统之目录之计划,未获实现。今则政府播迁,档案残缺,编辑比较完全之目录一举,更不能不俟诸异日。"①在研究条件极为不利的情形之下,研究设计只有依资料而定,而不能过于苛求完美。(见图1)

正因为侧重于"组织史",所以,钱端升于序中阐明了本书写作中的"价值中立"的立场:"立言态度亦一仍旧贯,只客观地叙述变迁经过,分析法制要点,而不参以赞否之意见。其所以然,乃因本书之旨在欲有裨于中国政制与行政问题之研究,而不在提供任何方案也。"价值中立的态度,不作价值判断和评论,只叙述宪制的文本表达过程,这就是钱端升等人在本书写作中的一种学术追求和

① 本书下册,第522页。

价值定位。当然,价值中立只是一种学术期待,事实上,本书对"宪制理想"的追求却贯穿始终,赫然呈现于字里行间,而且,以"宪制"为价值判断的评论乃至批评也随处可见,比如直接批评国民政府组织法实质是"直接党治"和"一权主义"。

从研究方法论视角看,《民国政制史》的研究,显然是受到了钱端升所倡导的"法律形式主义政治学"的影响。作为中国现代政治学的奠基人,"法律形式主义政治学"可以说是钱端升对中国政治学研究作出的开拓性贡献之一。钱端升等同人的研究,率先运用"法律形式主义"的研究方法,将政治学研究聚焦于对各国宪法的研究,开启了我国比较政治研究的先河。法律形式主义政治学又称"国家主义政治学",它的基本含义是:政治学的研究对象是国家,研究国家主要是研究国家制度,而国家制度在形式上又是宪法条文的集合,所以归根结底,政治学的研究对象是宪法条文,比较政治也就是比较宪法。在此意义上,人们也将这种政治学称为"法律形式主义政治学"。较之传统的思辨政治学,这种"法律形式主义"研究方法的进步意义在于:政治学终于把目光从概念中的事物转向了现实中的事物,政治学研究从此进入了一个以政治科学方法为主导的新阶段。

当然,"法律形式主义政治学",从今天已经运用社会科学的方法进行实证研究的政治科学看来,似乎很难说是一门"政治科学",但是,当时的政治学研究,转向对国家的具体的成文性法律制度规范的关注时,已经是在实证研究方面迈出了一大步。这是政治学对政体组织研究的一种"法律形式主义"转向,研究是依托于实在的成文性法律规范的,因此,可以说政治学研究有了一种准实证方法。

如前所述,除了确定编写的基本框架和写序之外,钱端升本人并没有参与本书的具体写作任务。但是,钱端升与王世杰所合著的《比较宪法》[①]作为《民国政制史》的主要参考书目,在参考书目(一)和(二)中都列出了。《民国政制史》中的许多核心观点和立场,与《比较宪法》中的相关论述是一脉相承的。比如,在讨论到总统选举产生的方式和机构时,书中写道:"查此类机关,各国不一,如美国由国民投票,选出选举人,由选举人再行投票选举,但中国交通不便,且有种种窒碍,万难仿行;如法国以两院议会会合,作为国民会议,即作选举总统之机关,法之国民会议,即法所定为国家最高机关,凡修正宪法,选举总统,皆归国民会议执行,但我国绝非采此种主义,实无含有采国家机关之意味。故此次之选举会,并非以民国最高机关之两院,合并为国家最高机关,系以两院议员组织选举会,盖纯以两院份子做基础,绝非如法国以两院合并机关为国家最高机关也。"[②]这里的观点,与《比较宪法》中关于一院制与两院制的相关论述是基本契合的。

四、宪制理想,迎难而进

在内容上,《民国政制史》可以说真实反映了民国宪制的文本表达与制度实践的张力。各种文本尤其是公报类和法规类文本是宪制理想的载体,或者说,宪制理想都搭乘在立法文本和官方文书

① 钱端升、王世杰:《比较宪法》,商务印书馆2010年。

② 本书,第93页。

之中，从而集中体现着民国时期的政治精英们尝试走出帝制开启民主宪制新政体的努力和决心。宪制理想，拳拳之心，尽在字里行间。三民主义，五权宪法，分权制衡，是这些理想的制度底色。废旧立新，改良政体，是当时的政治和文化精英的普遍共识。辛亥革命后，志在共和，如居正（1876—1951）先生所言：“同盟革命非君主，不建共和誓不休。”①这也是一个充满希望的过渡时代。1901年，梁启超（1873—1929）在其《过渡时代论》一文中的一番议论更充满了对未来的希望：“过渡时代者，希望之涌泉也，人世间最难遇而可贵者也。有进步则有过渡，无过渡则无进步。”

但是，当每每直面现实时，去看到无数次的曲折反复，得而复失，失而复得。宪制与帝制，护法与废法，时代发展与历史惯性之间的曲折反复，没有终点的训政，以及理想与实现，“词”与“物”的悖离，随处可见。许多次选举、议事、立法和组阁，都呈现出令人绝望的“名”与“实”的分裂和有无之间的循环。有始无终，有心无力，有权无法，有官无民，有权无责；有规定，无执行；有规程，无落实；有开始，无结局；名义上有权，实际上是集权；意外的恶果，好心办坏事，等等，反而都成为这一时期政制实践的常态。诸如行政督察专员制度之设置目的与事实的悖离，确系阴差阳错；县自治本是传统宪制资源，但国民时期却传承困难。兹列举书中部分片断内容如下，可直观地看到文本表达与制度实践的张力乃至断裂是如何贯穿全书内容的。（见表1）

① 居正：《梅川谱偈》，载居蜜、陈三井合编：《居正先生全集》上册，第99页。

表 1　民国宪制的文本表达与制度实践

文本表达(理想)	实践效果(现实)	本书页码
“文官考试,除另有法律规定者外,别为文官高等考试与文官普通考试。……”	“但上述制度,仅为纸上之制度,迄民国三年颁布新约法时为止,中央政府并未举行考试。”	第 50—51 页
“蒙古青海选举时之当选人记票方法,与各省同。”	“其特点在于参议员选举人,无论直接间接,均非出之民选。”	第 62 页
“中央学会系一种‘官立’学会性质,直隶于教育总长,以研究学术增进文化为目的。”	“但中央学会并未成立,而其应选之议员,亦终未选。迨民国三年二月二十九日,以教育总长之呈请,下令废止中央学会法。”	第 62 页
“参众两院议员之选举制度,如以广义解释,均可认为间接选举制。”	“不过参议员之各省选举,由各省议会议员投票,其结果人民实鲜操纵之机会,而省议员本身,亦系出自间接选举,所以其地方色彩,必然更为浓厚。”	第 70 页
“约法会议以下列各选举会选出之议员组织之:一、京师选举会选出四人;二、各省选举会每省选出二人;三、蒙藏青海联合选举会选出八人;四、全国商会联合选举会选出四人。”	“而在事实上,此种限制方法,实远超限制选举范围之外。不宁唯是,除年龄国籍性别以外,每一资格,如‘通达治术’,‘夙著闻望’,‘研精科学’之类,在其解释上富有弹性,实与选举监督以过大之权力,而所谓选举监督,系由内务总长,各省民政长,蒙藏事务局总裁及农商总长分担,又尽系政府之官吏。”	第 88—89 页

文本表达(理想)	实践效果(现实)	页码
“约法会议以议决增修法案及附属于约法之重要法案为其职权。”	“特当时约法会议议员,均系袁家人物,其所议决,自属袁氏之意旨,不至于公布也。”	第 90 页
“立法院为新约法中规定之立法机关。”	“但始终未及成立,其权力则由参政院代行。”	第 110 页
“立法院组织法及立法院议员选举法于三年十月二十七日公布,同月又公布筹备立法院事务局官制,停止筹备国会事务局,并下令进行选举。”	“但立法院终于未曾召集。因之,有若干关于议事程序,初无规定。”	第 121 页
“大总统选举法修改后,袁世凯更取得继承之权。”	“然而在传统观念和封建关系支配下,袁氏仍纵容其部属从事帝制运动。”	第 140 页
“新旧约法在表象上都有共和国体,民主宪制之规定。”	“双方之争执,以‘法’为名,实则皆以‘权’为目的也。实则南北两方,均未必真以‘法治’为鹄的。”	第 153—155 页
“民十七年北伐成功,军政结束,训政开始……规定训政期为六年,至民国二十六年完成。”	“然实际上,各省县训政工作,以种种原因,迄今未能告成。”	第 254 页
“训政时期,由国民党全国代表大会代行中央统治权,闭会时,由中央执行委员会行使。五种治权,国民政府行使,四种政权,由国民政府训导。”	“中央政制方面,由国民政府总揽中华民国之治权,置主席一人,委员若干人组织之,而主席之权特大。”	第 256—258 页

文本表达(理想)	实践效果(现实)	页码
"政治委员会,一向皆采委员制,故主席由委员互推,亦无特殊权力。……委员会之议事日程,由主席副主席先期决定。"	"二十七年之组织条例既取消副主席,上述职权自成为主席所独有。"	第260页
"政治委员会之作用,训政纲领提案说明书中言之甚详……为党与政府惟一之连锁……党国之系体有别,其间连锁之责任,亦复厘然有序,不可捉摸,简括言之,政治委员会在发动政治根本方案上对党负责,而非在党以外也。"	"唯自战事起后,政治委员会之职权……已停止行使,而由国防最高会议代行。"	第260—261页
"国民政府为党治政府。"	"惟是期各国府组织法对于党治,仍无明确详尽之规定,只偶有片段条文可寻而已。"	第273页
"十七前十月以前,国民政府系合议制,以国民政府委员会处理国务。"	"十七年十月以后,法律与事实使国府委员会权力渐次减小。"	第273页
"二十年十二月国府第三次组织时,曾于次年一月公布国民委员会会议规程。"	"但事实上开会殊少。"	第275页
"国民政府委员会在十七年十月以前,为采合议制之处理全国政务机关。"	"但法律上主席有特殊之权,事实上主席权力特大,绝非合议制。"	第276页

文本表达(理想)	实践效果(现实)	页码
“二十年十二月国府组织法乃规定委员虽经提请,但其半数则由法定人民团体选举。”	“此项规定,并未见诸实行。”	第304页
“各年度之预算,均照上述各种章程标准办法等办理。”	“然历久不予施行,犹如废纸。”	第320页
“二十年十二月之国府组织法曾规定委员半数由法定人民团体选举。”	“便迄未实行,且旋复修正,仍归原状。”	第367页
“民国三年五月一日公布之新约法,曾经规定召集国民会议,决定宪法。”	“但正式会议,终未召集。”	第405页
民十四之国民代表会议。	“然而在选举日期前后,内乱方殷。国民代表会议,在混乱之中,终于未能召集成功。”	第407页
民十九之扩大会议及所产生之国民政府。	“但不久即为中央讨平,组织瓦解。”	第411页
民十九之太原中华民国约法草案公布后,即筹备召开国民会议。	“惟以军事失败,新政府瓦解,草案因此未能成立。”	第412页
民二十一之国难会议。	“其会员由国民政府就全国各界富有学识经验资望之人士聘任之,自不能代表人民。”	第414页
民二十二之国民参政会之拟议。	“但此问题后即搁置,迨制宪运动发生,一般视线亦因之转移。”	第415页

文本表达(理想)	实践效果(现实)	页码
民二十六之国民会议。	“一再延期,迄今仍未能开会。”	第420页
“行政督察专员制度之创立,实属临时性质,而内政部所拟条例,且为明文之规定,其要旨是不破坏省县二级制之原则。”	“惟事实演变,至于今日,不但各省采行此制者日多一日,且该制度之基础亦日趋稳固,几成为省县间之一级政府矣。”	下册第180—181页
“县自治为实施宪政之基础,自清末以至国民政府训政时期,皆相沿未改。”	“惟民国成立以来,因政治未上轨道,几无县自治可言,而县自治议决机关之设置,遂呈不固定不普遍之现象。”	下册第296页
“县自治议决机关,民元至民三间沿清末之制,各省率皆设立。”	“他若贵州省甘肃省于二十三年亦有数县设立,然旋即停办自治,县参议会亦被废止。”	下册第296—297页
“民国十年广东省曾订广东区自治条例草案,江西省曾订暂行市乡自治条例。”	“或施行未著,或根本未施行。”	下册第344页
“山西省于民国七年更提倡‘用民政治’而成立政治研究会。”	“盖因当时县署用人向沿前清旧习,延聘刑幕账房,仅以敷衍为事。”	下册第381页
“广州市制施行之后,各地有效尤者北京政府亦于民十年十月公布市自治制。”	“在实际上,市组织法中关于市自治之规定虽成为一纸空文,然要足表示将来市制之趋向。市组织法施行至今已有七年,迄未修改,而该法中窒碍未行之处固甚多……自治之完成更渺乎远矣。”	下册第419—420页

文本表达(理想)	实践效果(现实)	页码
“依改进地方自治原则,地方自治分为扶植自治时期,自治开始时期及自治完成时期。”	“扶植自治时期结束未有期,而自治之完成更渺乎远矣。”	下册第 419 页
“在各市中,依照市组织法而设市参议会者只有北平市。该市参议会于二十二年成立,二十三年八月闭会。”	“正当进行第二届选举之时,中央政治会议以该市人民对于四权运用,尚未完善,议决暂缓设立一年,该参议会即未继续。”	下册第 490 页
“汉口市设有市临时参议会……设参议若干人,由市政府聘请该市法团领袖及‘资望素著’之绅商充任之。”	“至汉口参议会则未有成立……临时参议会与市参议会不能同日而语。”	下册第 504 页
“前西南政务会曾于二十二年十月公布市地方自治条例。”	“但市参议会之权力实受种种限制,参议会之设,徒成为官样文章,点缀升平而已,离自治之实际甚远。”	下册第 506 页
“在总统制政府之下,大总统之权力,虽较内阁制度为大,但其与立法、司法两种机关,实为鼎足而三,互相牵制,而非将大总统建立在一切政治机构之上。”	“但在新约法之中,一方因扩充大总统之权力,他方又取消一切对于大总统之有效的控制。因之,新约法不能认为系采用总统制者。”	第 97 页

尽管有无数次的曲折反复,然而,《民国政制史》中体现出来的却是不承认失败,而且屡挫屡试,追求理想政体的目标执着而坚定。书中显著地体现着钱端升等人的理想追求,即“谋政治之改良”,把政治学作为经世致用之学,奋力推动中国政治进步和制度

的昌明,强调的是法律如何建构政体,而不是让事实迁就法律。钱端升对此早有清醒的认识——“令法律迁就事实易,令事实遵循法律难”。[①] 关于钱端升的学术理想,著名华裔学者何炳棣先生曾有这样一段鲜为人知的回忆:

> 钱端升1919至1924年留学美国,五年之内完成哈佛大学博士学位,论文是Parliamentary Committees:A Study of Comparative Government(《议会委员会制:一项比较政府的研究》),这个题目就反映他长期对代议制度及民主法治的信念及其在中国可行性的期望。1924年回国先后在北大及中央大学执教,经常发表政论。“七七事变”前夕完成巨著《民国政制史》上下册。同时对王世杰的《比较宪法》完成重要的补充与修订,以至1936至1942年两版《比较宪法》皆以王世杰、钱端升合著的方式列入商务印书馆的《大学丛书》。自抗战军兴至中共开国的12年中,钱端升四度出国开会和讲学。1948年访问哈佛时,该校出版社刊印了他最重要的著作The Government and Politics of China(《中国政府与政治》)[②]。此书主要结论是:国民党初期改组后,本有可能使国民政府演变成为民主法治的政府,因“三民主义”已具备权力制衡的理论架构和实现宪政的步骤。此项建立民主政制企图之失败,不得不归罪于蒋介石的个人野心和军事独裁。由于他一贯的民主信念,无论当

① 钱端升:1929年《评立宪运动与宪章修正案》,源自百度百科。

② 商务印书馆2011年出版。

国民党晚期或中共开国之后,钱端升的政治抱负都未能实现。①

宪制理想与实际运行相差甚大,钱端升在序言中也有说明。因此,那是一个走出帝制易,而走向宪政难的时代;是一个从军政过渡到训政易,但是从训政过渡到宪政难的时代。徘徊不前的训政,进退失据的训政,似乎都是一种既定的历史命运。正所谓“枪炮作响法无声”,频繁战事,屡屡中断宪制。正是从制度本文上我们看到了那个时期,对理想政制的不懈追求。严格说来,这是一个在黑暗中反复摸索的过程,传统与现代、国情与愿景之间断裂的彻底程度,令人吃惊。因此,在这一时期,出现所谓中国法律“看不见中国”之情势,也就在所难免。② 临时约法时期的国会设置参议院和众议院之做法,则完全是模仿美国的政制。

五、中间组织,载入史册

单从《民国政制史》的目录来看,其内容由中央制度、省制、县制、市制四编构成,似乎就是我们今天所看到的行政科层制的标准架构。但是,事实上,书中还专门详述了介于这些行政单元或层级之间的“中间组织”,这些中间组织是一些隐性的行政层级,对于我

① 转引自何炳棣:《读史阅世六十年》,中华书局2012年,第165—167页。

② 参见江照信:《中国法律“看不见中国”——居正司法时期(1932—1948)研究》,清华大学出版社2010年。

们更为全面地了解当时的行政科层制的具体链接机制和运作实践,是极为难得的一手文献,其价值不可低估。在中央与省之间,省与县之间,县与村之间,甚至村与当时事实上的最小基层组织单元"邻"之间都还存在着具有中介和过渡性质的"准行政机构"(见图2)。这些"中间组织"具有较强的历史惯性,在新中国成立以后的较长时期内,这些中间组织仍然以变相的方式存在着。比如行政督察专员,也就是后来新中国成立以后的地区行署的前身。行政督察专员原初设置目的带有临时性质,"惟事实演变,至于今日,不但各省采行此制者日多一日,且该制度之基础亦日趋稳固,几成为省县间之一级政府矣。"①

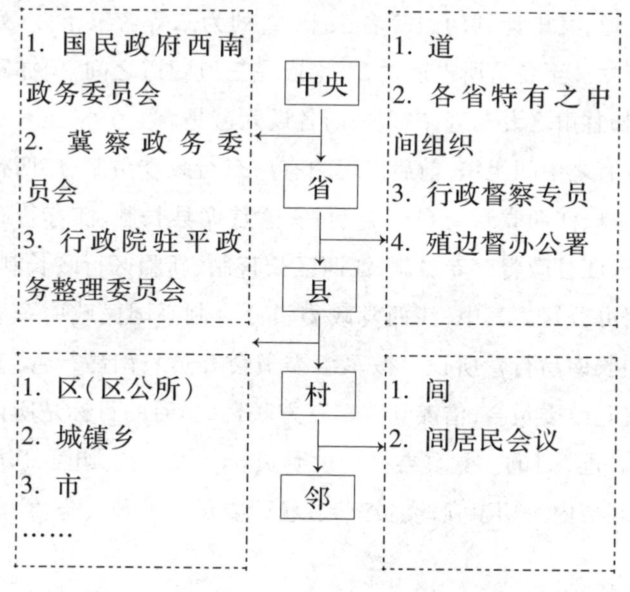

图2 民国时期行政科层链中的"中间组织"

① 本书下册,第180—181页。

中央与省间之组织有：

1. 国民政府西南政务委员会；2. 冀察政务委员会；3. 行政院驻平政务整理委员会。“国民政府成立以来，省与中央之间，不设其他地方组织，乃系一般之情形，惟因特殊关系，亦无不于中央与省之间另设其他组织者。”①

省县间之组织有：

1. 道；2. 各省特有之中间组织；3. 行政督察专员；4. 殖边督办公署。作为省县间之行政组织，道在国民政府成立以前就存在。道乃清季旧有区域，民国成立，存而未废；惟各道之名称，则多改异。其中亦有变更区者，且有度裁撤而旋有设置者。总计全国有九十三道，其中计列为一等者三十八，列为二等者三十九，列为三等者十六。至各省所设道数，平均皆在三道四道之间，但亦不无较多者，如甘肃之设七道，广东广西各设六道是。② 另外，还有一些省县间特有之中间组织，前后出现的有广东行政委员制、广西行政督察委员制、江西党政委员分会制、安徽首席县长制、江苏行政区监督制、浙江县政督察专员制、江西区长官制、新疆区行政长制、云南殖边督办公署。其中，江西党政委员分会制系国民政府军事委员会委员长南昌行营所设。按军事委员会委员长南昌行营，曾于营内设置党政委员会，借谋党政军三方联合，当时的目标是所谓以达肃清“赣匪”目的。党政委员会设委员长一人，由“剿匪”总司令充任，处理会内一切事宜；委员三人，襄助委员长处理会务。③ 党政委

① 本书下册，第158页。

② 同上，第162—163页。

③ 同上，第172页。

员分会,于二十年十二月,因"剿匪"军事结束,遂被裁撤。[①] 但随后设立江西区长官制,将江西全省所属各县分隶于十三个行政区,每区设区长官一人,简任,即以之兼任驻在地县长。区长官之职权如下:一、于省政府监督之下,管理区内行政保安事宜。二、指挥监督辖区内各县保安部队,水陆公安警察队以及保卫团队。[②]

县村(里)间之组织,具体类型有:

1. 区(区公所);2. 城镇乡(民国三年以前);3. 市(民国十年前后晋滇等省县之下级组织);4. 区、乡镇(民国十七年至二十三年);5. 区、区改组之机关(民国二十三年以来);6. 分区设署(县各级组织纲要下);7. 区、乡镇(各特殊省份)。县之下级组织,自清末以来,有分为一级者,有分为数级者,惟其组织除民国七年后山西省之区,及民国二十三年后"剿匪"省份设署之区,为下级地方行政机关外,皆为地方自治团体。[③] 山西省之区制于民国七年间已皆制定,实为后来各省县以下设区之始。[④] 广西省县之下级组织,区为一级,乡镇为一级,村街为一级,甲为一级,共四级。[⑤] 至于"区村"和"市村"等,具体背景则更为复杂。

村(里)邻间之组织有:

1. 闾; 2. 闾居民会议。总之自十七年至二十三年,县之下级自治组织,实为四级,区为一级,乡镇为一级,闾为一级,邻为一级。各以其上级为直接监督机关,其他以上之组织,亦可对之为直接之

① 本书下册,第173页。

② 同上,第176页。

③ 同上,第342页。

④ 同上,第344页。

⑤ 同上。

指挥监督。[①] 闾邻实为两级,乡镇之下为闾,闾之下为邻。乡镇居民,原则上二十五户为闾,五户为邻。惟二十五户至十五户之间亦可编为闾,三户至七户间亦可编为邻。[②] 闾邻皆有居民会议。闾居民会议由闾长召集,乡镇长亦可召集闾居民会议。[③]

另外,还有特别区域行政机关,包括 1. 京兆特别区域行政机关;2. 热察绥之行政机关;3. 东省特别区行政机关;4. 西康之行政机关。论其性质,与省之地位相似。[④] 有与市(直属行政院之市)相似者,如国民政府成立后之威海卫行政区是。又有与县相仿者,如江西湖北等省所设之特别行政区是。[⑤] 此外国民政府成立以后,热河、绥远、察哈尔及西康虽皆改省,惟西康之行政组织与普通行省不同。[⑥]

经由对这些“中间组织”及其持久的透视,人们就能很容易明白中国的官僚机器是如何自动膨胀的,也使我们对中国官僚科层制的复杂性有了更为全面的认识,同时,也提示我们随时都可看见中国政制演变发展中的“过去的遗迹、现在的基础和将来的萌芽”。“中间组织”由临时变为事实上的持久存在,标志着中央集权的进一步强化,此前还留存的传统基层自治精神,反而逐渐被侵蚀殆尽,“县自治为实施宪政之基础,自清末以至国民政府训政时期,皆相沿未改。”[⑦]但是,“惟民国成立以来,因政治未上轨道,几无县自治可言,而县自治议决机关之设置,遂呈不固定不普遍之现象。”[⑧]

---

① 本书下册,第 349 页。

②③ 同上,第 355 页。

④ 同上,第 132 页。

⑤⑥ 同上。

⑦⑧ 同上,第 296 页。

这些“中间组织”,按原定写作计划,本来不是重点。钱端升在序言中已有如下说明:“民国二十五年之政制,单就中央而论,已复杂万状,欲一一细述,事事准确,已非五六人在数月之内所能胜任。且材料之搜集,亦至不易易。”“民国政制包含甚广,在各种问题未有个别研究以前,本无从下手。此种困难同人知之甚谂,知之者而仍感有此尝试者,则以同人于着手研究民国各行政问题之始,不能不明了民国中央及地方政制之大概故也。”显然,原定写作计划是编定一部民国政制史“大纲”,但事实上,在一些具体问题上,并不忘补充细节,“中间组织”的载入,使这部著作成了真正的有血有肉的鸿篇巨制。

六、历史节点,在场记录

秦晖认为,中国大历史的政制变迁可以概括为“一头一尾两场转型”,即两个历史关节点——先秦至秦“走入帝制”和清末民初“走出帝制”。[①] 这显然是一个极有洞见的理论视角。当然,我们今天回首这段历史时,似乎还不能断言经由民国的政制实践,中国已经事实上走出了“帝制”,因为这涉及到一个理想政制的价值标准问题,但是,作为“穿越帝制”的一种初次努力和重要探索,这一点应该是可以肯定的。这样看来,《民国政制史》正是全面记载清末民初“走出帝制”这一历史进程的经典“史志”,而且记录的是一场“千年未有之大变局”。这既是一个承前启后的历史时期,更是一

① 秦晖:《走出帝制:从晚清到民国的历史回望》,群言出版社2015年。

个破旧立新的历史节点,断裂与传承错综复杂地交织在一起。事实上,辛亥革命结束后,新成立的民国政府之各项事业,均系草创,法律尚待颁布。因此,民国元年三月十日,临时大总统令,以民国法律,尚未颁布,所有从前施行之法律及新刑律,除与民国抵触各条,应失效力外,余均暂行援用。[①]

记录重大历史节点的作品,其历史文献价值是弥足珍贵的。因为,当我们"把任何一个社会现象看作处于发展过程中的现象时,在它中间随时都可看见过去的遗迹、现在的基础和将来的萌芽。"[②]巴林顿·摩尔对此也有一个经典的论断:"在两大文明形态起承转合的历史关节点上,分崩离析的传统社会所遗留下来的大量阶级因子,会对未来历史的造型发生强烈影响。"[③]当然,民国政制史留给其身后的,可能不是大量的"阶级因子",而是大量的"制度因子"。正是透过民国政制史,我们才能看清今天我们生活其中的政制是从哪里来的,为什么会呈现出今天的这种样式?民国政制史留给其身后历史的大量的"制度因子",其实就承载于清末民国时期出现的大量的"新词汇"上。从传统中国的文言单字到清末新词,再从民国新词到白话中西"混血"词汇,可以帮助我们清晰地看到中国政制"过去的遗迹、现在的基础和将来的萌芽"。透过这些"新词汇",洞察其中的名与实的纠缠和中西观念的"杂交",我们从中既可以看到帝制的胎记,也可以一窥宪制的曙光。(见表2)

① 本书,第81页。

② 《列宁全集》(第一卷),人民出版社1984年,第149页。

③ [美]巴林顿·摩尔:《民主和专制的社会起源》,拓夫、张东东等译,华夏出版社1987年,译者前言,第2页。

表 2 清末民国时期政法旧字与新词

清末时期的旧字与新词	民国新词
大理院、总检察厅、推丞、监察院、巡按使、巡阅使、护军使、镇守使、铨叙部、审计院、蒙藏院、保甲(10户为甲,10甲为保)、道、道员(道台或观察)、州(直隶州)、署(公署)、民政长、府(将军府)、尹(京兆尹)观察使、道尹、闾(5邻为闾,或25户为闾)、邻(10户为邻,或5户为邻)、都统、平政院、县知事、大理分院、审检所、推事、保长、区董、肃政厅、肃政厅都肃政史、总督(省都督)、县参事会、护军使、镇守使、县知事兼理司法、总次长、司(政务司、通商司、典礼司等)、督办(云南殖边督办)、币制局、礼制馆等。	大总统、参议院、众议院、约法、最高法院、普通法院、检察员、检察院、省长、中央人事管理部门、监察院、中央少数民族事务部门、政府、军事最高顾问机关、特别行政区最高长官、县长、省级法院、县级法院、审判员、村长、区长、局、检察院检察长、省最高军政长官、县自治辅助机关、军政长官、绥靖地方军政长官、部长、部下组织、审计处、科所、参政院、法制院、各部局、委员会、省政府主席、秘书处、地政局、绥靖主任、行政长制、行政督察专员制、县议员、县参议员、县司法处、市自治、县自治等。

对于清末民国时期的"新学"及其所伴随的大量"新词"对于中国的政治思想所产生的"双刃剑效应",桑兵有这样的评论:"近代中国人虽然从明治新汉语接受了大量新名词,可是遇到西文概念或是论及所指事物,还是不由自主地会自行重新上溯古代典籍,望文生义,格义附会。而且在解读新名词之时,往往不仅是比较西文原词,将新名词看作一个整体对应,而是分别从汉字组合各自的字义来理解词义。如此一来,同一汉语新名词在西文和中文语

境中呈现不同形态,前者主要是对应西文单词,作为集合概念符号,后者则在西文单词与汉字本意之间游移徘徊。由此产生了许多彼此无法交集的歧义。"[①]《民国政制史》正是忠实记录了这样一个中西纠结、观念混血时代的历史本相,"只客观地叙述变迁经过,分析法制要点,而不参以赞否之意见。其所以然,乃因本书之旨在有裨于中国政制与行政问题之研究,而不在提供任何方案也。"[②]

除了全面记录"走出帝制"这一重大历史关节点之外,《民国政制史》另一个重要的甚至是不可替代的历史文献价值还在于:《民国政制史》是一部在场者的"现场记录",而不是"事后记录"。"现场记录"的历史文献,其学术价值和现实意义之所以重大,美国学者塔勒布在其《黑天鹅:如何应对不可预知的未来》一书中有这样的记述:"奇怪的是,对我有影响的书不是某个思想家写的,而是一名记者写的:威廉·夏伊勒(William Shirer)的《柏林日记:二战驻德记者见闻(1934—1941)》。……为什么?很简单,这部日记旨在历史事件正在发生时描述它们,而不是事后描述。我在地下室里,历史在我面前生动地展现(炮弹的声音让我整夜无法入睡)。非理论化的历史正在我面前上演,而我正在读一个在历史进行时经历历史的人写的书。……夏伊勒有意在不知道接下来会发生什么的情况下撰写这本书,他当前所能得到的信息没有被接下来的结果破坏。……虽然我们的记忆非常不可靠,但日记多多少少能够提供在当时就目睹的无法抹去的事实记录,使我们有一个固定的、没

① 桑兵:《循名责实与集二千年于一线——一名词概念研究的偏向及其途辙》,《学术研究》2015年第3期。

② 本书,端升增订版序。

有修改过的视角，并能在之后把历史事件放在它们原本的背景下研究。”①

如前所述，《民国政制史》由商务印书馆初版于1939年春，1945年和1946年又先后增订再版了上册和下册。这是一个战事频发，动荡不安的时期。钱端升、萨师炯、郭登皞、杨鸿年、吕恩莱、林琼光和冯震等当时中央大学法学院行政研究室的同事，并没有等到战争结束后，安逸地坐在宁静的书斋里，再来编写民国政制史，而是“争分夺秒”地进行“现场记录”。在那样一个纷乱的年代，对正在发生的政制变革实践进行“现场记录”或“在场记录”，也许会很粗糙，不完整也会不系统，事实上也正如钱端升在序言中所说，“同人等初亦不自惬意也”，“研究者，或一般欲稍知民国政制之人，或亦不无些许裨益已而”。但是，其记录的客观性和真实性却是更为可靠的，正所谓“国家不幸诗家幸”，在国家无暇顾及学术研究领域，却意外地产出了一部中国宪制史上的扛鼎之作。

历史文献的主要价值不在于其外在的精致和华丽，而在于其内在的质朴和真实。在场记录，才能做到真实记录，这一点特别重要。所有的事后记录，都更有可能失真或被重新建构和诠释。因此，从这一点来讲，本书的史料价值是独一无二的。

事实上，钱端升和萨师炯等同人的民国政制史及其相关问题研究，截至目前，学术界已有极高的引用率。赵红在其博士论文《抗战时期国民政府政治体制研究》②中，有如下评述：“广大学者

① ［美］纳西姆·尼古拉斯·塔勒布：《黑天鹅：如何应对不可预知的未来》，万丹、刘宁译者中信出版社2009年，第10—12页。

② 吉林大学2011年博士学位论文。

对国民政府的政治体制的研究,大体经历了以下几个阶段:第一个阶段是1949年前,就研究成果来看,研究国民政府政治体制的著作有:钱端升、萨师炯等合著的《民国政制史》(商务印书馆1938年初版)和陈之迈著的《中国政府》(商务印书馆1946年版),这两本书是研究国民党党治理论与制度的最高成就,其中包括对党治理论的创立、国民党与国民政府的关系、国民党的组织及其机构、国民会议以及训政和训政时期的约法等进行了粗线条的研究,其结论至今仍具有重要影响。”田湘波在其博士论文《中国国民党党政体制剖析:1927—1937》[①]中,有如下评论:“从宏观上研究党政体制的有:1938年春,由商务印书馆初版、后一版再版的钱端升、萨师炯等合著的《民国政制史》和1946年由商务印书馆出版的陈之迈著的《中国政府》,是研究国民党党治理论与制度的最高成就,其结论至今仍为台湾和大陆的学者肯定,对这一问题的研究至今也没有取得突破性的进展。”

有学者还评论道:“钱端升与萨师炯等人合著的《民国政制史》详实描述了民国自诞生以来各个历史时期从中央到地方的政治组织及其职权、政治制度及其运作,至今依然是中外政治制度研究的必读之作。……钱端升等人密切关注中国政治学发展动向,开拓了中国政治学研究的领域。”[②]“在‘文化大革命’爆发前两年,萨师炯先生发表文章讨论美国宪法,认为它是对‘包含有某些民主内

① 湖南师范大学2004年博士学位论文。

② 李剑鸣:《中国的美国早期史研究:回顾与前瞻》,《美国研究》2007年第6期。

容’的《独立宣言》的‘否定’。”[①]“政治学家萨师炯认为,政治的良性运转对于一个国家而言固然非常重要,但这其中起核心作用的依然是人,所以在他看来最重要的还是提升重要位置之人的素质,同时配以完善的监督机制,他举例说就像古代的吏治制度,以避免政府机构中存在人员混沌的现象。”[②]

总之,“走出帝制”是辛亥革命结束后中国政制发展的一股历史主流,《民国政制史》就是这段历史先声的在场记录,是对发生在这一重大历史关节点上的政制实践的忠实记载,是中国近现代宪制史上的一部里程碑式的作品,随着时间的推移,其极为珍贵的历史文献价值必将日益彰显。

---

① 李剑鸣:《中国的美国早期史研究:回顾与前瞻》,《美国研究》2007 年第 6 期。

② 张阳:《西南联大“今日评论”研究》,2014 年云南师范大学硕士学位论文。